戴文葆书信集

李频 编

生活·讀書·新知 三联书店

Copyright © 2023 by SDX Joint Publishing Company.
All Rights Reserved.

本作品版权由生活·读书·新知三联书店所有。
未经许可，不得翻印。

图书在版编目（CIP）数据

戴文葆书信集 / 李频编. —北京：生活·读书·新知三联书店, 2023.8
ISBN 978-7-108-07603-8

Ⅰ.①戴… Ⅱ.①李… Ⅲ.①戴文葆－书信集 Ⅳ.① K825.42

中国国家版本馆 CIP 数据核字 (2023) 第 022982 号

特邀编辑	汪家明
责任编辑	崔　萌
装帧设计	康　健
责任印制	卢　岳
出版发行	生活·讀書·新知 三联书店
	（北京市东城区美术馆东街 22 号 100010）
网　　址	www.sdxjpc.com
排　　版	北京金舵手世纪图文设计有限公司
经　　销	新华书店
印　　刷	鸿博昊天科技有限公司
版　　次	2023 年 8 月北京第 1 版
	2023 年 8 月北京第 1 次印刷
开　　本	880 毫米 × 1230 毫米　1/32　印张 13.75
字　　数	290 千字　图 28 幅
印　　数	0,001－3,000 册
定　　价	68.00 元

（印装查询：01064002715；邮购查询：01084010542）

人民出版社

于友大兄：

本月八日手示释悉。

陈翀老大哥近一年保持联系。他老白天不知时无不羞劳，有一度几乎以能仅隔一旁寻亵而谈。"文革"后他主要阶段有适当的安排，极为居之。红水港搞赛事及文文发起，左后几年到北大拚头挥一些。他的学习让去发庆等后。辛酸及辛酸，令人痛惜。他主批斯威珞时，与陈翀和我辛兄相。49年以先过了我的九次。后来运动接立而来，使我接触了。我从58年转外上足之战士后，使他给与人经运。的至寻主官期。当是加工很联旁，不得二五字格，节都至博科。也得不苦辛节十多年一生为。老人辛酸，当时就这是"逆身未引期"。那是恰恰时革命，我也为时错此。人事自知。这这但信自己他是外当年历，而要要纪梁幸倦为。辛酸兄极志寻，他的儿子去十年她同胞皮里，产落兄师美许可为至已出，小子

信馆在手文守，以说他如西家娟姻名堂，他是铭旁客气。到得以，我方身身信敢我们"你争生勿诨"你引许多方言？人生而不知。现在这虽是"字"乃字学室也最后的素。以此于行，反早终生生主治极！

文成

完免，面得已按汉送："我心是七他左里成！"当时我们主一起都羁你妻妾这是否后未从人的风气，而不变。待手学些学学学，字经生义而运，为与恬逼，以至传费时间耳。

从嘱辛荐回旧长师之学，而威！我章心何仰何道人，先出转时间，以带小好约传待至接来。而是因是婚莘堡，学十年星时间足远续，今季交当出极短，但至托机十五年，了断多莘。找至前接为好，这最后二面右只不经言也长竹来保了技巧连上更难举为了。今就是手都挪本台室工修知信，从心告知，那时后莘著匙上一专则此挂挂，再到馆敢。至谢！

健笔！

武人繁事呼
卅六年

岢例给另，米经出版千里无为，二月效
手知，他同本每承莘怕肉。要让地。下中小字一篇，了多么也没靴阪如话，以手府戚已与他的太善亲。另有一字可以经转费及父以与鸣敬。晚谈社，就没莘官电也。文上

致于友

致陈原

陈原同志：电话总打不通，还是写信好。

谢谢送给我两本好书：《新语词探索》，很多能看懂，我还不能完全领会。《文字学·语言学等》我很想学习，但单凭个人读这三册是难记住四十年的研究主题之点，写的神采飞扬。

您苦辛终于完成，生活上却一些不便，无告无状，精神生产又未收。我想过，不能用"勤奋一生"字来自任，我以为您在履行出版文化思想，钱学人的职责。可惜这许多年来都"给散"，您而今家居的书也受到散失了。

您送记给我，结以联谊盘记到了事物的相关部分，需要告诉代家儿乡，十分感谢！

拙作《读三顾友人书记录》我回屋小要纽收，一搬家更乱了，客不日奉呈。
敬礼康安！

文辞琳上
二月十九日

致范用

鹤镛：

送还的《两笔谈》还是要他抄几本来，也都读完。迪老天送来。
高著《笔谈》《笔调银将精品》这些特字都副刊上一把手。
其中《表九下字歌章》时，还有些材料，为他方能十见，《筹传》
也是一文他去听。若比徐一士次心相提亚论的《笔谈》中生精些。
《草行旧的事儿别人》由大都分列重临来身见间，而星以他方亲来，为山产气，
园《别寻青黄秋岳〈蓉〉《亮随人笔〈园谈稿〉》《四家至墨》
《笺文郁星照》方撷鑤。其中的撷鑤乎浦生民，在文都出版社，
下他退休做了一残子高敏授后垂率罪副校长，这些人的笔
总锄人说，一只仍到车话。不远，此方游来郁被有趣。写国流畅
星一个主要来因。至杜彝厚，余侍持场舌为无聊。

首斤见，给却约一九三五年间。他的旧诗文章最爱同时大锦讲义北星史，找远上等找我。在此大中完成的教授语、特异节写文章朔将军墨坑的隆接，祇橄路了。他送是经短上的细书吧。

文辞 十月

梅益复戴文葆

文葆兄：

书信十四日收到，简复如下。

1938年春夏间，我在延安《新中华报》当编辑之改在廷（？）有规律的写，但习惯素然人老上人，以有商或记诵我所能记以入成名字。现在《列宁论党》《党章》等书当然要以记忆为索，找现以当时国外地组事研究以资对照者多，这年春本书快出出版。

如来访此它者可不多的方式，大庭等加《海涛和人民》佑，他之在十六本今月交稿。苦战也不了的，书名不想用原名，由地考虑方便。此外，人民了军历名信内也说送校了（此书我知道他利《党加官任的刘少奇言议》等其实在他加重人长次），署名没名编由期作持芝重员从甲期至老商同，此年人民正予台加修养和病气。在其析开后予发出（字者时似事仅留有此但是书而，此思念志的。

以后还没进宝宝带借住，可以小了解有偿。

梅益 四八日

新华月报
北京朝阳门内大街166号　电话：6525.5571　邮编：100706

先擢兄：

多年来承贺仲秋及春节，而足历年却都是懒动过新年说明我生活无计划，凌乱过日子。从去年八、九月两腿得了脖炎，随即说我"粘和不良使然"了，大夫的研究结果认为左脚小关节"犯(风湿)痕疾的嫌疑"。一直拖到今年三月，服苏什苓，身体也而像好多了。医断来了，大夫认为还是回话处好，但包和单位住处服中药调理。其后眼睛又出现散光、重影，走路不稳，医嘱服丹苓等中药，又配成正而副眼镜戴一个多月，现在写字时也好多了。较苦不自觉，年岁增加就突然已了。不过，从当年"文革"发生到此年师友陸亡，我的心情一直比较正常。上月绍至协和晶亮，照了胸光，阅光军大夫尽未害左病历上，但对我说不是特发痕癌的担测。昨天大夫叫我切断中药调理，中旬仍须再查。我遇遍仍然闭门极少外出，翻翻过去的旧籍，可当药吃。（也年中华书局）。故宫朋友题

②
新华月报
北京朝阳门内大街166号　电话：6525.5571　邮编：100706

题要送我一个"万年如意"的拱件摄影，日前手行便见遂一些日本制喷墨的活泼的狠子，这样还年更布呈气了。感谢所有关爱我的寄来的祝福，我半来记想信课邀祖在《化石》里所说："在仍式中总布7明式一倔多卖，实在不可卖。（我比新的时候这样感受感恩。）

每年新纸折晚，过年威狈也是不亡忘我，先替说一些，我要借人家问便的高处不高兴问题，再说说我的感觉。第一是领高兴的，1987年1月商务编印的《商务印书馆大事记（1897—1987）一书，当年陈审同志要求找笤个介绍。我提1少大约1874年5月才写成初稿，在来史馆与平职居人民出版社等6致方家名，已搁过若过了，今运多纬。逼上"大四"人在和种种引期经破海捕，赠5培议四十万元。承我仍海同志沈我的敛作注引刊，放脸心，托不现传话等像席殿又从此确长今年1月4目变绘武逆新闻业版另的长出版种繁多李处

③
新华月报
北京朝阳门内大街166号　电话：6525.5571　邮编：100706

他们在十月就印好，等至二00四年1月号正式世版了。我作想为8八十年数字纂为改；这大事记却改多，我里实点布西乡淡，出版社的大事共有，进到个人，先听中书而已些4多，这尔有迄胸为而已。而已。可怜老陈家同志躺在病床上芽4多了，见到我送到他，就实哭。到1945年我认这他。不散告辞吧，岂多多午数何的卡片及(一句话)，请他媳知丑妊清理对给花手上接抓播瑞，给了和她，面用新问逗3。他媳妇不何惟服吧，也记说得他说请相本拍3。他革经抬起3子，我说也不致残他笑了…

正有州九年生遁管的事，"文革"中为丁刮失。敢未进干校因为资格不够了是何之谋了3件送给我朋岳，荷刀让寻私。楷(千孚)，陈支评显，毓3笔记，毁了喜树的答乐管鸣之集5，古事业，又按了今楽、鲁这著作，抄3五首余诗和文章用为"古新的记念"做书名，抄州3(?)切作三个六十冊书多楼稿。这向老太太的寄了一些在布包里，几个月我来正是同左文革出版，他关知未续代剂"鸭子"吃住。我钞也总给他罢了。他太太吓还为新

致曹先擢

新华月报
北京朝阳门内大街166号 电话：6525.5571 邮编：100706

"先生，无论是报得报难收藏，名华他为我复印了八十多份本来想略具意义，认为知识分子从毒思想化中收取力量度过苦难，清心记院"左革命"劳改时候事为据。大根后来为鲁博赞同，可惜墨线收藏证书，并将来文及我复印记，准备在二〇〇四年一月号《鲁迅研究月刊》发表。这竟成了我生命的一刻时候。每晚听西部青少女人（也家的孙辈）吹秦主曲，我想起向荡的日思心腑不寒，因编《王瑶卷文》，又写了抄后记。不多说了，眼睛又不好，字的太草草，不恭敬，请原谅！

不高兴告诉，我的老师张明岁，甘荀子学派批评我不好的写论文。（我在大学三年级时，他曾埋我在《学报》上写的一篇论文，是一篇尔来的毕业论文，介绍结长吴才安夫利用《今来甫集》，以保亲爱。警师甘甫的评和才的她名写生论文，总顺编此。多少根本却是我在商业的事，是我议其研线不够，学术根底，思案木差，王个的老懒事，已无龙扎投了。对年鲍在楞叶适见白居易有诗曰："

十三岁弃墨身"。据此推算，我今身此我第五十文考，已经成废物了。时光都被我浪费了，可惜，太可惜！纸不本，眼睛不太好，写写就把握不住笔了，每诗见谅系我失策，忘该岁说，也肯请求李译我写的不恭。

为颂

国等展告如意！

钱文学/曾少五梅

十二月三十日

关于《廉熙字典》的评论，容我重说。十九年新，在南京举诗区保县老弟来，听说他要整理设编《廉熙字典》各在温州，元意中又过她的令子，不知有无改编新印本出去。

文上

各色不要回信，不此波形闲。

又上

致曹先擢

学俭同志：

　　此次在京幸会，相见甚欢。在老干部活动中心一带所拍的像片，也已冲洗出来，特挂号寄上。

　　给林穗芳同志写叙的像片，也面交了。

　　祝暑安！

　　　　　　　　　　　秦文锦上
　　　　　　　　　　　9月十一日

致蔡学俭

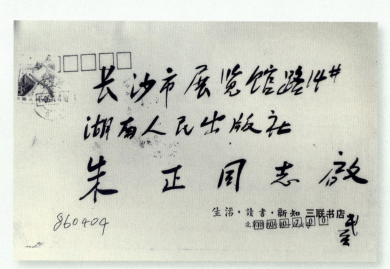

860404

长沙市展览馆路14#
湖南人民出版社
朱　正　同志　启

生活·讀書·新知 三联书店
北京

致朱正

人民出版社

益文同志：

据胡绳靖同志转告，编委会我写的编辑家列传出书事，十分感谢！

我改革结所出版社不能亨世多，所以我没有加紧做事。《出版工作》结束时，我的文章当然仅仅发表了上篇一、二、三、四。下篇已写好了一、二，共七、八百字即完工。当时老滕同志教我不要送去，他搬家弄丢了，又没有搬完，今本信告以地址。看来，明道同志将有新任命，因而，我的稿子可以就此告一结束了。

我也不必像过去那样学习，也不太可能像明道同志那样为设备条件都给我配发，我可以息一息了。

下面还写有几人：阮元、魏源。这样就到鸦片战争。其他刻为近代人物，有的客多字，有的要费点事，而且有条条和方针政策，也没有什么可去版的困难。我编完了编也

什么，怎么编，及其人学术成就及地位，无需谈空。有一些时候，有人对我很有意见：怎么不抱这些学问家（含门类学问）军此编辑，其实这种批评是看出我的用意（或是撞到我了吗），不过不理解或不谅解罢了。我从十几岁充意中做了编辑之后，心底就中诚定了，无论名利谋生了。至今人家对编辑也是不理解的，这有客观原因，也有主观原因。我是坚持这种写作路线的。

我已写的一时版不了，也就有力量改，我上部要强一遍，加一点事实性空的注释，着手主编辑应对"方面，也加以会系派；军本字格就不大了。等我安排时间，路别改革个人生活方式，即行着手，不任这样徒仍留闲诗空。

承蒙关怀，抱拳感谢！具道的众，当自排出。此致

敬礼！

戴文葆
9月13日

致邵益文

1991年底，戴文葆向胡光清新年致意

致胡光清

致汪家明

序

我和戴文葆同志同事、相处、相知半个世纪，彼此十分熟悉。我钦佩他丰富的学识和聪慧的才智，一直把他看成我的兄长。

我们的观点相同，思想一致，可以倾心交谈，他一直是我的知己和好友。他是出版界一位难得的英才，曾彦修同志对他十分器重。

但是他在高中毕业时误入了国民党的一家什么情报机构工作了几个月，后来他发觉不对头，给他大哥写了一封长信，谈了自己误入了一个不该去的地方，决定立即离开，就再也没有和他们发生任何关系。就是这么一个简单的经历，被认为有严重的政治历史问题，一再提示不得重用。

反右运动时，文葆同志被划为"极右"分子，加上他上面所说的问题，成为"双料反革命"，被开除公职，劳动教养，成了一名"罪犯"，过了二十年的非人生活，其间的凄苦可想而知。

他的冤案到1979年才得以平反改正，他也才能重返北京。

这部李频同志费了极大心血收集的《戴文葆书信集》，也可以说是对戴文葆一生的纪念。

他蒙受了二十多年的沉冤，这对他来说是刻骨铭心的；文葆同志的一生是个悲剧，但愿这一类悲剧不要再重演！

张惠卿（时年百岁）
2023年5月11日

目　录

凡　例　1

致萧乾　1
梅益致戴文葆　2
致于友　3
致甘惜分　5
致王子野　7
致张天授　9
致陈原　12
致杜子才　14
致李中法　16
李中法致戴文葆　56
致王晶垚　58
致范用　60
致陶增骥　74
致虞和静　76
致马骏　84
致王火　86
致徐梅芬　91
致谢素台　92
致喻建章　94

致毛鹏　95
致李冰封　96
致缪咏禾　112
致蔡学俭　119
致陆本瑞　127
致马宁　130
致袁亮　134
刘杲致戴文葆　145
致朱正　146
致邵益文　166
致张明惠　171
致曹先擢　172
曹先擢致戴文葆　175
致刘硕良　176
致傅璇琮　177
致宋应离　178
致曲家源　190
致弘征　241
致丛林　255

丛林复戴文葆 257
致陈琼芝 258
致张如法 260
致程绍沛 265
致郑清源 268
致张惠芝 270
致任桂淳 276
致李钟国 291
致孙琇 298
致于永湛 301
致邓子平 302
致施梓云 304
致张小平 313

致杜厚勤 315
致胡光清 323
致汪家明 345
致刘小敏 351
致张自文 353
致秦颖 356
致黄金山 359
致李频 361
致陈树萍 370
报告 373
致中国编辑学会 382
致复旦大学党委 384
致U.D.Y.同人 398

戴文葆小传 403
戴文葆已刊书信存目 407
编后记：戴老的矛盾与痛苦 409
人名索引 427

凡 例

一、本集所收书信共 327 封，均据辑注者搜集书信原稿或复印、扫描件录入。已刊戴文葆书信以附录提示要目，以供研究者参考。

二、本集所收，均为戴文葆写给他人的信。他人写给戴文葆的信，亦酌收五函。

三、本集所收，以书人书事为主旨，借以反映戴文葆的经历和精神世界。相同内容告知不同收信人的，尽量避免重复收入。信件之间如略有内容重复者予以保留，以力保全信的完整性。极个别信中涉及人名不便披露的，以××或×××表示。

四、所收书信，均有编号。前四位为年份，中间两位为月份，后两位为日期。不详者表示为××。

五、戴文葆写信有只写月日不写年份的习惯，辑注者考订的写信年份以"（ ）"标示，无"（ ）"标示的是戴文葆原信落款。

六、本集编排，以人系信。以收信人为一组，并以收信人生年为序排列，写给单位的信置于最后。一组之内，以写信年月顺序排列，个别难以确认年份的，置于该组之末。

七、为助编排和理解，简要介绍收信人生年及身份。对信中提及的个别书事择要略加注释。

八、信中明显错字予以订正，少量影响理解的丢字、落字等采取中括号［ ］加楷体的形式标注。

九、信中用字，如你、您、么、吗等，以及数字、单位等依从书信原件，不作统一。

致萧乾[1]

乾师：

19950415

　　宋庆龄基金会为爱泼斯坦举行的《突破封锁到延安》*一书首发式，黄华同志本意是为艾培八十寿辰的祝贺。爱老很高兴，他希望老朋友能会面。十七日（星期一）下午，他要我去复外接您；散会后，爱老送您回家。难得的盛会，你们订交六十年了，我自当于十七日下午二时半到您家。务请辞去其他约会，为感！

　　谨祝

全家好！

戴文葆拜上

一九九五年四月十五日

---

〔1〕萧乾（1910～1999），中国现代著名记者、文学家。

＊应为《突破封锁访延安》。——编注

梅益[1]致戴文葆

文葆同志：
19981016

来信十四日收到，简复如下。

1938年春末夏初，我应邀到巨籁路胡愈老家。在座的有胡仲持、冯宾符等熟人六七人。几年前我还能说出所有的人的名字，现在已记不清楚了。会上胡愈老手拿斯诺《西行漫记》原本。他说从当时国内和租界形势以及读者需要，这本书应尽快译出出版。他当即把原书拆开，分成几部分，在座参加翻译的人各一份，约定在十天或半个月交稿。当时他还说，书名不能用原名，由他考虑另定；地名、人名、各单位名称由他设法校正（后来我知道他找了参加长征的刘少文同志，当时他是办在上海的负责人核定）[2]。译文统编由胡仲持负责，最终由胡愈老审阅。他本人是否参加翻译，我不清楚。在书拆开后分发给译者时似乎没有给他，但全书是由他统一审定的。

以上情况供您参考，事隔60年，我记的可能有错。

梅益

一九九八年十月十六日

---

[1] 梅益（1914～2003），原名陈少卿，著名宣传活动家、翻译家。曾任中国大百科全书出版社总编辑、社长。
[2] 原文如此。

致于友[1]

于友大兄： 19960404

本月八日手示拜意。

际炯[2]老大哥一直保持联络。在老《大公报》时关系密切，有一度几乎与我仅隔一条弄堂而住。"文革"后他在大陆没有适合的安排，极为屈才。后承港馆费彝民先生关照，主持了几年副刊，才能发挥一些。他的弟子还在安居里安居。章麟兄早逝，令人痛惜，他在狄斯威路时，与际炯和我常见面。四九年后只见过可数的几次，后来运动接踵而来，便不接触了。我从五八年候补上"五·七战士"后，便绝不与人往还，以免牵连良朋。只是为工作联系，不得已与写稿、审稿者接触。记得在东总布十号第一次与老兄幸遇，当时我还是"妾身未分明"，那些响当当的革命者，我也不敢接近。人贵自知，应该自信自知自己是什么东西，不需要自己摇来摇去。章麟兄极忠厚，他的儿子在小学也因脸皮黑，竟受老师责罚以为不卫生，小子受冤，不得已抗议道："我的爸爸也是黑皮！"当时我们在一起都笑了。其实这正是后来给人的风气，不究实绩。对于某些老字号，不得不敬而远之，不与倾谈，以免浪费时间耳。

承嘱写篇回忆老师文字，甚感！我每天俯仰随人，无安顿时间，所写小稿均系偷空挤出。而且因思路笨拙，其中考虑时间不连续，千字文写出亦极难，且恐忙乱中有失，不敢多写。现在前路无多，这最后二百公尺似乎比以前奔波于坎坷道上更难举步了。今秋后如能将办公室工作扫清，从此告别，那时看能否赶上贵刊此栏，再行领教。至谢！

---

[1] 于友（1916～2017），著名报人，曾任《中国日报》副总编辑，1985年起主编《群言》。
[2] 即潘际炯（1919～　），著名报人。

俪安！

戴文葆再拜
一九九六年四月四日

　　像储安平先生，仅就他的两度婚姻而言，也是很悲哀的、刺痛的。现在猎奇混稿费的"作家"，不知其详，否则可写万言了。人，活着太难。老了更不好，"老"与"穷"是字典里最坏的字。我常感到，及早往生西土为妙！又及

　　贵刊约写一关于出版千五百字，二月就通知，然因历年承蒙赠阅，受之有愧，下决心写一篇，可我不想说歌德的话，切身痛感有的地方太恶劣，写了一篇可能得罪若干人的短文[1]。既说话，就说真话吧。又上

---

[1] 戴文葆撰写的《出版配置与出书承包》发表于《群言》1996年第3期。文章最后说："有些具有卓识者，已呼吁在出版社停止承包制，代之以现代企业的管理制度，这样出版社的内部机制，生态环境，势必会有可喜的规范性的改进。"

致甘惜分［1］

惜分大兄： 19961127

　　送上《书屋》一册，其中有拙作［2］，敬祈指正！

　　这篇《"木头"是个什么人》，是在京西南涿州休养时写的，本来［应］先送您核阅，带回家后，放在桌上，被湖南同［行］拿了回长沙了。我请他们复印一份给我，他们说反正要刊登，将来给你刊物吧，这就拖到今日，殊为歉然。

　　关于伍德海其人，我只讲他在中国期间干的事，也是偏［片］面记述。我想，那条目［3］执笔同志，必另有根据，而且我写的其中还有未确切的话。我已说明［4］，主编不可能篇篇详看。您当然不是挂名主编，也仍然

---

〔1〕甘惜分（1916～2016），新闻理论家，中国人民大学新闻学院教授。
〔2〕《书屋》1996年第6期发表了戴文葆的《"木头"是个什么人》，戴文写于1996年6月16日。
〔3〕甘惜分主编的《新闻学大辞典》在"新闻界人物·外国部分"为伍德海（Woodhead）立条，见河南人民出版社1993年版，第776页。
〔4〕戴在《"木头"是个什么人》末尾说："上述辞典条目的编写，不知是否仅依据英文的某些材料，而未察及他在三四十年代的无耻勾当。我曾想向友人甘惜分教授（中国人民大学新闻系）请教，不意正值他有丧偶之恸，（夫人文家荣是我们年青时同一革命地下组织的战友，大家都痛悼她！）不能去烦扰他。何况几百万字的辞典，主编殊难一一细察，只有请条目撰写者下笔时详考。因而至今为此存疑呢。""至今为此存疑"是因为，宋庆龄1933年3月在《中国民权保障同盟的任务》中说"另外却有一批人应该监禁起来，像英帝国主义分子伍德海"。见《宋庆龄选集》（上卷）第114页，第115页有脚注简释伍德海。《宋庆龄选集》出版于1992年，可见戴文葆为这条脚注在书籍出版后依然牵挂四年有余。

要依靠分主编[1]，主要靠执笔人。希望得到指教。

请原谅说长道短！

即颂

健康、吉祥！

戴文葆再拜
一九九六年十一月廿七日

---

[1]《新闻学大辞典》副主编分别为钱辛波、成一、洪一龙、宁树藩。

致王子野[1]

子野、保昌[2]同志，并请转　　　　　　　　　　19590725[3]
党组织负责同志：

　　自从去年十一月上旬向您们汇报我的情况以后，迄今七月余，未曾给你们写信了。但对负责同志的怀想，一直在我念中。

　　今春以来，我大部分时间在病中，很惭愧，平时坚持出工劳动，只干一些轻活，一月二月，一人推车捡粪；三月间干了短短一阵制造颗粒肥料工作；五月间结过渔网和在院内洗晒白薯。其余不少时间，在家休养。六月十七日，迁来于家岭西村改属这个分场的第六队以来，还不能出工。这七个多月时间，像往日一样，受到党和政府非常的关爱，特别是犯了严重错误的我，更为感激。我的病是慢性的、长期的，不会有什么大危碍，只是肉体上受些痛苦而已，我会坚持的，不会向疾病低头而忽视来此改造自己的任务。

　　尽管身体有病，我主观上力求思想的健康。在养息期间，仍然坚决靠近党，在这儿，具体地就是靠近队部。我对于所见所闻的各式错误与反动的言行，决不马虎，随时向队部反映；平时和不良倾向及坏人坏事进行斗争，协助领导上照管病号或尽力之所及做些其他事务工作。虽然休息在家，也要量力干些轻微的劳动，通过日常琐事，仍然可以考查和磨练自己。不论我的进步速度如何，我时刻不敢忘记来干什么的，一定要把自己

---

〔1〕王子野（1916～1994），编辑家、出版家，时任人民出版社排名第一的副社长。
〔2〕周保昌（1921～1992），出版家，时任人民出版社副社长。
〔3〕此信随1959年7月25日致范用信寄出，请范用转。范用1966年6月注："此信我未照转，也从未告诉过组织，因为我认为他既已开除出职，与人民出版社已无关系。再者，我也不愿意一个在劳动教养中的人通过我与组织上联系。"

立场改造好，一定要使自己真能成为党的驯服的工具。病痛的折磨，不能使我松懈对自己的要求，不会使我忘记党组织对我的期望。

我所深以为绝大憾事的是，我这半年在劳动方面简直没有什么可以向您们报告的，这当然不仅仅是惭愧而已，内心是很不安的，这个空白也不是日常生活中的思想要求所能代替的，不赘。谨致
敬礼！

戴文葆上
（一九五九年）七月十五日

现地址：京山线茶淀于家岭西村六队

致张天授[1]

天授兄： 20030710

也请问候本哲兄！

您的一连串几封信，我都认真读了，以我目前生活状况，并想到您的举止，我很钦佩你，就是说比以前又增加了许多的钦佩，这虽然是空话，对您并无实际作用，但却是发自内心的真诚。您这些年这样处理生活，很不容易，很正确，记得本哲有一次也早这么看的。您的生活状态真不容易，处理态度正确，所以人寿作品也寿！

我把关于您本人的、别人的介绍，和您自身的说明，摘要都寄给上海我的好友李中法了，挂号寄去，请他存留。我不放心，怕乱中丢失找不到。为什么？还是几个 U.D.Y.[2] 朋友的设想，想凑合编一本记录 U.D.Y. 的书，如我十年前编的《中国学生导报》回忆录一样。由于人多分散，是否可编成，怎么编，都未商谈，务请勿对外言说。回忆什么？就是学生时代的活动状态。原则是（我想的）：（一）说真话，记实事。（二）不排他，不自封"三齐王"，不夸大，就是不爬到别人头上去。（三）我们是感情结合，思想倾向：希望进步，社会、国家进步。（四）绝没有想当官、升官意图。（五）我过去曾把朋友的书信留住的，但近年疏懒、有病，未留好。就用各人自己的书信说自己与 U.D.Y. 及自己的存在方式、活动，不是

---

[1] 张天授（1916～2006），曾任四川人民出版社负责人。
[2] U.D.Y.，是民主青年同盟的英文缩写，1944 年秋冬至 1946 年间活跃在重庆，主要成员是由复旦大学、江苏医学院等高校学生组成的"一个独立的政治团体"。1945 年 4 月 5 日举行第一次代表大会，选举李炳泉为主席，蒋祖培为副主席，戴文葆为宣传部长等。1946 年 4 月举行第二次代表大会，选举蒋祖培为主席，戴文葆等七人为常委。1987 年 3 月，中共中央组织部确认其为"党的秘密外围组织"。戴文葆晚年致力于将 U.D.Y. 历史整理成书出版，未果。

当领导，而是平平凡凡，没有什么头头的。（六）顺带也把我们出《夏坝风》，各人自己说说，不是什么政治壁报。那是您和本哲各位，与我们友好的结晶罢了。不是咱们求升官的样子。根据现在的认识回忆过去，老老实实、简单扼要。（七）想以上海人为主，我身体不好，不能做事，但要出力，提建议，促成它。不摆功。这些还未与人交流。把您的一些材料寄存上海，为了说明您是好样的。本哲也有几封信，我留下的。最后凑点钞（可办到）就在上海印出来，大家做个纪念。

您先不对外说。我还未与上海同志们商量。

您给我看的两页，写得非常好的，精美的散文，太令人难忘。然而，我说不出意见，只是《夏坝风》，您和本哲首倡，是友谊结合，我是被吸收到江天喝茶而开会的，终于出刊了。对上，是天授打通路子。还有一种助力，如高老夫子，社会学者陈（？）兄，是积极分子。《文学窗》开始是副刊，《夏坝风》副刊。实力派人士当然怎么看它的，我不知道，只记得当时人们口头上说的。是副刊，不是降低它，是为了好出刊，给校园添些精神文化、声音，我们都欢迎的。我现在仍然这么看。《夏坝风》从不是领导，内部几个人是好朋友，没有领导，更没有要领导他人。以后什么人主编，我也不了解。我只是一个读者与作者而已，进入一九四五年时，我就不常在校，注意力外移了。领导人回忆我，在束应人等落水而逝时，派我到重庆开记者招待会是真的，是杜栖梧（许鲁野）派我的。我在市内闻讯立即回夏坝，杜派我，我立即又去重庆。毕业同学会董华是会长。开追悼会，派我去讲话。杜子才几个月前还对我说，他印象极深，今日记忆犹新。这只是我个人的感情和对束等的认识。这里面没有什么政治领导问题，不过，杜是我与刘光同志的联系人之一。他四六年夏离沪去山东解放区，我和孙务纯、张乃刚在外滩陪他玩了一天，有相片为证，我在十来年前还翻报，分送燕凌夫妇等人。杜栖梧最后几年，对大家从无歧视，与朱语今、仓孝和（中大）、我等讨论时也是一致的。为编《南方局党史》（重庆版），他评论U.D.Y.《中导》事，有亲笔信在我处，至今未丢失。我们这些人不是主流人物，是为革命打小工的，自觉自愿的，也不是混进去的，更无谋官当领导的企图。朱雨今离沪赴港前，有一个通讯处在我处，先要找到我，才见到他。我们是三中全会后又在一起，直到他去世，住在北京医院，在去世前几天我去看他。一直坐四五个小时，因我过两天到日本开讨论会，才与他和他夫人分手。他是个十分慎重而负责的人。在五大本《南方局党史资料》的群众工作一册中，写出复旦学生杜子才、戴□□的。《重庆文史资料》第十三辑（或是"党史资料"）也讲《导报》，我们出的《号角与火种》，他讲话有记录，完全没有摆领［导］人身份；张黎群在他去世后，一直负领导责任的。我亲身接触。

我们、你，都是真的向党的，不是攀附、爬上去，是自己认识的。祝健！多保重，不必与人争什么。我们还是自己的职业单位，是党认可的。争什么！接受领导。做自己认为应做的事而已。现在老了，也不能做什么事了。

文葆上
二〇〇三年七月十日

现在精力不够，也不清楚什么时候走。我现在只有一个半任务未完：半个，是女儿尚未有对象，如年底能出阁，这半个任务就完成了。不欠人家的。一个，是自己还未死。我从来是打小工的，自愿的。现在闲中等候结束。不过，从来对应做的事，精力允许，能够做，从未偷懒。只是现在精力不允许了。

请给本哲兄一阅。问好！又上

我儿女的妈妈，已于六月四日凌晨四时一刻去世，在协和病房走的。这些年，儿女都尽了责任。我虽然在法律之外，但感谢她在"文革"对儿女负责，这她一如既往，时常去拜望，人道主义到底，对她娘家也尊重。

致陈原[1]

陈原同志： 19780710

最近身体如何？念念。

我不知您是否上班。张光炎教授工余编译了一本《英语口语成语》，已完成了初稿。他当然希望被出版社采用。现将内容提要寄奉，请发给有关编辑室同志阅处。

如果出版社已有计划，他的并不合适，即请早日由出版社直接通知他。[2] 如果想看看初稿，他本人和家庭住在新街口。亦请直接示知，为感。

致礼。

余荻同志均此致候

戴文葆

（一九七八年七月）十日晚

陈原同志： 20010314

电话总打不通，还是写信好。谢谢您给我两本好书：新语词部分，很可能有部分我还不能完全领会，文字学、语言学等我很少学习。《界外人语》已开始读，《记忆中的胡愈之》*一文，写得神采！您这些年终于克服

---

〔1〕 陈原（1918～2004），编辑出版家、语言学家。
〔2〕 陈原7月13日在此信上批示："请金尧如同志并朱党两同志处理，径复。"张光炎教授是美国西北大学医学博士，曾任南京中央大学医学院教授，时任河南医学院教授。商务印书馆1978年12月26日回复张光炎："关于您编译《英语口语成语》（小词典）一事，经研究后，考虑到我馆已经约人编写了一部英语成语辞典，编写时也参考了您在内容提要中所提的那个蓝本，目前出版力量有限，类似的内容不拟重复，故尊稿不拟列入选题计划之内。"

* 应为《记胡愈之》，1994年6月由三联书店出版。——编注

了生活上的一些不便，老当益壮，精神生产大丰收。我想过，不能用"勤奋"两个字来看您，我以为您在履行出版文化思想领导人的职责。可惜这许多年未能聆教，然而读您的书也受到教益了。您还记住我，给《联谊通讯》写稿的相关部分，总不忘给我写几句，十分感谢！拙作已请三联友人查找复印。我因屋小凌乱失收，一搬家就更乱了。容不日奉呈。

　　敬祝康吉！

文葆　拜上
（二〇〇一年）三月十四日

致杜子才[1]

子才兄： 19910305

　　回忆录[2]插图两帧：一、创刊号第一版书影；二、18号开天窗一版书影，已冲洗出来，日内送西坝河华侨公司去。

　　周科君同志集款，奔走不辞劳苦，是很负责的。有时也热心太过，当面谈论，使对方无可回旋（是我估计的情况）。我曾对他提出不必勉强，酌情收款。他也同意的。我昨天了解到，他找了倪代庚兄，收了七十元钱。他不认识代庚，先打电话，后到办公室去看他。询问何以两次《导报》集会不出席，又问重大情况，又告诉他可以申请离休，及《导报》经批准等等。代庚向他说明，另有渠道，当时也未替《导报》做什么事等。他亮出你的信来，说那么不要代庚出钱了；代庚要求看看，最后在办公室将身上七十元掏出来。我听说这情况，代庚没有一点不愿意，还说周很热心负责云云。事已如此，我觉得本不必收倪这么多钱的。情况前与周说过，集款可适可而止，不要太勉强了。但他真的十分负责，成天奔跑，是很可感。看样子，北京（连四川……）三千元大约凑到。我请他在适当时候做一个总登记，向出钱人一一汇报[3]。

　　祝好

文葆
（一九九一年）三月五日

---

〔1〕杜子才（1920～　　），复旦大学新闻系毕业，抗战胜利前后，在重庆、上海主办《中国学生导报》。
〔2〕指杜子才等作、戴文葆编《号角与火种：〈中国学生导报〉回忆录》，中国华侨出版公司1991年10月出版。
〔3〕戴文葆在《号角与火种：〈中国学生导报〉回忆录》编后记末加"编者按"："本回忆录在集稿和编辑过程中，杜子才、赵扬、周科君等同志，曾分别向《中导》老战友征询过昔日各项情况，他们是……"按复旦大学、江苏医学院等单位开列了217人姓名。

号角与火种

《中国学生导报》回忆录

杜子才　邓　平　　　等作
方　文　罗玉清

戴文葆　编

中国华侨出版公司

《号角与火种：〈中国学生导报〉回忆录》扉页，李频摄

致李中法[1]

中法： 19890405

　　收到了期待已久的《海派生活》[2]，多谢多谢！
　　杂志从外表到内容确有上海气派！真是"国内唯一高档生活文丛"！乐而不淫，艳而不妖，这个杂志编得太辛苦了。组织一篇稿子要用多少心血、力气！这是你编辑生活中值得纪念的事。向你热烈祝贺！
　　你想，我们一生中有几件值得纪念的事，值得喜欢的事呢？花了多少气力、心血，十年、二十年后，值得很高兴地提起的，又有几件？我大约是想做个健忘的阿Q，回想回想，不想谈的居多；再朝前看，前路无多，又十分疲乏，觉得太无谓了呢。
　　印制和寄发U.D.Y.拙文，花不少钱、不少气力；小虞来信也说过，我想就让你去承担吧。以后聚会，看眼下这光景，可能十分困难的了。不少人想跳出这大船了，过去执笔起草报告的才子也都想飞往黄金之邦去。我决心"革命到底"，随大船漂流和沉没了。
　　小虞几次提出要删改拙文，我是匆匆写出，有些段落考虑不周，有些人写来是用作陪衬的，我考虑不周到。我尊重她的意见，来得及，就让她改一些，她是个谨慎的人，也是因为受够了歧视而不得不谨慎的了。我倒不是因为"老革命"，什么"核心"等等，就是脸厚心宽，只说自己的话。我如脸不厚、心不宽，早就化为腐土了。我说自己愿说的话，历来就是民主个人主义者！

---

〔1〕 李中法（1921～　），上海文艺出版社编审，《故事会》《文化与生活》创刊编辑。
〔2〕《海派生活》作为"海派生活文丛"之一种于1989年2月由上海文化出版社编辑、出版、发行。16开，彩色插页24面，黑白印刷正文24面。

现在还是很忙乱,为人抬轿,无计可施!

匆就

近佳!

文葆上

一九八九年四月五日中午

中法: 19910414

您二月二十五日来信及所编杂志,都早已收到。来信一直放在案头。从一月到四月上旬,我成了发稿机器人,其他事不算,发了三部稿,一部《号角与火种:〈中国学生导报〉回忆录》,原稿四十万字以上,删下来三十四万。一部《卢沟桥事变》[1],与日本学者讨论与辩驳,是我好事的性子弄来的,讲究辩论风度,我前后改了三遍,又核对资料,找了十九张相片,正文留下八万字。一部一卷本《鲁迅选集》[2],正文三十万字左右,我又写了简单的题解和注释。结果发出去的约八十万字,其他序言、后记之类未计。都是为人作嫁,而且赶时间,赶在负责人退居二线之前好签字发出。这中间还到沈阳讲了两天。疲惫之至,无法可施。所以,也就没有及时给你去信了。真真抱歉之至!

令叔[3]译著情况,我过去不了解。那年写第一篇性学文章[4]时,出于

---

[1]《卢沟桥事变起因考论——兼与日本有关历史学者商榷》,曲家源著,中国华侨出版社1992年6月出版。

[2]《鲁迅选集》(一卷本),曾彦修、戴文葆、刘钧编,中国文联出版公司1991年12月出版。

[3] 李小峰(1897~1971),江苏江阴人,中国现代著名出版家。

[4] 戴文葆1985年5月3日撰写初稿、12月29日修改《性科学知识的传播应受重视》,后发表于《读书》1986年第3期。该文第一句说:"如果审视一下一九七九年实现历史的伟大转折以来,我国思想学术界有哪些重大的变化,打开了哪些禁区,那末,吴阶平教授主持编译审校的《性医学》一书的出版,将会被认为是重要的标志之一。"三联书店1987年重刊霭理士著、潘光旦译《性心理学》,戴文葆为责任编辑。戴为此书写了《性学 杰作 精译——〈性心理学〉潘光旦译著本评介》发表于1989年1月9日《经济日报·星期版》。

一时的刺激与反感，才匆匆动笔，查找文献很不够。玛丽·司托泼女士著作[1]，只在中山大学图书馆找到英文本。中文译本，我记得开明、朴社都出过，就是找不到，不知何故。至于令叔的笔名与译本，我都不知道。现在向您郑重提出，是否可以将你所说的三书，设法借阅；同时寄份令叔大人生平（如悼词即可）给我，我仔细阅读，为《读书》写一稿。如不太困难，请你费心代为找书，务乞见示。小峰先生事迹应该多写一点，不以鲁迅之是非为是非。（记得萧乾先生文章中说过他在北京的北新当学徒事。）《读书》现在很受嫉视，实际已没有什么惹是生非文章，当道仍不见容。我挂名为编委，亦不起作用，只能说是撰稿人。如写点旧译新谈的文章，论及出版前辈的著译，倒是合乎刊物的要求而又不触时忌的。请您设法帮助找书。经费将存着到上海来请客。

尚凡*有电话来，说你有信到，又说今日与吴强兄去找开祥，谈U.D.Y.事，非常好！我一定去张家口一趟，查看祖培交代材料，希望七八月内办到。

不赘，祝全家好！

文葆

一九九一年四月十四日

中法兄： 19930308

偶然翻到1990年《上海文化艺术报》，有一段记者敲诈硬笔书法家庞中华的事，也许你当时就知道了的。我却没有想到，庞凭硬笔书法，有这么大的发展，真是行行出状元。

上海四马路中国书店的房子，被沈立功先生买下，改为联合光盘有限

---

[1] 三联书店1988年12月据民国版新排重印［英］玛丽·卡·司托泼著、胡仲持译《结婚的爱》，戴文葆为此撰写新序（周建人旧序），以《性爱·旧译·新读》为题，发表于《读书》杂志1988年第9期。

* 指陈尚藩。——编注

公司，由香港方面与上海中国唱片厂合资经营。中国书店原有人员只留十四名。友人之女江南（42岁）可能被留用，但也说不定。她的妈妈来信，以为我认识沈先生，要求关照关照。我几乎与上海现居要位者全不相识，不知你可认识沈立功先生？便祈一询。

我刚从海南回来，只是陪爱泼斯坦到宋庆龄祖居，并游览海南；后独自留下与省方开会，替他们考虑编书。这次重游海南，看了儋耳与洋浦港；上次则未到。海南走了一圈了。在文昌时，也到高隆港和东山岭看一看。海南是有笑有哭，中路西路，有些县里老师的工资一月拖两三回发放。海口餐馆酒店座无虚席。我去剥削别人，吃人家的，只好以劳力回报[1]——当然比"文革"打扫公厕好了。

遇见尚凡、吴强、小虞，请致意。

秉恩无消息。

祝健！

文葆
一九九三年三月八日下午

中法兄：　　　　　　　　　　　　　　　　　　　　　19960915

七日来示奉悉。

纪念令叔大作，请复印一份给我，我拟商请叶再生同志主持的《出版史研究》刊登。叶本是科学出版社总编辑退下的。后去署里筹设出版发行研究所，可是时运不济，以年龄及无有力支持者的原因，连副所长也未得任命。又调至新民主主义时期出版史征集小组副职（正为王益同志），可是王氏最后申请解散这个小组，他无处可依，仍回研究所离休。在处境十分困难中，仍然奋斗，他自筹资金、稿件，编辑出版了《出版史研究》，

---

[1]《中国南海诸岛》，辛业江主编，陈克勤、张惠卿、戴文葆为副主编，海南国际新闻出版中心1996年8月出版。戴文葆为该书撰写前言《海洋的召唤》。

不定期刊，每期约180页左右，欢迎鲜为人注意的史料。我一定把你的纪念文章推荐给他刊用，这是最确切的史料，你有所辨正也很好，很必要，我想他不会拒绝的。请你就放手写，不必顾忌。今日不能以鲁迅的是非为是非。先生在某些场合是不容易侍候的人，以林语堂为例即可明白。林氏对先生喜怒均不计较，可为佐证。稿件仍请寄"人民"，我住处信不保险。

你费心主编的《家庭万用事典》[1]极好，内容十分丰富，这不容易约稿写稿，如在北京则编不成，有计划也无作者实现，你的学识、思路及与各方面的友好关系，才能编成这本真正"万用大事典"。应为你庆贺。现在极少肯吃苦做实事的人。我辈做牛做马，很有一些人不知甘苦，不予理解。我见到这类人多了，手执指挥棒，人虽下台，官僚气未脱身，还在指手画脚。这种人在我眼里，比Shat man还矮小多多，我从不予以敬重，嗤之以鼻而已。这些年就只能如此对待那班人。

每个人都要老的。我现在很少主动打电话给人，可谈的对象日渐稀少，原来的朋友也有谈不来的了。一切在变。不过我们只有我行我素，活一天，看一天书，尚友前人，可以解闷。是修炼身心，把外界尽可能推出去，不挂心上，且关心无益有害，自我保护而已。余容后续，即颂

阖第康吉！

文葆拜上
一九九六年九月十五日

我为中华名人协会编的香港一书*，三十万字，十篇文章，五个月终于结束，中间得到官方多人帮助，我也累极了。如三两月能出，一并寄您。又上

中法兄：   19961129

收到来信及胡著译书目，至谢！我至今对胡译尚未摸底。北京方面，

---

〔1〕 即《现代家庭万用事典》，上海文化出版社，1995年12月出版，责任编辑李中法、何聿光。
* 指《香港新纪元》一书。——编注

北图、北大、清华都弄清了。只有中国青年出版社（开明被该社吞下）还未去查旧目录和现存书卡片。你的信提供了一个我不知的《猪的故事》。其余二种均已复印下来。这只《猪》得先到中国青年社去找找看。走卒的生活不易，所幸我朋友多，为我解劳留心，省力不少！

我已将《香港新纪元》[1]（二十九万）发稿，现在转入《宋庆龄书信集》，把这稿整理加注完（译文已核过完成），我就和官方出版社告退了。不接受任何新任务，真正离休。现在这班人，我们如拿最后的珍贵而短促的时光去奉陪他们，太冤了！几乎三十年白白从苦难中度过，还不能安静地过几年么？自己读读书也好。我应南京"译林"之约，与其他三位友人编瞿、茅、张、胡译文（文学为主），我编胡，其他三位均有全集，只有胡散乱而无人注意。该社用"播火者丛书"名义，出赔钱货，我只好从命，明年二月交稿。目下在摸上海的底，谢谢您记住此事。我还想查上图的卡片，了解到底，一时还无头绪，请仍关注。余容后续。

阖第康吉！

过几天再续谈，先将此刊（信）付邮。又及

文葆拜上
一九九六年十一月廿九日

中法：   19970206

  今天是农历大年初一，先拜年，敬祝阖第康泰吉祥，新居安适！

  收到《上海滩》，"呆子"[2]介绍已拜读。版税无碍故交一段，遗文如

---

[1]《香港新纪元》，中华名人协会、中共北京市委宣传部、中国东方文化研究会编，人民出版社1997年3月出版。姬鹏飞、季羡林等任总顾问，执行主编：张黎群、戴文葆、叶云珠。姬鹏飞题写书名。

[2] 指李小峰。李中法在《新文学史料》2002年第1期发表《关于李小峰》。该文第一句说："鲁迅先生早年在谈到出版界状况时，曾经说过：'在唯利是图的社会里，多几个呆子是好的。'我的胞叔、北新书局的创始人和主持者，就是这样的'呆子'。"

仍存留，希望作为文坛轶事，撰文发表，至少可写一按语（即如文中所述），公之于世。这足以使以鲁公是非为是非者参阅。著译两节亦好，使人了解并非谋利书商。由于您是嫡侄，行文有顾虑，虽有一些三言两语展开，但仍有不足处。对于在"五四"新文化运动后期，传播新潮、出版名著、对新文学运动的影响、当时的作用，尚能说明分析。这方面还要加强，我看关于"五四"的回忆，北大情况的叙述，早有这个感想的。

大约尚凡已回家休养，他性急，应真正休息，摒除俗念，休养三月再检查，所谓留得青山在也。请劝慰！

俪安！令郎令媛好！

文葆拜上
一九九七年二月六日

中法兄： 19970605

来信收到，已转告范用同志。

湖南人民出版社大约赚了一点钞，给我们出一本书。我的一本叫《月是故乡明》，稍稍用以表示我在"文革"期间家乡对我的保护。其中主要是谈书的文章。这套丛书，请季羡林先生作序，我挂名为主编，顾问还是巴金、冰心和萧乾，一人一本，其中还有林海音。我未能出力。平均每人三百一十页左右。寄上我写的题记，恐怕书中印出的会删去一些也未可知。容收到书后寄请教正。

全家好！

文葆拜上
一九九七年六月五日

中法兄： 19970914

尚凡走得太早，令人痛惜！体力的情况是难测的，我越来越相信自然的力量，无法可抗御，所以对世事应推开些，保持一定距离。有关的人批评我采游离态度，从1945年不进《新华》起，虽然以后还是工作着，但总有点游离。我为名人编书，编完了事。不串门、不拜码头，就是自知平庸，不求上进，有点游离，有点距离，也就稍可保持相对的独立。我参与的事太多，结果大多失望，与我参与的想法弄得相反了，现在我还未怎么接受教训，时时警醒，还是昏糊。

我想想还是到上海来，不过要在月底下旬，许［多］事要清理一下（稿子），我招惹的杂事太多，另外，还要查体，协和大夫批评我，三个月未去了。难怪曾彦修说我，理那些无聊的人，至多将来官方送你一只花圈！我住处现在无人照管，走后半个月，大约几株西府海棠就会枯死了，可惜！

今天还有巧事，孙青青来京，说是学习什么，大约是青年团什么单位组织的，我决定今天下午五时去看她，住在西三环北路未来公寓。

我想，还得先到你们招待所住两天，才好安排。请将电话号码见告，我又找不到了。

祝好！

文葆拜上
一九九七年九月十四日

中法大兄： 19971120

在沪两月，承你全家照顾，特别是令郎出差方回，赶来文艺社创作室看我，老少情深，殊为心感！

由于在上海埋头看稿，绷得很紧，回来一有空隙，就几乎动也不想动了。这两天好多，得将全稿[1]再从头看一遍，改正一些地方，补充某些注释，又因收到美国寄来的《马海德传》将可增加五六封信。她老人家一

---

［1］ 指《宋庆龄书信集》，人民出版社1999年12月出版。

生追求民主进步，反对愚昧独断，五十年代以后所见多不赞同，晚年健康不佳，又有祖传的荨麻疹病，情绪十分不稳定。她外婆家人命运都不好，宋家（及韩家，原姓韩）的妇女老境多不好。而且"君子之泽，五世而斩"，还不到两三世，弟兄们晚景也很凄苦了。所以信中有些话，我还要斟酌，不让读者产生某些印象。而且，回来看到十五条必须备案的文件，几乎网罗一切重大政治、历史问题，真是法网严密。我不去请示，自己负责任，免得一些好舞文弄墨、乱引材料的人乱写，引起上边注意，惹出啰嗦。这是我的"天鹅之歌"，再也不给"人民"编书了。我这些年干的编辑工作，都是自己编出书来，这种事吃力担斤重，不怎么落好，一定洗手了。

寄上孙青青在京学习时，到北京大学未名湖畔给她拍的照。这人很懂事了，其衔头和她爸爸一样。中国许多方面编译人、政治、宗教以至某摊子照片，无不如此。近来经济情况堪忧，农民不卖棉花，因为卖粮也仍然是白条子居多。"吹"字当头，某些人自我感觉太好，摇头摆尾、装模作样，必定还要害死不少老百姓。上钢与宝钢合并，将又添不少下岗者。我在淮海中路上看不出怎么热闹。市区超市大约居民买主迁到市外，反而冷清一些了；我看中百九店摆的全是鞋子，没见多少人问津。

祝全家好！

文葆拜上
一九九七年十一月廿日

中法兄： 19980524

昨日上午，接范用兄电话，大约他见到过《文汇报》的几位记者，问起尚凡兄，竟一无所知，他要他们看旧报"星期座谈"周刊。范用近年很念旧，想写信给尚凡家属吧。我在沪时，曾请吴强兄陪同去华山路看看他的夫人，（儿子未见过，可能当日年纪小，名字与近况亦不详。）强兄说不要去看她，一来引起伤痛，二来说他夫人常常骂他云云。我就只好取消了，当时也没有跟你说起。你看，请先把儿子名字及通讯地点见告，另外宜不宜于写信问候，亦请告知。我好酌情转告用兄。我原说等我问明后告知。

赴美手续妥否，何时启程，念念！

全家好！

文葆拜上
一九九八年五月廿四日

中法兄： 19990418

《中国历代宰相录》收到了。付邮前包扎得非常好，因之完好无损。书印装得很好，内容也很充实，这本书有参政常备价值，特别是治乱兴国，与宰相辅佐有很大关系。我看后记，你前后提了三次修改意见，审读功夫很大。文中还有插图，寻找很费力。看了环衬上作者简历，回顾自己，白白糟蹋了许多时间，没有认真做过什么事。现在一段时期一段时期回想，简直叫不堪回首！大而［到］对国际问题的认识，小而到编辑桌上的工作，还不能仔细清算，已感到无法评估了。我最近被逼（编）一本引进外国文学（五四时期）的书，感到很难摆好，究竟写几分价值可说，题注就写不好，看看也不很合适，这是我们这一代的悲哀。想想本是罗亭而已，只有自怨了。因此，为（"译林"）编书，引起深刻的感慨，现在编书事还未结束，身心都受到损害，就是由于内心震荡不平，虚无主义思绪涌起。以后再谈，匆匆先致谢。

全家好！

文葆拜上
一九九九年四月十八日

上月在南京开会，中间去了扬州一趟，拍了一张表面像很健康的相片，寄呈供一笑。又上中法兄：
19990630

　　谢谢你！收到《赵家璧先生纪念集》。上次信收到后，才得知是家属出钱才得出书的，心中感慨甚多！（我这几年不好，由于自身经历较多，常有不少感慨，遇事他人无甚感觉，而我的神经不知何以如此脆弱，触动不与人同。因而不免惹了多少苦恼，费力抑制自己；尽量少说，然恶习不改，有时还在会上讽喻骂人，反正我离死不远，也早应该长眠休息的了。）

　　由于多次感受的刺激或不经意的受搞动情怀，这几年特别影响健康，休息不好。我自身（纯个人）已无任何不满足。我国知识分子所有的恩遇，我是应有尽有的，今日还有虚名在身，好像头上有着不太亮的光圈似的。可我受不了而又忍受着外在诸多方面的刺激。现在是1999，三个"9"简直是幸会，从未想到会过到999，实在总觉得还在"□900"，大约神经有病，可悲之至！然而我的形象是快乐的。坚决希望到最后人家看见我的仍是快乐的。虽然现在又添病了。

　　这大半年来，我内心不安宁。我个人是被认为"功成名就"了，人家这样看的。我也感谢这二十年，我未想到二十年，没有这二十年就白白到世上来了；当然最后也仍是与草木同腐，化为乌有，不过总算喘了一口气。这大半年之所以不安宁，休息不好，一觉睡觉，中间还要有三四十分钟想起压在心上的事，然后才又入睡。问题是多面的：首先，我的工作方法、思路与现时出版体制、实况不合，我至今仍被牵制在内；虽然退了几年，出版社还鬼魂不散。这是公事。我虽几乎不看报，然我毕竟是报人，在"小骂大帮忙"报里待过，写社评、编新闻、用外国电，流毒至今还在我身上存着。看到小老义和团跳跃说不出悲喜。老乡，在老家亲属几乎陷于绝境，她们向来是伸手牌人物，现在手伸得更勤了，而且下一代也跟上了。还有周围有些不得不接触的人，越来越坏越可气，尽可能疏离。不幸，我在一个小圈子里又是"大忙人"，苦恼不堪，影响健康，不能不折寿了。反正也是多余的人了，越折越好，没意思了。虑信过重，下次再写。附上三月在扬州瘦西湖相片一张，以当面晤，按这表象还要受两年罪的。不固执，仍要说几句。

阖第康泰！

文葆拜上
一九九九年六月卅日

中法兄： 19991231

您收到此信时，已进入千禧之年。邮局承诺盖上一九九九年十二月三十一日深夜世纪之交时的邮戳以为纪念。我谨向您阖第敬祝康泰幸福、健康吉祥！

我们经历了可怕的二十世纪，尤其是"九·一八"后的几十年，能听到二〇〇〇年来到的钟声，实在是难得之至！制造苦难者绝未想到我们这些知识者能到今日还算健旺地活着，一家老少都还欢喜地迎接千禧年啊！

一九九九年对于我是劳碌、小病，居处不宁之年。现在应说吉庆话，我取得的唯一成果，写了一点文章之外，编辑出版了《播火者译丛·胡愈之译文集》八十万字，在七月下旬特异高温，持续42℃中，写成一万八千字的编后记[1]，其中有一点点小小的新见。人家说我是工作狂，那也就是给我的回报吧！

再次敬祝您全家吉祥平安！

我们难忘、欢快的友谊六十年，可喜可庆！

戴文葆拜上
一九九九年十二月卅一日

中法兄： 20000115

新年来函拜悉。

---

〔1〕发表于《出版广角》1999年第5期。

希文兄大约理解有误，并非咳血，但如［不］治疗和医治，会成为咳血。由于我多年时患感冒，同时由于性急，冬天也大汗淋漓，接一个较长的电话也会背湿，极易感冒。感冒是不可轻视的，在内部引起肺支气管扩张，肺的呼吸功能就是各支气管共同组成的。我少时在苏北环境中虽穿得暖和，呼吸仍为寒气所侵，当年即有支气管炎，一冬常服"克罗梭提"，四〇年到上海后逐渐变好。这许多年受许多外感刺激，加之体力日衰，这二十年又常患感冒。当采购员时，南北奔波，却未发作，也是上帝怜惜之恩。这种支气管类，成为肺支气管炎，咳嗽多，震动支气管，偶尔破裂，便会出血。支气管细微，破裂不能复原，所以应加强防范。我平时注意服药清肺治咳，每天吃不少药，且从九月起三个月内，服法国进口（其实在中国制造）"必思添"，每个月服八天，甚有效，可防外感免咳。我这些年机构老化，大约逐渐不可救药，有时仍会咳嗽。去年三四月后，为友人所逼，替"译林"（南京）编《胡愈之译文集》八十万字；他为编瞿秋白、张闻天、沈雁冰译文，亦八十万左右。这三位都有辑集，张闻天（洛甫）虽未出过译文，但友人程中原这二十年专门研究张，早有准备，且有张夫人刘英（现年九十四）在世，尚健康，辑译文较易，程在邓研究所（"当代中国"）工作，环境亦好，其余友人在中共中央党史研究室与现代文学馆。南京大学叶子铭教授卧病数年，有研究生代劳。只是胡自己一辈子为人出书，而个人很少编成专书。这个难题留给我，使我编过四十余万字出版文集（1949—1980），又搜集大量四九年前文章，对译文虽未注意，大体知道。这可坏了，逼我就范时，我漫应之而已，他们当真，等他们弄得差不多了，去年三四月正式催我，这可坏了，我一人拖了大家。胡绳序已写好（替他写的），刘英又找江泽民题了字。这套"播火者译丛"四人译，各八十万字。我的八十万，手边几乎太少译文，这还是比较有意义的工作，因为"五四"前后新文学运动中，人们大多不知道年轻的胡出力最多，在上海支持文学研究会，编了几种文学刊物，只有沈雁冰了解，他本人向来做了事不说，且十八岁入"商务"就先做翻译工作，又学世界语，译了几百万字东西，有的有价值，是［有］的应付《东方杂志》需要，翻译史、文学史几乎没有人论及，北大钱理群等论著也没见他名字，社科院文学所张大明等文学史只提过一次，而论证有误。我幸亏朋友热忱相助，由我说出笔名多种，期刊几种，有的是原文题目，承友人在图书馆内找出原刊，由馆内代印，上海、北京、广州、香港，乃至淮阴（我了解有刊物）当地图书馆内友人代为查出复印，否则我就成"黄牛"了。

我终于收集了约二百万字，只有《中学生》上一篇译文未见，也就不找了。还找到纪念《东方杂志》二十周年的《东方文库》五十册左右（原八十一册），将译、著得以分清（当时人是译编为多，且不注明），我费了极大功夫，即《西行漫记》我与胡家（仲持子女）往来探讨，有的她（他）们少时目睹，能说出内幕，梅益老先生都不了解不记得，我终于弄清了译者多人。还有版本问题，新文学也有个版本问题（郭沫若《女神》就改了又改），胡的译文集《东方寓言集》在开明后改为《寓言的寓言》（叶老为改版写长序）。我费了大力，在友人帮助下终于选编了八十万字，且有考证，有几小点新见，作为贡献了。写成一万八千字（注三十几条）编后记。我已考虑今天人买书，无人阅读，便先在广西《出版广角》分两期发表，此书在出版界、文学界颇受重视，估计《新华文摘》也会用的，算是我的力气没白费，结果《中华读书报》等乃至重点小报也有小报道。我个人在七月持续高温中吃了大苦。七月初在怀柔为国家图书奖初评时，我受凉（晚睡早起）吐了一次鲜血，鲜红鲜红，回来做了CT，协和认为无碍，只是告诫不能再受外感，支气管不能复原，不能发展。都是我好胜显名的直接结果，我若干年来不服气，就是要"显派"（北京土话），实际一些狗东西也说不出什么来了，以此与他们"较真"无用，只是自己吃苦受害了。下次再写，先行付邮。这多年弄得我"金玉其外"，实际困苦之至，我还装"好汉"！请释念！谢谢！

葆上

二〇〇〇年元月十五日

下周末再跟您谈后一半。又上

中法兄： 20000317

　　日前获得来书，知开祥无恙，太喜！我们都入老境，不可掌握了。我近一周已见好，说话、行路不感十分吃力。我对生死观有些认识，历经风雨，能看到千禧年，永远健康与万寿无疆者流，而今安在？

　　寄上《读书》三期拙作[1]，请指教。金冲及比我们迟多年，然与我多年友好，我很钦佩这人。他在"上海人民"出了书[2]，与上海人民社一齐希望我予以介绍，而且要投给《读书》，我自1992年后即辞掉编委名义，次年即向署申明，回"人民"去。后来的主编们，号称"新左派"，我求安，减少与外人接触，因而一无关系。此次由于上海推动，该刊看在老作者关系上予以接纳，颇感意外。这《崛起》我看了四遍，考虑作者、出版者、《读书》形象、读者看法及我本人一贯行文态度，又准备了另外发表的后路，才吞吞吐吐写成，其中穿插了寓言式的写法，弄得我甚为难。然而为了友谊（包括胡绳武在内），花一个月时间写出。我想您不知认识金否？他的位置，不能不"保持一致"，我只能拣我好写的说，多少年不想写这种政治文章，还应感谢《读书》，让我重作冯妇。现在老了，更觉得做人处世更难办了，活着太不容易，走一步都要看看才举足。与您相处几十年，多少乱事，现在我竟如此作想，奇怪不？

　　我五月间要迁居，稍好于现状，但也是一次被掠夺！不过，这都是对老干部的特殊礼遇哩！等住定，再告新址。不赘。全家好！

文葆拜上
二〇〇〇年三月十七日

---

[1] 戴文葆在《读书》2000年第3期发表《反思百年》，在《出版科学》2000年第2期发表《反思百年　展示未来——金冲及著〈二十世纪中国的崛起〉》。

[2] 指《二十世纪中国的崛起》，上海人民出版社1999年9月出版。

中法兄： 20010206

　　每年春节都要去给张师母[1]拜年。今年她老人家约我们几人一同去，赏一顿饭。吴佟（吴国英）、郑兰荪（空军）、何建章（经济学家）和我四人都去，我们正好是45年、46年、47年、48年。郑是空军政委，何曾任社会学所所长。大家友谊第一。我与吴佟还有些接触，他从外文局《中国建设》退下，泰国华侨。我多洗了几张，寄两张给您，张师母不容易，今年九十二了，之一也不错，在地质博物馆返聘，本是秘书长。

　　我近两月很不好，支气管炎，气短胸闷，几乎在全休中，我要搬一次家，赶上末班车，要改善一些。等稍好一点再告。祝全家好！

文葆拜上
二〇〇一年二月六日

中法： 20010405

　　自从搬迁以来，由于所处地方，发信、复印、交通都不大方便，书籍虽淘汰一部分，还很不够，乱七八糟上架又不容易找，还没有精神彻底整理，加之呼吸不很顺畅，且易感受外界信息的刺激，颇不高兴。其实，与我无关，我不高兴是多余的闲话，在孤岛时代，在上海就做过亡国奴，变成次殖民地又何妨！这是我民族主义在作祟罢了。

　　不想做什么，还是找些书看看，逃到书里，尚友古人，自我陶醉。我最近读到的一部觉得最好的书，是北新书局一九三三年出版的陈子展的《中国文学史讲话》上、中、下三册。发行人为李志云，想来是您叔辈了吧？当时书局总发行所在"上海四马路中市"，这"中市"是否约在福建路东边一些？您看过这书吗？我读来甚为快慰，陈先生研究《诗经》是有印象，现在读这部《文学史讲话》，更为钦佩，许多观点，明白晓畅、要言不烦，只有几句话，读来受用。文风又好，真正是讲话。其中有些点

---

[1] 娄朗怀（1908～2001），张明养夫人。

评,是很进步的,无怪乎三十年代和陈望道、鲁迅等一班先进人物交游。我在夏坝是注意了他,可是只旁听过一回课,他的湖南话又啰嗦,以后就没兴趣。然而是同情他的生活,只有一个还不懂事的小女孩跟着他,不知他家有什么人,看来生活很苦,我当时年轻,不能体会三十年代在风雨激荡中的学者生存条件和其后在战乱中的遭受。而且前几年才知道,他老人家也被打成右派的,我不知他晚年的结局,令人叹息!我反复读《讲话》几遍,竟萌生了将其整理一过,只是订正几个文字,有的地方找出原书略微加点小注,以助了解,再一段出版说明介绍,给大学生看看,比现在意识形态支配下的文学史,给人更多的知识和启发。不过,我只是想想而已,爱不释手,并不可能接洽个什么出版社重印它,可惜!您知道什么情况(当年的),便中见示。

另有一事,我藏有你给我的令叔所作《北新书局与鲁迅》一文,还有您写的令叔传略,收存很多年了。现在我想设法将《……与鲁迅》发表,您能写一段按语最好。宋原放从前办过《出版史料》,被后来局里卡倒,书(刊)号让给倪墨炎出《书城》,他一直不平,我们也觉可惜。偌大的上海,容不下一份《出版史料》,这也就是一篇出版史料的文章了。上海解放之初,我在《大公报》时就到他人民社去开过会,一派"领导一切"的风度,我们是私营企业,坐在桌旁听讲而已。到他放下出版局印章,才主动和我有些接触,会见交谈。不过我往往怕这种来自解放区的小官。他至今在上海竟没有什么编辑人帮他做点事,也不让他做什么事。这两三年见面总谈过去的《出版史料》,愤愤不平,我们也同情。现经王仿子(民进兼中共)向民进进言,该会的"开明出版社"愿意复刊这《史料》,不过还无刊号,拟用书号,在今年内出二期,将来争取刊号再说。我就想可否将《……与鲁迅》给该刊?您在上海与宋有些往来么?印象如何?《……与鲁迅》一文,你处有底稿么?发表过没有?是否我复印一份寄上?这些情况,也请便中见示。并不急,我在观望。

我感觉,元朝末年,天下大乱,从《朱元璋传》里看出乱的劲头,蒙古皇族贵族们还互相斗争，看看元末史事令人深思。像我这样，也在既得利益行列之中，颇得不少人民血汗钱，可以休矣，死而无憾了，不必再如考状元一样伏案拼命了。

昨晚才从外面开会回来，我去开会也只是做做样子、捧捧场，我不添乱，所以都优待我（我不向单位报销）。不过开会又如上学校，早中晚都有时间规定，又要与不少人谈谈话，觉得累。再者有些人情况一点不清楚，说不出什么话，虽住四星级宾馆，也很苦。再谈吧，祝康强！

文葆拜上
二〇〇一年四月五日

中法兄： 20020209

昨日上一函，计程已达。昨天去人文社时，我事先写了一封信，怕见不到人。今天上午又去新文学史料杂志社，果然责任编辑已经见到信。他告诉我，原编者把稿子第一人称的与第三人称的都编在一起，他发稿时将它们分开。您向他们提出的事，他认为很重要，不过他没有明确的印象，现在今年第一期[1]已经印好，不日编辑部就会见到，他一定仔细查看（好像没有印象了呢），并表示谢谢。

关于褚的职务、宗教和以后投敌，我在信中已经写明，今天上午又说了一次，他觉得应该注意。

我们虽在一个四合院，但近两年几乎极少去后楼了，这位责编好像姓徐，虽年轻，但说话负责，不是草草了事的态度。知注谨闻。

祝新春好！

文葆上
二〇〇二年元月初八日

---

〔1〕《新文学史料》2002年第1期发表了李中法的《关于李小峰》。

悼念活动，进一步唤醒了国统区千千万万个热血青年，他们在党的领导下掀起了一个反内战、争民主、反饥饿、反迫害的浪潮，革命斗争风起云涌，退延异常，以不可阻挡之势，强烈地撼着蒋家王朝。

雪泥鸿爪，尘缘留记。

静之老兄保青年好友，老大哥与南方局刘老同志经常联系，今在昆明养老。五七年上书经委万言乃调往云南设计院工作。此文为纪念民盟五十周年的作。载群言出版社《我与民盟》书中。

1925年大革命时，共产党员为国民党少壮部；1943年后则支持民盟民间活动。奉呈中法兄 便览

二〇〇一年七月七日于北京

戴文葆致李中法

中法：					20021118

　　《中华读书报》记者来访（该报常登她的报道），要我为该报预定的专文《寻找出版人》讲几句话，这个专题极具思想性、迫切性，但又颇易引起批评，我已离休几年，现又有点顽疾，不想言出其位。（我保守呀！）但这位来访的小姐，我读过她好多新闻报道，虽是初会，但有很深印象。我先对她说，这个题目很容易得罪现时许多年轻貌美的出版人呀！她还是要我说说，当时我正在协和连续检查，几位内、外科专家都很关心我，为我珍惜生命，我也十分（仍然）关注学术文化的生命，只得同意约定时间讲几句"心语"吧。寄上所放言的短语，原载本年11月13日该报，为长篇报道的其中一节[1]，我过去说过的话，如好几年前在"东方之子"[2]中所说的几句，就不能重复了！少说为佳！离开！

　　祝健康！

二〇〇二年十一月十八日

中法兄：					20030819

　　收到了您看到我寄上一份文献的信，这保存很久了，当时朱语今任中国青年出版社社长、书记；张黎群任中纪委党员教育室主任、社科院青少年研究所所长，后来任青少年犯罪问题研究所（与公安部合办）；黎智任

---

〔1〕 舒晋瑜《寻找出版人》发表于2002年11月13日《中华读书报》。戴文葆发表的访谈是："目前出版界存在的主要问题是出版理念不清。过去老一辈的出版人，出版图书就是为了弘扬学术、发展学术、普及知识，比如张元济、邹韬奋、胡愈之。现在的出版，首先看订数，如果你对订数没有把握，很可能选题就不被通过。我们不是不需要订数，不是不需要利润，否则不能扩大规模。但是对出版人来说，为什么出版，怎么出版，出版为了谁，必须明确。这些年我们不断地评选优秀出版社、优秀出版物，都是在推动产生优秀的出版人。我们必须对读者负责，不能为了赚钱走歪门邪道，首先，出版人必须从学术、文化上着眼；二是在加工整理上要对读者负责，同时作者也要为读者负责；三、印刷工作要做好。我们要出版不同层次的出版物，丰富人的生活，把有情趣的、有知识的作品介绍给读者。"
〔2〕 1997年8月19日，中央电视台"东方之子"节目访谈戴文葆。

武汉市委书记，他是最后到南方局青年组的。现在他们三人都飞升云霄了。当年写这份报告时，为《中国学生导报》办离休的全体决定。而这份报告申明了我们都是"据点"成员。"据点"名字，是周恩来决定的。"据点"成员只是皖南事变后当作共产党员使用的人的代名词而已。这同时也是为"据点"成员"备案"罢了。要那些人承认么？他们起什么作用？我们现在何必要求他们呢？

您说他们（后来的人，在我名字之后的人）在排斥我，是这样的，但又不能不了解的。这根本已没有意义和作用了。在重庆出版社出版的《中共中央南方局党员资料》五大本上，第四册也有杜子才与我两个复旦学生的名字。这也没有什么用处了。我们都是被认定的，在上级组织部都已承认了的，我算是42年2月起参加工作罢了。

……其实我们当年年轻幼稚、报国心切、认识浅薄，客观现象还未明朗暴露，谈不上后悔，是自投罗网，遇人不淑，不只是简单的"后悔"而已。现在要和那几个抱住芦柴一支当金棍子的人争什么呢！我之所以现在才拿出来，又复印了杜给我的信，只是我们认为这都是无用的纸片一张罢了。您想得好，我们在相聚相处中还是表示了正常的应有的态度的。您提小孙，小孙真冤，在干校劳动中倒在水沟中死去的！之所以他夫人根本不需什么平反之类空话；小青所以在宗教界有个地位，也是补偿务纯的，——补偿得了么？！就补偿就好了么？否则也没有法对待了，怎么能洗尽干净身子呢！我庆幸的是未当过一把手，当过官，手上没有沾着别人的血，没有欺压过同人而已。这些都不用谈了，谈有什么用？所以也不跟那几个当面争，争多寒碜，更卑下了。往事不堪回首！提也不必提了！王若飞当时也是这么定的。

我现在身体没有什么坏的感觉，自己的个（人）感觉；不是科学检查器械的结论，是唯心的，是我心情坦认的罢了。我的心态较好，不计较，不苦思，自得其乐地在做反思回顾工作，主要是对自己在CPI之下六十年刻苦的工作，想想有什么错误，政治上、学术上、友朋间……十多年前写过一篇短文,在《书屋》创刊时当一个"菲礼"祝贺[1],随后引起《光明日报》一位女记者、副刊编辑在三版头条写出标题文章,大约叫"戴先生,向你鞠躬……"[2]我认为过分了,总编辑怎么不改!当时算是广为传布了。大约有的人不肯认错,我坦白说我有错(月份错了)。现在进行比较全面的自剖,但也有困难,怕涉及他人及T先生。不多写,手吃力,身体不太好,但中医把脉,心、肺都还平常。再谈,祝全家好!

文葆拜上
二〇〇三年八月十九上午

中法兄: 20031205

很快又是一年了,今年说不上做了什么事情。

吴强兄返沪后,想必会和您谈到我,我也就来写信一叙。他后来来信,说您到东安新村他家去过,临别时见到您踏车而去,健行自如,十分欣慰佩服的。

我最近还未安顿下来,未能全日整理淘汰书籍笔记,杂事相扰,颇以为烦。淘汰书以现有四壁书架解放为度,笔记则需一份份看过,有的要撕毁,有的还可备忘。一生为书所误,无可奈何。倪墨炎同志办《书城》时,来信说一定要称《书城杂志》,否则上海人会当作"输成"了。我们是输成了的。无怪乎小孙的爱人对什么平反之类一点不感兴趣。

最近将集中力量整顿书报笔记,好分大类上架,然后看明年春节后可

---

[1] 1995年8月,《书屋》创刊。戴文葆在创刊号发表《我的菲礼》。该文开头说:"湘湖同行锐意改革机关刊物,近两年来,决定以新面貌与行业内外读者相见。《书屋》创刊前,承多次催促写稿。我将如何庆贺湘江上的宁馨儿出世呢?我想,不妨讲讲我近年来工作中的失误,作为我诚挚的献礼——尽管是丑陋的菲礼。"此文1994年元月26日初稿,12月24日改定。后收入《月是故乡明》。

[2] 马宝珠在1995年10月5日《光明日报》发表《向文葆先生鞠躬》。当月12日,戴文葆复信马宝珠,写了两千多字。马宝珠又撰文《我如生存,我当严肃对待工作》。马的两文均收入《中国当代记者随笔·河心帆影——马宝珠随笔》,东方出版中心1997年1月出版。

否做点什么。目下主要是看不少事心烦,受外界乱七八糟影响,还是尘缘未尽,受关心国事的劣根性影响。我还是感触太多,性情暴躁,所以无法写出那种平淡自然的清丽小品,行文都藏火气,没法改了。明年的计划是收心,写点不受外边影响的文章,这很难,逐步改。目前还是不得安宁,躲不起来。官家要应付,不过已拒绝再评职称、评书之类,徒劳无益。单位尽可能少去,不惹出版社事,不看什么文件,去取信报即走。入冬以来,只有一回外感,大睡四五日,只是家中不大安静,我虽不过问,也要应付。幸好杨进给我挡住一些事,我出钞求安罢了。

和平里是大居民区,主要部分还是贫民窟,生活设施太少,文化更谈不上,小邮局既远又狭窄,复印地点少,连买个火烧油条附近也没有,对我的日常生活太不方便。这是北京旧城外的东北角,二环路北边,经常塞车,我免于早上外出,到十点以后吃早饭,下晚回来用晚餐,马马虎虎尽力适应,这总比"文革"中好千百万倍了。有了一条命,又有宽敞一点住处,也算是既得利益者群中人了,现在一般百姓困难日增,来日方不知如何呢!这四个月只是偶尔翻一点书看看,没有做任何具体事。六月间就把人民社的事完成结束了,不再接受任何新工作。十月间,只给《今日东方》写一千字,还是邻居所逼,不好谢绝。今年尽情整理书籍、笔记,好淘汰一部分,能粗粗分类上架容纳即行,现在已经看不了几年书,也不可能做什么研究,收缩战线,酌情做一点什么。主要是精力不够,时常欲睡,不能振奋。也不考状元,尽可能休息几个月再说。现在不好写什么,内部居然反对多元文化倾向。我处在一个比较特殊环境中,不能不注意言行,何况我已日益老迈衰朽,来日无多,不能惹是生非、祸延子孙了。我们已尽了应尽的历史责任,可以毫不脸红地说,对得起祖宗和后世了。我现在求安,整顿好居处,明年开春看些书,考虑另写点什么,民不畏死,大乱之前瞑目最好不过,我要尽可能把居处环境弄安全些,我好读书,乃至写点什么。孩子他(她)们应自爱自强,我只有听之任之,家事不拖后腿就行了。您也要保重,毕竟老了,雄心与体力有个限度的。

新年快到，祝阖第康泰！

文葆再拜
二〇〇三年十二月五日

中法：　　　　　　　　　　　　　　　　20040125

今天是正月初四，我发的关于U.D.Y"调查报告"的信，估计可能收到了，这位报告作者，后来曾知道名姓，我不记得，现在说不出来，供您推测。我已有八天不出门，其中两天是车在门前才上车，回来也是登车的。

李济生写巴金与出版社，他不能体会巴金的苦心，我翻阅一过，他只注重文学类，不叙述1949年后巴老苦心为新政权服务。在1949年8月，周恩来就提出为新政治、新经济服务。巴金当时的"平明"，具体帮他组稿是黄裳、潘际坰，首先是"新时代文丛"，到1951年底已出了两辑；还有"新中国文艺丛书"，靳以编，到1951年11月已出了六种。到1953年，"新时代文丛"已出了三辑。巴金本人在人民文学出版社1953年2月出了《生活在英雄们的中间》，第一篇是《我们会见了彭德怀司令员》，抗美援朝战争已打了三年，巴金到了朝鲜前线了。也有平明出的"新中国文艺丛书"，1951年10月就出了《缴契》，反映土改的。还应提到我，1951年初我去北京之前，巴老、潘、黄为我出了两本书：《中国，走在前面》《刽子手麦克阿瑟》，当时已签了合同，拿到稿费。最后我记忆深刻的，是巴老为我亲自看了校样，原稿都是报上登了的，我听了立刻汗流浃背。潘后来在香港《大公报·大公国》发表札记，说到巴老当时颇喜欢我写的像翻译的洋文情调文字。文丛中巴老自作、自编的好多种，我现在还留着十几本，是潘给我的。到上世纪90年代，巴金答我六条问题的李小林笔录寄来，有出版史、他为什么当编辑的答复，这次百年大庆，我未赶热闹发表，因为我必须不能忘记是老潘为我亲手当面交给巴金，他后来在杭州休养时，在赴富春江的船上——口头作答，女儿在旁记录，当时嘱我不必急于发表。这次百年大庆是喜事，我不能不提到潘际炯，潘已于前四五年去世了，我怕不对不对不起（原文如此——编者注）际炯，提了巴金伤怀。反正以后等等发表才对。

曹起龙讲到的"王殊"，是原来新华社驻西德记者，他报道了西德总理（一时忘记了这个人名字），引起毛的注意。我们当时在49年后天天骂他，跟着苏联叫骂，毛别具眼光，大为赏识王殊，从此一路上升，到外交部副部长。我早认识他，在孤岛时代，比我迟一年多，1942年暑天，考上复旦的。我后来在前中宣部副部长主持的"世界观察研究所"认识了他，每次开讨论会都见过。其人有点日本学者风格，总是尊重前辈同学，对我颇亲近，见面交谈。但感谢毛，他不忘本哩。这些年研究所难开会，未见过了。

我从来不赶热闹，也不准备写一千五百字，投稿介绍与补订李济生这本书，他只侧重文学书也对。但不应忘记巴老多拥护中共啊！李大钊当年移棺下葬到万安公墓时，巴老在京也在送葬行列中。当时可能安那其思想还浓厚的。我没有必要讲李济生的书。谢谢！巴老为我出的两本书，《麦》较厚，《中国……》薄，都不见了。

我偶尔翻找 U.D.Y 朋友的书信，但因找出来怕又不好收存，已暂缓，现（先）干他事。

这一阵，写过给吴强兄函，也写过给小虞信，有一天晚上信笔写了五页，未完，第二天撕了，怕得罪她，叫她应多想自己，保重自己，不要牵扯他人，就是不必关心儿孙事惹气，后来再思，就撕了，另写二页寄去。久未写信［给］她，不要说会惹她生气的事。给开祥写了信，他恐怕我又住院，以前两月来过信。给熏华回了信，给欧阳梅仙回了电话，在上海（97年）见过她几次（早餐会），还是个很天真的女孩样子，可贵！她爱人是肺病号。不失其赤子之心，极不易。重庆老同学一直有信，搁久未回，这次过年一一回信。政治系范首民同学，U.D.Y 的，现在老年糊涂了，电话里说不清，他孙女在人民大学体育部工作。我写了信，老了真可怕。总想到尚凡、阿茅，不好写信。上海科技社有一位安春杰，大约是青年，寄

《刽子手麦克阿瑟》与《中国，走在前面》书影

来贺卡，我不记得见过，但他在贺卡上写了几句诗（白话），我就对他讲讲阿茅了。还给上海高级法院院长回了一信。

现在眼睛虽好多，但苦涩，看书还可，写字费劲，写不好。作文更苦，不写。"文革"中写的稿子，最近可能发表一篇，抄的书还被收藏，容后再说。

祝新年好，健康第一！我容易暴怒，是大缺点，脾气不好，感慨多，正力戒以自保健康！涵养不够是大病。

文葆拜上
二〇〇四年一月二十五日

中法兄： 20040403

近二三年来，我的感触颇多，理性醒悟随之。上月间，亲闻韬奋和他的事业，为人掳掠窃据支解，缺人猛省切实关注。同时接读三月廿八日来示，为我建议考虑个人善后，衷心感激之至！

所言之事，现今可遇而不可求，安排尤难。兄已多次叮嘱，绝非废话！目前我的绝症尚无发展，揩手四顾，自当及时密切思考，惟求天假以年，得做最低限度的处置才好。人事难处，恶人日渐增多，幸会甚难，不同于购买可口糕点，只好听命。目前已着手整理旧稿，希望能出两三本书，结束笔耕，解甲归田，怎么办好，仍无规划。先此奉复，以释远念，并盼不时赐言，以开茅塞。时不我待，奋起图之，不尽欲言。

匆促不赘，敬祝时祺！

文葆合十再拜
二〇〇四年四月三日凌晨五时一刻

杨绛，女才子，高年三去二，孑然独存，尚在《南方周末》于三月三十一日写了给《文汇读书》的几句话，题为《不官不商有书香》，是为生活·读书·新知而作的惜别也。老太太有心人耳。

中法：　　　　　　　　　　　　　　　　　　　　20041018

  在这许多年还保持通讯谈心关系的人，最突出的就是您了。我们在大学中从相识到结交，到共同为系内墙报工作，增加相互认识、了解的过程，而不为传说诋毁所动，终于成为彼此的好友，这是我青年学生时代，服务社会，在中国动乱中仍能坚定地相待，这是一个历史过程，也是独立思考的过程。您比我年长，［是］社会政治经历、观察多得多的好友。我们都过八十岁了，我也经过苦难、坎坷、下放等等劫难，我始终以我的眼睛冷静观看周边世界，而至建立 U.D.Y. 这样共产党的外围进步青年团体，在上世纪四十年代内（一直到六十、七十年代不动摇），始终从事进步活动不改，即使有时不被了解、认知，也不灰心，从而考验了我们的友谊。孔子说"人不知而不愠"，我们就是这样缔交的。我的交谊不是做给谁看的，是自动、自觉开始的。我们都老了，前路不太长，多少比我们高明千百倍的人，往往没有得到比较正确的对待，我们是凭自己的眼睛、内心和脚步向前迈进，对得起自己读过的书，对得起我们钦佩的老师，对得起我们几十年间获得的工作机会，对得起还了解我们、为我们说话、安置我们生活的人。有些好友，因为性别关系，不可能有我们这样亲密无疑，但一点也不减损我们的友谊的。许多朋友先我们而去了，没有看到我们在劫难、颠沛、病痛、被人蔑视中生活（我甚至类似讨饭的生活），相信有不少人看不起我们，我们不求人看得起，只要问心无愧，不玷污苦中好朋友、好老师及自己的职业活动就成了。我们不仅用脚、腿走路，更要用自己的双眼、一副脑、一颗心、一片热忱、满怀对祖国与人民的爱，来支持我们衰弱的身体向前走，可以自豪地说，我们没有迷路！

  因为近来全面复查了我的健康问题，虽不是很健康，我却是不迷信协和这种大医院，这个医院从创立经历"改造"到接受共产党领导也有个过程，是了不起的历史过程，他们其中有不少大夫受过美国教育，可能在四九年后也有过苦难、误解，但终能服务到死，个别人在谈病过程中我认识了，虽不能深谈，也受到一点点启发、感受，对我也有益。可我不能全敬佩今天的协和。以上是我今天凌晨起床后，做一点生活琐事，吃药、解手等等的平常的事的感想，才执笔向您倾吐的。我虽然老朽，无势无权，还能有真正的年轻人，有发达可能的人，还对我有感情、惦念我。甚至在今日已是高官，又受到中央重视而送往英国培养的快五十岁的人（和我儿子同年），即远渡重洋，到最老的民主法治的国家去了几个月了，在中秋节看月亮时，（外国的月亮比中国的月亮圆么？）还惦记我。我受到激励，想再活几年，看到他们能贡献给祖国，为国振兴出力！他已为我国效劳多年，在效劳中有极大进步，在上海获得良好的群众印象（这最宝贵！），同时也得到清醒的官方人士的好印象。这八九天，我断续在医院详细复查。有人还不理解我，讥讽我，一定要找到癌细胞，因为有时从五点起床后出去挂号到下午五点才回来。中午在候诊室坐着闭眼休息，完全为自己了解身体情况，不焦不虑，不自卑，也不自大，确有天降大任于斯人之感想，我早就没有任何物质的、精神的企求了！我只求对得起父母、师长、友朋、少数领导，给予职业工作就够了！

您给我寄来黄克的信，他病了多年，还记得我们吸引他能［参］加U.D.Y.的进步活动，也是一种鼓励，虽然我们、你已经给他写了证明，是应该的。我也将去给他写一简单的信安慰他。昨天下午四点从医院出来，在东四邮局发一电报至成都，敬挽张希文（马骏）匆匆离世，又函王火为我安慰他的家属。希文这几年在病中挣扎，是个有良心的朋友，八十年［代］我应约去成都编《鲁迅选集》，交谈，我的单位还和他讲我等等，给我印象很深。人世毕竟太苦，好人多受折磨，现在信手写的感想给您，我已连续写几封信给您了，不必回信。多好的阿茅呀！他被迫害而逝了，多叫人痛心；鸾生也在最后受多大痛苦呀！上帝这东西多残忍！迫害这个热忱而愚昧的女同学！令人伤感！

不能再写了，写了（未完）。手无力。这些年为维护我身体健康，不断挣扎、请教、选择、忍受……［与］我几十年维护思想健康一样的。以后再谈吧。

文葆上
二〇〇四年十月十八日

中法：   20041205

　　关于了解祖培的详细工作生活情况，可以奉告，应该承认失败了，我也可以不到张家口去观赏"大好河山"的门额了。但是没法中仍有小法，就是我跟当年在那里与祖培有接触，而且祖培赴省会（保定）开会，有时住到蒋曙晨同志宿舍，与蒋颇投合，蒙蒋答应我以后谈个简况，我想今后必要时请他谈，乃至烦他写五六百字。然而祖培夫人，十五六年前，我访问过包括石家庄在内五个机关，均系讹传，回答我问题的人，实际并不确知其去向。祖培与你我相交莫逆，然而后辈竟不知其去向与夫人下落，思之哀痛。

　　近月来，我有时虽入梦境，而睡眠多不足，约五六小时左右，说明陷入老境日深了，尽可能在日间稍补而已。同时，尽可能不同意来舍漫谈，更不再"为人作'假'"，我干的事多无聊，顺应环境所求才可助人，不必了！今后不会再做什么，无力承担！

　　近半年来，由于我较平静而有闲，越来越感到社会人群中鬼怪日增，越来越多的人（也算是人！）公然不顾脸了。不能说就不要脸，脸还是要的，只是多用脂粉涂抹罢了。我辈之所以曾适合有些人需要，是可帮他涂饰面庞罢了。

　　眼睛稍好，可以写得像这两页较规则，不像以前那样太草率、不恭敬了。不赘，祝近佳！

　　　　　　　　　　　　　　　　　　　　　　　　　　　　　　　文葆拜上
　　　　　　　　　　　　　　　　　　　　　　　　　　　　二〇〇四年十二月五日

中法：   20050116

　　我是这许多年与您通信最多的人，近两个月来大约几乎没有写信给您了。我先是考虑如何给 U.D.Y. 朋友写证明，先回想，又等对方党的领导人写信给我的单位，直到现在才有回音。——（我的单位党办、人事处并未收到对等的来信）我已给朱诚直接写了"证明"寄去，并已得朱兄的热情回信。黄克五指山市委终于有信来，我写了大约六七页证明信。写成后一时找不到原五指山信，又怕耽搁，我直接寄广州洛溪，请他将原信包起来挂号寄往五指山。寄出后两天，他写来一封绝望的信，要我不必费心为他争取了。其实就在这一天，我又续写了证明信，按找到的五指山来信地址，将续信发往五指山，给他补充了具体活动事实。两次"证明"，详细显示了我们 U.D.Y. 与党的关系，"退"改"离"是很不容易的事，因而我着力说明，例如务纯，1940年上海成了"孤岛"，他已是共产党员，以强力支持黄克的应聘在青年会做工作。后来的有关审查人员是不大会了解的。在桂林，是在文化供应社工作，由周恩来叫胡愈之（特科党员）去广西创办的。现在有人不了解，往往一笔抹煞其事。黄克病重又失望，我们一定要显示他。他不如朱诚大专家，上海党所共知的。我又请五指山向北京了解我。不要怀疑黄克是不是一道的。

另外，这一个月，贺年片的包围圈，令人恐慌，我足不出户。邮局又大印贺年片来捞钱，令人憎恨。国外通常较小而精致，不是剥削百姓而出此。这里是公共强盗，什么"以人为本"！先写这几句，过几天再谈，我心情不安定。祝好！

文葆拜上
二〇〇五年一月十六日

附上黄克1月5日来信，我已写信去鼓励他，勿失望，还力争。

我已写了两批证明，再多说什么也没有了，大约八九张稿纸了。这小地方无钱外出调查，又不相信我们，太差劲！我是紧紧立足于［向］党展示的。奈何！

五指山来信还是直接给我的，我直接寄给五指山（第一批，无说明；第二批直接给五指山，加盖图章，与第一批一模一样，叫他们对着看）。

中法兄：　　　　　　　　　　　　　　　　　　　　　　　20050918

九月十一日手书拜悉，全信读来甚欢。

衷心热烈祝贺您用七年之功，终于以十四个寒暑完成了大著作！我为什么称之为"大著作"？此种题材，而突破旧体例，在近百年来所罕见。可以说，只有江阴李氏群体支持下，又有大编辑出版家倡议与执行，在某种压力缓和中，才能终于完成，可喜可贺！

族谱是我国中世以来上下世族所必有的著述，尤其在比较安宁的李唐治下，才能编撰的著述。我国几千年文化的传承，人物的生平、典籍的收藏、世系的追述、才俊的养成，其始只有靠从族谱中追寻、研讨。这是一种学术的探索之源。可是其中有一部分也只成为族姓的概述与炫耀、乡里贤豪的记载，而缺少研究的价值。清末民初环境动荡，人情与财力淡薄，逐渐因主持者缺乏，政治形势的干预，到民国中期以后，几乎无人问津了！你们族群毕竟文化高、见识强、能合群，才有这种可能经营如此繁重的编纂劳动，尤以李氏中有您挺身而担负之，坚持不懈，勉力从事，完成这百年罕见的著述。这二十年逐渐社会比较宽容，形势初步有利于具胆识者倡议、主持、执笔而胜利完成之。若从出版编辑史方面来考虑，我认为也是近百年来，社会主义思想传播、中共体制强力统治下无先例的人文探索、编纂、研讨的重大文化成就，尤其是地区人文的实况，才俊之终能出现一个"史无前例"的编辑出版工作的成就！也许，有人会以为我是在捧场，与您是同学友好，那就是太无识了！其中的亮点，我现在只能想到的有二：一是妇人女性的入谱，打破封建文化的禁例；二是人物有相当多的重要形象采入。其他方面我还无所知所见，对采入的形象是些谁何，还要说明与分析；印制的经济开销，发行的范围，才俊产生的分析，族群内部的财力、文化状况，平日的联络、聚会、礼俗等概述，我还不能触及。近十多年来，有地区文化世家的研究与传述的著作，已可列举多种著述了，有好几部丛书性质出现（我也参与了一些），但家谱体裁尚属少见，这种情况是由于难以族姓为主干而编订，连年政治运动的迭起之故。我可能太扯远了吧，以人为本思想之获公认，制高点中能标榜施政，这是在中国从西方文艺复兴以来所未见的了。人文科学研究人的品质、系统、养成之道，与社会科学有很大区别。我国自五四新文化运动兴起，人文科学研究在前辈中本有人触及，但旋为社会阶级斗争学说的阶级分析的探讨所挤出，某些学者甚至高唱与人斗、与自然斗快乐无穷，满足于格斗的威武，而人文研究便落寞了。家谱的编纂可能获罪于当道了。"修、齐、治、平"传统的学术思想道统、学术见解，并未忘却人文的探讨申论，惜以孔氏封建旧说而忽视、摒斥了。上世纪八十年代，我应日本外务省邀请赴日参观十五天，主持者派专人、专车陪我参观，我提出看的是学校（从大到幼）、博物馆、科学设施、宗教（包括靖国神社及其他大小神舍）、印刷、书店、出版社等等，都与主持者面谈过，不是看看而已。我在京都大学人文研究所流连一天，单看家谱（日方从天津陶氏收购的甚多）藏在楼上宝爱之，在我国大约在战乱中焚烧了，起义者战士作为解手垫脚之用了。

您们氏族在中共改革开放施政之日，费心费力编辑出版这一套家谱，可说是为中共施政业绩的意想不到的增光拥戴的活证了！

我还未见过贵姓族谱发凡编制，全是我出于多年有关这方面书籍的畅想胡思罢了。今天是中秋佳节，阖家欢乐，都可一想，不要说海上升明月了。我扯得太多了，毫无系统学术论见，忝为多年好友，不会见笑吧！

我近来体格检查，结论尚未出来。这四年间，不论历次诊断的小结如何，我相信医学科学，不分西医中医，对待生命，向来敬畏、珍惜。我能在风雨中终于看到21世纪的景象，向来不焦不虑，随遇而安。任何评头评足、说三道四，都悉恭听，反思自身。对于给予的工作、编辑、编审、室主任、会顾问，量力而为之，从中认真学。世间一切，过眼云烟，上上下下，合合离离，干事要紧，思考居先，一切离不开反思。这多年经历，受益不少，只是成果无多。今天是中秋佳节，人生几见月当头，太不容易了！

您编这部家谱，费了许多心力，是很值得的。我说这许多感想，是出于尊敬您的精神劳动与体力劳动，可垂久远，不仅对您的世代族群而论。至此不能赘言了，请好好休息一段时间，再另作新图。

敬祝健康吉祥，阖第如意！

文葆拜上

二〇〇五年九月十八日

我还未能从谱学理论上申论，请勿劳神作复！

我只要求读所编新谱的凡例、前言、后记，以领悟编撰之辛劳，将来排印完工后，请复印这几个特要文字赐赠。我对任何大作，都首先要把握其相关的思想，政治思想与业务思想。您一定见过"空壳"的评论，我为河大出版社一书写的序言，用胡愈老为《出版年鉴》写的文章说："中国出版还要经历一段艰难的路程。"

中法： 20051212

最近您的健康状况如何？伤处，转动顺当些了么？您一方面年高；一方面工作、事务又多，尽可能干一点，不要非应差不可。陈原从80岁退下来，就认为没有公职，非要主动从语委又回"商务"，结果"过劳死"了。您把家谱校样分担完，好好休息十天。休息也难真正休息，我是用休息时间作下一步的思考用。

我不应该给您加任务，但我觉"北新"有实绩，是"五四"新文化、新文艺、新期刊的开端。您能否教族群中中青年人，按您熟知的书刊（北新的！）查阅做一点提要式的记录备用。而且，不一定要到1949年。49年不是绝对的，而且有的地方还有妨碍的。其中可选择的。我前说的半本书，就想在过程中有收缩的、省略的、附带的作为间接的记事。著名的期刊，作一总述评文章，即可以了，重要文章排目录、作者、思想提要也就行了。北新编辑中，所谓"第三种人"。我只记得有一位编青年刊物的，第三种人总比彻底的坚持政见好的。

我说的可以半本，1936年后可收缩。时局紧张，出版工作不好做了。1949年后可以跳跃式对待，摘其学术性、思想性者记述之。整个书是文献札记式的。然而其后有思路可取者，虽难有整编不为错。

群益只强调郭沫若，登出封面、选题、主持人，有社会影响者，登相片，整个看来为政治服务者占多数，还是斗天斗地斗人而已。前有序。

有的节录作卷头语用，不另新写。附录书目、书名、作者，反映中国现代出版史的踪迹。不忘记经营的段落。林丽成等单作"出版博物馆"的主体。群益实际以郭为头面，吉父女各写一文综述。发行则为其中一节。〔后期有突出意义者（学术、思想等）只用文字介绍而已，记其事。〕

在上海，您看，找其中列一题目，虞和静、吴强均可提供材料给他们各写一篇。群益没了大文章。郭只看重《屈原》。

赵先生小说系统出刊。营销地：北平、成都（？），多请别人代销，门面有重要的么？专题：鲁迅与北新、赵景深与北新、北新的期刊。

你、我都是注重实事，不会当吹鼓手的。现在市面上的腔调、吹工、手脚动作，我们都不欣赏，习惯上我们怕羞，着意说实话。

令尊、令伯也应有专题，作开篇用。

我知之浅，不会说得周到。群益在林丽成鼓动下也不过如此。鲁迅应作重点。所以半本书就可以了。

我另建议的第二点，是营销、推广工作，北新是否有张静庐样的人。鲁迅的期刊有没有在北新出版。鲁迅死时，最早出的纪念本，北新为先，文化生活在后，是杨□□编的吧。您不要当学术书编，是文献编。

拙作《纪闻》*是我人格的再现、思想的表白，不宜当普及本，没人看的。不必费心考虑。我尽量不宣传。我尽量少送人。

葆上

二〇〇五年十二月十二日

中法： 20060410

收到了您宗族的家谱[1]，投入的精力实在太大了！这件繁难精细的编辑工作，也只有您来承担了！值得庆贺！

我只是先通阅一过，体会到编排、分别族系、追思先祖、核定年代、

---

* 指《射水纪闻》一书。——编注
〔1〕《锡山·青旸——承裕堂李氏世谱》，李中法先生2005年8月自费印制。

叙述功职、各房状况，相片编排等等，没有健康的体力、清晰的头脑、平静的耐性，是办不到的了。您写的编撰序言，首先说明已出的宗谱创意、体例更新，您还是尽了很大的心力的，有所突破，繁而不乱，眉目清楚。封面色彩，版式设计，每页都有特点，这些处理便于阅读。我相信一定获得族人的赞叹了！贵族近世以锡山为繁盛的基业，这使想到无锡与江阴的地理联系，相距不远，守望相近，即在没有公路汽车的近现代也还是便于展开茂盛的了，与华北原野不同了，"北新"的创办及而后在江南的发展很［有］关系，尤其府上这一支派是为首立业的，事理适当。

目前修谱相当开展，有所创新，也说明大势所趋，尤忆上世纪五六十年代，社会风习的骚动、人性的失常、理性的淡漠，是不合人心的！缺乏族性发生发展的认识与必要，并非乱国，而可为兴国的助力。我翻阅后有忍不住的感慨了。

这次编辑出版，没有利用出版社的力量，也是为节减开销着想呢。

有一设想，拟请考虑，这次族谱体例的更新，将为家族史、文化史上的大事。我十几年前在日本京都大学访问，参观该校所收我们国家的宗谱甚多，便从天津陶氏某人取得，收藏在楼上，也是免受湿气侵害的想法。您似可访问各地编撰者曾否致送国家图书馆择优收藏，予以旌谢，发送宗耀证书，传之后世，表扬文化内容革新，认识提高。这里我又想起潘光旦教授的研究理论。我这次在劫难中为苦县穷乡纪事，不仅在地方获得注意，在友人桑梓中也得到重视。请您向外地修谱人联系一下，曾否送致一巨册至国家图书馆收存。我因出版社催促，送国家图书馆一册，应县委领导要求，送老家党政官方廿四册，由他们分发党政各机关入藏及参阅。我意您可寄一部给国家图书馆入藏，必引动该馆全面考虑，敬祈勿忘。我即可获得"荣誉证书"一张，也是给编辑工作的酬劳与安慰。务请考虑，并希作复。

祝阖第康吉！

我这一周因气候转冷而不适，写得太乱，祈谅我！

文葆拜上
二〇〇六年四月十日

中法： 20060614

　　本月五日（？）挂号信已收到。所附加印的《抗战半月刊》封面及退还的原封面、陈树萍女士给我的原信与半月刊的发刊辞均已妥收，加印的半月刊封面，比我在和平里东街谷姓照相、复印店的复印件好多了！

　　我知道了《抗战半月刊》第一二号合刊创办的经过，非常高兴！在好多年前，为了弥补我在孤岛时代的上海只有一年不足，我曾设法找寻孤岛时代的沪上刊物阅读，在苏北涟水的佃湖中学读高三上时，那时江苏省政府韩德勤的政府已迁到淮阴了，但与上海路道还通，佃湖（雅称"石湖"）因沾了顾墨三家乡之光，我在短短的半年（高三上及高三下一个月中）还读到了《译报》《文汇报年刊》十六开本一厚册及《鲁迅风》文艺副刊（何报已忘却），那是仅能看到的从淮阴带回的上海中方刊物，知道巴人等的文章，我还不知道胡愈志、恽逸群等人，我的认识还未开化，但在亲密同学中接触到曾在上海浦东中学读过书的灌云人和另一位阜宁县沟墩人，前者我已略知是亲共进步同学。此人叫史成章，在1949年5月后上海解放时期，在海宁路电影院散场时，居然看见他穿了解放军军装，相见甚欢，我还送他一本俄文小辞典，他知道我在上海《大公报》工作了，后来竟不知去向，音信毫无，殊为不解，是否在南下"解放战争"中丧亡或其他不幸遭遇了。这个同学，在高三上学期时，我们二人在涟水县《新涟日报》上办过《七月》副刊，是我命名的，完全不知道那时或随后胡风有《七月》刊物了。我不解自己怎么能想到用《七月》的名字。而且，我是班会学生的学术股负责人，出过几期壁报，并在我老家阜宁城出过两期32开的小文艺铅印《尖兵》抗战文艺小刊物，在阜宁及涟水、灌云都发行（卖）过，这是我当主编（未具名的）的，也未收过一分钱，但给我印刷的"积古斋"印刷局小老板加印过，在阜宁中学发卖过，当时我不知道的，约有二三十份。这是我一九三八年中期在阜宁县城应地方老前辈何冰生老前辈之邀，我一个人编过他任社长的《淮滨商报》战讯一版我收无线电的"记录新闻"，当夜送往印刷厂去排印，夜深可吃一碗汤圆，还在8开一页的另一面发表过短文，骂县里"动员委员会"只动员几个士绅当"委员",实际无甚抗战表示,中间我在盐城高中读高二上,因日寇由通(南通)如(皋)北犯时学校解散,鬼子盘踞阜城、盐城只两个月,北边徐州会战,大约鬼子兵力不够分配,自动南撤至长江沿岸了。

与您讲往事,过去我未说过的。在拙作《射水纪闻》中"报刊"一文中,我未指明这件事,只说是一个年纪小的在外地读书因鬼子来侵,学校解散回家后短促创办的事,读者不会想到《七月》《尖兵》是我接洽编印出版的,知道我一度编的《淮滨商报》战讯一版的人有极少数,现在也无人想到了。这是我开始从事新闻出版编辑工作的"发蒙"哩!

和您谈事,竟扯得这么远了!不写了,现时已是六点钟(早晨)了。

您没有跟我提过陈树萍是女博士,幸好我回信未说得出格,您大约想不到她会给我写信,所以将原信寄上一阅,说明我为此(北新出版事),使您动情。谢谢转致了。

不写了,这几天我极烦!很不安,故乡有俗话一句:"人怕出名猪怕壮!"我这个猪在人民社还竟然当"壮丁"使唤,可悲!恨透了!

文葆拜上
二〇〇六年六月十四晨

我已经不应再做什么文字的事了。主要太烦。此信写好,因不想外出走动,结果忘记发出了,今天下午整理桌面上杂物,才发现的。

七月六日

中法: 20060917

又有多日没有给您写信了。现附上淮安陈树萍博士得《射水纪闻》后来信。她说得对,拙作不是"流行之作"。许多年来,张明养老师就批评过我,没有写出正式的学术论文;后来我与"新知"书店创始人徐雪寒接触多了,他也批评过我学术论文写得少了。我多年以做好受命要做的"书"(出版社的)摆在第一位,认为必须把职场的任务放在第一位,我不在"翰林院"(社科院),想去也可能去,走不了。我没有受过导师的学术性培养，没有那工作环境，哲学经济学知识不大够，只能从我个人工作中提炼一点感受而已，就是"编辑""审读"的一点方法与感受而已，上升为理论做不到。我从来不承认我们编辑匠又是什么出版家、编辑家，从来不是！过去有人（提）倡"编辑文体"，笑话！您能做编辑主体吗？中国根本没有这一条件。是有"匠人"的可能。孙悟空也是"空"的！我现读了一点外国人咀嚼过的黑格尔，想撷得一点毛皮，迟了迟了，不能假充"大老官"。体力、脑力也不够了，处理个人生命生活的力量也短缺，我基本上还有少爷脾气，并不真正能吃苦在前。现在我很孤单了，开门七件事都得管，而且似乎是高薪人士，社科院友人谈收入，有时间询问老戴工资多少？大约友人比我少点吗？不去谈。出版社有时还不把我真当离休干部，我滴滴［哩哩］拉拉这些年看了二三百万字原稿，还写了审读意见，还整理了两三部书，写审读意见（我看过必写的！），甚至整理及提修改的建议。我是编辑人而已，常为了替人解围而替人做点好事罢了，一分钱也不想。不谈了。

文葆拜上
二〇〇六年九月十七日

陈君论文我已有了，实在可读。又上
请代问候老友们好！
现在外出要人跟着，才对。防止晃倒，提示注意，表面还有点神气似的，未真服老（伏老）。

又拜上

中法： 20061105
　　十一月二日来书拜悉。
　　我喜欢您信中一句话，您说："谢谢您的提示。"
　　不仅要谢谢我，还应努力实现。
　　上海搞出版博物馆的副组长，林丽成，女。至少来过三次（真诚！）

找我谈话,这一次我未能招待她,但给她提了两条建议。(一)专访北新书局材料,必须为北新的贡献作出系统总结。因而我推出您来,让她到文艺社先看看您。我把北新在中国五四新文化运动中贡献(包括出版在内)整理出来。第二条建议也重要,我现在健忘,慢慢会想起,下次再奉告。

我在全面检查身体,请协和高级大夫,×××,他的老师替我看过CT片子,他现在再查我,希望开点药吃。结论:脑子大血管健康,但心肌缺血。还有项目结论未出来,等综合再议。(再过两年才好。)

文葆拜上
二〇〇六年十一月五日

李中法致戴文葆

文葆[1]：　　　　　　　　　　　　　　　　　　　　　20030717

　　承寄挂号信已奉悉。惊闻杨姊谢世，谨致对她的悼念，更难忘解放后在上海和北京您府上吃过两次她亲手烧的菜，带无锡风味。

　　我一直赞赏您长期优待她的态度，不是冤冤相报，而是以德报怨，非常人所能及，真有君子之度。你是对得起她的了。我想她是心里明白的，只是她未能超越自己的性格，战胜不了自己。您之所以能这样，在相当的程度上，只是鉴于您对两个孩子的深挚的爱。世上亦有伟大的父爱。

　　承蒙您重托，寄来的有关《夏坝风》和天授的材料，我当妥存。天授也把您给他的关于《夏坝风》的信寄来了。在夏坝，你们都是做了大量有利于革命的工作，怀着一颗纯正的心，凭着自己的良知，而毫无功利的想法，尤其是您，比天授的工作面更广。因为是纯正的，所以最有资格当个见证人。而有些人却只是玩弄历史、奴役历史，把真实的历史扭曲成自己头上的光环，更至今依然。

　　您最近的身体状况究竟怎样了？肺部有问题吗？怎么来信中有"托孤"的味道呢？我相信好心有好报，也相信您有长寿的遗传因子，对您来说，"告别"还早着呢！

---

〔1〕戴文葆曾将此信复印件转寄曲家源，并写道：〔附上友人慰唁函，聊供了解家庭私事。作书者系北新书局创始人李小峰先生之嫡侄，赵景深教授的内侄，上海文艺出版社著名编审，我至好的良友。此信末段，是我好友（已故）儿与媳之事，我曾为蔡出版德文译书《文明的进程》著述。蔡、聂离异，令我惋惜之至！又上〕《文明的进程——文明的社会起源和心理起源的研究》作为"学术前沿"第一辑之一由三联书店1998年出版，戴文葆责任编辑。该书译后记中说："唯有北京人民出版社的著名老编审戴文葆先生慧眼识宝，认为这是一本极有学术价值的经典著作，愿意推荐。在他的努力下，1993年上半年，承蒙北京三联书店终于惠允出版此译著。"

回想起来，U.D.Y 真是一个"奇怪"而可爱的群体，大家从不勾心斗角、争权夺利，从不居功自傲、盛气凌人，从不利欲熏心、贪天之功。一群良好意义上的自由主义者。等秋凉后，此间 U.D.Y 的朋友们拟一聚，并征求一下您提出的小册子方案。

祝好！

中法
二〇〇三年七月十七日

致王晶垚[1]

晶垚： 19801220

  关于张国焘及托派双山的回忆录，请你所负责办理登记购买内部书的同志，立即向人民出版社补行登记。请他与该社党史编辑室赵子文同志联系。张书印了一万一千册，内部人都不好买，但你所去补行登记没有问题。务必速办。

  恐见不到你，故预作此信。

  《生活》试刊快出了。我已写了你和林伟、谢韬诸位名字，请送杂志。李慎之同志，便希见告，也请"人民"给他送杂志去。

  敬礼！

文葆上
一九八〇年十二月廿日上午

---

〔1〕 王晶垚（1921～2021），中国社会科学院近代史研究所副研究员，曾参与创办《人民日报》。

晶垚兄：

　　16日寄上一函，谅已收阅。

　　川社副总编辑刘令蒙同志问我一个人的下落，此人叫小谭（或小谈），名字已忘。1946年在美国新闻处工作。46年春，令蒙同志要到中原解放区，经过邹荻帆同志找这位小谭介绍关系，到重庆找青年组。令蒙同志久想知道此人后来下落，我想你可能知道。请将其全名及情况，写一回信，直接寄给刘令蒙同志也行。不赘。

　　匆致

敬礼

文葆上
（一九××年）六月十八日

致范用[1]

鹤镛兄并请转诵娟[2]：　　　　　　　　　　　　　　19580225[3]

今日下午一时许收到送下衣物，情意深重，至为感谢，衣物适度，可以自携，甚感设想周到[4]。行期在即，到劳动现场后当即来信。今后一切均赖我自觉，望勿念念。家事均请照顾，特别是进进的教育。衣物中匆匆未见附信，想均安好。

握手！

　　　　　　　　　　　　　　　　　　　文葆二月廿五日下午

今夜启程前往茶淀农场。到后当即来信。此行信心至坚，不获改造，决不相见。

　　　　　　　　　　　　　　　　　　　　　　　　　　又及
　　　　　　　　　　　　　　　　　　　　　　廿五日晓七时半

鹤镛：　　　　　　　　　　　　　　　　　　　　　19590420

前次您寄信来，所附邮票，收到无讹，谢谢您！[5]

---

〔1〕 范用（1923~2010），出版家。时任人民出版社副社长。
〔2〕 范用1966年6月注："'鹤镛'是我的原名。'诵娟'是戴妻。"
〔3〕 殷国秀在《沉冤终于昭雪——记我参加查证戴文葆同志的两段经历》中说："戴于1958年1月划为右派分子，于1958年2月4日，经文化部批准，定为右派分子和反革命分子，新老账一起算，以反革命论处，开除公职，送劳动教养。"见《光辉曲折的编辑生涯——戴文葆先生90诞辰纪念文集》第425页。戴文葆哲嗣杨进在《与父亲的三次离别》中说，"听一位和父亲同一天'加冕'的老人讲"，"他说，亲眼所见，和其他人不同，父亲是戴着手铐，从出版社被警车载走的"。见《光辉曲折的编辑生涯——戴文葆先生90诞辰纪念文集》第393页。
〔4〕 范用在"收到送下衣物，情意深重，至为感谢""甚感设想周到"下用毛笔画一粗重横线。
〔5〕 此句下，范用用毛笔画一粗黑横线。

本月七日以来，我患了重感冒之类的高热病，现在已经好了。原来在六日的夜间发烧发热，七日天明我仍照常起床，坚持出工，工作（抬土）一小时许，实不能支，当时组内即教我休息，在工地躺下来后即继续发热。后来队长知道，教我回去休息。此后高烧四十度，持续二日二夜。到十二日又发高热，持续二日一夜。病中使我感动的是，完全受到很好的照顾，医务所给我注射了盘尼西林和葡萄糖，每四小时就有大夫来试表、给药和打针。这里物质条件是困难的，但对重病人却又是尽一切物力来照顾他，党的关怀人的政策照样用在了我们这般犯罪犯错的人身上，病中使我受到一次很好的教育，痊愈后更该好好劳动，注意思想改造，来回报党的关怀和照顾。病事已过，请勿为诵娟道及也[1]。

我们这里也开展了交心运动，重点在坦白检举。我的各项问题虽经组织上做过详尽严肃的审查与处理，我仍把握这次机会，好好回想反省，以对党对自己负责的态度，以对党的政策的信任来检查过去。我知道，我在这里，党组织以关切的目光注视着我，朋友和亲人以殷切的目光看望着我，争取改造，争取进步，应该是我长久的目标。

我的身体已逐渐复原，只要再好好休息几天，一切均无问题，望勿念，我为好好劳动和改造，会自加宝爱的。

在这里，现在不缺少些什么。我觉得，所欠缺的是决心和勇敢劳动的精神还不够，体力也还远远不够。不过，一切靠人努力，争取跃进，请鞭策我吧！

敬礼！

文葆上
（一九五九年）四月廿日

保昌同志处，已去一信复他。[2]

---

[1] 在"请勿为诵娟道及也"下，范用用毛笔画一粗黑横线。
[2] 此句下，范用用毛笔画一粗黑横线。

鹤镛： ××××0618

　　六月十七日晚，我到于家岭西村农场，今后将在此劳动。

　　三分场改为劳改犯人的农场，教养各队均他调，我前属的四队就调到于西来，成为六队。现在的地址是"京山线茶淀站于家岭西村六队"，可能还要有编组编队情事，不过上述地址可用。如有变动，再行告知。如诵娟在京，乞便转告，不另作函。

　　我的身体仍如前状，勿念。

　　另有一事，烦你代办。过去历史组有个李有实，你记得吗？此君现在地址如知，乞将我信寄去。他如送还借款，请你收存。我再告诉你怎么用。

　　祝你和仙宝、里、又均好！

　　　　　　　　　　　　　　　　　　　　　　　文葆

　　　　　　　　　　　　　　　　　　　　　　　六月十八日

鹤镛： 19590623

　　十八日曾去一信，计已收阅。这半个月，从三分场起，便在卧病之中，胃痛如割，不能受食，日吐数次，黑昼不息。所幸日来已转好，仿佛又过了一关。大夫屡屡促我应该函告亲人，我一直对你们约略言之，今于西大夫又提起，我索性把近大半年状况据实相告，唯望勿告诵娟，千万为幸[1]。

　　从去年十月下旬起，体力渐差，胸胃间痛裂，呕吐时作，只能用些软食。入冬后，每况愈下，时时作吐，胃痛不休，日食正微，有时薄粥也不受用。这期间勉力出工，而难支撑，幸蒙队部关爱，往往一连连休息多日。大夫也细心疗治，吃药打针，即在外间受公费医疗者亦不能过。可是我的状况迄无改进，有时稳定，有时大犯，形成一条起伏的曲线。好的时

---

〔1〕 在"唯望勿告诵娟，千万为幸"下，范用用毛笔画一粗黑横线。

候，每顿也只吃两碗粥，有时吃上一个窝头，一般均依粥为生。因此体力转衰，抵抗力更差，发病频率加大，十二月间闹得更为频繁。不少时间，成为病休。一月间仍不转好。直至二月中旬以后，方见好转。三月中旬又反［犯］，坚持出工不得，又休息在家。四月间整月在病中，出工甚少。五月又连绵下来，直到下旬方转好，可是本月上旬末梢又犯，较前更重，点食难进。人极衰疲，有气无力。这两天又好了一些，大约这条水波似的曲线开始上扬了吧。希望如此。

这大半年的病，把人弄得够呛的。据大夫说是慢性胃炎，胃神经痛，此病犯时，既不能食，又难得休息。加上贫血与心脏病，把我真真难倒了。要不是领导了解，大夫关爱，鹤镛，那真不知如何是好！党和政府待我太好了！领导上看出我是真情，看到我的劳动态度尚端正，也知道我在坚持，所以我虽然从来未和领导上谈过我的体力情况，也从未要求过什么，但是领导上常常想到我。冬天，大家在工地吃饭，但要我一人回去，好让我吃一口热粥，远处劳动，我因腿关节炎，行走不快，就不要我远行；照顾我的体力，往往安排我一人工作，强度可自己掌握，如一、二、三月能出工时，我一人推车捡粪。冬天在我病重时，大夫征得队部同意，要"教养灶"伙房给我单做大米稀饭。这真是昔人所说的"异数"，使我感激，使我惭愧。当我稍好，我就拒绝吃米粥，仍坚持吃玉米面粥。鹤镛，我越自爱，而照顾越多，伙房的人多方给我便利[1]，给点较热的菜，热的粥呵。四五月间，犯病重时，大夫又通过队部，让我吃米粥，或单蒸一小碗米饭。每天打 Emol 或阿讬平［托品］，并给其他药品，嘱我休养。让我订牛奶，我未订。问我家里情况，我告以我不需要什么其他东西。三分场的条件好，情况与于家岭不同。病中播迁，到了这里，头两天有些不便，但此间大夫诊察数日，也给我可能的治疗，打针吃药，他常主动来看我，要我息着。这在教养生活中，是很难得、很珍贵的照顾；当然，不必要的话也不会有的。不过，此间劳动条件及饮食条件，恐不能

---

［1］在"鹤镛，我越自爱，而照顾越多，伙房的人多方给我便利"下，范用毛笔画一粗黑横线。

如三分场了,大夫也这样说过。不过我没有什么个人要求,没有关系,能克服的。

身体情况如此,自然影响到劳动。只是在我能支持时,我总奋力以赴。过去捡粪,我提早出工,每天捡四百斤左右的精肥。即四五月间病弱之至,在三分场要我洗白薯干、晒、管、收等等,我每天搬运洗晒近千斤。为了看管,中午不休息;为防夜间人偷,我主动又做夜班,看到一两点钟,第二天早上同样起床出工。那时人人忙于插秧,留在院子里工作的只有我与极少数人;我在能工作时也力争跃进,不负领导上的照顾。平时反映情况,汇报所见所闻,我均主动做来。我也不是向你夸美自己,你会知道的,我是告诉你实况。到于家岭来,我现在还不能出工,大约还得息几天才走得动。大夫要我把实况告诉人,也是一来怕添别病,使病难治,二来也想能有点营养补充。我迄今亲旧日少,也只愿告诉你,但请勿与诵娟言[1],一来她会担心,二来她也会烦,不必与她说。我总能撑下去。记得前次写信给你想回京看看,说实话也是为了看看病,无他想望。我会安心待下去,好一点就去劳动。我不需要什么,什么也不要寄给我。我会好起来的,我不会忘记是来改造的。希望你不要有任何举动[2],我只是把久未实说的情况,现在告诉你,我会好起来的,能支持下去的。无力多写,就此祝好!

文葆
六月二十三日

[信纸上方所写]* 从他的问话与检查情况来看,大约还查出其他问题。屡次问我吐过血未?同时我每天午后发热,已一月余。不过,我想只是因为体弱,虚火上升,我不信有其他。只是人很虚弱,一时劳动不得,实在也很苦恼的。既然如此,一片诚心也还无济,只得休养,能干就干。处此境地,于心不安。

---

〔1〕 在"我迄今亲旧日少,也只愿告诉你,但请勿与诵娟言"下,范用用毛笔画一粗黑横线。
〔2〕 在"我会好起来的,我不会忘记是来改造的。希望你不要有任何举动"下,范用用钢笔画一细线。
* 方括号内容为编者所加。——编注

鹤镛:　　　　　　　　　　　　　　　　　19590725

　　七月又快从我手里白白地过去了，我还没有出工呢！这种慢性病，没有什么大危碍，只是肉体上受些痛苦而已，我会坚持的。大夫们和队部很照顾，虽然来这里才一个来月，大约是经过这一段观察吧，对我有令人可感的了解。在生活上，我现在一天三顿稀饭，中午是米粥（很照顾的伙食），三顿均吃得饱，吃得合适。由于病闲在家，除休息以外，队长通过请示分场首长，我将去照管这儿的图书室，晚间开放阅览，出借图书。书虽不多，大约事情还不少，只要肯干，有好多事做的，这样也免得一味闲着百无聊赖。更要紧的是，这件工作的安排（尽管还是息病号），意味着党和政府对我多大的信托和照顾！等我正式开始工作以后，我再告诉你关于这方面的情况。

　　我在这里很自爱，很注意政治上的态度[1]。我经常向队部反映情况，和坏人坏事进行斗争。你不能想象有些人有多坏，这一回可真教育了我啦！平时我还协助队部做点杂务，这当然是队长的信任。我不能平静的是我来劳动的，现在却脱离着田间劳动。

　　久未给组织上写信，附信一通，烦交子野或保昌同志。

　　求你两件事：一、给我寄六七张捌分的邮票和四张四分的邮票来，这儿我们碰不上邮局。二、用一个结实的信封放一张三元或五元的票子，平寄给我零用（用纸一张包好，可不必写信）[2]。我未出工，上月还欠三角钱伙食钱，零用费也就没有了。我不是乱买什么吃的，你会想到我不能乱吃的，连发给的三顿饭有时也吃不完。

　　诵娟处，我没有什么事情，有便见到，请告诉她[3]，蚊帐至今未收到。

　　《红旗》第十三期已收阅。最近病中读完大钊同志选集[4]，这个集子编得不错，比北新旧版高强若干倍了。但我也有些意见，随手记下一些疑

────────
〔1〕此句下，范用用毛笔画一粗黑横线。
〔2〕所说两事，范用用毛笔画一黑线。
〔3〕此句，范用用毛笔画一黑线。
〔4〕《李大钊选集》，39万字，人民出版社1959年4月出版。

问,等我可以久坐,当整理出来寄给你。
敬礼!

文葆上
(一九五九年)七月廿五日

鹤镛:　　　　　　　　　　　　　××××××××[1]

知道你要来看看我,自然是很高兴的事[2]。如果你真的能挤出时间来,那么就来吧,将在生活上对我帮很大忙[3]——例如帮我处理一下衣物,安排下一步生活。在思想上,将也会是有不少激励和指点的[4]。

我的病情,在根本上已转好,完全没有危险性的。只是由于慢性病的缘故,进展幅度小,加之数病交错,要着急也着不来,加之肢体活动失灵,现在还不能很好行动,这就增加了不少困难,心理上不平静。我与此间一般病号不同,人家过去一直在出工,不过三五个月病休;我可不好,一年多脱离劳动,在三分场就躺在家里了,简直不成话。很盼望早点能走动,我就争取先干些杂勤的活或其他工作,不坐在屋里吃闲饭,而后过渡到入大队去劳动。可是现在这还是白话!

在疗养方面,我受到极大的照顾,可能有的条件都给我,而且精神上的关怀很暖热了我的心!我有家形同无家,这四个月,如果不是场部、队部十分关照,我怎么能安心养好,一无牵挂呢!"党比娘还亲"——岂仅是说说而已,感受太深了哩,我盼望早点能……

---

〔1〕 此为仅留存一页的残信,从内容推断写于1960年前后。
〔2〕 此句下,范用用毛笔画一粗重横线。
　　 杨进在《与父亲的三次离别》中这样记范用:"父亲被贬至遍地蛇虫的京津之隅后,他数次借周末无人知晓,换上儿子的棉大衣,口袋里塞满罐头食品,悄悄前往探望。这个时候他挺身而出,是极其难得的举动。"见《光辉曲折的编辑生涯——戴文葆先生90诞辰纪念文集》第394页。
〔3〕 在"将在生活上对我帮很大忙"下,范用用毛笔画一粗重横线。
〔4〕 此句下,范用用毛笔画一粗重横线。

鹤镛： 19600329

　　上月间就听说你已从孝感归来，又闻你工作挺忙，当时曾想写封信谈谈近况，只是抽不出空暇来。日子真快，翻查杂记，我还是去年二月底写过信给你的，一转眼，"又是一年春草绿"了。

　　自你下乡以后，里侄按期寄来《红旗》，久而不辍，甚为感谢。单就这个连绵不断地寄阅党刊，已是难得的盛情了。此间知者亦以为羡[1]。

　　去年一年间，很惭愧，我的进步极小。在劳动方面，虽然在出勤率与劳动量等项，较之五八年我个人的情况，确有显著改善，但离要求仍远。全年中，上半年比下半年稍好，春末夏初比秋后冬间好，其中体力是一大因素。不过，下半年，思想上有时不稳定，因病，因思念家人也有时动荡，也不能不说是一个原因。总之，对自己的要求还不是一贯严格的，有时还常常得过且过，觉得所谓"不大离"了也就算了。——这当然不对。开年以来，自觉地注意这个哩。其他方面，无善可述。

　　一年来，经历一些政治运动，如西藏问题以后的揭发批判运动，交代历史运动，我都老老实实地参加了。上月又审查历史及各项问题，也填了历史登记表（这儿所有的人，职工等等都做这项工作）。在一年的接触中，我感到组织上还在帮助我清理苏北一段历史问题。那一段反革命历史政治问题，一年来有两次来人了解过，一次是去年四五月间，问了一些我不知道的问题，我一一说明，看来是与我无关涉的。一次是最近，来人大约是苏北地区的，主要了解作为一个反动组织的全貌。并说作为一个个人交代，我的材料可以说明了；作为一个反动组织的全部情况，仍嫌不够。要求我再一次说明县情报室下面的关系。作为一个反动负责人，我是有责任帮助组织了解到底的，可是所知所记有限，我的交代仍然不能令人满意。我也着急，可实在又没有更多内容可说，只有老实地有一说一罢了。我深信党的政策、党的求实精神与救人的情怀。

---

〔1〕范用在"甚为感谢。单就这个连绵不断地寄阅党刊，已是难得的盛情了。此间知者亦以为羡"下用毛笔画一粗重横线。

近来，生产方面，育秧正忙。今年为支援西荒地新垦区，育了千亩秧，而此间又有两个队（约四百人）调到西荒地去，一个队到七里海去挖津唐运河，留下来的任务很紧。最近重新编队，四队部分强壮者调到新二队与一队去。我仍在四队，改属七组。最近主要制造颗粒肥，兼有其他农田杂工。

在这里改造两年多了，进步是有一些，但实在说，还很不够的。有时也想早点结束教养吧，可是马上想到自己所得尚微，收获尚小，一切还得巩固与发展才真有成。在这里有许多有利于改造的好条件。个人只有一点缺憾，就是体力不济，总觉歉疚于心。你知道，过去在业务上我还是用了一点力的，不论是动机出于个人主义的。我也好强。可是现在竟然在劳动上弄不出成绩来，真闷煞人，如果说还有其他感到欠缺的，那就是不如在公社里可以接近劳动农民，在社会生活中，社会工作中启发自己，获得体会。这个欠缺，我希望将来如回返工作岗位时，仍将请求让我下乡去补课。

家中情况，诵娟来信很少谈到。她的信少，又恐使我分心，可以理解的。老家尚有老母幼妹，有时也来我心中，觉得是个问题，可是也理顾不上，慢慢再说。

最近身体比冬间转好。饮食亦有好转，一天可以吃三顿稀饭，一般劳动可以支持，虽然有时肚子是饿的，但如不用软食，则立闹病。左侧麻木无发展，是一好事。总的说来，体质实际上比未参加劳动时好的。持续下去，可能渐渐克服这些毛病。

没有时间，很少读书，连两张报也看不完。好在这不是主要的，又不是来进研究院的。抓住劳动与思想，振奋全力以赴之，倒是首要的事情。

如果苏共党史[1]出版，请你有便捎一本给我。我看过《人民日报》[2]

---

〔1〕《苏联共产党历史》，苏联专家集体编写，人民出版社1960年1月出版。
〔2〕《人民日报》1959年5月13日第4版、6月14日第3版、6月27日第6版、7月14日第4版先后刊发有关《苏联共产党历史》的报道。其中5月13日报道说："新华社莫斯科12日电 新版《苏联共产党党史》教科书第一批五万册已经装订完毕，不久即将与读者见面。新版《苏联共产党党史》教科书的出版具有重大的政治意义。广大的劳动人民将从这本（转下页）

上的介绍,和英文版"国际生活"的专文,如出版了,我很想在这里读一遍。[1]

昨今两日,遵医嘱在舍休息,所以能在今日写上一信。余容后续,顺烦全家曼福不尽。

葆上
(一九六〇年)三月廿九日

子野、保昌诸同志处,久未写信,望代致意,并转告简况,为感!又及

鹤镛： 19610330

《红旗》杂志第五、第六两期收到无误。此间通讯地址名称改变,今后应写：京山线茶淀站"一四〇〇·一四一二"信箱戴××收

务请照写,免收不着。并烦告诵娟,我不另去信[2]。

我仍住重病号房。总的情况已转好,精神也好,只是恢复进度很慢。胃脏仍时有反复,痛裂时间则已趋短。肢体麻木,不良于行；近又咯血,尚不知所出。蒲松龄曾写患者有"鸡骨支床"语,予今始领会。上月得读《中国青年》第四期,得见主席给王观澜同志关于养病态度的指示,句句感人,字字金玉[3]。予终信身体可以康复,定以坚强意志与病斗争。故人

（接上页）书中学习到苏联共产党革命胜利的道路和建设社会主义与共产主义的规律的知识,并进一步用马克思列宁主义理论来武装自己。这本新版教科书共分十八章。从1883年俄国工人运动的开始和马克思主义在俄国的传播起一直写到苏联进入全面展开共产主义社会建设时期,第二十一次党代表大会。这本教科书是在苏联科学院通讯院士波诺马烈夫的领导下,由许多历史学家、经济学家和哲学家共同编写的。"6月27日报道说："中共中央马恩列斯著作编译局和有关单位正在翻译新版《苏联共产党历史》教科书。预定在国庆节前出书。"

[1] 范用在"如果苏共党史出版,请你有便捎一本给我","如出版了,我很想在这里读一遍"下用毛笔画一横线。
[2] 此句下,范用用毛笔画一粗重黑线。
[3] 《中国青年》记者写的《以革命者的坚强意志战胜疾病——记王观澜同志谈征服疾病的经过》发表于《中国青年》1961年第4期,1961年2月16日出版。该文开头说："中共中央农村工作部副部长王观澜同志被严重的肠胃病纠缠了十二年之久,先后经历过七次大危险。"

勿念，并希不与诵娟言及。匆此，敬礼！

　　　　　　　　　　　　　　　　　　　　　　　　文葆
　　　　　　　　　　　　　　　　　　　　　（一九六一年）三月卅日

地址或写：京山线茶淀站"1400-1412"信箱也可，两数字中用圆点或破折号均无不可。

鹤镛：　　　　　　　　　　　　　　　　　　　×××0418[1]

　　本月六日，队长召见，询问我的病况和家庭情况，并蒙示意场部照顾我，可以通知家属前来探望，以及让我回去休养一个时期。我很感谢这个照顾，这是政治上一定的信任的表示，同时我的病情也确须较长期地休养。所以，我遵命打了报告。事隔两周，想来可能有信给诵娟。再者，场部如发出信件，诵娟收到后一定要转告你了。

　　我的打算，是麻烦你走一趟。你如有时间，你来接我，我就比较很方便了。目前，我独力行走不得，加之还有几件行李，诵娟来了她也不大照顾得过来[2]，又是人，又是行李，够麻烦。所以我想到麻烦你了。你如能来，望将场部给诵娟的信带来，最好把她的印章也带来，以备需时

――――――――

[1] 此信可推断写于1961年或1962年。人民出版社原总编辑张惠卿在《愿悲剧不再重演》回忆："我不知他在劳改农场这些年是怎样度过的，只知道到了1961年或1962年，人民出版社突然接到农场发来的一个通知，说戴文葆病得快不行了，你们赶紧派人来把他接回去。""人事部门接到这个通知后十分犹豫，因为谁也不想去接。范用同志得知后，告知了文葆的夫人，他们两人悄悄上路了。到了农场附近的一个县城里，文葆夫人身体不适，范用同志就一个人设法借了一辆平板车，赶到了农场，把奄奄一息的戴文葆放在平板车上，拉着他在崎岖的土路上，一路艰难地接到县城，然后和他夫人一起把他扶上火车，回到北京，立即送医院抢救，文葆同志就这样活了下来。这个经过后来是范用同志告诉我的，听了实在叫人心酸。"见《光辉曲折的编辑生涯——戴文葆先生90诞辰纪念文集》第44~45页。杨进在《与父亲的三次离别》中说："1961年底，农场通知出版社把濒临死亡的父亲领回。当时出版社仅有一位领导愿去做这件事。这位领导，是父亲大学时代就认识的好友，是个耿直的共产党员。"见《光辉曲折的编辑生涯——戴文葆先生90诞辰纪念文集》第394页。

[2] 此句下，范用用钢笔画一细线。

应用。

关于我的状况,理应报告机关党组织,现在只好等回去以后再汇报了。我一定争取安心休养,早日健康,再回到劳动战线上来补课。我是欠了债的,欠债一定要还,缺课也一定要补!你来前请先报告组织一声。

你如能来,最好坐永定门晚十一时车,晨四时许到茶淀,六时有汽车到五科。八时到五科后,问问有无马车,没马车只好走上十来里路。约十一时前可到于家岭西村。如当天办完手续(领外就医手续),即可返回车站,候夜车返城。

此间农事正忙,我困于床笫,心极不安。诵娟情况不悉,四个半月以上未通音信了[1]。所以写这信给你,希望你来接我。我在此麻烦领导上甚多,且已甚久,实在也想干脆休养一下。匆致

敬礼!

文葆上
四月十八日

鹤镛:　　　　　　　　　　　　　　　　　　　196××31[2]

《埃及民族独立斗争简史》奉上。

这部书写得还不错,能从阿拉伯文诸书辑取材料,讲清楚许多事情,实在可算是添了一本书。

我只在个别地方提些意见,主要就其所写的事;它未谈到的,除非有必要,一般不提。

下限断自七月革命,这个处理甚好。(只是为了照顾到要说说纳赛[尔]段,个别地方还不免要说到五六年左右。)

---

〔1〕 此句下,范用毛笔画一粗重黑线。
〔2〕 范用1966年6月注:"此信是回北京以后,为出版社看了一部《埃及独立简史》的校样而写的。"可推断写于1962年至1966年5月期间。

这些条子顺手写成，未能考虑措辞，自然不能都给作［者］多看。

葆

卅一日夜

图片大多与民族独立斗争无关，只是一般景物，意义不大。作者能否从埃及书中找些切题的呢？

葆

卅一日夜

鹤镛： ××××××15[1]

送还《听雨丛谈》。还有其他好几本书，也都读完，过几天送来。

高著《丛谈》[2]，笔调很好，确是这些性质的副刊上一把手。其中《〈丧门九客歌〉考》等，还有些材料，为他书所少见。《毕倚虹》一文也如此。若比徐一士，决不能相提并论。《丛谈》中虽有些往事，但大部分则并非亲身见闻，多是从他书录来。如《广和居诗话》几乎全部引自王揖唐《今传是楼诗话》；《半亩园》[3]则录自黄秋岳（濬）《花随人圣庵摭忆》。《四家藏墨》[4]等文，都是照书摘录。其中所说尹润生氏，原在文物出版社，不知退休没有；张子高教授是清华大学副校长，这些人的生平他都不大知道。《徐凌霄》[5]一段中说他一口京话，据见过徐彬彬的人说，一

---

[1] 此信写作年月欠详。从内容推断，此信写于戴文葆从农场回京之后、迁回江苏阜宁老家之前。
[2] 即高伯雨著《听雨楼丛谈》，1964年海外某出版社出版。1964年1月15日高伯雨为该书写的后记中说："我写这些文字，并不是一口气写成，而是在报纸上先后发表过的，发表的地方也不单独在香港，在新加坡两家报纸刊载过的也占了一部分（在《星洲日报》我用高适的笔名写《适庐随笔》）。现在收集在一起，本来打算仍用《听雨楼随笔》的书名出版的，但《听雨楼随笔初集》已于一九六一年出版了，将来也许还要出二集，所以本集就改为《丛谈》，以免相混。"2011年，故宫出版社在"大家说史"第二辑中重印了高著《听雨楼丛谈》。
[3] 《听雨楼丛谈》中题为《麟庆的半亩园》。
[4] 《听雨楼丛谈》中题为《〈四家藏墨图录〉记略》。
[5] 《听雨楼丛谈》中题为《记忆中的徐凌霄》。

口山东话。不过，此书读来仍极有趣，写得流畅是一个主要原因。至于瞿序[1]，全属捧场，甚为无聊。

前次谈起的黄节，字晦闻，曾在北大任教，做过广东教育厅长，约死于一九三五年间。他的旧诗、文学颇受同时人称道，黄秋岳在《摭忆》中常常提起他。在北大印发的《顾炎武诗讲义》也很有名，我还未能找到。至于黄秋岳，抗战中通敌，大约是出卖轰炸出云舰的情报，被枪毙了。他还是汪精卫的秘书呢。

文葆

十五日晚

---

[1] 瞿兑之为《听雨楼丛谈》作序，写于1963年9月。

致陶增骥[1]

增骥兄： 19920504

我从广州、深圳回来不久，工作成堆，加之重感冒，节假两天都在卧床。我常想找个空暇去看看你，一直碌碌不宁，劳生如此，趣味不多了。

看到起龙的信，你说是王伟甚对。这是真的，可又是侥幸，只因他在人事处"有人"，证明是我写的！上海友人不明其详。

上海的朋友，从小虞起，都来过信。所传"文件"中名称，也不对号，那另有所指。我们都老了，关心这个问题，是合情合理的；也应为此努力。我自然应参加说明——其实，我当年都汇报过。现在承认至何种程度，是个问题；不能凭我们自己设想。

吾兄阅世深，读书多，每个时代都有一大批人自我牺牲，而后可成全一批人。独行之士，依仁蹈义，舍命不渝，风雨鸡鸣，树之风声。然反顾往路，亦有国士不以清修奋力为首，乃以趋势求利为先。结果清修者默默以终，趋势者得势而上，我辈所见可谓多矣。有一部分历史即如此。

关于 U.D.Y.，我正与开祥、中法及沪上其他诸君磋商，先作一系统回忆，大家凑集材料，写成文字，再送请有关同志审阅。这事不是短时间所能成就的了。

---

[1] 陶增骥（1923～　），财政部财政科学研究所研究员，博士生导师。

去年以来，我在外省外地与欧洲等地时多，在北京时甚少。生活也不安定，工作又逼迫，弄得劳累不堪。这月我还不能去看你，下月再联系会晤。

兄写信与起龙兄时，务乞为我致候。此人为忠厚长者，乐天知命，我相信是他的老太太积德。

嫂夫人均此问安！

文葆上
一九九二年五月四日

致虞和静[1]

和静： 19920328

　　先向您致歉，给您回信太迟了。中法的信也来了。今天又收到在中法家闲谈过的陶为圣同学的信。真真太对不起了。

　　你一月三十一日写的信，到北京时，大约我已到了重庆。我是二月七日被集中去出去。到二月二十一日才由武汉回京。闲话不说，我已将我收集的材料捆扎好，缺憾的是，我始终未能去张家口看祖培材料。最近想可否用写信给档案局办法，索到他的自述，可能办不到。最后我还是应去一次。

　　我回来后不久，一堆事，眼睛又充血，持续半个多月，现在已快消退，不觉阻碍了。主要是想不好何时来，料想五月间最好，届时到上海来住一周至十天。办法是，请您和中法先列个提纲，以时间为序，一段一段大家谈，谈了就记下来，或录音。将来就按这个提纲与各人所谈，整理成文。这是一个办法。另一法，各人去写一篇，这不可避免有重复。怎么办？见面谈。

　　我今天一下午整理各种材料、信件（我极乱，常常找东西满头大汗）。现在老了，越是郑重保存的，越找不到，经常如此。住处小，书架不够用，东西不好分类放，自己给自己添麻烦，一时改不了。我整理各人材料，其中以阁下来示最多。我平素不保存来信，"文革"后仍如此。不过，凡提到U.D.Y. 皆存下来，因为 U.D.Y. 不比《导报》有报纸在。我早设想，应有各人各地活动的材料，才能使这书活跃起来，反映我们在各地的活动。哪怕三五行话也成，说明我们在那里活动了。比如《火种》传到北平大学里的。

　　我有一种想法是：说几句（大一点字排），后面是许多人说的话。再说（顺时间说），后面又是若干人说，夹注出姓名。有点像邓之诚老夫子《中

---

[1] 虞和静（1923～　　）电影文学编辑家曾参与改编美术片《渔童》《半夜鸡叫》等。

华二千年史》的写法。古人著史，常如此办。有点冬烘，不过信而有征，也留下同志们名字。等会面时再议，先说给你听，请与大家先酝酿。去年我忙一年，抬不了头。今年肯定又要埋在稿件中。反正得挣脱，到上海来与大家见面，真的老了，我也常常想到三二年就死了。我倒有正确的人生观，将如李秀成所说"欢乐归阴"。现在也太没意思了，反正看不见什么中华腾飞，少听点骗子的话不为憾！不日我再给中法写信，请先给他看看。请保重！

  握手！

戴文葆再拜
（一九九二年）三月廿八夜

和静：   1992XXXX

  顷间收到来信，我正考虑可否稍稍提前赴沪。然而，我又被通知，下旬有个筹划<u>丛书</u>的会议。我是负责审稿人，不得不先了解，提要求，我就不能提前来了。看您的信，U.D.Y. 只有中法、开祥、尚凡、你还有三两位，我们谈谈也行。最好先通讯商量一下讨论办法。你因接孙子不能不在月底来京，正好我们可以交换意见，而后你回沪再商量。我想了解的是，上海掌握了多少老同志的书面材料；我们按时间顺序谈，并着重一些重点问题，这要请中法准备。再就是必须设法有各地各校活动的具体材料，具名提供的人愈多愈好，哪怕三数行也引［行］，说明覆盖面较大。最省事的办法，是各人写各人的，各有重点。全盟的一辑，各地各校一辑。这样编起来容易了。如写一本史的形式，要费点劲，但有材料也不难，用集纳形式，编年体，也很好。等你来后，我们先谈谈，然后你回沪与中法、大教授诸君磋商，我再赴沪。我虽在上海出来的，现在却怕进去，总觉得眼花缭乱，如刘姥姥了，是老年人征兆。

一九九二年三四月间[1]

---

〔1〕 此信由李中法先生提供，此时间为中法先生标注。此信第2页的后半截被裁去。

和静：

　　祝您新年吉祥，健康安静，儿女们好！

　　我已出院，回和平里休息，以后定期去医院检查，看看存疑处有什么变化，否则就万事大吉了。虽有先进的检测手段，并未查出有什么大危碍。一切交给上帝好了。我们久经风雨，无所牵挂，最近生活日渐正常，请释念！已经给中法写了信。厦门陈玲来过。

　　回来见到邹剑秋校座寄赠的《为了祖国的明天》[1]，复旦大学出版社出版，印得很好。从孙中山、马相伯讲起，概述了夏坝的革命功绩。吴让能过去为《导报》写的文章，也重新收入[2]。虽说是革命经过，书中写得还平静，没有地区的冲突，基本上各说各的，好！我们是被收编的。现在老了，日益衰朽，不关心当年的往事，也不应较真，希望各位先进安好。冬天您好吗？我有病，是二十年来不知如何生活好，饮食结构也不好，休息也不够。现在反思觉悟了。听说大局在向好的方面发展，今后可能有好日子过。希望朋友注意保护自己健康，等待安度晚年。我在医院休息将近一个月，健康状况转好，没有重病的征兆，也不挂念绝症。国家花了不少钱。承蒙南北友朋悬念，友谊就是最宝贵的财富。春天来后，似应将U.D.Y.诸友往来信件编成书，不写专论，各人自说才好。总的有两三篇就够了，以各人自言自语为妙（利用存留的书信），这样也好各人歌颂U.D.Y.，避免核心。这是我临时想起的编法，不做定！以后大家商量办。

　　您一定要当心！三九太冷。再者，李校长不能倚老卖老，自行车不要骑了，冬天少外出。我出院后，老太太又住院了。我家上两代人都是长寿的。现在社会设施不能照顾老龄化。不多写，祝健康吉祥！

文葆拜上
（二〇〇三年）二月十七日上午

---

[1]《为了祖国的明天——复旦大学地下党领导群众斗争史料集》，朱立人、吴让能、邹剑秋编写，复旦大学出版社2002年12月出版。

[2] 吴让能：《〈中国学生导报〉筹备初的一次聚会》，首次发表于戴文葆编：《号角与火种：〈中国学生导报〉回忆录》，中国华侨出版公司1991年10月出版。

原约好去张家口找祖培材料的贾同志[1]特忙,十六大前后未实现。我又有点病住院,以致未成行。

和静: 20050426

收到您20日来信,看到医院检查的结果很高兴,健康是我们这些基本上只能主要靠自己的人最最重要的事。虽然现在的生活对我已不存在什么价值,但仍以多看看社会怎么在变化为乐事。我觉得,上个世纪长寿的人,如果没有对生活对比的认识,那么长寿没有多大价值。我们经历了世界史上空前的剧变,不少国家分裂、淡出了;又有不少国家产生了。来北京的洋人,不知比从前八国联军多若干倍;美国小布什比老罗斯福高超凶狠多得多;莱温斯基能请剑桥新闻学院的资深记者写自传,赤裸裸地讲述自己的历史和价值观,中国从古到今都没有这样的坦率的人……所有这些我们都见到了,我想,马克思先生如果还活着,他一定会修改他的唯物史观及所有意识形态的规律了。这样说来,我们从知识层面上说来,活着还是能满足我们求知欲的。健康一点是好!尽管要付出烦恼的代价。

您说的令媳的情况,我简单地感到一些,不过我没有提什么问讯,只是简略地问了彬彬好。但我未敢问欣如状况。承她表示她执教的中小学,那儿是风景区,约我去住住,这是礼貌的话。看她风尘之色,觉得在德国生活实在不容易,她已非复当年译《文明的进程》那时的人了。我几乎没多留她稍坐片刻,因为知道她要去天津,在来此前在汽车里已坐了一小时。她要买的书,已替她办好,另外不便询问什么。我看报,已稍知德国有些生活不大好的人在怀念希特勒。这情绪已传播到俄罗斯,四月是希魔生日,在莫斯科的"光头党"准备给希做生日呢——世界变化多大啊!南斯拉夫这个国家实际已不存在了,铁托当然地下无知,他苦斗的光荣的

---

[1] 即中共中央组织部干部贾文平,《光辉曲折的编辑生涯——戴文葆先生90诞辰纪念文集》中收入了他撰写的《欲读〈戴文葆编辑出版行谊年谱〉》。

一生已成历史了。我辈活着不过多看看变化而已。这算是幸运！可称之为"目击历史"。可抵制老年痴呆。

不过，老健如春寒一样，会很快变化，平时应多保重。我近年大不如前，连视力都削弱多了，常常借助放大镜看字典了。饮食也差些，数量、质量都差，搞不好，只是称算吃饱了而已。平常不大进市区，每外出一趟，一定要计划能办几件事的运筹学。老年性症状多起来，这是自然法则，不可抗拒。家庭状况还好，不过我好像是招待所所长一样。从十五岁离家住校，以后越走越远，亲情关系不是一种法律责任。现在上无父母，兄姊也都大去，故乡没有直系血亲，已成无家可归之人了，因而从不怀乡、怀旧，只想多关心今天，关心一点自身，不自寻烦恼，不卷入是非。总之，我还好，这种还好的生活无多大意义了。想到从中学时代起，一切想法都成泡影了，也就是应该结束的了。

我提笔写这信只花十分钟不到，觉得应写信问候您，比如让吴让能弟多给我写信（我替别人办的事），老《大公报》的人叫我问的。马上就出去付邮，这不是又多一次联系么？可谈的人不多了，有问题时也无人请教、商讨了。日子真在变！

请保重！

戴文葆上
（二〇〇五年）四月廿六日

和静：　　　　　　　　　　　　　　　××××1225

您寄还的闵君信，已收到。

当时之所以寄给您请教：一是提及崇彬；二是我根本想不起来这位同学。他大约比我迟两三年，当时没有常在一起。他的来信，常用四川省劳改局大信封，我也有点不解。

至于他向我谈及［的］几位女同学的信，我的确未收到，毫无印象。未见到信，无从谈起。当时女同学而在一起开会的，只有杨育智（何燕凌）夫人（宋琤）、金本富夫人（张金林），还有极少数几个，印象不深。金夫人瘦小、谨言，杨夫人明理，说的不多。她们往往坐在后一排，房子小，谨言慎行，带秘密性质。如上海欧阳杨仙、李胖姐等，都不得参与的。我不知道他谈了谁，信未收到，无从复信。因为我对他不了解，很留心尊重他。他说覆舟追悼会曾听我演说，人太多，我也看不清楚。

覆舟案发生时，我刚刚从渝闻讯即回北碚不久。一到校，杜栖梧即找到我，要我立即回渝市，向新华报及其他各报说明详情，并负责经常在市内联系宣传。

那天追悼会，不仅章友三[1]参加，还有邵力子、于右任秘书从重庆来参加，因是老校友又是当权者。我讲完，于右任秘书就要我的稿子。那天下午要我去发言，是以1945年毕业同学会代表资格讲话。会长是张薰华[2]兄，我们未来便于活动，请他出任会长。他也最合适，和校方江西人训导长□□关系较好。我在大会上讲完，是得到鼓掌［的］。据张兄告我，邵力子用特别的语言对章益讲，这个学生最好把他留校（我毕业时是法学院第一名，代表全体毕业生上台另［领］一卷象征性文凭的），否则，他到社会上破坏性更大。章婉拒，说此人与我们道不同。我是不同，报馆要我进新华报的。

S.M.C.[3]核心领导，根本没有人出面，他们习惯于长期埋伏，以保存他们这些精干。谈活动功绩时，则是S.M.C.的，其他小的老百姓团体都是被领导者。我演说稿，是当天下午在宿舍（我不住宿舍，在外租当地人房

---

[1] 章益（1901～1986），字友三，1943～1949年任复旦大学校长。
[2] 张薰华（1921～2021），复旦大学教授，著名经济学家，土地经济学拓荒者。
[3] 20世纪40年代在重庆领导学生运动的组织。据邹剑秋回忆："经过一段时间的调查，建立了'S.M.C.'（Seven Members of Communist）的组织（又叫'七个共产主义者'）。这七个人是：杜栖梧、杨育智、张增淮、张厉冰（康涛）、马杰民（马根荣）、张秉寰（张冰浣）、金铿然。这七人小组的成员，并不都是共产党员（如杜栖梧同志1947年4月才加入中国共产党），但他们在当时南方局青年组的领导下所起的作用，是党的基层组织的作用。"见《为了祖国的明天——复旦大学地下党领导群众斗争史料集》，朱立人、吴让能、邹剑秋编写，复旦大学出版社2002年12月出版，第44页。

子住），拿了什么人毛笔，借了凳子在门外用粗纸写的，一时想到什么就写什么，痛斥了陈炳德和学校当局，所以不能不把章友三气坏了。[后来贺祥霞和王默磐结婚，请章做证婚人，请我做介绍人，在狄斯威路一餐厅举行。我当场还讥讽章益，我演说听说我们道不同，道不同想不到又同站在这里庆贺同学结婚了啊！]当时我们年轻幼稚，直言道上。S.M.C.也有个别人出席婚礼的。(贺前几年在山东大学去世，我去济南大学看她[是在]半年之后。她与我关系甚好，是祥云、祥雯姐姐，你会认识。)我们当时，现在想来，是替S.M.C.做小工的，最后由杜汇报，当时怎么写也不知道。只有蒋祖培始终走在前列。当年孟庆远还讥讽他是政客，葛蔷月在我们后，是入党了。那时大家都年轻，认识不准确，不能计较。想到他们坚持一贯为领导者，今日如此要求承认其权威，可笑可叹！那时所有进步势力（同学）找我，我都接受，因为刘光就叫我接近各类同学及老师们的。他们少数几个人见过刘光，在成立中国学生社[1]时有人在重庆见过刘的。"副校长"先生当年，一次去东阳镇后山（陈望道先生住后山），正遇上朱语今送钱给那位先生，以后便成为履历了。

就向您说明这些，我不懂这位给我写信的人，所以向您打听打听的。您还有什么信要还我？不外就是这些事。

---

[1] 在《中国学生导报》作者、读者、通讯员队伍基础上成立的青年学生组织。吴让能1984年8月3日回忆："后来，在1946年3月，在南方局青年组领导下正式改名为'中国学生社'，成为当时重庆地区学生运动中的一支力量。"见戴文葆编：《号角与火种：〈中国学生导报〉回忆录》，中国华侨出版公司1991年10月出版，第62页。《中国学生导报》1944年12月22日在重庆创刊，1947年6月停刊，共出版56期。

附带说一下，在这几个月之前，杜子才发动一次突然袭击，在东阳镇小学会上（导报）搞了动作，总编加了两个人，意思是夺我权，可笑，我没有权，四版分五六个人编，我主要写评论。我也不计较，大家还是一样承认我、联系我。我在青年组下有工作做不完，不要任何名义。那时未曾想"名义"什么的。我至今都不谈这些，也不对杜提。关门自己斗是由来极久的事。

祝新年好！

戴上
圣诞节中午

致马骏[1]

希文兄： 19920307

　　收到了《龙门阵》及来示，至谢！

　　嘉陵兄生花妙笔，您的宽容破例，已经有四五位同事询问我怎么进入《龙门阵》了！他真是老记者，在敝庐也不过三个多小时，东看西望，居然成文，钦佩无已！在我，享受友朋之乐，十分感激！我们在四十多年后仍能聚首谈心，在动荡的中国，应属奇迹之一。多少人长才未展，英年早逝，我们算得什么！想到我们还活着，做了一点事，倒不负活了一场了。

　　还想到我们年轻时，只凭一颗热心和理想，但毕竟实［是］在"左"的熏陶下成长的，我本身就有"左"的不少东西。当年，我还是自由主义气味颇浓的，受过多次批评，也受到一些排斥，毕竟总是拉住我。我也尽力做了一点事，不过，我们的"据点"终究是"左"占领导地位，排挤或是乱批一些同学（起初也包括杜子才兄在内），甚至伤害一些人的感情。栖梧在日，我和他多次讨论过，和语今、老杜二位，也曾在故宫御花园谈过两个多小时，清理当日的思想。老杜健在，栖梧、语今，先后大去了（老朱最后还靠边春光用他，真绝）。黎群同志思路就宽阔，他一贯团

---

[1] 马骏（1923～2004），原名张希文。1943年入复旦大学新闻系学习，1948年入苏北解放区，曾任四川人民出版社副总编辑。

结人，在运动中也不摇动，殊为不易。以我所感，"文革"中，北有杜栖梧，南有×××，都对我负责，在实质上保护了我，栖梧被张春桥两次下放，×××死前几天落得个留党察看两年！想念旧友，不禁酸怀。

我们已老了，早晚会有不测。您能劳逸均衡，我应向你学习，说我什么焕发青春，青春一去不复还，焕发什么！保重！祝健！

文葆拜上

一九九二年三月七日

致王火[1]

火兄：　　　　　　　　　　　　　　　　　　　　19920127

收到大作《西窗烛》[2]，又看见您的相片，阔别四十六七年了，好像幸会一样。多谢多谢！

去年下半年，在《文学报》和《重庆报史资料》上先后读到你写的文章。那篇访旧居，很有情致；关于望道老师的文章，大大加深了我的认识（我过去对陈老师敬而远之！）。你的《外国八路》[3]，我早读过。前两年，在二楼正面陈列的窗内，就看到两厚本创作[4]，那需要多少心血和夜晚啊！

你是我们同学中在创作上最有成就的了。记得八二年、八三年我在锦江住时，希文就多次说起，一定要把你请来盐道街[5]。他不住努力，争取实现。你终于到了，还没有多久，出版社的乱动，加上后来你身体欠安，文艺社的工作就不好办了。令蒙大兄是行家，也是好人，他也无可奈何。

---

[1] 王火（1924~　），著名作家，1948年毕业于复旦大学新闻系，曾任四川人民出版社副总编辑、四川文艺出版社总编辑等，代表作《战争与人》三部曲荣获第二届国家图书奖、第四届茅盾文学奖。

[2] 《西窗烛》，王火著，四川教育出版社1991年9月出版。

[3] 《外国八路》，王火著，百花文艺出版社1981年12月出版。此为传记小说，传主为汉斯·希伯（Hans Shippe），著名德国作家、记者。王火后来又写了长篇传记《追寻汉斯·希伯的足迹》，收入《西窗烛》中。

[4] 王火"战争和人"三部曲之一《月落乌啼霜满天》、之二《山在虚无缥缈间》由人民文学出版社1987、1989年出版。"二楼正面陈列的窗内"指人民文学出版社社内楼道宣传窗。人民文学出版社和人民出版社长期同楼办公。

[5] 马骏（张希文）1979年7月任四川人民出版社党委副书记、副总编辑，力邀王火入川担任四川人民出版社副总编辑。1983年10月，王火调任四川人民出版社副总编辑。1984年初，王火筹建四川文艺出版社，任党委书记兼总编辑。参见《王火创作年表》、王火《今宵别梦寒——哭忆马骏（张希文）》，《四川文学》2005年第2期。

特别是你救人的事迹,我都说了的。还是年轻时那颗火热的心!《西窗烛》印得也好,令人喜爱。《七色光》《人物印象》不仅具有文学价值,也有史料价值,是很耐看的。

看到书,想来健康状况会好些了吧?五十年五光十色的烟云,我们这些人侥存(我有时写作"幸存")下来,应该酌情保重。奋进,当然对,"日夜该有两个太阳"也对,不过首先要注意健康,事情一件一件做。我也是性急的人,这十来年,可说没有几天是萧闲负手信步的。我们的心性是互相理解的。蜀中来人,总说希文会生活,有劳有逸,我们当向他学习!

我这大半年都住在外边,为宋庆龄新编文集[1]。令蒙兄公子来时,持了希文及他尊翁的信,我正好回家吃顿热饭,匆匆和他交谈,至今还未给令蒙兄去信致歉。去年编了三本书,以宋集最费心,最烦!这是一个对中国革命有特殊的、他人无法做到的贡献的人,可编她的书却费劲。到写这信时,我明天还到办公室去再作一次翻阅。(八十万字,我已读过四遍了!)现在工作真难,我们不也是从不懂到稍懂一点的么,现在对中国却很不懂了。没法,尽到自己责任就行了。我竟这么想:"天下兴亡,匹夫匹妇无责!"

看这时状况,出版物市场要转好,恐怕不是一两年的事,它受大局制约,受各界牵连。见到教育社给您出书,印得相当美,真高兴极了!希望保重,你文笔佳丽,从容地、不着急地慢慢写,注意康健为要!

见到希文、令蒙二兄,请为我问候!八二、八三年去成都的日子,是非常美好的记忆。我总说,成都是颐年之地,我非常想念成都。昆明那么比邻吧,一去就知道,远远赶不上成都,郊区县更差!我希望以后有机会到成都来拜望您们!

敬礼!春节全家好!

戴文葆拜上
一九九二年一月廿七日

---

[1]《宋庆龄选集》(上下卷),人民出版社1992年10月出版。上卷后记载戴文葆参加了具体编辑工作。

王火兄：
19920826

　　我刚从银川回来，收到人民文学出版社送来您的大作《山在虚无缥缈间》；通知还说，定于九月十日在后楼会议室举行您的长篇小说《战争和人》讨论会[1]。联系人是于砚章和高贤钧二位。这些年来，您的创作成果丰硕，既表明了才华，更表明了勤奋。在我们同学中，您取得的成就，令人敬佩！我虽不研究文学，届时我一定列席旁听[2]。

　　我至今还未让办离休，每天杂务纷繁，可以说浪费不少十分值得珍惜的最后的时光。讨论会在后楼，我办公室在前楼东侧一号，我们朝内166号，是个四合院式大楼。马骏兄来过。不知届时您能来否？近来身体可好，甚念！

　　见到马骏兄、令蒙兄，请让我向他们问候！
敬礼！

戴文葆拜上
一九九二年八月廿六日

火兄伉俪：
19951221

　　昨天下午（20日）才结束第二届国家图书奖评议工作。祝贺火兄大著再获奖！[3]

　　珍重，健康第一！自己保佑自己！

文葆拜贺
1995年12月21日

---

[1]《王火〈战争和人〉研讨会在北京召开》，见《当代》1992年第6期。
[2] 1992年9月6日晚8时，戴文葆在北京中纪委招待所留条："王火兄：特来拜望您们伉俪。十号上午我一定参加会。我不能讲什么，我来看您，同时听听同志们评论。"
[3] 此信写在一张明信片上。此前，《战争和人》三部曲1995年获炎黄杯1986—1994年人民文学奖，1997年再获茅盾文学奖。

火　兄： 　　　　　　　　　　　　　　　　1996×××
希文兄：

　　又有好久未写信问候了，我在清理手上的工作，好完全摆脱出版社工作，可争取做半个自由人。目前正在整理英译中的宋庆龄信件，汇编为一部书信集（1909—1980）。译文绝大多数核对过，作注甚烦。有些人不明白其情况，而收信时情况也不了解。我把这部约八十万字稿弄完就好，不用再到"朝内"去了。

　　有一封致格兰尼奇夫人格雷斯的信，提到海因茨，这人叫海因茨·希普，一译汉斯·希伯，德国共产党人，30年代时曾参加史沫特莱、路易·艾黎等的学习小组，当时在沪留《太平洋事务》杂志撰稿。宋的信中只写H，大约就是指他（1939年9月3日函）。后来他参加新四军去了，其后到山东沂蒙山区，为敌人截住杀害了，葬在山东临城[1]靠近罗炳辉的墓旁。王火兄曾写一本关于他的书，我在书店买到看过。我住处狭窄而紊乱，四处是书，不容易找到了。特地写信来，请火兄把手边书找出，请希文兄稍翻一阵，给我写二三百字其人生平。内容为：人名，德国原名，生卒年代，简历，在沂蒙山区部队怎么就难，有无著作留下等等。还写何时来华，与宋的接触等。四百字也［行］，我用作该信的小注[2]。火兄眼睛不便，而烦希文兄执笔，请火兄告诉他个大概即行。注末把火兄这部书的书名写出。谢谢谢谢！

　　我为了整理这书信，四处向人请教、找书。有些没法查明的，就不知为不知了。这是宋庆龄基金会、中国福利会的工作，我只好负责到底。想到写给您们二位，虽在数千里外，解决起来倒快。我到了两处，未找到火兄这书[3]，我的一本不知埋在何处，今天上午满头大汗未找出。

　　又希伯的妻子，秋迪，好像中国姓叫罗秋迪。希伯从军去了，她在香

---

〔1〕　王火注："沂不是临城，是临沂"。
〔2〕　王火注："已照此写了寄去"。《宋庆龄书信集》（上）第154～156页有汉斯·希伯的注释，释文末三次提及王火。
〔3〕　王火注："书已寄去"。

港住。希伯是德国人，与王安娜也熟悉的。麻烦了，写三四百字小注[1]。

我现在不天天去朝内大街。祝阖府康吉。

戴文葆上[2]

一九九六年

出版社事已极难做，有些性质书要原稿送审，一搁数月。我为姬鹏飞们编的《香港新纪元》文集，也审了两个半月（大约是睡在那里）。质量一般不佳，"赞助"又要得高。我无话可说，从此脱离了事，自己以后读书便是。又及

王火兄： 1999×××

您给我的《在忠字旗下跳舞》[3]，我介绍给当年曾在天安门受检阅的年轻同志看，他们大多未注意江青坐在林彪旁的第二部车上，大约只注意一号，车行又匆匆。这个镜头，将来应编入电视剧之类。

你给我的书有两本，上月我送一本给韬奋图书馆（在美术馆东街），给该馆收藏，流通借阅。在扉页上我写明是您赠送，由我转赠。

北京社科院批三个人，批不起来，也未能着力推进，不得人心！现在还强调"加强管理"，从不讲"改善管理"。我们老了，安度晚年，毫无作用，不能插嘴。您多保重，不必回示。

俪安！

戴文葆拜上

一九九九年

---

[1] 王火注："已写了寄去"。《宋庆龄书信集（上）》第155页释文中2次提及秋迪。
[2] 本信复印件不见写信日期。据推断写于1996年。
[3] 王火著，中国文联出版公司1999年1月出版。

致徐梅芬[1]

梅芬同志： 19940214

　　春节也未向您拜年，失礼了！重感冒，还要当马牛，便无一天歇着的。想您与儿孙团聚，天伦之乐，亦足自慰。这里祝福您健康，活力长驻！

　　购书的发票，才由发行部补来，今寄上请查阅。上面写了贱名，请谅！发票上前头数字是80%，打八折也。您善于想，所以发表声明。

　　我苦命如昔，干不完的苦差，人家下海，我真想上吊，又怕人笑话，"文革"都过来了，还怕商品化折磨吗？不是物质商品化啊，人的良心也商品化了，现在这伟大的时代，什么东西不出卖，不上市交换哇！亲爱的教授，我们这些识字的又回到46、48年去了！

　　牢骚无用，还是自慰自勉。想来你还是坚持学术理想的吧？

　　敬礼！

戴文葆拜上
一九九四年二月十四日

　　明天（15日）赴海南一行，陪爱泼斯坦夫妇等去宋故居，然后我留下开三天会。又上

---

[1] 徐梅芬（1925～　），曾翻译《拿破仑情书集》，戴文葆担任责编。

致谢素台[1]

素台先生： 20030903

  收到了您寄下的回忆世辉同志的文集[2]，这部书面世迟了，但终能出版，也实现了大家的期望。编者名字，表达了我们这些朋友的心意，我们是齐念龙公的！

  我与龙兄虽曾在一座楼内，但一东一西，执的业又有别，只是后来到呼和浩特[3]去，一齐跨过大青山脊才在途中开始面谈。我的话在宋应离兄主持的会[上]说了一些[4]，干我们这一行，实际与打小工相似，其中经受，一言难尽。他是直率而又并非多言的人，想来感受更丰富了。现在说什么都没用了。我不能忘记他，我们都是这样工作过来的人，没有什么再说的了。

---

[1] 谢素台（1925～2010），翻译家，人民文学出版社副译审。与周扬合译《安娜·卡列尼娜》，与刘逸辽合译《远离莫斯科的地方》，独译《珂赛特》等。

[2] 齐念龙编：《文坛托星人》，敦煌文艺出版社2003年4月出版。

[3] 1984年9月，内蒙古社会科学院举办编辑学与编辑业务讲习班，邀请中华书局副总编辑张先畴、光明日报社秘书长卢云、《光明日报》理论部副主任苏双碧、人民出版社戴文葆、人民出版社副总编辑吴道弘、作家出版社副总编辑龙世辉、内蒙古日报社总编辑傅克家、美国专家魏克辅授课。授课内容当年10月结集为《编辑学与编辑业务》内部印行，是当时稀见而有影响的编辑理论读物。

[4] 1993年6月25日，河南大学出版社在新闻出版署九楼会议室举行《龙世辉的编辑生涯》座谈会。会议由河南大学出版社社长宋应离主持。戴文葆在会议发言中说："我与龙世辉本来同在一个院子里工作，由于干活的类别不同，到呼和浩特与乌兰察布大草原上才成为朋友。今天在这里开这样隆重的会，我本来有点犹豫，考虑来不来参加，因为我内心有一点困惑。我常在想，如果龙世辉同志健在，他将怎样处理稿件，怎样对待出版社的编辑工作呢？质朴耿直的他，他将能说什么呢？我又有什么可说呢？""既然来了，说两点感想："第一点，谈谈河南大学与河南大学出版社。""第二点，谈谈《龙世辉的编辑生涯》这本书，对我们编辑工作者有教育和鞭策作用。"见《河南大学学报》（社会科学版）1993年第5期。

我是"人民"离休的人，原以为离休后会轻松些，却不是那样。近年（从去年九月起）在右肺上尖有 Ca 变嫌疑，正抑制中。自己并不惦记，在服中药呢。

　　望您善自珍摄，注意珍爱健康。大家都怕今冬"非典"反弹，务祈保重！

　　祝您和您的孩子好！

戴文葆拜上
九月三日

致喻建章[1]

建章同志： 19961119

又有好几年未见了，顷间收到江西教育社寄来您主编的《编辑工作与编辑学研究》[2]一书，非常高兴！

您编的这本书很好，辑录了不少好文章，可作进一步研讨的参考，这也是一种文化积累工作，是一种贡献。

我这几年做了不少打杂的事，未能进行什么研究，偶尔写的一点短文，（是）只是一种杂感而已。由于工作忙乱，思想与时间都不集中，写不出什么编辑学研究的东西，非常惭愧！

匆此申谢，并祝

康吉如意！

戴文葆拜上

一九九六年十一月十九日

---

[1] 喻建章（1925～2014），出版家，曾任江西人民出版社副社长、副总编辑。
[2]《编辑工作与编辑学研究》，中国编辑学会第二届年会、'95全国编辑理论研究会论文选，喻建章主编，江西教育出版社1996年8月出版。喻建章在编后记中说："我是参加过1990年在衡山举行的编辑学讨论会的，这次所集论文内容，比那时前进多了，丰富了，证明编辑理论研究者在不断掘进，不断深入！尤其令人高兴的，是论文作者大部分是中青年同志，表明了编辑学研究的影响的扩大和这项事业的后继有人。"

致毛鹏[1]

毛鹏同志： 19960206

　　昨日幸会，晤谈甚欢。

　　我正好于昨日向《出版参考》投稿，题为《介绍两个观点》，用笔名"郁进"，我以为刘杲同志一文很有见地，值得介绍其一二论点。看过很久了，觉得还是写个介绍。

　　如果拙稿可考虑用，后面一段中有一句话："净化……思想倾向"云云，我未留底，写了就送上，不知是不是写我"净化编辑思想倾向"。用"编辑"二字不恰当，承包不承包不是编辑所能做主；卖书号、终审终校，编辑室分钱，说什么"绝不承包到个人"等等，也不是编辑所能主动。如拙稿刊用，请将"编辑"改为"出版者"（或改为"从业者"）。活出鬼！承包闹得人心大变，苦的多，能捞得的不多（有人发财了！）。人各有志，捞归他捞，但风气不能不关心。如不可用，原稿即请投入字纸篓，我只是希望人们注意研讨刘的观点。

　　编安！本瑞同志均此。

戴文葆
一九九六年二月六日

---

[1] 毛鹏（1926～　），时任《出版参考》副主编。

致李冰封[1]

冰封同志： 19960530

　　当年过南京赴沪前，两次去秦淮河畔，归来适逢见到要人重读《甲申三百年祭》，怆然有感。把我喜欢的《板桥杂记》检出，同时参照明末清初人所论及陈寅恪著作，用加注扩大法，编了这本书[2]。同时也想用这办法试行整理某些旧籍，但很难照样做，只好打消这一设想，请教正为盼！

戴文葆拜上
一九九六年五月卅日

冰封兄： 19980328

　　今天是农历初一，仍应祝新年新春好！

　　我又翻开您的随笔集，李公序言1949年南下时在开封才见到你，大约你到热河，他另有什么去处了；或者级别高，与新参加工作者未相见。估计你仍然会见到F美人的。我看了南央此文，才知何以其兄为何弱智，是艰苦生活造成的，看文中所写美人家宅陈设近况，其心情会疯狂的，美人也生不逢君。极左者为左肆虐，结果也为左害死。此文朱正兄想已收到，如尚未见，请他来一阅，他一定能作许多诠释。

　　该刊系在港出版。李公现复印多份，或来人即取出给人翻看。以女儿

---

[1] 李冰封（1928～2021），曾任中共湖南省委宣传部副部长兼湖南省新闻出版局局长。
[2] 《板桥杂记》，（清）余怀著，戴文葆赠注，特约编辑弘征，海南国际新闻出版中心1995年10月出版。

说，是个千古奇文。悲哀，沉痛！难怪他跟我说过，不离婚必被弄死，我不敢问明。匆颂

俪安！

文葆拜上
（一九九八年）三月廿八日

冰封同志： 19991005

这本书[1]送给您。祝全家好！

明天我去上海，应中国福利会之约，把宋庆龄自1909—1980年书信编注成书，英文原信已译成，我[2]与译者们一封一封对照阅读讨论，早已完毕。但我杂事太多，还未通读整理。人名、团体名等加注有困难；还注意搜集未见过的信。此次赴沪，意在完成两卷集一百万字。但并不能反映她老人家全部思想（如反映了也不好用！），只留待二三十年后人来增订了。到沪后有闲时，再给您写信。大约十一月底可返。

文葆拜上
一九九九年十月五日

此书完成，即割断留在人民社的尾巴，可成半个自由人。又上

冰封兄： 20000430

廿四日来函奉悉，收到信时正为黄一九同志[3]作文，已经入题，写到四页半了。

---

〔1〕 李冰封2012年4月21日标注："这封信是夹在世界知识出版社出版的《我这代人的见证》（康·米·西蒙诺夫著）寄来的。"

〔2〕《宋庆龄书信集》，人民出版社1999年12月出版。宋庆龄基金会、中国福利会成立了《宋庆龄书信集》编辑委员会，主编为吴全衡、杜淑贞，戴文葆为排名第一的编委。

〔3〕 黄一九，医学编辑出版家，时任湖南科技出版社副社长，后任社长。

祝世英姐早日康复，年老后，平地也会跌跤，务必认真医治。现在能走动了，但不能剧烈行动。我有个亲自所见，有二人都因胯骨跌伤，一人急于下地行走，过早行动，以致留下跛状，另一人走动如常人，因医生看他行走时，特别叮嘱指导，才无后遗症。

湖湘名医典籍，苦思数月，一来我生病，又不安定，穿插服务事情且多。加之我实在不熟悉这门学问，几乎日在念中，动笔极慢，现在可预计在六号付邮，先请您审阅。因我立论极怪，我写这种文章人家会笑我〔1〕，所以思索甚长时间，终于想以怪遮丑了。该笑我了！

住处已解决。天暖后身体已好转，说话、行走已正常，不会喘吃力。二李文容后说。信息也请稍等，等拙作付邮后安心写。不赘。祝阖第康吉。

戴上
二〇〇〇年四月卅日晨

冰封世英伉俪钧鉴〔2〕： 20000828

廿七日晚，又烦令媳徐桂云君，送来名茶两大盒，至谢！

我又搬了两130车往和平里。一边淘汰，一边暂留，还需一部130车，才把这些年"输"运去。正在包这些残余的书，她来了都没有地方坐，不过经她现场查看，一定汇报上去，我看上去颇好（一向上镜头），而且搬家虽苦，在阿Q如我却是大乐事。不容易，党组所有成员谈到我，无不主张立即分房子给我。我23年无"资"，虽然算是高工资，若非居"高"思危，无法应付了。现在不借债！

我很想听桂云谈谈，无奈无处可坐，胡同口有一家电影院开的（新开的中药）茶室，她们不肯去，我也不想去人繁处聊天，只好让她走了，很

---

〔1〕《为九亿农民出科普医卫读物》，后发表于《出版广角》2000年第7期。
〔2〕李冰封标注"已复"。戴此信附中国社会科学出版社宣传策划室2000年6月印行的《社科书讯》第6版复印件，该页有汪文风著《斗魔——面对面审查江青反革命集团亲历记》书摘《对谢静宜的处理方法》。

歉然！很巧，托她带上一盒鹿茸片，请世英同志哂纳。

大约九月初可以全部到和平里，煤气这两天可通，我是茶客，没开水不能过日子。

有些可谈的，现在提笔就写些错字，手也不听使唤，等八月初将住址、电话奉告时再谈。

幸有桂云侍候世英，我赞成您壮游一番。

俪安！

文葆鞠躬
二〇〇〇年八月廿八日晨

冰封兄[1]： 20000914

本该早给您写信的，这次搬迁的紧张大大消耗了体力，而且在心情上也有不少动荡。由于走过的路程曲折，沿途的居住情况不同，单说一九七七年底到京，沿途停息的处所，已有六个，不觉有不少感触，加之一九五六年后开始过着独处的生活，现在真正老了，身体上、心理中与人（包括家中关系人）存在很大差异，就不免更厌烦了。今天特意推开周遭的杂乱，给您写个简信，以释远念。

现在算是真正搬离西总布了。从五十年代之初起，我与东西总布胡同结下了不解之缘，离开它就没饭吃，这次真的离开，不同于往日了。在三十年代，这条东西胡同，费正清等人，金岳霖、梁思成、林徽因等都在这里住家。现在，经过"文革"十年，这胡同的人事，左拉如在，会写出一部十分动人的许多住户的兴衰史来。近二十年来，也有很大变化，已非昔日比较安静的所在了。今人砌的房子，能住五十年就不错了。我估计，我住的这大楼已存在十六年，不可能再存在十五年。世事在演进，无需悼惜，任其变化，我相信我能看到它怎么变，毋需回头望了。

---

[1] 戴文葆2000年9月17日投邮，李冰封曾记"已复"。

还是从温州说起,我在"文革"中当采购员,不敢到该市买6136车床(便宜!),人地均不咸宜,我只敢只身到常州洽购。现在温州人已走过原始资本积累的阶段,有些大亨开始讲求品牌质量了。这几年,讲究有序发展了,基本策略(不约而同)是"以民促官"。中国资本主义的萌生,与西欧城市行会争脱贵族特权控制有别,艰苦很多,资产者软弱得多。温州单就发展交通而言,先修铁路,连上浙赣路,经金华、杭州,联到上海,这是第一步,地方上先集资筑路,最后获得铁道部认可,铺轨开车。第二步,先筑机场,经验收,民航再认可,开航线,现在不仅国内,国外也通行。由金华转杭州往上海,绕路太多,现在正筑直通上海的高架公路,几个小时就到沪了。发展商务,一定要有交通先行,都是地方民间先动来促进。这是正确的,国家要排队,温州不一定能上榜。以民促官认可、帮助,是个好办法,在经历了原始资本积累之后,地方实力上升,办事容易了。加上永嘉楠溪河风光,六朝以来即已驰名,雁荡(北雁荡)又是南方名胜,无烟工业促进经济发展,温州人又聪明、耐苦,加上狡黠,发展起来顺理成章。温州市街还不规范,慢慢会好起来。

再说这次到北戴河,是赏给一顶好帽子:"优秀文化工作者代表"。所谓优秀,大部分为唱歌跳舞做游戏者(五十年代我们说的话),他们有群众基础应该称"优秀",其余少数官方认可的作家,如王蒙、张贤亮等;老中年作曲家乔羽等人(不多)。出版界五个人:上海一(巢峰),长沙一(您的芳邻),北京三,沈鹏(美术、写草字)、傅璇琮及区区不才。按地域说,上海只有二人:一为袁雪芬,儿子陪来;一为巢峰。所以"优秀文化工作者"后加"代表"二字,实在摆不平,不能宣布,请510位也摆不平。到散会前一晚,大家站成旁边一排,顺序"接见"1、2、3……号十五人,更不直于见报,反会引起更大反感,难道就这么几个"优秀"?这次约请在游艺界有群众影响者,是对的;但理论界、社会科学界却一个没有。出版界五人,算是十分优待的。不打碎可以摆放的花瓶,是对的。不少佼佼者不宣陈列,可以理解。于是就有我辈沾光了。前年约请科技界,去年为医卫界,今年号称文化界。今年特隆重,起居、行动、观赏、接见等十分讲究，胜过往年。"予有荣焉，老福不残"，我向来是阿Q哥哥阿P！

寄上一份剪报，这份《阅读导刊》在市内北礼士路135号出版。它写北大中文系一些人，如严家炎还是很有名的，对他们下笔很蔑视，不知现在弄笔的人何以如此，我全不明白，可怕[1]！长沙的《书屋》，承办人来过电话，可能要被把屋子收回另用；双方都有不是。现在有个小舞台都难，路太窄了，自身又无经验应对环境，怎么能妥协而存在，又还在原则内行事；不容易达到。还有许多事好谈，我眼下精力不足，小环境欠好。您壮游可否在十月中成行？如来回两周，世英同志由徐桂云侍候，您体力又能适应，自以去看看建筑、博物馆、城乡风光为好，原谅我写得草率！

文葆拜上
二〇〇〇年九月十四日

冰封兄： 20001012

我去办公室取回来信，才知道您出行展期。官方决定，不知出于何种考虑。延期若长，天气转冷，便有些不方便了。如遇上圣诞热闹，倒值得看了。

我因书累，有半月未出去。只是上月廿六日下午，古典著作译英第一辑面世，下午三时在人大会堂开会，我想大约都是湖南人民社出钱。此事酝酿已五个年头，结果署里处置得法，负责牵头，而由外文局与湖南局分

---

[1] 2000年8月28日出版的《社科新书目》"阅读导刊"专版中发表了署名元卯的《北大中文系怎么啦？》。文中说："一对'精神双胞胎'一位叫严家炎一位叫孔庆东，这一老一少可惜都是男的，要是有一位女的，那么他们并立在金庸的牌位前可真成了金童玉女啦。这两个家伙，整个文学水平就是一个大众档次，老的要求别人《以平常心看待新武侠》，可就是自己不以平常心看待金庸。他把自己大半辈子积累起来的人生观像做香肠一样，全部塞进金庸小说的字里行间去了，硬要把金庸捧为文学大师，说实话，提拔胡长清都没费过这么大的劲。"

担，开放式的，欢迎愿来者参加。我估计能挑这个担子的不会多，事情繁重，效益难测。吃苦在前，后事渺茫。在如此局势下很少人愿干了。湖南原来早从事了，当年杨牧之同志和我说时，我已指出湖南是先进者。首次会上，外文局杨宪益先生等，实际颇期期以为不能一哄而起，强调一书搞七八年那么慎重。他们的意见当然正确，不过还可放大一点，把外国人早已译了的，传教士中有几位早已评述，可以采取检读后认可、订正，也得国内学者审阅而后择定。现在统一规划，先由湖南、外文局分担，各自分销分卖，而生纠纷，再吸收其他有志者参与（这很难！）。设想用〔又〕周到了些，原先还与我说，湖南投资，也可考虑吸收个人出资（如《传世藏书》刘波其人）。现在出了第一辑，已经在深圳印，印制得相当好。那天开会，估计是湖南出钱，尹飞舟同志调局里图书处，局里和"湖南人民"来人张罗，出钱出力。湖南人民社确实先进，他们早已做出书来，不怕困难。署里挂名为倡议主办。当年策划尚未落实，署里就出了红头文件，原由杨与周红荔合力主持，不一年周离署赴沪发展，杨便另行设计，如现行办法。事是好事，如何组织强力承担译介者是头等工作。当天电视台草草录像，次日联播节目报道十分简略，未能弘扬。人们不明究竟，可能是国庆在即，拨出镜头不易。总之湖南方面很辛苦，局长来讲了话。宣传力度不够，以后还须大吹，也要请洋人吹才对。这倒真是交流，双向的，不过很艰苦，署里只能做点联系工作而已。

现在署长已得人，由吉林省委副书记、宣传部长石××接任，他曾做过胡锦涛秘书，并非活动来的，是选派了的，正式文件已下。于就到隔壁版协去了，不过他不是做这些具体而无声光事情的人，大约秘书长谢明清以后实际办事了才行。署里一部分得力的人已转往版协任职了。这种"民间"团体事在人为，怎么办都行，宋木文同志为名誉职，他早不去协会了。

出版界新人类大声呼叫WTO，只言其利，极少言其艰难，上海、北京少壮实力者只说一句话，不大说两句话。有人看了《出版广角》上发表我的介绍湖南科技出版社好书时，开头就讲全球化，语调与同期第一篇不大一致[1]，即刻打电话给我。这无大关系，我真正是讲空话的人，不起实质作用。不过，出版社方面如何具体去接受、迎接WTO，如何踏实准备，不是用笔墨写写文章的事，怎么切实部署是上级的事和各级领导人头上的难题。我们无责任一身轻，只能一旁观看了。当然，这也不是一两年的事，一要有国策，一要加紧培养人，谁来切实埋头认真干呢？在这些方面，即使出于对过去执业的关注，也不能（无法）关注了。

我近来心绪不宁，有一桩是屋内还未清理好，首先淘汰书还不够，要继（续）察看；再就是一包包笔记还未清理、去除；再后才是分类上架；最后才能思考今后做点工作。为了防止老年痴呆症，不成为里根，一定要思考。可另一面精力是大大不如前了，朱正兄比我小约十岁以上，他读书多、理解力强、下笔快，又有各种投稿被用。他总是不断写点长长短短，我绝对做不到。我非常钦佩友人中能写知堂一类冲淡而有意思文章［的］，我总写不出来。去年夏天在陈涌（当时80岁了）家时，听他说一句话很感触，他自云从延安起学的一套，至今把思想约束起来了。我过去做官办出版社审读久了，简直学不上（学力也不够）那种冲淡自然的文笔，写写就激烈了。我的朋友中能写的有很多，连所说论到下一代的"世兄"也能写出很好文章，我就是写不出。多年习惯所养成，无法勉强变调，不强求，还是缩小范围考虑，力所能及，做一点什么。明春全面去想，今后把屋内整理清爽，好好休息两月再议。您的"芳邻"在北戴河总跟我强调有病，我看不大出。只钦佩他沉稳面对世事，又有得力助手几个人之故。

祝您早日成行！

文葆拜上
二〇〇〇年十月十二日

---

［1］《"此真活人之书"——谨用华佗的话，介绍湖南科学技术出版社〈九亿农民健康教育读本〉与〈湖湘名医典籍精华〉》，发表于《出版广角》2000年第7期。《湖南科学技术出版社建社三十周年纪念册》摘登时改题为《为九亿农民出科普医卫读物》。

冰封同志： 20001106

前天晚上把信匆匆写好，昨天未能到邮局去，耽搁下来，又想起还有几句话要说。大江说日本人狭隘，有五个人就抱成一团，不能一对一地与外国人相处，他大约是看到岛国民众的劣根性，所以若干年为军国主义、皇道思想拘束。以我与很少的日本知识界人士相处，觉得至少在表面上还不是这样，大约是知识高、有良好的素质的缘故，他们××上看出××××，而且，大江还在文学界［存］在一种乌托邦的国际理想。

他在大学学的法文，所以受萨特影响很深，而且他把萨特的思想与日本的传统思想结合起来，因而萨特的主张在他的作品中（文学作品）便有了特色。我对萨特的书念过几本，太匆促地翻了，并不了解。我看大江的《万延元年的足球队》《空翻》等，也不懂，人是应该怎样确立自我更没有理解。我知道萨特这个人有五十多年了，实际只知道是个法国人名字叫萨特。那时，我迷信（至少相信）苏联的话，老毛子说他是法西斯，而且在四六年大战后，我怀疑已是战后了，法国已从希特勒践踏下解放出来。在敌占时期，许多知识界人士（尽管思想不相同），都参加游击队反纳粹，萨特也是参加过的。如果是法西斯，怎么有那么多年轻人围绕着他呢？我不解，又不能看外国书刊，我只接触到英国出版的大事记之类资料，报社订阅，我用以进行工作。后来林同济教授回来了，他战后得陈光甫银行家资助，去了西欧一转，陈是上海银行主人，中国旅行社就是他的小企业，还办了海光图书馆，我们利用它做通讯处，开小会。林先生抗战后住北碚，在复旦讲西洋政治思想，极聪明，可是"战国派"受猛攻。我已读过了西洋政治史，但我特意去旁听他的课。（有时我不只选定的课，去旁听其他老师的讲授。）因此他认得我这个学生。我很欣赏他讲希腊的"贵士传统"，其实就是社会精英，与愚众、暴民根本不同。他从西欧回国时，正是上海黄浦区摊贩暴动那天，约我的几个人（也是我们主动想劝告他不要乱说）到善钟路那边陈光甫一个支行去谈天。我请他讲讲在法国可看见萨特，他神乎其神地讲法国人怎么热烈地在咖啡馆里怎么热血地围着他，听他讲，提问题。不过我们也不了解全部主要焦点，但觉得不可能是法西斯。我们可以用"爱护"字眼，警告他回来不要乱讲，防备被"廿一八"骂，他是接受的，多年后，看到一些萨特作品的译文，有一句"用身体来写作"，这句话不大理解，有此一说吧，现在晓得大江也就是这话。一定是我们浅陋，不懂。从这里，这次大江来，我又想到卫慧《上海宝贝》，棉棉《糖》，和北京的某个年轻作家，被称为七十年代作家，大约生于"文革"中，尤其卫慧，就是说用身体来写作，她是我们复旦中文系毕业生，才放下书包五年左右，未就业正式职业，当过咖啡馆侍应生、小郎之类，大约体验生活，写那种书。我并不喜欢，也未细看，我不能分心，缩小注意圈子了。可我还是想，出版管理用行政命令打击他们，我以为要有沉着的诚恳的文学批评。在几次会上都听到几句打击的话，跟您说，不以为然，要剖析才对。打几棒子不可能打死，张爱玲也是如此。但我没有文学批评理论修养，说不出道道，也不应该去说。（我注意保护自己了！）不过因大江而又想到她们，可见我思想复杂不轨的一面。我不会去深思，学力、精力都不够，而且前路无多，有限的时光不能再浪费、劳而无功了。

对大江，我们大约也是从政治上立论，他在五六年前就得奖了，也无声无息地出版过他的文集，为什么现在才热闹起来呢？他前两次来，说是不让他（日本人不让）讲话，他也就没有带嘴来，这次才讲演几处。我想，这几年他对日本人不认罪，明白不接受天皇文化勋章，我们看他这些态度赞赏了。他虽不喜欢宴会，也没有最高层接见。（乌兰诺娃当然是大舞蹈家，江还去电吊唁的）我们至今也是政治标准第一。这次有个华裔法国人黄［高］先生得了诺贝尔，我们报纸就是不提！据了解有指示的。

我这几个月因搬家太乱不安，至今未清理好，精神不佳；同时也受外界各式刺激，我走过漫漫的天涯路，感受往往与人不同，所以有时六神不安，是自作孽。我在告诫自己，不能再多想，坚持收心，可我劣根性很强，难以"养气"，不免自苦。今年把屋里整理好，明年想想干自己的事。尽管没有什么价值，总是自己干的。牢骚太多，原谅原谅！

文上

二〇〇〇年十一月六日

冰封兄： 20010519

似乎又要用"很抱歉"之类开头了，我搬了家是否未奉闻，我是弄不清楚了，当时是不想告诉人的，有些朋友例外，也不记得您是否属"例外"了。我说我新址：……其地在旧京北护城河畔，大院正门直往河边约50公尺，一条直路，没有任何阻挡。护城河那边是二环路（北二环），向西南方看，是雍和宫后门楼。经我打报告给党组申请：不要分我140m²。人家都笑我，我只要100m²。现在建筑面积为107m²，我可以自力解决，不借债，也不接受好友赠款，不向银行申请贷款。现在尚未结算，我估计，1. 尚未达标，2. 我交过42000元。我还有月工资存款2万多元可以对付。再如实供，我一个月交党费28.5元，按中组部出示的规定。尽管我开支大，老家在穷困中，已属非直系亲属了；我从八十年代初开始就注意节约和小小储存，争取经济上独立，这个原则执行对了，我绝不收受工资外、稿费外的钱。"右派"22年（我是22年），正工资没有，但我利用我朋友多，使用了五个部文件，在贯彻执行最后结果时，利用"文革"前90元（实际后来12元）工资，补了2万多元，我都还了人情债，请了两桌饭（在政协文化俱乐部）。我把这情况向您，我的好朋友说明，表示我真正是计划经济体制下的"自由人"。这不是庸俗，是说明我怎样使自己成为"高尚的人，脱离低级趣味的人"。很多干部还不知道完全拿不到22年工资的苦楚。七十年代末，我从上海回到北京，人家看我又白又胖，异常吃惊，因为风传我很可惜早已穷病而死了，我感谢他们竟还要为我介绍对象哩！

第一页不是废话，是能够自立、自律的基础；我们还应感谢共产党，享受了特权，一年一块钱，还有一年十三个半月基本工资，还有特殊津贴未因退下来停掉。我成为经济上自由人，感谢七九年伟大的转折的庇荫，您就能更了解我的状况了。

我退下来后又迁居，想做个隐退的人。许多人不告诉，在北京八十三电话费还用不完，尤其不跟出版社老干部主动通话，找不到共同语言，对国事有牢骚也不与那些人谈。外国事那些人根本无认识。他们也不是小字辈，说什么高人一等。五十年［代］六十年代眼睛长在眉毛上边呢？搬家搬了三个月，常挖路，不能打车。入住后，至今书籍未淘汰完（已淘汰四大平车，7毛钱一斤），现在还要淘汰整理分类才能上架使用。然而还是不断有人来，署里有任务下来，首先是"评书专业户"，最使我苦恼心烦难受的任务！还有少数朋友要求写稿，这也极苦，我要看好多书才能写一两千字，要一个月时间。我还得过日常生活，看一些报刊；特别是不少新闻刺激我内心，使我无法安静。我从高中三年级（鬼子攻打沪宁线和徐州时）就曾在地方编了三个月报，每晚抄电台记录新闻，抄三个台的，然后另抄好标题，送往排字房，明天告诉故乡人抗战怎么样了。在大学未毕业时，主持了公开出版、受南方局支持的《中国学生导报》。我对时事至今敏感、受惊、被刺激不安，不能不读报，报又不能不忍读，有时不免盈眶泪水。我们还是幸福的人、既得利益的人，仅仅滴几点泪水而已。不堪回首，也不能说我们青年时代走的路不对。千错万错自己错，无法再活一次了。可否把这最后的短促的岁月成为闭门安定的日子呢？我又怎么不接触人呢，有些实况，我无法回避，不能不面对，面对又气又闷又说不出，怎么样才能安度晚年、"坐以待毙"呢？下次再续写，这里奉呈一文，是被迫写的，也是自己"显摆"。收到了同信一起来的好茶，不敢言谢！

  俪安！

文葆拜上
二〇〇一年五月十九日下午

冰封大兄鉴[1]：   20010805

  这一夏至今没有给您写过信，都因为我烦躁不安静；加之人来人往，谈的并不要听，虽然还挣扎着写了几篇"千字文"，并不能使内心平静。常常困倦欲睡，所幸落枕入梦很快，这七月就为此混过去了。

  我干了些什么呢？本想安静写两篇文章，谈谈对钱穆的看法，因为三

---

[1] 李冰封注：2001年8月24日复。

联出了他大小五六本书；还想对程中原写的《张闻天传》写篇评论，因为对张在党内功绩认识不足。关于此二者看了不少材料，对钱且阅读找得到的台北徐复观等评论。都由于心境不安宁，未能动笔。有些出版社，与我相好的年轻朋友，要给我出三两本书，我是想辑集旧作及未发表的文稿，但不经过冷静重读思索，有的还要另写体会，不能匆促编订。又缺乏平静的心态，因而断断续〔续〕想得不少，终于一事无成。又看到对期刊如此收紧，《南方周末》《书屋》等调动人事，我辈不必想发表什么了。我写几篇书评，有个别议论，有些编辑还并不了解，即被收进《文摘》，还要删去原来我写了三天才写完的一大段评论，她以（为）是讲什么"背景"，实际上是批评（可能太隐遮了）。我的文风懦弱，也不被理解。更不能直露才对，省事为佳。

六月初旬，参加了第五届国家图书奖初评工作，我辞谢不成，只好硬着头皮去。您可能想不到，预订四天左右，结果第一天上午大会，下午小组各自看书；第二天看半天书，下午小组讨论；第三天上午摆出入围名单，下午各自回家。我仍在社会科学组，来前就不准备在会上讲什么，到会上看各位专家，更不想讲什么了。我早已感觉到，官方约来的某些人，对历史和革命、学术竟十分冷漠，我夫复何言？虽然像还债（食宿费）似的说了一点，无人反对也无人赞成。实际状况，一言难尽。现在幸得升官，凡事马马虎虎了，我这样的人还去直言什么，又究有何用呢，便很安然地回来了，只是修养不够，带回一肚子气而已。[1]

我身体并不好，常昏昏欲睡，外出一趟，回来下车就无力举步了，这些日子只是乱翻书，无喜可述，对不起您，文末写信问候了。一时不知从何说起，春后慢慢说。附上两文，恐过重，不多写，洋人只能看到一点，其实收你进入WTO就是要教育改造你，打开犹抱琵琶半遮面的开放，促进转化是真。出版界不少中青年认为是机遇，还不认识挑战的刀锋所向哩！

文葆拜上
二〇〇一年八月五日

---

[1] 以下删去一段280余字。

冰封兄伉俪同鉴： 20010913

　　从哈尔滨回京，当时仍未见信，正想写信给朱正兄探询，不日即得来书及名茶，可慰远怀。数日前寄上左耳先生大著，前半段写得具体，人人都可看出是最重要的问题。后半段恪守旧规，怎么在廿一世纪行通与存在，为何存在，怎样存在，可否存在呢？最令人思考。我回忆五十年前在上海编报，那时不久即是联共（布）第十九次大会，马作政治报告，斯促各国党人举起爱国主义（实即民族主义）大旗以应付变局。记得当时是"两个阵营"，"两个世界市场"。五十年后，要适应"全球一体化"了，在霸权操持下，"一体化"化往何处？各国没有自身情况、问题、矛盾了么？"一体化"要服从WTO的"游戏（？）规则"，不守规则将制裁你。你在外边不好管你，请进来好从经济上管教你，由经济进而政治，促进体制根本变革。不能不看到，与五十年前"两个"对比，现在要求"一体化"了。"入世"在当今的社会历史国际条件下是实现经济现代化的需要，表现积极参加国际经济合作的诚意，是建立"社会主义"（！？）"市场经济体系［体制（！）］"的需要，同时必须在更大范围内，更深入的程度下参与国际竞争与合作的需要，我国必须（！）认真履行对外承诺。在经济上，成百条法规需要修改。不仅仅是外汇额度的往日规定而已；政府机构的职能也要向公平交易方面转化，等等。政治能脱离经济么？虽有"保护"年限，能十年八年保护封闭式措施么？接着来的是打开了旧体制的突破口，把你放在外边不好办，放宽尺度（如"保护措施"等）优容你，好进一步管教你。你好啊，是好孩子，后面有广大市场、丰富资源，可以不守"规矩"，在外边不好管你，请进来管教驯化你。美国已有准备，国会设立"中国委员会"，入世后"八个月"就总结检查，以观后效。不是贵国总以改造者自命么？现在改造者，要被要求进行"脱胎换骨"的改造了！与五十年前对比，当前是空前巨变的时代，不可阻挡，不可忽视。国人真有这个认识、这个了解、这个准备了吗？左耳先生们不考虑在世界新局下，以什么形式存在，怎么存在，还能像五十年代之初那样"两个""两个"存在么？当然不会是一天造成新局的，但不能不朝"一体化"

走了！当前为变局的开始。怎么进一步完善涉外经济法规体系，创造完善的法治环境，继续整顿和规范市场经济秩序，这样"市场经济秩序"前面加的定语不能不删去。我完全和您想到一起去了！不仅是贫困的农民、下岗的工人如何生活的问题，可以多动印刷机来周济，即使认真转动印刷机也只是眼前治标而已。外界的催化，内部的要存治〔活〕吃饭，前景何如，令人系念！各地农村那些在过去史学家笔下会称为"民变"的现象屡见不鲜。不能就说和当年苏联、联共面临的"8·19"一样了，但前路的影像难道是海市蜃楼么？左耳先生是有知识人士，不能认为没有见识的，昨天听人传说他向中央"检讨"了，但愿如此，不敢听信传言。他历年不论阴晴，总是"一面派"的。

再谈，请批评。

葆上

二〇〇一年九月十三日

冰封兄： 20021102

很久未给您写信，都因为杂事相缠，显得日子过得太快，加上身体欠好，一度不慎生了肺炎，幸好一星期就平复了，而便秘也使人不安。老来百事不顺，单位换了新人主持，又要我帮助复审一些整理加工过的书稿。我们这些人还受五十年代要求所束缚，不宜再去审这审那。已定稿者整理也会存在一些问题，不指出不对，指出来恼人。初次只好接受，以后必须婉拒。这是与人发生矛盾的工作。上世纪七十年代后，我坚持拒不担任行政工作，不论在哪一家都如此，免于与不少人不和。既已脱离绳索，无论如何，不能再做审读的事了。

京城里很热闹，五彩缤纷，煞是有趣。北京房价贵得邪乎，不少危旧房京城老居民，被拆迁者无法购换新房，生活水平有的竟处于三百元之下，真是"文革"之后的新危机。这都等十六大后登台者应付，担子严重。人们希望会有些政治改革，谈何容易！

我未到过湖北咸宁干校,上月二十日被一些老同志硬拖到咸宁及通山、武汉一行。我的身体状况已不适宜远行,前后四天半就回来了。两湖还是鱼米之乡,湖北农村还看得过去,大约沿铁路与国道两旁尚好,新建房居多。听新社长说起,他调京(自安徽来)工资比在皖少得多,我们这些人的工资也不如那里的工作人员。他是颇有见识的人,在南边工作不错,不知到北京怎么自处了。老单位,内部凝聚力太差,小宗派多,干事没劲。

　　附上友人寄我的参考文献一份,还是西邻的道理,只能说说而已。我在上世纪四十年代学的早没用了,聊供消闲罢了。现在报上有什么可看的呢?

　　祝俪安!

　　上月季羡林老师92岁,在北大勺园祝贺他老人家健康,见到李锐同志,神色如前,正好!

　　在通山县九宫山东麓,瞻拜过李自成陵墓,石工还在续干。通山林木、瀑布极好,满山绿遍。据说闯王最后只有十来人相随,最后成孤身一人,英雄末路,自卫的宝剑都拔不出来。现在该县以发展旅游为重点,休养所有九十多所。入夏,武汉来人居多。中国好地方不少!

文葆拜上

二〇〇二年十一月二日

致缪咏禾[1]

咏禾兄： 20001230

  此信抵宁时，大约廿一世纪已来三天了。迟到的拜年，敬祝阖第新年康泰吉祥！

  十分感谢您赠予大著《明代出版史》！为什么我省略了"稿"字呢？您太谦虚了，这是精心的著作！这部作品，依我们看，在断代史研究中，恕我唐突前人，比容肇祖前辈的明代思想史（手中无书，忘记确切原名）扎实多多，论点确切。当然，不是同类著作，性质不同，不宜相比，但我衷心认为您在明代文化史研究中做出了重大贡献！

  关于明代的研究，多年以前，有关领导部门，拨款资助几家高等学校著名教授，其中包括好友赵国璋教授（南京师大），并非先生们得了款，而是要他们搜求、复印、积累所有明代文学史文献资料。整个过程，我不清楚，其事则确知无误，几所高校先生们一定尽力以赴的了。他们研究的成果，因我为外行，承蒙复旦大学章培恒教授惠赠我三部新编明人年谱，详情及学术成果不详。您书中所引用的资料，您在后记中已有所说明，您辛勤搜集资料，潜心研究，正确判断，陈述论点，写成这部前无古人的著作，弘扬了我国明代出版事业成就，为中国出版史研究做出了榜样。我们读后钦佩您，感谢您！我个人与您相识已逾十年，每次都感到您的学者风范令人尊敬，从没有见您在会上高声滔滔长谈。我是苏北出生的人，请容许我说句笑话，见谅我不大严肃，我们家乡有句俗谚："能猫不叫！"（其实该叫就应叫！）您总是要言不烦、平静发言，从无夸张自炫之语，我衷

---

[1] 缪咏禾（1928～ ），编辑家，江苏教育出版社编审，1994年离休，江苏教育出版社1994年版《叶圣陶集》（22卷）责任编辑。

心敬佩、学习！江苏毕竟是声名文物之邦，人才辈出，南京文化氛围尤浓，令人景仰。

我拜读高斯同志序言，完全同意他老的评论，您才力厚积，快思快笔，完全与高老一样，"十分高兴和钦佩"！"读了这部史稿，深感很有收益！"江苏省领导们，对出版史研究大力支持，多年以来，人力、物力及精神鼓励，都令人佩服领导方面的关心，不仅仅咏禾同志此一著作，还有《江苏出版人物志》《江苏活字印书》等重要著作，可以从中见到领导人的识见和对出版研究的切实关怀，使人敬佩。

在新大都会上，我的简单发言，全是实话。我原是在上海编报的，一九五〇年十二月人民出版社成立前后，当时社领导经由中宣部三次向华东调我来京，我于人民社成立八个月后才到职，一直（到）一九五八年，我主要做编辑行政工作，选题策划、复审书稿、签发致作者函件，当时工作甚繁，人事、学习等方面，杂事甚多，自己政治学习还不够，往往理解落后于现实，根本谈不上研究，只应要求写点时事与国际问题论文。如不是七九年改革开放，我们几乎难以认真读一点书。自七八年后，我的全部精力用在审读与编书方面，真正为人作嫁，替出版社处理了一些疑难的稿子和应时的书籍。这当然也是应做的事，包括为总编辑读一点原稿（包括译稿等），一直到离休后，在今年五月底，才最后把英译《宋庆龄书信集》百万字完成出书。近二十年，关心出版研究，却并未能真正切实从事出版研究，只是略得虚名，根据自己五六十年新闻出版工作实践体会，匆促肤浅地写出一点拙作。与个别只签签字的领导不能相比，我要一句句读，一个题目全部考虑，一本书的材料要去补足，上百万字的书要编、审得大体没有太大的错误与遗憾。虽不须按时签到，实际每天花在工作上绝不少于八小时，承担的事日夜都在心上。这是我几十年工作中的可说是劣根性了。我说实话，毫无研究，只有直感，可人家不见谅，跟那些少数甩手掌柜的不敢比。人有万种，不能相比！看您写成这厚实的著作，衷心羡慕、惭愧，虚度了几十年光阴！牢骚太甚，就此应止。我热烈祝贺您，书写得好，结构谨严、别开生面、印制精美。平时相见，没有机会细谈，因此信笔畅言，不可为他人道也。

请多保重，注意康健，不需过劳，您年纪也不算小了。

敬礼！

戴文葆拜上

二〇〇〇年十二月三十

如会见高斯同志，请代致意问候！又上

咏禾兄： 20010123

此信到宁，春节已过三四天了，还应说新年好，阖第康吉！

大著《写作琐记》业已妥收，拜读，启发我思考，谢谢！蔡学俭兄十分欣赏《琐记》，他想发表，打电话到太原说明，这一下孙琇说他要发表。

我说说题外的话，是讲我的感触。我在中学生时就做新闻工作，主持地方报纸的国内大事要闻。因而，至今我还受国内外要闻刺激，不免常常不宁静、心烦，其实与我一点儿关系也没有。所幸，五分钟、十分钟过后就又平伏了，随后取一本书看，就舒畅了，我又成了忘乎所以的人了。我是谬得虚名的出版界"闻人"。过去上海大流氓头子，报上往往称之为"闻人"。他们无实学，无以名之也。

您给我的印象之一是：我没有您的心境与环境。49年左右以前，我在上海报社工作，编国际新闻，每周写一篇社评。我的环境使我忘记自己的身份而去注意国内外大事；加之当时报社与49年后联成一个机体不同，下班就走，各人管各人（我还担任了副编辑主任的名义，不管任何人！），也从没有什么学习、坦白、交心、生活检讨会。我是个自由散漫的人。

在"新大都"开会时，我说的话是真的，我并不看重什么编辑学研究，也并不集中精力去探讨。我是个工作狂，交下任务就去干，全身心投入。我的一些知识是编辑工作给我的，在大学时代，我是"先进"分子，在中共中央南方局直接领导下做青年学生工作，是周恩来命名的秘密的"据点"成员。毕业时，我是法学院第一名，是认真读了大学各项课程的。

对于任何工作,从不拣选,交下来就干。这二十年,毫不脸红地说,做了许多工作,没有这二十年就白来这世界了。"人民"成立时,我是第一任政治书籍编辑室副主任,我肩负了主要工作。以后陆续担任了"三联编辑部"(副)主任、世界知识图书编辑室主任、社会科学辞典编辑室主任。那时主持这些事,是真干,不是甩手掌柜的,复审、选题、逐一校阅给作者信、主持学习、谈思想工作等等,发稿时通篇读一过,我都认真干。那时每月还给《世界知识》等报刊写稿。1958年后打倒了。打倒了好!我从未做过压迫人、害人的事。1958年到农村修理地球三年。以后在中华书局借去几年,我编校了《谭嗣同全集》,为《严复集》等搜集资料,为毛公编《蒋介石演说集》(1912—1965)。"文革"又补课,下放工厂当杂工、采购员,真天可怜,没有受肉体痛苦,没有没完没了的检讨交代。78年后,屁话也没有,落实政策了,结果承认我从1942年2月起,参加革命,成了多拿一个半月工资的老干部。我不是为多拿一年十三个半月工资来到世界上的,我的青春半路夭折了。我从不跟人谈这些,是向你说明我从未能扎扎实实地研究,可我辛辛苦苦干了一辈子。没有您这么［样的］心境和环境,向后世贡献了《明代出版史稿》这部传世之作。会上有人替我解释,他不知道我一天廿四小时怎么支配的。我不是那什么老总、副总过的"混混儿"日子,什么难事下边人干,自得盛名。我是挤出时间来写一点心得而已,不是学术论文。直到去年年底,我还把百万字英译中的两卷集《宋庆龄书信集》终于印出来,还为师友出了三百五十万字书,我十分乐意做具体工作。我未能沉下心来进行研究。如果三四年内,上帝不叫我下地狱,我要好好写点文章了。79年后单位几次要我做行政工作,坚决辞谢,我才勉强能写点文章。

给您说的事,不足为他人道。只说明我没有进行研究的条件,平常给上级、朋友打工。我没有叫人做事、自己得名的福分,心中无怨,是我本性决定的。你说我的状态全对,形容得好,我是流［油］嘴滑舌对待周围的;平常也不能不与某一些我厌恶的人接近。人不能脱离社会,这就把有限的生命浪费了。现在看到这大千世界,令人吃惊,就是我们出版界,也有一片乌云笼罩着，有极少数混账在把持某一个小单位，而在大面积上招摇扬名的。说实在的，我是谬得虚名的人，不屑于与那些少数计较、谈论、批驳乃至揭露。我几十年没有打过小报告，我做行政工作没有迫害过任何人。至今那些与我共处过的优秀人才，现在还很想念我。我也同情他们，只得了教授、编审等空名，没有得到应有的发展，反正没有被弄死已很好了。这些话不外传！

我羡慕、敬佩您，能安心写出扎实的书来。像蔡学俭，下台还在猛干，他一天干了多少事，出版界下台局长中他是佼佼的实干者！您遇见高老，也是个机遇，他对研究工作如此认真领导、支持，是各省中少见的，中央也不多见！我本想另外给他写封专信，又考虑现在谈来为时尚早。请您为我向他老致意问候，他才称得上老有所为！我大约是81年在太湖开出版旅游读物会才见到过他的，那时是跟陈翰伯、许力以二位去的。我不肯回"人民"，在文物局编《文物》杂志。写得太乱，说明我没有可能做研究工作，为人作嫁大半辈子，环境、心境不允许我；又没有"混混儿"的福气，仍得虚名，实在惭愧！这些均不足为他人道。

　　敬祝
新世纪阖第康泰吉祥！

戴文葆与阁下漫话人生
二〇〇一年元月廿三

咏禾兄：　　　　　　　　　　　　　　　　　　　　　　　20010304

今天（四日）下晚收到来示，得知您在江苏出版界服务几十年了。我总觉得出版界整个情况很苦，远不如新闻界。这也只是和1949年前新闻界相对而言。1949年后，由于政治要求和反映政策，新闻界便不如出版界可以从容一些、可以磨磨蹭蹭一些了。不是由于我在1949年后调到出版方面来，多年来觉得出版界所迫切需要的学识，比新闻界更紧的。不过，工作性质、节奏、要求毕竟不同，可比性差别很大。出版界工作太吃力。

您关心出版科研所的《中国出版通史》编撰会议，这次会议在西边远郊苹果园西北高科技园海特饭店举行。原定两天，2月19至20日。刘光裕兄替您说了，因嫂夫人有病，需人护持，您不能来。这次来的人跟上次差不多，只有章宏伟等少数人未邀请。会开始余敏所长、郝振省副所长讲了要求，讨论各分卷框架，各卷撰写大纲，还发了编委会聘书等，并没有最后作定，大约还要继续敦聘。主编及撰稿人人选也初步谈到。撰稿人还是原来已谈过的，主编有个意向而已。至于还有什么总主编人［选］，又提及顾问人选等等，初步说说。我未参加过济南会议，不知过去有何成议。刘杲同志因夫人久病，他不能来，也未听说要他干什么。我是收到编委聘书，但我在第二天最后会议上，与潘吉星先生先后表示不能担任编委。看来，他们所里还应通盘考虑，不必仓促决定，在工作中逐步解决。由于署党组分工，由石峰联系研究所及《新闻出版报》，余敏说请石峰做主编。看来现在先谈谈，究竟怎么办，一些人什么挂名，总会慢慢提，还应报告署里。我们与会的人不好谈什么的。（附带说一下，朱总理在人大会堂一次会上公开宣布新闻出版署为部级。大约为正部级吧。将来政企分开，它升什么级与出版社关系不大，反正进入市场出书就是了。我不知怎么运作。）提纲讨论，吸收点建议，还应由撰稿人作定。

这次谈得最多的，是肖东发先生宋代的编写提纲。许多人提了建议，发言热烈，第一天晚上他吸收修改，第二天拿出修改后提纲，大家表示满意。我想，作者写作过程中还会自行调整的。清代提纲，张志强先生有个大概提法，有几位对他的提纲，发表了不少意见。他因事未能来。刘光裕先生部分，他自己讲了讲，没有多少人发言。叶再生先生十分详细［的］提纲，一大本，他自己说明了情况，也来不及讨论。汪家熔先生发言积极。

新来参加的：国家图书馆的李致忠，故宫图书馆的朱赛虹（女）。因为将来与"商务"合作出书，所以"商务"来了代表郑殿华，博士生，世界史编辑室主任。连同石峰，这次出席总共二十人（其中研究所六人），王益老先生很认真，他坚持参加全过程，肯发言，不过自己耳朵听不见。这次会议中没有什么冷场，发言较积极。不过《通史》写作是大问题，很吃重的。研究所提出"原则要求"十三条，很好。我想会寄给未到会同志的。这十三条他们还再整理一下而后定。这个条例是会上收获之一。再就是大家讨论修改的肖东发先生提纲，也是个收获。我想，您可能已知道了的。

几次没有人讲到您的部分。只有个别人，看来未见过书，说到明代书籍的目录，我想是他未见到您的全部介绍，您还是以明史艺文志为主的，没有错。会上有收获，但就全程而言，还早哩！他们会整理出个会议介绍的。余容后续，即颂。

戴文葆拜上
二〇〇一年三月四日夜十一时

烦便代向高老问候。研究所会上是要求三年完成的。又上

致蔡学俭[1]

学俭同志： 199×1125

您几次打电话，我正去上海，我女孩去蓟县独乐寺维修辽金建筑观音阁，因而家中无人，只有夜晚男孩才来。我为了编辑、翻译宋庆龄书信，已开了两次会，又去上海与中国福利会（也是宋首创的）同志们讨论翻译、注释等问题，数日前方返京。此书将由"人民"出版。

箕轮成男先生已辞去出版学会会长，由吉田公彦先生继任。清水、箕轮、吉田先生等都是好友。吉田先生惠允帮助毕卫东同志，请您告诉他，专与吉田先生联系，抓紧进行，迅速解答一切疑问（填表方面的）；因为法务省最费时间（经半个月），又要查档等等，总希望圣诞节前后即可抵日，也算是为中国编辑出版现代化出一点点力。

回来又是几根绳子捆着，无可奈何。

敬祝康寿！

戴文葆拜上

（一九九？年）十一月廿五日

今年韬奋奖当不知究竟如何，前些时说奖去年编辑，但总不会不考虑有成就的年长者。又及

学俭同志： 19931027

首先向您致以深切的感谢！这次研讨会，您的组织工作做得十分周

---

[1] 蔡学俭（1929～2022），出版家，曾任湖北省出版局局长，著有《离不开这片热土——我的出版理念》等。

到，费心关照大家，实在令人难忘！

其次，我实地看到了您在任的政绩。您对下属单位的切实帮助、关怀，他们不能忘怀。这次不论在襄樊，在丹江口和郧阳，给我的印象十分深刻，做好事的领导，人们不能淡忘的。给我的启示是，无论何时何地，境遇如何，都应该努力做点有意义的事。我的家乡有句俗谚："人去留名，雁去留声。"那些尸位素餐的领导，对照之下，应该愧煞！——我想，那些人是不懂得惭愧的。

我回来那天，早晨五点出火车站，十点半又到国际饭店，参加前一天揭幕的复旦大学同学世界联谊会。以后几天一直大小会。给您写信迟了，乞谅！

回来见到宋原放同志编的《编辑学刊》，拙作《悼念安春根先生》发表了，他还特意加了按语。我记得在京时，曾将安著《杂志出版论》送您的，就是那中译本序言，又加了一些关于"杂志出版论"的话，改写成的。主要为了促进中韩出版文化的交流。

《编辑之友》明年能不能继续出刊，还在未定之天。您主持的《出版科学》，保持细水长流，也不要太急。第三期出刊后，当然应寄给清水英夫、箕轮成男二位，另建议寄一份给吉田公彦先生，他也是我们的朋友。

你写个短信，最好寄三期，并请为我附笔问好。

再次表示深切的感谢！

撰安！

戴文葆拜上
一九九三年十月二十七日

学俭同志： 19960109

这次英山研讨会，您十分辛劳了，全过程贡献甚大。不论将来中国印刷博物馆方面各位领导承认与否，我们与会的百姓是有深刻印象的。

您给我的《出版科学》第三、四两期，已分别给了尹炯斗、闵丙德及李钟国先生，在刊物上写明"湖北省编辑学会蔡学俭赠"。

在我翻杂志时，第三期内夹有稿费单一份，连一封信短短几句话也付稿费，甚不安。当时大约未发现这单据，现在签名盖章寄上。也许早早做账了！甚歉！

我正写信，老吴说您问彭局长名字怎么写，就是"卿云缦兮"的"卿云"二字。

这几天重感冒，真是老了不行了。

祝阖第康吉！

戴文葆拜上
一九九六年元月九日晚

学俭同志：   19960416

大作早经收到，拜读一过，写得很周到详尽，可为法式。尚未询问老林同志意见。

与您通话后一天，刘杲同志去海口前一天晚上，在他家闲聊，他谈起学会研究今年工作，一是请您写编辑工作流程，一是请天津孙五川同志写个什么问题（我记性不好，忘了什么问题），作为学会全国讨论。这自然是好事，你也费了心了，反正个人意见。

六十年代初，我从农场劳动返京，当时出版局副局长陈原找我，和他拟定编辑工作若干条（您会记得，那时上边专搞各行各业多少条）。我当时婉拒，说我不会参与，并劝他也不要搞，以免物议和无效而告终。刘杲同志向我解释说，他和我一样对现行工作悲观，但那时是官方，现在是民间，仅供讨论而已，不必顾虑。他说得也对，反正您已写出，让他们办事人发向全国去议论也好。

我这三个月为人抓去编一本时下流行出版的书，好不容易才约好官员、专家等分别写十来篇论文，五月底交稿，我六月发稿，七月出书。我为浮名所累，又因为五十年前是个不安分的学生，认识不少后来发达的领导人，所以杂事太多，每天要换汗衫与衬衫，本职工作尚未完成，成天紧张苦恼，活得太累，太无意义。

我本想为《出版科学》写一篇体会，随您两次去英山，受益甚多，得到不少教育。我要把衷心的感想写出，并非论文，而是叙文说明文。可惜现时没有时间。我老了，我受到这些有意义的教育，也没有什么用了。您是务实而不求名利的人，望您多写一点。

匆祝全家好！

戴文葆拜上
一九九六年四月十六日

学俭同志： 19960531

近来身体可好，念念！

湖北教育出版社社长娄齐贵同志，这次在京南郊黄村见到了，他提起您跟他说起我来。我向他致谢，那本绘图文明史[1]甚好，单单绘画，仿清明上河图，又用图画手法，是费心设计的！现在地方出版社比北京老社强，老社人心衰微了。

我在从杭州回来后，大致积久劳累，身体反应不好，一点力也没有，肺也可能有问题。但署里培训中心一定要去讲半天三审制。现在有什么三审制，是金钱向出版权挑战，钱说了算，可悲可叹！一个社长总编，在任几年后，不妨把自己所批准出的书做个目录，看看那些书，反映自己什么？反映本人的学术观点、知识内涵？反映本人的文化追求、价值观、人生观？不妨先给自己的儿女评判一下。再者，现在社长总编何其苦！既要出好书，又要赚大钱，要多大的本领！上级自己办得到么？哪个社长总编能正确执行审读制度？！所谓培训，还是"灌"，他们不是小青年，不是

---

〔1〕 即《绘画中华文明史》，冯天瑜、娄齐贵策划，冯天瑜撰文，邵学海绘画，责任编辑娄齐贵，湖北教育出版社1995年出版。

新参加工作者，难道不懂三审制规定么？没法，培训是程序化，尤司长也无可奈何。我为了支持他们工作，带病去参加，不能写讲稿，写了三张卡片，去信口开河，狂言一番，说的有的对，有的不一定对，而且还会触及各级当权者。我申明，对了的供参考，不对的请原谅丢在一边。我不想说老套俗话，就把心里想的和一些意见，谈了三小时。我老了，以后不会再干这种吃力不讨好的事了。在我个人，是存心作告别出版界的一次狂言。

另外，大约在五月号《群言》有我一千五百字短文，题为《配置与承包》*，是该刊逼着写的，我又说了真话，大约得罪不少人了。反正我不干了，无所求，还是说点真话为好，反响就顾不上了。

最近身体不好，有些问题，也无大妨碍，尽可能在八九月把手上工作做完，就和人民出版社告别了。如身体能支持，读点书，写点短文，编些书。陈子昂云：前不见古人，后不见来者，念天地悠悠，我辈又何必自苦呢！

祝全家好！

文葆再拜
一九九六年五月卅一日

学俭同志： 19960718

刚从乡间回城，又收到寄下的稿费，谢谢！刊物大约三五天后可以见到了。《编辑手记》还未收到吗？

人民社的老干部处三月底出了个主意，要老干部一人写一篇赏心乐事的文章，要写欢乐愉快的，要求六月底交卷。这种快乐的征文活动，大约反映领导上要宣传大家过幸福生活的实例。我对门老大哥是一九三六年党员，他竟对我说，写不出，一辈子没有快乐的事！他也是属"潘汉年三千部队"的一个，不过，未受牢狱之苦。我是征稿对象，好不容易在六月底

---

* 发表时名为《出版配置与出书承包》。——编注

才写了一文。我刚回京城，下星期去交卷。先复印一份，送请一笑！我想了两个月，怎么写才好？改了又改，才写成九百字。首先应该送请您一阅，所说倒不假，还不知能不能对付老干部处呢！我比前一阵身体较好，在加紧丢最后一个包袱（八十万字稿）。

　　武汉是火都，请多保重！

　　阖第康乐！

戴文葆拜上
一九九六年七月十八日

　　大约老干部处要打印成一种文集，算他们一功。聊供一笑而已，不发表。

学俭同志：　　　　　　　　　　　　　　　　19960804

　　听说武汉太热，又防洪水，每年此时你们都很烦苦了。

　　您说的拉稿事，未办到。天气太闷热，有时又降暴雨，人们坐不住，写不出有分量稿子，有几位刚发表过，不好拉。我想，您也许已考虑到，是否可将"成就展"为主题，约每人各写千把字（或几百字），讲讲显著成就，也是一法。我觉得《出版科学》每期分量太重了。

　　听说王仿子、宋原放诸同志拟恢复《出版史料》，打电报要吴道弘同志回来。这是一件好事，希望版协老委会能促其实现。

　　我在为"香港"一本书忙，背汗湿透了裤腰。组织了十篇文章，其中有第一流的。唉，不是我的正事，没法！我的正事完不成，全为人打杂，想在十号左右干完交卷，以后就不管了。我一定要把"人民"一书弄完才能安居。做人太苦！

　　收到孙启康先生反驳张秀老一文。

　　祝暑安！

文葆匆上
一九九六年八月四日

学伱同志： 19970101

新年好，阖第康吉！

杂志、稿费均收到，谢谢！

刚过去这一年，以及前年十一、〔十〕二月，您做事太多、太累，不仅仅是上年底到北方来水土不服、气候太干燥而已。毕竟有了年纪，务乞保重，有劳有逸。

这次难得欢聚，水酒一杯，请你们还请不到的。我们相见以来，不但私人接近，也为公家做了点事，对您有深刻理解，钦佩之至！我们公谊私情，君子之交，是值得纪念的。现时社会状况，可谈的朋友越来越少了。

这十二月份，我全为署里工作了。署直属单位第三届图书评奖活动，分选题、编辑、装帧、校对四组，我是前两组召集人，在牧之同志、晓宏同志主持下，于为主任，我们大家看了不少书，最后又去怀柔住下评论、民主讨论，争论中和谐一致，商量出结果，一等奖五名，二千元；二等奖十名，一千元。大约今年一月中旬宣布颁奖。年前几天才回城，来不及寄贺卡了。

务请遵医嘱服药，不能大意！

匆烦

健康！俪安！

戴文葆再拜
一九九七年元旦

学伱同志： 19980426

又要麻烦您了，我将拙作《选题策划……》[1]给两位友人看了，他建议我改几个字：

---

〔1〕即《选题策划是创造性思维活动——赵航〈选题论〉读后》，首发于《出版科学》1998年第3期。

第18行第三页至第四行"本世纪下叶开始才进了出版社",我五〇年进出版社,在上海也为报馆编过四本书,建议我改为"中叶",比较清楚。"下叶"含义模糊。

第19页倒五行"现代化的强质产业""质"字不好,似应为强项产业,这个称呼是我这么听的,不应作"强质",应称强项。我写时"质"与"项"相近,忙中写成"质"了,这个称呼,恳请帮我再考虑。

第25页倒三行"在实现和发展社会主义事业","现"字请改"践"字,"在实践和发展社会主义"。下文接着有"实现新飞跃",重复字不好。

如果来不及就算了,不要挖改什么了。我现在写东西,思想不集中,修辞考虑不够。三十岁以前在上海《大公报》,新闻发生,当晚总编辑叫我写社论,那时我年轻气盛,一边写一边剪开发排字房,写完不久就排好,送总编辑审定,没有现在自身这个样子,是老了!第三号《书屋》(长沙)将有我一文,《这也是对镜》,就是越看自己越不顺眼!

写了《选题策划……》一文,引发我的思想,我认为现在散漫地注重选题策划,而忽略审稿加工,是个大问题。这问题直接与出版管理有关,经营体制与社会风气有关,问题严重。引发到报纸,标题字越来越大,消息越来越不切实,学术文章越来越少,副刊越来越卑下。就和现在一些人,学历高而文化低!衣衫漂亮美丽,一肚子稻草。我还想写一篇《重视选题策划之后》(暂定),如七八月能写成,再寄请审查。我有个看法,在刘宋手里,出版虽无大发展,但没有弄坏,没有下流。其后呢……

匆祝近佳!

戴文葆拜上
一九九八年四月廿六日

致陆本瑞[1]

本瑞同志: 19930420

刚从杭州读稿归来,收到您寄下的《异国风光速写》[2],十分感谢。

我亲目所睹,您每到一处,利用会议之暇,争分夺秒,进行速写。这种勤奋的创作精神,令人敬佩!

将来把国内各处的速写,再汇编成册,以广流传[3]。

再次表示谢意!

匆颂编安!

戴文葆拜上

(一九九三年)四月二十日

我已于今年元旦起,回到"人民",力求及早离休。该休息了。

本瑞同志: 19931108

我与您接触不多,单相聚时,每到一处,看您争分夺秒,进行速写,令人感动。

在延安清凉山上新闻出版纪念馆前广场上,看您坐在一角,描绘馆景,我给您拍了一照,以作记录。今冲洗一帧奉赠。祝您康吉!

戴文葆上

(一九九三年)十一月八日

---

[1] 陆本瑞(1929～2022),出版家,曾任中国出版科学研究所副所长。
[2] 陆本瑞绘:《异国风光速写》,1993年10月广西美术出版社出版。
[3] 陆本瑞作:《神州风光速写》,1998年由鹭江出版社出版。

本瑞同志： 19960331

　　拙抄承蒙刊布，甚感！

　　我已声明，"文抄公"理应却酬，万请勿支稿费，免得我有［又］汇回。至谢！

　　从来我不讲什么出版、新闻自身体制管理等问题，因为这是上级的事，不应置喙。平时也从不想那些事。即如刘杲同志，大文在《中国图书商报》占半版，通栏标题，有几项能引起切实讨论？我才介绍两个观点，其实也等于白说，并未能对他支持，也无能支持。

　　民盟《群言》有征稿，再三要求我写一千五百字[1]。我因向来白看它的杂志（其实我是1944年盟员。那时小青年共产党去为民盟工作，如大革命时共产党替国民党办党部），不得已才写了一千五百字，大约第四期可见到。我说了配置与承包两事，可谓放言了。届时请指教！反正是民主党征求意见，说说也等于未说。切直之言，不至于引起大反感也。

　　编安！

戴文葆上
（一九九六年）三月卅一日

本瑞同志： 19980518

　　好久未见面，想来您是很忙的。我认为您的角色，首先是记者，主编是第二位的。

　　我读了本年第8号，第8～9页三篇文章很好[2]。这种综合信息很耐看，与短信息各有所长。有时发表这种综合评议性信息或是评述一个问题，对读者大有帮助。所以我特来信以申感谢。

---

〔1〕戴文葆《出版配置与出书承包》发表于《群言》1996年第5期。
〔2〕《出版参考》1998年第8期为该刊创刊十周年纪念刊。第8～9页的三篇文章分别为海韵的《条码亟待规范》、汪家熔的《纸本书存在的自身原因》、朱晨辉的《图片大上广告版　画面冲击效果显——出版社新书广告创意揽胜之一》。

《出版参考》最注重的是信息确实，内容有启发思考的作用，就达到编辑出版的目的。今年年初吧，我看到一位同志说，他出版的书都是精品。我怀疑排印有误，一个出版社怎么可能所出的书都是"精品"呢？如果大部分是"好书"就不容易了。我不相信这个会吹成这个样子！因此，信息要大体确实，而大致确实的。现在往往大吹海螺，不讲实际。广告、谈话等等之外，书评乃至评奖，有的就是只有一个"口"字，而没有三个"口"字（"品"德、品格）。"品"最重要。传媒会上当。

　久未见，随想到的说了一些，祝全家好！

戴文葆

（一九九八年）五月十八日

致马宁[1]

马宁同志： 19820203

　　来信与稿件早已收到。由于我出差到成都两个半月，春节前方回京，又生了病，现在还在治疗中。我怕您焦急、纳闷，因而先复一封信，并请你原谅我迟迟回音。

　　《金陵春梦》的作者唐人（严庆澍，亦即阮朗）去年夏天在京病逝。他写的若干情况，使他的书在目前还不宜重印，这当然与争取和平统一台湾、回归祖国怀抱有关。您的稿子，我当于最近拜读几章，然后转送到有关出版社去，请他们考虑。

　　我所服务的单位，是专出党和国家的政治书籍，多马列主义、哲学社会科学著作。文学作品、通俗文艺……皆不属我社考虑。

　　先给您一封短简，以释远念。此致
敬礼！

戴文葆上
（一九八二年）二月三日

马宁同志： 19820522

　　来示奉悉。这件事还未为你办好，甚歉！当时我之要你寄稿，也是退稿单位又提起，叫寄给李景峰同志看看，他有兴趣。此公就在我这座楼的西部分，不过我不认识他。他是人民文学出版社的人，但常替这家那家看稿，头绪颇多，又不安于位，可能要跳槽。我想，给这么个人看看也有好

---

〔1〕 马宁（1929～　），上海市闸北区政协文史委员。著有长篇小说《〈金陵春梦〉拾遗》等。

处——有个出书机会。因而我请你寄出。你来信问何以故,当时我外出一阵,回来又生病,就没有给你复信了。

中国人办事以年计日,拖这么久不稀奇,他又没有自己做主的出版社,只可建言,不可拍板。容我去找这个人,不会石沉大海,至多仍退还你。马宁同志,在中国办一事太不易了,像大著颇有可读性,就是没处出,奈何奈何!你不要心焦,容我先找这个人(他不常上班),再答复你。

我这几天身体不好,不多写。即颂

戴文葆上

(一九八二年)五月廿二日

马宁同志: 19820808

我刚从上海回来,见到您七月三日来函,迟复祈谅!

上次也是出差三个月后,回到北京,见到万和留下的大稿和信件,那时正当春节吧。后来我一面将大著面交此地一家专出通俗文艺的出版社,请他们审阅;一面按您信上的地址,写了一信寄到桂林中学。我不料该函竟未收到。

这家出版社处理稿件甚慢(一般均为此),见过几次面,提也未提。他们人手少,不便紧催。你将高就,或径回上海,我以后当将您新址转告他们,以便直接联系。

《金陵春梦》的历史任务大约完成了,现在要重新考虑。我只是想想而已,要看该社有关人的意见,他们是稳而又稳,也就不免磨磨蹭蹭了。容我再催。

因为明天又出差到华西,草草奉复,乞谅!

暑安!

吴作文同志均此问候

戴文葆上

(一九八二年)八月八日

马宁同志： 19821129

　　来示奉悉。关于大稿的一些考虑，我是同意的。只是当时我工作忙乱，未能一阅，不能说出较为恰当的意见。

　　我立即将来函转寄中国戏剧出版社宝文堂编辑部李庶同志和吴樾同志。宝文堂过去是专出戏曲的出版机构，颇有悠久历史，解放后并入中国戏剧出版社，但对外仍用其独立名义出书。近年恢复成立后，兼出一些通俗文艺书刊，态度严肃，不同于某些地方出版单位。他们的计划中也有"新编民国史演义"之类，大稿与其要求颇相近，所以我在年初（或去年底）送去，请予考虑。

　　目前该编辑部人手少，考虑又多，因而稿件处理上不免迟缓。眼下出版社都有这一问题存在，社会上有人因而笑谓"世上已三年，社中方七日"。我已催促他们早日处理，并促早如您所要求，先与您通信。（前次来信就可能回沪时，我也将您两处地址及来函告诉他们的。）信中我曾对冯英子同志其人略为介绍几句，这是新闻界的名记者了，为人正直。我与他不大熟（未在一起工作过），但我好朋友与他均极熟的。我希望他们尽快与您通信，以释悬念。

　　想你一定挂念，先复数行，并颂
近好！

　　　　　　　　　　　　　　　　　　　　　　　　戴文葆拜上
　　　　　　　　　　　　　　　　　　　　　　　　十一月廿九日

马宁同志：

来示已悉。

大稿还是有些新内容的，应该怎么处理，使其可以问世，仍可研究。见信请将大作挂号寄到人民文学出版社小说北组，内可附一信，说是受李庶同志之托，将稿寄请评阅，并祈考虑介绍出版即可。

匆致

敬礼！

戴文葆上

（一九八三年）十一月十日

致袁亮[1]

袁亮、本瑞、益文同志： 19940605

我奉派去山东为泰安市委编辑招商引资的书，又赶回来参加宋庆龄基金会在香山公园召开的讨论会，见到所里通知六月十日开会。山东的事未了，规定在八月底出书，我明天又得去泰安，赶完未了工作，不能前来参加聆听同志们高见，实在遗憾，并乞原宥！

为座谈出的题目很好，十分切合当前需要。关于提高质量及四种机制问题，内容极丰富，十分重要，同时也一言难尽，想不出周到的意见来。质量的提高，依靠措施与人员，我现时接触世事少，完全想不出什么意见来。匆促之间，有几点极不成熟、不可公表的断想：

（一）市场经济条件下，正常的情况，应该是公平、公正、公开的运行和竞争，才能带来真正的繁荣和进步。特别是在社会主义的市场经济条件下，出版社究竟是个什么性质？这个认识要去求索。既然在社会主义的条件下，我粗粗地想，出版社、报社、医院、图书馆、博物馆、文化馆等等，还有某些类别的学术研究机构，不能完全完全［完完全全］照搬市场经济的那一套；普及教育设施，也不能完全照搬市场经济的那一套，似应有些区别。毛泽东主席说过：没有区别就没有政策（大意如此，未查原文）。现在怎么样？怎样来要求的呢？

（二）在出版社内，因为各编辑、出版、发行部门，承包或承担一定的经济任务、利润指标，不可避免地、有形无形地在削弱乃至弃掉领导的作用，可不可以这么看？看不看得出来呢？

［当然，对极个别狡黠之徒，巧取豪夺者流，这又确实是个难得的

---

[1] 袁亮（1930～　），出版理论家，曾任中共中央宣传部出版局副局长、中国出版科学研究所所长。

机遇了。五六年前，不，七八年前，就有一位聪明的先生（可敬的领导人！）对我说过几次：现在是把共产党的钱捞上腰的好辰光！]

（三）由于社会风气不良，加上引资、合资，以及将来独资增多，党组织将处在一个什么地位？将怎样发挥作用呢？发挥得出怎样的作用？这与制约机制、人才培养、质量要求、竞争态度、激励办法等密切相关。苏东的教训值得认真切实思考。（这题目太大，不是我们下层所能想象、认识的了！）

（四）美国总统最近宣布延长中国最惠国待遇的讲话中透露，很重视传媒与意识形态部门。他说，要在亚太地区"发挥积极作用"，"促进我们的理想而采取的行动"是很主要的。我国有关领导部门多次重申：各新闻出版单位均不得自行决定建立新闻出版（图书、期刊、报纸、音像的出版、印制、复录、发行）三资企业。迄今为止，是否存在违反出版行政管理规定的现象、实质？是否有违反现象、实质萌发、出芽？是否有变相的活动，如以社会主义下职务为外套，替海外意识形态部门老板工作？某个编辑、编审的办公室，成为海外驻京办事处？借口繁荣出版，成批出售书号，体外循环的活动等等，如何调查了解？这诸如此类事，值得关心了解。没有就好！

（五）我上周在香山开会时，傍晚散步，与一起开会的同志，在碧云寺遇见电子工业出版社出版部在香山别墅休假的一位四十岁同志，他讲了他从小学到今天所遇的各种国家大事。在同行散步时他说了一句惊人的话："现在出现新汉奸！"我只在一旁听，未问这个概念为何解释。由此想到，在市场的带动下，在花花世界的诱引下，对工作人员如何进行理想、信仰、职业道德、工作纪律教育，是个不可松懈、十分迫切的任务。否则，越是"精英分子""人才尖子""女强人"等等，所起的作用越迷人。专业证书怎样也能表现品德呢？

研究所所长同志，我这几天眼睛也不好，又在准备出差去，不能就所出题目仔细考虑。不仅货物，我们看到，也有假冒伪劣的人了。这些问题，在社会主义市场经济条件下，一时很难研究的。我这些思绪，只是所见的直感。"君子爱财,必有其道。"人各有志,阳关道、独木桥,自己考虑怎么走,不相涉!以上直感,只对所长同志一说,千万不能公开发表,也不必在座谈会上传播。蒙你们关爱,总觉得我也算研究所编外的一员,就应该讲讲自己的感觉和认识。今年以来,杭州、海南、山东、香山,南北奔波,不能读书思考,当前大问题更无能力探讨。不能来出席会,别无贡献,只大约能给所里节省一份"肯德基"吧!

衷心地致意!

戴文葆拜上
一九九四年六月五日

袁亮同志《邓小平对出版理论的新发展》读后 19941211

《邓小平对出版理论的新发展》[1]研究提纲,设想很周详,内容很完备,所列十二项都很必要。袁亮同志已经把应该[问题]揭示出来,均已触及,并对照原来在各个场合讲的话,加以论说。我读了此文,已不是一般提纲,而是一篇即可公[发]表的论文了。这也应该看作出版科学研究的,不仅仅是袁亮同志本人的重要科研成果了。

我拜读后,没有什么觉得要补充的,这并不是客套话,论说相当周密了。我所要遵嘱考虑的,是希望在整体上强调几点,目下所想到的,是要突出三点:一是哲学思想,二是政治原则,三是业务要求。当然,十二项里也都接触、包含了。我只是希望把这三点特别加以强调,因为现在的从业者不但平时学习、体会不够,对于社会政治、立身处世的大节目,往往忽视,有时似乎不屑一听。也有少数同志,很注意这些主要要点的,从而表现在工作上。可惜,这类人不多,所以我们要不厌重复,重三叠四地讲,希望这些要点深入人心,才能推进我们的工作。闲言不表,略陈管见如后。

---

[1] 袁亮著《毛泽东邓小平与中国出版》,1995年11月由中国书籍出版社出版。

我所说的哲学思想，是指导世界观和方法论的思想观点。人为什么活着，活着是为了干什么。现在不怕被认为老生常谈，活着，干出版，究竟为什么，"立志"所在，志在何事何方？这要讲一段。

还有个方法论问题。小平同志思想我学得不够，按拙见，他的思想方法最灵活、生动，实事求是，随机应变。世界是多么复杂，变化万千，一要不离根本，二要具体问题具体对待。小平思想中一切从实际出发，理论与实际结合，走自己的路，比如社会主义没有固定不变的模式；中国的事情要从中国实际出发。在工作中，要按辩证法办事，首先要有全局观点，从国家、民族，从出版行业看问题，从全社的任务、使命来看书稿的处理。现在有不少事，思想方法不对头，重点与非重点抓哪一头；怎么去抓？两手抓，抓好怎么才能抓紧；目下的事日新月异，墨守成规不行，行之有效的"成规"又应怎么坚持和发展，等等，都有个思想方法问题在里头。引用到我们行业中，不能认为是空话高调而忽视哲学上的思想观点。对于一些复杂的现象更要注意分析思考，才可避免干错事。

政治原则问题、导向问题，是头等大事。最高准则是什么？是四项基本原则。在四项原则龙头下面，社会主义、社会效益、党的领导、方针政策，也要引导到"三有利"。社会生产力、综合国力、人民生活水平，小而言之，出版社内的生产力、社的实力、社内同人的生活，也［是］在这些大原则笼罩之下，派生出来的支节。

学术、艺术的方针政策，还是四项原则打头。"双百"方针，要注意在宪法与党章的界限之内。解放思想不能偏离四项基本原则，超出宪法、党章。（党章是对共产党员干部的要求。）这是对我们处理出版工作——审读书稿、整理出版书刊报纸最高的准则。现在出了不少可以讨论的书，甚至是非法的反动书，就是由于不讲原则，不顾党纪国法，丧失党性。说句笑话，就是全听金二哥（戈）了！前后左右交争利，而国危矣！领导某些出版社的，不是中国共产党了，是钱先生！要知道，一旦"钱（黔）驴技穷"，就走上犯罪道路，通向牢狱大门了！从已出现的问题，某些领导（或决定一些问题的人），不用说不像个中共党员，连中华人民共和国的公民也不像了。悲哀得很，令人痛恨！这些问题，最高准则问题，要联结工作讲，联系已出现了的，且已处理的严重问题讲教训。从个人说，也是立身持志处世的修养问题。人难免要犯错误，这也不怕，但要改！这些人越"改"越坏，有些高层责任者还放纵、包庇部下干坏事，是害人害国的行为，应同样处理治其渎职之罪。看看现在乌七八糟的报刊每天讲什么，潜移默化读者去犯罪，去干坏事，去害天害理，不顾廉耻。大量事实在，要结合原则、国法讲，从大原则讲到出版社的工作。小平同志在这方面有不少话，完全适用于文化出版事业，多引证一些来反复讲。

在业务要求方法，小平也有许多话，在审书、写稿、编辑等等方面也合用。我认为最主要的是"三新"要求，1979年3月讲四项原则时，他说：

……要赶快组织力量，定好计划，在尽可能短的时间里陆续编写并印出一批有新内容、新思想、新语言的有分量的论文、书籍、读本、教科书来。

这把我们业务工作的要点都概括出来了。他还说要"经过评书"，这一方面是书报评论工作，一方面是新闻出版管理机关的奖优汰劣的工作。这些方面，这些工作有些已在做，有成绩，还要大力做业务。

在1980年3月—1981年6月的务虚会中，"对起草《关于建国以来党的若干历史问题的决议》的意见"的多项讲话，对于出版、编辑工作有重大参考价值。小而言之，提到尽快搞出个稿子来，指示要写个"前言"，这就有指导意义。稿子怎么写，怎么压缩，哪里突出，要看全局，有些问题"许多青年缺乏了解"怎么处理，毛主席晚年，"确实是思想不那么一贯了"，怎么写，怎么表达。他说："整个设计，可不可以考虑，先有个前言。""话不要多。"又批评："整个文件写得太沉闷。""要概括一点，要恰当。""这中间要批评""要讲得恰当""用比较概括的语言写出来""进行实事求是的分析。""重要问题要加以考证。""可以不说的去掉，该说的就可以更突出。""勉强缩短也不必要。"所有这些，虽讲党史大事，对我们审稿、写稿、编稿，都有极为重大的启发意思，要把握它，理解、吃透它，谈何容易呢！这倒不是寻章摘句，要从他人一言半语中获得启发，转而引用到编辑出版工作中来。我就是这么领会的。不知是否曲解了么？仔细读小平文集，可注意的引用到出版来的很多。

有一点要讲讲，小平同志说新闻出版工作，是"看来似乎平凡实质很艰苦的工作"，他说要"给这项看来似乎平凡实质很艰苦的工作以应有的荣誉"，多么对新闻出版工作理解，对从业者多么体贴的话啊！"似乎平凡实质很艰苦"，不用说外行人，就是领导过意识形态的人也不一定人人能领会的。这句给新闻出版工作定性的话，请大声讲。

袁亮同志[1]：这里要向您讲讲我心里话，我已年过七旬，早晚大去，重视新闻出版也好，轻视也好，对我个人已无甚影响了，我总饿不死的。再说，全国也不过二三十万人干新闻出版吧，全国十二亿人口绝对大多数不靠新闻出版吃饭的。我毕竟一辈子只干新闻工作、出版工作，教过几年大学，对意识形态工作还有感情，国家不重视知识、人才，国家有什么前途？不从青年人培养起，国家还想在21世纪"超英赶美"、列于强国之林吗？现在这么蔑视出版工作，新闻工作如不是党委天天与群众见面的工具也不会重视的了。

1983年春，通过庄严的审查、讨论和无记名投票的程序，第一次通过了编审、副编审，紧接着劳动人事部就停止了职称评审工作。在那个做过省委文教书记，又管过意识形态工作的名叫"守一"的人领导下的劳动人事部，在武汉会议上称新闻记者、编辑是干的"简单的重复劳动"，小平同志讲话他们听不入耳呀！我不知这个部长怎么想，但在他领导之下，不能不经他同意就停止职称评定啊！这位部长只知"守一"，不知有二，小平的两点论是不合守一的了。我的一位老大哥，在我学生时代启发教育过

---

[1] 此部分内容为原件中画"×"的内容。

我的人，后来在科学院兰州分院做党委书记，在"文革"中与这位只晓得说"简单的重复劳动"的部长，当年关在一起，老婆孩子没饭吃，我老大哥夫人给他家粮票钱，关心他，乖乖，一旦腾飞起来，就忘了全国记者、编辑，是"简单的重复劳动"，要取消这一系列。但是，中宣部干部局、出版局、国家出版局关心这支队伍，用国家出版委员会名义，征求意见，要求正确认识记者、编辑。当记者、编辑并不比当教授容易，更不必说当教授不一定能当记者的话了，这话不宜说。好不容易，拖到1987年又才肯定记者、编辑系列了。

这种既不尊重"劳动"，又不懂"人事"的部门，现在又有花样，认为"记者""编辑"工作并非不可替代的，不是专门性的专家，是拉个人、只要识字就能干的工作。要分出什么国家系列、非国家系列，将记者、编辑开除出去。天！马克思、恩格斯不是记者编辑出身么？中国共产党从毛润之主席编《湘江评论》起，许多领导人不是记者编辑么？数典忘祖，作为领导，素质这么低下恶劣，这第三代孙子们能推进现代化事业么？

袁亮同志，我太累了，我早晚就死的人，不在乎什么职称之类，但中国要长存，文化教育、新闻出版要发展，在这帮人手里能做得到么？我不能理解他们要把新闻出版工作引导到哪里去？我是个卑微的小百姓，从不愿谈大政，我在这些人的下面生活，我感到羞耻！过一阵，好一点了，就来凌辱、欺侮记者、编辑，侮辱我们的人格、尊严。我们是读书人，从不想当官。试问：编辑、记者是他人可以替代的，请问：这种鸟官是不是他人可以替代的，什么吴桂贤、王洪文之流不是堂堂一品么？如果请这位官与记者、编辑对调一下，看他能不能当记者、编辑？

我读您的论文，我觉得结果您是不是太浪费精力了，您就当个副手的所长，劳这种神所为何来！邓小平出版理论，这些老爷听不进去的！我给您写这么长信，觉得不写对不起您；［但］写了又有何用！这种状态，太教人灰心丧气了。反正我们自己有高工资（在工薪族中不算低工资），何不跟着老爷说，讲这些得罪人的话干什么？国家待我不薄呀！我死了儿女还在这个国家，希望继续照顾他们生活。袁亮同志，您能谅解我，我是为这个国家着想，为我们党考虑的。知音何在？（以上这几页对您讲的，应删去。）

我读了袁亮同志论文，觉得对小平思想研究，相当透彻，有学术价值；同时所讲各点，也引起我在实际的、基层工作中的感想。

早上五点起身，提笔写意见、写建议，只写给您个人的，务请勿为他人道，当然更说不上发表了。千万关照！关照！字越写越潦草，也请原谅，有其他稿子要看。祈谅、祈谅！

顺此并颂

新年康泰！

戴文葆拜上
一九九四年十二月十一日

袁亮同志： 19960930

两个多月前，安徽出版总社徐学林同志送我一本《徽州出版史叙论》，我读了觉得相当好，地方出版史研究是一项重要工作。这种个案探讨，比泛泛的空论（什么"战略研究"等）要好得多。我写了信感谢他，还附带提了一点小意见，觉得个别地方所叙史实有混乱，供他参考。他又写信来谈，并说及这次征集论文的问题。我完全不了解情况，也无法查明。现在世风不好，连上级也没法办，因而搁了下来，不能理会。然而想到，这还可供基金组织领导参阅，恐怕只能听而不闻，认真看寄来的八篇论文罢了。徐君好学之士，接触中觉得为人诚实、努力研究，所说这类事很多，管不了的。原信仅供您一阅，不必退还。

即颂

康吉！

戴文葆拜上
一九九六年九月三十日

袁亮同志：   19971004

　　收到了您主编的《出版学概论》，这几年您费了很大精力了！虽是约请多人参加撰写部分章节，但整个体系、思想都是您拟定和统稿的。过去虽有过一些撰著，大多是简单的部分的论述。这本近三十万字著作，可说是总结了现代出版工作的理论与实践，非常宝贵的。

　　我匆忙中只翻看全书目次和部分章节，因为要出差赴沪，容后仔细拜读，于此先向您致以衷心的感谢！

　　祝

康吉！

戴文葆拜上
一九九七年十月四日

袁亮同志礼鉴：   19990712

　　日前始惊闻令阃仙逝，未克即时前来致唁，深以为歉！盛暑酷热，尚祈节哀保重。

戴文葆拜上
一九九九年七月十二日

袁亮同志：   20040709

　　大著《出版和出版学丛谈》，业已拜领，非常感谢！您由于健康的需要，主动要求早点从岗位上退下来，退下来防病治病之余，仍然执着研究出版学问题，而且不断出成果，且非泛泛之谈，具有理论与实践价值，令人钦佩！

　　自从不能不参加WTO之后，我们与国外的出版经营不是在一个起跑点上，出版和出版学的讨论，出现不少值得关注的题目，可堪研究。论见不一致，可以交流、商讨，从各个视角去发挥申论。遗憾的是，出版行政管理领导,多年从实际出发,做出许多规定,有约制,既须遵循,又照顾与时俱进,不断商讨、改进,有法可依,又可逐步灵活应对,使整个事业有所发展,并求在改进中发展,实行逐步改制,以利前进,推动走向世界,努力竞争,可是竟出现极个别的严重违纪违法的怪异现象。我个人注意到,有关领导开始正视无法无天的公然出现的行为,关于出版和出版学的研究,更是不可忽视的工作,正如力以同志在您的大著序言中所说:"在中国思想领域出现一般新的力量,这种力量非常活跃,成为理论界一个方面的生力军。"的确如此,正如老领导力以同志所说,这股力量的工作很突出,从实践到理论,探索实践工作中的问题,进行学术性的研讨。这当然是很好的现象,不过也有十分个别的严重情况,对出版和出版学的研究就更为迫切的了。您这部八百多页的自谦为"丛谈"的著作,正是从多年实践中辛勤探索的理论思考的可喜成果,体现了历史性探索的链接和轨迹,是重要的收获!

您这些年不断出研究成果,都承您没有忘记,总是赠与一册,前年有关党领导人在出版方面的论见一书,我收到后认真地阅读了。回想起来,可能由于我因两度发生肺炎,后来又在右肺上尖,协和几位大夫注意到有"疤痕癌"的疑似影像。我在卫干门诊检查之后,又得到肺内科和肺外科主任医师的费心检查。当时住在协和一年,我大约没有写信给您申谢了!这不是"久病故人疏",而是"病久疏故人"了!很抱歉的了!

去年"非典"猖狂流行时,我初期还住医院,后来大夫看我精神表现尚好,加之年龄已经老大了,本准备开刀做研究性探查,都做了布置了,而且和我本人及儿女详细商讨过,深恐"全麻"之后,也许醒不过来。又结合我的心态和表现,认为还是进行抑制性治疗,以观后效,于是科系全体研究,允许我回家服药,定期半年检查一次,西药与中草药结合服用。我至今一直在和平里宿舍休养吃药。今年一月,韩国出版学会本来约我去汉城参加安春根先生追思会,我只好在医院中写了千把字寄出去表示深刻歉意,请他们不要寄机票来。随后就回家服中药至今。查过两次,阅片大夫认为尚无发展,可仍服药观察究竟如何。在此期间,一直不外出,不参与外界各种活动，而且由于毕竟有了岁数了，肠子蠕动乏力，且有便秘的毛病，更不宜外出，诸多不便，怕出洋相。最近仍蒙协和大夫挂念，拟在月底再去检查。

跟您说个闲话，肺外科主任曾跟我说："给您个正部级待遇。"做 PET 检查应付一万二千元，只有正部才能报销。我做了之后，见到当时市委副书记排在我后面；又有一位老太太也在后，很可能自己有钱也能享受这个待遇的。我现在仍继续服中药，当然应十分注意，马虎不得。休养期间，得到您赠书十分欢喜，正好可以慢慢拜读。谨此致谢，并颂吉祥健康！您也需要注意适当休息，不能过累。

敬颂时祺！阖第康吉！

戴文葆拜上
二〇〇四年七月九日

务请不要回示！
我现在写字，手与脑有时不配合，是朽人了！写得潦草了。

刘杲[1]致戴文葆

文葆同志：　　　　　　　　　　　　　　　　　20040120

　　捧读大札意外惊喜。您能执笔写长信，说明精神不错。我为之感到欣慰。

　　您不仅是出版界的权威，更是我的兄长。多年来，我一直以您为学习的榜样。不过我长进不大，难以造就。

　　承蒙过奖，我很惭愧。学会工作，我力不从心、捉襟见肘，只是仰仗您和大家的帮助，勉强支撑。明年换届，非另请高明不可。

　　冬寒逼人，望多保重。春节将至，恭祝吉星高照。

弟　刘杲拜启（钤印）
二〇〇四年一月二十日

---

[1] 刘杲（1931～　），出版家，曾任新闻出版署常务副署长，中国编辑学会第一、二、三届理事会会长。

致朱正[1]

朱正兄： 19851020

先向你恭贺！冰封、叔河同志诸公一场恶战，拥你上台，令人欣慰！我说了好几年，要你有一官半职，现在大约有了批西瓜的权力了，可喜可贺。

两次赐函均收到。由于当时被逼干一件工作，苦思苦想，力不从心，就搁下复信的事了。现在一件件汇报：

一、黎澍同志《再思集》，早已收到赠书，上周又得压膜本。我已向他表示，要重新细读，再去请教，然后试试可否写好一个介绍。吾兄叮嘱了几年的事，我总得奋力去实现。

二、大稿还未寄到山西去。我与张安塞[2]兄约好，他说由他翻看一过，然后再交我整理作序。我近两个月被邮局吓住了。邮局的秩序也不能说是潘金莲搞坏的，他负荷过重，邮路积压，书、稿、信经常丢失。东四南大街到我们这里要八天；"大百科"给我的信十五天收到。上海学林寄的书三个月也收不到。我生怕将你稿子丢失，宁可慢；一有便人，要人带去，因而迟迟不敢付邮。丢了没地方去申诉！这要请你见谅的！等我回京后加紧办。

三、两个裱件，已经装裱完成，也等有人去湘带上。用你的东西，反转来祝贺你上任，聊表微忱。

---

[1] 朱正（1931～　），著名学者、编辑家，1985年10月任湖南人民出版社总编辑。代表作有《鲁迅回忆录正误》《1957年的夏季》《当代学人精品・朱正卷》等。

[2] 张安塞（1944～2006），《编辑之友》创始主编。曾任山西人民出版社副总编辑兼书海出版社（副牌）总编辑，后任山西古籍出版社社长等。所说"大稿"即朱正《人和书》书稿，书海出版社1988年7月出版，责任编辑为张安塞。

我到天津来也仍是卖嘴[1]，无法可施，我的最后的一点时光，就像卖麦芽糖那样零敲碎打被宰割了。活着是美好的，活着不也太苦了吗？

匆颂

编安！

热忱期待您干出成绩的戴文葆鞠躬敬贺
一九八五年十月二十日

朱正兄： 19851118

上星期中，正巧，张安塞同志因事来京，我把大稿当面交给他，请他带回翻阅一过，表示个意见，再托开会的人带回。我向他做了介绍，并说明如蒙采用，我的序怎么写，全稿整理工作由我来做。这样，提前了两个星期了。我怕这怕那，给你稿子耽搁下来，深以为歉。恐劳悬念，匆此奉阅。一俟回音，当再相告。

即颂

编安！

戴文葆上
一九八五年十一月十八日

叔河、冰封同志等均此问候。又上

朱正兄： 19860104

新年开笔，要麻烦您考虑一件事：胡靖同志要我和您商量，能否考虑替他出一本杂文集。详情如下：

小胡自去年下半年来，就想找一家出版社给他出个集子。戈扬同志等计划在今年七八月，为青年杂文作者评奖，但要有书，哪怕二校样也行。

---

[1] 南开大学中文系1985年起兴办编辑学专业，聘请戴文葆为兼职教授。

这更成为他奔走的动因。而且戈扬还对他说，内定有他，但应先有书。

我为他与林文山同志谈过，文山同志同意提前在选粹中为他出一本"之卷"，但只限五万字以下。〔本来，我跟彦修同志谈时，他说要替他出，但再迟三两年，多写点。〕现在总算挪前了。

问题在于：一共也只有十二万字，拔萃五万，这对于要请您出的书当然大有影响。杂文卖不出价，这样一来更差劲了。

小胡倒也好，教我向您和盘托出。你们那里事情不好办，你即使愿意，有否阻力？我看你反击后，大约可以平定了吧？我们这位老朋友刘公，我数十年来未见过了。

不着急，以后有便再讨论。

我还是汗流浃背，抬轿子忙。我想做的事，想写的文章，都干不成。你教我写的关于《再思集》，我想了一年，一些主要段落、头、尾，也都想好，可以动笔了，就没有一个礼拜安静日子。看了又忘，忘了又看。到天津，到重庆，都带在手上。费孝通要我写一篇《乡土中国》，我也想好，但不把《再思集》写好，不写其他！乱七八糟，人事多错迕！这话是对的。

忙乱之余，不免有牢骚。就此打住。

问候

阖第安吉！

文葆拜上
一九八六年一月四日上午

朱正兄： 19860226

寄来的书名单[1]已收到，手边的书在读，都是好书！名副其实的骆

---

〔1〕朱正策划的"骆驼丛书"自1986年至1989年5月共出版26种。1986年出版的13种是杨绛《记钱钟书与围城》《回忆两篇》，黎澍《早岁》，曾彦修《审干杂谈》，唐弢《晦庵序跋》，徐铸成《锦绣山河》，舒芜《周作人概观》《勿忘草》，黄裳《晚春的行旅》《惊弦集》《负暄录》，乐秀良《日记悲欢》，钟叔河《千秋鉴借吾妻镜》。

驼,的确非驴非马!

　　黎澍同志的集子[1],烦你费心处理了!这是我引起的事。我都不自知在经济浪潮中不合时宜了,自愧落伍!你赶回一批骆驼,想必也赔钱的,曲高和寡,是这个命!

　　有一请求:友人姚洛兄,你知道是奇书爱好者,周二先生研究者,他借到一本刘××《日记》和舒芜《周作人概论》*,结果又被他人拿去不还。他要原物归还旧主,自己又想弄两本。他要我找您,教我汇钱给你,《日记》及《周作人概论》,务乞代办二册寄下。我的书,你给我后不久,即公之同好,一去不返。不得已,请照顾姚洛兄,敢请设法赐寄。款容后处理,先拜谢!

　　我明天去福建,三月四日即回。问候您!

文葆上
一九八六年二月廿六日

朱正兄: 　　　　　　　　　　　　　　　　　　　　19860404

　　张安塞同志回信,甚为赞许。我已经写信去表示申谢。书稿还未寄还整理,我做责任编辑,并写一短序,均当遵办。

　　原信转上,使你知道他的心意。你看:①还有什么文章可加进去?②怎么分类法?表示后当照着处理。我也不多写了,等你信再议。

　　即颂

编安!

戴文葆上
一九八六年四月四日

---

[1] 黎澍著《再思集》,中国社会科学出版社1985年2月出版。黎澍1984年8月为该书写的《作者说明》中提及,朱正等同志"对一些论文提出过许多宝贵意见,或作了重要的修改"。

*　此处指《周作人概观》。——编注

还有两事：①今天收到叔河兄一信，知道他举家编书。"周作人"有读者。座谈会事还要随俗。然可缓。

②为了讨论新时期杂文的"新基调"，有人主张只歌颂。我也是北京杂文学会一员，应命表态。写了一篇叫《枭鸣与鹊噪》，二千字，有一段提及阁下。容出刊后复印请指正。又及

朱正兄： 19861107

来信奉悉。你不去开会也好。大约是要对总编进行训导，大约他们到太原去吃"头脑"（名菜）的。这种冬令大补的美味，倒很合时。——这完全是"小道"。

我们这里，由薛德震同志前往。廿五日启程。大稿托付给他带给张安塞同志，可保无虞。我们这里要庆祝三十五周年，张惠卿同志不能去了。

我无善可述。乱忙不止，没有成果可以奉阅。

匆祝

编出好书来！

叔河同志、冰封同志均烦致意问候。

文葆合十
一九八六年十一月七日

在读黎澍同志的书。一时无从谈起。又上

朱正兄： 19870218

昨天从蓟县回来，见到来信；今天又收到了书。《胡杨泪尽》[1]是本好书，值得介绍。让我好好读一遍。想想再议，先谢谢赠书。

---

〔1〕《胡杨泪尽——钱宗仁纪念集》，湖南人民出版社1986年11月出版，李锐序并封面题字，朱正责任编辑。

可能眼下不欢迎推荐这种人的文章，我还未想如何下笔，好好读再说。

你说的另一杂志，那几位先生眼界高，大戈壁的胡杨恐瞧不起，如果是 Max Well 或普兰儿，便双手接了，再说。

整顿问题在持续讨论中，不会轻描淡写的。

还是祝好吧！

葆上
一九八七年二月十八日午后

朱正兄：   19870922

您八月底来信，我因去新疆，未及奉复。刚从乌鲁木齐市回来。昨晚与陈琼芝同志晤见，还谈到你；有一次楚庄同志遇见我，也说到你。大家都关心你。

你那篇文章，早读过了。我还不知能否补进，容与张安塞兄协商再告。希望你埋头读书写作，正是开展大生产运动的好机会！自己唱呼哟咳，自己喊一二一。

问候你全家！

戴文葆
一九八七年九月二十二日

正兄：   19880605

邮下的两本书，先后收到。谢谢想着我！

我在一个多月前写了二千一百字，可能由于我太不冷静，里面说了不少不恰当话，稿已退回，要我砍去三分之二，把三分之一扩大。这几天事繁人烦，写不出来。退稿题为《骆驼，非驴非马》[1]。可能杂文气太浓，不宜于光明报，又没有黑暗报，暂时搁一搁，再效力。这次不及格，殊愧！不登也好，免得不久抓我一下。感谢退稿。（戴晴同志是我好友，戴她无权也。）

你好吗？看看书，写点文章放着吧。

另外请买一本《胡适序跋书评集》*给我，或请叔河兄赐赠一册。我是岳麓忠实读者。

问候各位！

葆草草顿首
一九八八年六月五日

正兄：

19880629

来示已悉。祝祷往好处变！而且，还是［有］什么理由往坏处变呢！

我早酝酿一篇文章，以书评形式，写知识分子及文化政策。贵同乡大错特错，完全不会马列。其病害之深，一直通到去年倒春寒。我是做一点比较研究。可恨我五马分尸，不能集中时间精力写出来。我想，你是二级受害者，应该平反了。

拙作是写骆驼，转而讲《夫人》，再讲《日瓦戈》，三位一体。可能我毫不含蓄，指住鼻子说，不会温柔敦厚之道。因我想起你的际遇，气得

---

[1]《骆驼，非驴非马——〈骆驼丛书〉读后漫语》后发表于1988年7月19日《人民日报》，并收入戴文葆著《寻觅与审视》，中国华侨出版公司1990年10月出版。朱正在《编辑·学者·挚友——祝戴文葆同志七十大寿》中说："特别要提到的，1987年我主编的'骆驼丛书'遭到责难，压力很大。他当时却在《人民日报》副刊发表《骆驼，非驴非马——〈骆驼丛书〉读后漫语》一文，好像是同那些责难对着干。他说：'这套丛书殊难以发行数字去衡量，但它给爱书者带来了驼铃的清音，撩拨了积聚的思绪。'人在困难中，一个友好的眼色都可以使自己感到抚慰和亲切，何况是在《人民日报》上公开发表声援的文章。这给了我多少知己之感啊。当然，这里不仅有朋友的交情，也反映了编辑家的眼光。"

* 应为《胡适书评序跋集》。——编注

狠！蒙你提醒，已遵嘱寄与舒展兄，他一贯坚持自己的风格，只是编八版又多顾忌。最近该报因腐败探原一文而受点名。我由上述三书，进而说明腐蚀力量在增长，不是鸦片，胜似鸦片。试试看吧，删去几句也能反映原意。

最满意的应该是推钟叔河兄，你看，就这一年，他出了多少好书。我最近买到蒋著《中国近代史》，久想重读，一直没空找，现在受岳麓之赐。这书重印之际，编得好，叔河兄确有贡献。他的工作令人艳羡。能这么干点事就是福！

希望早点变好，早点和叔河兄赛一赛！

祝佳！

戴文葆上
一九八八年六月廿九日

朱正兄： 19880720

我最近曾写信猛烈批评钟叔河兄；日前得其来示，知道不切实际。你们湖南是怪地方（中国也如此），太平军三进三出，一事无成。不说闲话，我希望你们这些有才干、年纪还未过线的人，有一点点权，有个地位，才好做事。没有地盘，没有批西瓜的权，什么鸟事也不好干！在中国的日子太不好过了。我是逝去的那个时代的人，你们总比我年轻八九岁，要干点事出来的！他的处境怎么如此，我也莫明其土地堂。他要到你麾下当一名战士，等等。你得帮他好好想想，能委曲求全才好。外地就好过么？你是卖了苦力的，又如何！？你们好好计议一下，保持盛名做些贡献，勿为人笑，为亲者痛。言不尽意，即颂

阖第健康。

文葆上
（一九八八年）七月廿日

正兄：

19880816

收到了来示和赠书，谢谢！

你就努力读书、写作吧！现在比当年在农场受管教强千百倍，多么自在，多么丰富！你会自己号令自己的，自己喊"前进！一、二、一！"不用刺股悬梁的。

我有个建议，魏源给龚自珍书，要他择人择地而谈，我想你看过这封信，再找出看看[1]。

希望今冬明春大家平安！全国平安！

匆匆，不宣。

祝好！

戴文葆上
一九八八年八月十六日

遇见叔河兄，乞为问候！又上

朱正兄：

19881230

我于昨日由东京回来，在那里讲了一个题目（人家规定的）：《近代世界史上日本的东亚政策及其未来》[2]。最遗憾的是十六日没有能去瞻仰黎澍同志遗体！多年受其熏陶，在大学时代即曾在他主编的报纸上发表散文，七八年以来获教益尤多，心中感念难忘。

---

〔1〕据朱正查考，魏源信中说的那段是："再者，近闻兄酒席谭论，尚有未能择言者，有未能择人者。夫促膝之言，与广适异；密友之争，与酬酢异；苟不择地而施，则于明哲保身之义，深恐有失，不但德性之疵而已。承吾兄教爱，不啻手足，故率而诤之。然此事要须痛自惩创，不然，结习非一日可改，酒狂非醒后所及悔也。"朱正在《忆戴文葆兄》中说："文葆兄知道我常常不择人不择地放言无忌，殊失明哲保身之道，才借魏源规劝龚自珍的这段话来规劝我，可见他知我之深、爱我之深。真也同当年的龚与魏一样：'不啻手足'。"见人民出版社编：《光辉曲折的编辑生涯》，人民出版社2012年版，第116页。

〔2〕此文后发表在《江海学刊》1989年第4期，收入戴文葆著《寻觅与审视》。

你看了《世界经济导报》上苏绍智的发言没有？也说到黎澍同志。令人气愤之至！

　　《动态》寄还，由胡靖复印，交给《文摘》，最后能否用出也还未知晓。

　　明年是蛇年，大约美女蛇会有更高明的欺世之策。祝您健康，全家平安大吉！

　　见到叔河兄，乞为致意。

　　不多写，刚归来，一堆事情。

文葆上

（一九八八年十二月）卅日上午

朱正兄： 1988××29

　　不知道你现在是个什么情况。去年上半年小题大做，收笔反而落在你的身上，想不到使你成为上十字架的圣者——我们这些人总认为自己又见识一番了，可新事迭出！你这"新人新事"，将何以结束？！现在不会有大力者来问你的事了，怎么办？

　　戴晴同志告诉我，你同意我写"骆驼丛书"。我是可写一千五百字，不过，请你指示几点：

　　甲：已出版的书名、作者，开个目录给我。

　　乙：还打算出什么呢？是你自己干还是转送其他编辑？

　　丙：实际这丛书出不出了？或是你在干什么？

　　请给我回示，我在你划出的圈子里舞文弄墨，聊当新春给老友献礼而已。一千五百（或二百）字，也不见得有什么安慰的力量。

　　问候全家好！

戴文葆合十拜

一九八八年（？）月二十九夜

正兄：   19900616

您把前此买的太晤士地图给别人吧，照发票收钱。

我另外以我的名义给你买一本地图，也收钱，来了付。上次我脑子不好使，未转过弯来。不日书可送来。（投点这种小机，不算坏！）

民进常委这个名义好，是个免费旅行券。我从上海回来还未给李公写信，今天一定写。看了七十万字校样，完全是苦役！我最怕的是校样，看几行就走神！

叔河兄有信来，他是周二先生忠实友人。

戴文葆
一九九○年六月十六日

岳麓好像出过一本辜鸿铭集子。请问问胡遐之兄，赐一本，实在买不到。又上

朱正兄：   19911115

本月五日、七日两函均接读。闻书已收齐，甚喜。现在邮路不是很安全畅达，洋务派创办的事业也早已乌焦巴弓了！

您不断出成果，为我辈中所仅见，是阁下一大特色。当然希望你奋斗不息，不过两次见面，都觉得你面有菜色，当须注意营养。（昨天写到上一行，因外出中断）今天收到《革命尚未成功》[1]，书名定得极具识力，钦佩之至！我们做朋友的，也觉得染了光彩了。

大作自嘲诸本事[2]，月刊出后即可见到。他们这几年都赠我一份。我以为，这个刊物是国内仅有的几个严肃刊物之一，每次接得，就拆开来看

---

[1]《革命尚未成功——孙中山自述》，朱正编，湖南出版社1991年9月出版。
[2] 指朱正《〈答客诮〉、〈自嘲〉诗本事》，发表于《鲁迅研究月刊》1991年第11期。后句所说"月刊"即《鲁迅研究月刊》。

目录，而后逐一读，常在做了别的工作后，虽夜已深，仍拿来读未读完的部分。鲁迅研究的作者们确是做学问的。稿子水平一般都不差。

读本只看了目录，因为被关在招待所里看稿，容后细读。

见到冰封同志伉俪，请代为致意。

敬礼！

戴文葆上
一九九一年十一月十五日

以后有便，请你讲讲胡真前局长这位老前辈的学识，完全是有兴趣，保密！上海人谓之"闲话一句"也。又上

朱正兄： 19920102

元旦奉上一函请教，匆促漏说一点：

一九三六年北新书局出版的《鲁迅纪念集》，其中载有孙夫人讲话，而一九三七年鲁迅先生纪念委员会新编《鲁迅先生纪念集》则系另一书。我日内当设法向"文学"资料室借阅。我之找不到，是弄错了门牌的缘故吧？

书到用时方恨少，果然。

匆祝

近佳！

文葆拜上
一九九二年一月二日夜十一时

朱正兄： 19920202

您寄来的《鲁迅诞辰百年纪念集》，我才有点空在读了，很有益。同

时,也读了楼先生和您编的《读本》[1],真是个读本,"说明"[2]很好。这个方式等于题解,又比题解自由而可以丰富些。选目也有特点。确是费了一番考虑的,声明的几点有意思,不限于战斗的"阜利通",而仍然具有战斗的意义。我认真读书时间太少,是个严重问题。王景山送我的鉴赏辞典还未来得及看呢。

你的《卡门》等,收到后都交给《文摘》了,还不知终审如何。

收到冰封同志信,说回福建去,大约在闽度岁了吧,就不写信去了。

宋庆龄集基本完工,胡愈老遗著,国际问题部分分给我的,想利用这假期开始读。

我记不清匆忙中写信给您没有,即以此信代替拜年了。

祝全家康吉!

戴文葆合十
一九九二年二月二日

关于王小姐事,大约你跟人说了,领导在大会上点名批她。(有此事否?)她来信说明,又问我怎么说的,我已去信解释,就当过去了。又及

朱正兄: 19960318

遵嘱将秘藏的大作[3]找出,虽然应当奉还,但又很不愿意。是编辑,

---

[1]《鲁迅读本》,楼适夷、朱正编,开明出版社1991年9月出版。其《编例》说:"这不是一般的'鲁迅选集',我们把它称为《读本》,旨在主要供给具有中学文化水平及同等学力以上的青年读者,作为初学鲁迅著作应经常必备,反复精读的读物,并通过《读本》的学习,为进一步更多的阅读鲁迅著作,深入理解和学习鲁迅精神奠定一定的基础。"

[2]《鲁迅读本·编例》说"每篇篇末,由编者附以解题性的简要说明,或提供作品背景材料,或指明文中主要论旨,以提请读者注意,以期对阅读正文有所帮助。但这只是供读者参考,我们并不必希望读者不加思索地就接受这些意见,如果能因此启发读者自己的独立思考,能有自己的体会和心得,则是我们殷切期待的。"

[3]指朱正撰写的《编辑·学者·挚友——祝戴文葆同志七十大寿》,后收入《思想的风景——朱正随笔》,东方出版中心1997年1月出版。

是挚友，但不是什么学者。我称作学者，就说明这个奇怪的时代学问多么贫乏，多么不可思议！载入您的文集，我高兴，也惭愧！怎么能跟前辈相提并论呢！

我忙乱如前，无从细说，心里颇烦。古人常有"对镜"之类题目的诗，我也有点同感了，有时觉得不知怎么不像我似的。可笑吗？不，是竟有这个感觉。

冰封兄来信，说起怎么为李公祝八十华诞的事，印全集，财力难办。你看如何？最近我当去看他，进一步考虑。希望知道您的设想。

全家好！

文葆再拜
一九九六年三月十八日

朱正兄：   19960414

我恭候阁下所写李公[1]文集内容介绍。冰封同志从令郎处领到大稿，第二天早晨于雨中到邮局，以特快专递寄下。今天星期六（十三日），我托李春林同志到办公室等候，尚无消息。反正星期一（十五日）一定可到，立时由李提选题，交总编处，候选题论证，完全用合法手续，请大家认可。星期二做一点工作，盼能通过，而后需见主持，此事非您莫属；另外，我去请李公筹款，要他秘书去与李春林编辑室论值办事。至于排印要求也需讲明。我负责催促。具体编辑工作，要春林请教，必要时请您到京。这些我去跟锐先生讲。

还有一件事相求：团结出版社出一套名人自叙传，第一批八本已印出，第二批，我建议您编一本二十五万字以内的鲁迅先生自述。要求：1. 以传主自述，按时间为序，选其人生经历为主要内容，编成自传体自叙。2. 全书二十五万字左右。版式为二级标题，即若干章及若干节，章、

---

[1] 指李锐（1917～2019），曾任毛泽东主席秘书，中共中央组织部常务副部长。

节开始，要写一篇不长的概括这一部分的提示，大约在一百至二百字之间。最好选择传主的话作提示。3. 编者撰一篇一千五百字传主的传略，简述其生平大概。正文中人与事有必要时，请作一点注释。4. 自叙的标题要求通俗、优美，具有一点吸引力，有可读性。5. 整篇理论、政论文章不收入。6. 原文过长，请用分割段落，分加标题，或节选之。编辑费七元千字。小周公拿不到稿费了。复印原文，出版再付启动费二百来元。以上均抄自打印的原要求。老兄手到擒来，不会为难，请速编出，六七日交稿，本年内印出不误。又，我还有一阴谋，老兄编出此书后，再请他们"团结（国民党）"约你编"孙中山"，请将"尚未成功"扩编。其所以尚未成功者，果然预言不才还约您扩编吧？

　　敬礼！候复！保重！

文葆拜上
一九九六年四月十四日

正兄： 19961104

　　收到来信及大作，甚喜！

　　我六十年代初读晚清至民初报刊，抄了上百万字材料，单单谭嗣同事就有两个练习本，大多化为乌有，残留者仍可整理出三两本书。想在明年发愤写作，争取在最后的岁月里自己缝几件衣裳。

　　请您把"名人自述"再核实一下，看看有什么增补，我这里东方出版社同意给您出新版。此事庄浦明同志同意。请立即着手，将校补的全书挂号寄到"朝内大街166号人民出版社"。

　　我明天去浙江，不多写，希望十二月见面。或者届时把《名人自述》带来，免得邮寄有误。

　　李公书遇阻碍，主要是盯得紧；出版社又十分爱乌纱帽，口惠而不实。我已无能为力，做不了好事。

祝康吉！

文葆拜上
（一九九六年）十一月四日晚

正兄： 19970312

  大作《思想的风景》已经收到了，已拜读了一部分。得此《风景》，非常高兴，同时也十分惶恐。您这一集有个显著特点：议论人物占多数。想到不才[1]也在其中，自感有愧！我没有能多做一点工作，学殖荒落，虚度悬车之年，意绪萧索，俯仰由人。大作成书，"书比人长寿"，余年当更自爱，勿负良友称许。

  近来整理注释宋庆龄先生书信，从1909年至1980年，有不少人名我不知其详，四处发信请教。希望在上半年内做完，从此便与出版社告别了。我编的这书信集，其实并不能反映她老人家的思想认识，即使收集到某些文献，也不能引用，只好尽力把这残缺不全的集子弄出来，保留一些文献而已，希望三十年后有人编出较为完善的书信集来。

  祝阖第康吉！

戴文葆拜上
一九九七年三月十二日

正兄： 19990201

  您的口述传记[2]已拜读，前几天下午取回大著后，就开始阅读，除做饭、用饭时间外，不停地看，欲罢不能，至夜深一时方就寝，翌日上

---

[1]《思想的风景——朱正随笔》，东方出版中心1997年1月出版。书中收有《编辑·学者·挚友——祝戴文葆同志七十大寿》。
[2]《小书生大时代——朱正口述自传》，北京大学出版社1999年1月出版。

〔午〕又读，至中午方匆匆读毕。你的记忆力真好，详细说来，内容实在，真正一个"小书生"，竟然受到如此对待，我简直想象不出，正如润之所云"和尚打伞"了。更惊佩的，你的求生、谋生技能居然这么旺盛，好像什么都能干，生来就能配合这个"人民共和国"的管制，实在是"地灵"人杰啊！你口述得这么有条不乱，联合国人权专员应将大著作为人权干部必读了！我不能想，你怎么能这样生活下来！字字看来都是泪。你为我们有特色的大国增添了荣耀，人民有这样的生活能力，"试看天下谁能敌"？

我想你写作极忙，如果你有点闲，开办一个"朱正茶馆"（如老舍茶馆），每晚登场讲一小时（中间休息一刻钟），专讲您生平经历的万花筒，防有外宾来听，要预备一位译员，（茶资四倍收取），让洋人了解中国传统文化生活，那将在海外大报传布了，你也先富起来了！

我不是说的笑话，相信有一天能做到，不一定是你亲自做。联合国鲁滨孙小姐会专程来学习了，谢谢你送我这么一本好书！问候您夫人，要感谢她，这书有三分之一是她参加写的。

这里恭贺春节吉祥！

文葆读后汇报
一九九九年二月一日上午

正兄：　　　　　　　　　　　　　　　　　　　19991114

思想者文库中大著[1]，早由"三联"转下，至谢！像写的《忘山庐日记》一文，读后想到多年前感慨，真是草芥！与您在同一套书中的《被现实撞碎的生活之舟》，蓝英年兄亦赐一册，均喜极！有可读书，可堪慰藉空洞的日子。

近数月，蜗居成为漏舍了。古之大臣上朝有待漏院，今日我是待漏

---

[1] 1999年3月，朱正、秦颖策划的"思想者文库"由花城出版社出版。朱正为"文库"编选了舒芜著的《我思，谁在？》。参见戴文葆致秦颖（20000120）。

居[1]。衣物书刊损失不计，精神不安宁，体力不足以应付，所以收到赠书后就未能及时写信。九月间，三天两日小灾，上房滴灌，敝处只有写字台四周不漏水，我就坐在这一片干净土"衡文"，来人大笑，夸我为诸葛不亮了。现在当未得免于恐惧的自由。麻烦不少人说项，署里头头也叮嘱出版社设法为我搬迁，现在要得住处之难难于评职称，且闻编审遭贬，又添障碍。不过我尚可得些关照。迁往何处，未明确，我本想在此忍苦求安做点事，竟不得安身，命也夫！大致总可解决，请勿挂念！容后奉告。

最近什么事也未干，只是未得闲。《出版广角》9、10两期，您一定见到，拙作写胡愈老翻译事业一文，在七月四十二度下赶工，终于弄出病来。我至今已认识自己，已完全不合时宜，工作方法、思路都不能与世瓦合。出版社在进步，我不能到廿一世纪去了——一点也不失望，我可以读些久已想读的书来自娱。

此间无善可述，外地能看英特网，不愁报纸报道不及时了。

想您一定执笔不辍，我好像有些凝固了。

读蓝英年文，日丹诺夫晚景可悲，未问严秀同志批判稿怎么办了？前几天蓝跟我说，要写一文为他补正一件什么说法，我未弄清楚，我现在有点神不守舍。

文葆拜上
一九九九年十一月十四夜

正兄： 20010318

几次可晤谈的机会，都因我身体不好而失去了。我是不太好了，自己觉察的，一般看不出；不过我仍是乐观的，不存在嗟老叹衰的感慨，年轻的心房还一如既往地跳动。

---

〔1〕 当时戴家楼上住的是沈昌文，沈家厨房漏水，渗到戴家致有此说。

因为几次未晤谈聆教，所以渴望读到您的文章。《角》三月号题目[1]，我最感兴趣，因为以往不注意他，且只听陈徒手说他，我仍不了解。引起我注意的是，"文革"表面结束时，我从南京乘车往上海，还是个采购员呢，已比较轻松些了，听到火车上无线电念其名作《团泊洼的秋天》，觉得很震撼，有感情，不过说不上到底含有什么意义，这是由于不了解其身影的背景。徒手君也仍使我不解。后来"全集"[2]壮观地面世了，原来说是销毁的文字（陈明就这么说过一句）却仍在其中出现了。全集应该怎么编？其人全集却正是大全了，炫耀什么？我又不解。真正提供名人原作、原检查（不知有收起来的没有？）。关于其人，我剖析不了，也未细读全集（太烦！）。我看您运笔还是很审慎的了，目前正应如何动笔，他一家子人惹不起。"日记"中就与夫人争论，也不知夫人双足站在何处。现在佳人老去，为黄昏恋事凶来西！又后继有人，且光荣背景上还有高贵的老左。可结局（人世的收场）又令人痛惜，我们对人至少还是有点人道主义啊！

因为依然莫名其妙，所以只能杂乱地说些断片了。我真诚痛惜的是赵树理，为人一生，太没意思了，太惨！是我们这一代中规规矩矩的人可痛心的结果。十年前，有一次从西安回京，同车的一位正统朋友，和赵公早年一起在太行新华书店，很密切，说赵被新革命者诗人（从洋场来）围攻，赵还反击（人不能知后事，在太行时，当然他还非常开心地嘲笑他们！）；据说，到"文革"就是这帮洋场来的新人把他往死里整。徒手则还说周扬后来还有歉意，我闹不明白。幼稚，幼稚，今仍如此，死不瞑目矣！没有什么深刻想法，写一点表示问候！

全家好！

文葆拜上
二〇〇一年三月十八日

---

[1] 朱正在《出版广角》2001年第3期发表《从郭小川看反右派斗争》。
[2] 《郭小川全集》，广西师大出版社2000年1月出版，共12卷，490万字。

正兄：

20031205

蒙您爱屋及"乌"，将我的一个抄本，推荐给鲁公博物馆收存。我本求您为我个人存藏题写纪念。经您从大方面着想，我更乐于遵命。现在拿鲁迅打趣的人不少。

不过，国家的事，收藏宣传，对做抄本者必严行搜查，恳求吾兄不须过分夸扬我为T，为M，做过什么。上世纪四五十年代不过是不识好歹的青年而已，吾兄当能知我谅我，今日不过也为一窃禄的鼠辈。

有二位是我老师：一是李公，实际为我学习党史的老师，我未向他陈说过；另外一位即吾兄，是我从他文章和闲谈中，获益甚大。读社会这部大书的老师，写在这里，立此存照！

疲乏与无聊，不多写了。即颂

俪安

文葆拜上
（二〇〇三年）十二月五日

近两月，眼睛散光，重影，加之思路又有点乱，信都写不好了。您看，我真的老朽了，过去的华年不知为谁受苦！又苦害百姓呢！

致邵益文[1]

益文同志： 19910413

　　据胡靖同志转告，您关心我写的编辑家列传出书事，十分感谢！

　　我考虑您所[2]出版社不能亏累过多，所以我没有加紧做事。《出版工作》结束时，我的章学诚传只发表了上篇一、二、三、四。下篇已写好了一，只差七八百字即完工。当时老滕同志教我不要送出，怕搬家弄丢了，又说一声［旦］搬定，会来信告以地址。看来，明道同志将有新任命，因而，我的稿子可以就此告一结束了。我也不必像过去那样紧赶，也不大能像明道同志那样不论多长都给我照发，我可以息一息了。

　　下面还写两个人：阮元、魏源。这样就到鸦片战争。其后则为近代人物，有的容易写，有的要费点事，不过有杂志和书籍在，也没有什么不可克服的困难。我偏重于编些什么，怎么编，及其人学术成就与地位，不敢谈空。有一些时候，有人对我颇有责问：怎么尽将这些学问家（各门类学问）写成编辑，其实这种批评是看出我的用意（或是接触到了的），不过不理解或不谅解罢了。我从十几岁无意中做了编辑工作，以后就命中注定了，无法另行谋生了。至今人家对编辑也还是不理解的，这有客观原因，也有主观原因。我是坚持这种写作路数的。

　　我已写的，一时改不了，也没有力气改，我只想重读一遍，加一点事实性质的注释，着重在"编辑活动"方面，也不会多添；原来字数就不少了。容我安排时间，特别改革个人生活方式，即行着手，而后送请您们审阅决定。

---

〔1〕 邵益文（1931～　），曾任中国出版科学研究所副所长、中国编辑学会常务副会长。
〔2〕 原信如此，疑有漏字。

承蒙关怀，非常感谢；具道所以，当自抓紧。
即颂
近佳！

戴文葆上
一九九一年四月十三日

邵公：
20001019

编辑学会二届常务理事会工作报告稿收到后，已读了两遍，又再回味一下，写得很好，概括得周到，说明得圆满，内容很丰富，表明我们的学会做了大量工作，与一些挂名为学会而实际分配一些头衔的老爷学会根本不同，可告无愧！我参加了北京市官方大力做主的一个学会，经常请日本人演讲，又一年还出两三本论文集，工作有序，不是混混儿的组织，令人钦佩！相比之下，我觉得还不如编辑学会实际是真的民间（或称"普通工作干部"）的机构呢！那个学会也很出色，但官方大力支持的，有民间外交联络任务，运作得也相当好，编辑学会毕竟是民办的穷于权势的卑微的会哩，能做出这么多颇有意义的工作，团结了不少做具体工作的人，首先应该感谢您们几位掌握方向盘的人。

关于组织建设情况、活动概况，叙述一点不假，一点不吹，我完全赞同。研究活动与评优工作，也是真实的。我只能对行文方面提一点建议：

第二页第23行："则难免有坏书和不健康读物出笼，平庸书也乘隙过关，对读者造成不良影响。"

这对于不认真坚持三审制说得缓和一些了。可否在坏书与不健康读物之后强调一下，政治倾向错误的某些书（或"个别书"）乘隙"出版"，可能并未把关（不是过关，是不设防）。还有不少低水平的重复的平庸书纷纷上市。

第三页关于责任编辑岗位性质问题，由于是概括人们讨论中的说法，难以周到，因而我对第21行及其下稍有文字上建议：

（20行末）"可以得出这样几条："、（21行）"被指定经手责编的稿件内容和质量负责"，质量后可否明确加上"整理加工"？不过这是总体讨论中所说，似不必求全。然而"质量"似指原作者稿件质量，因此想到责编的整理加工责任。

我这些年编的书，仅仅是"责编"工作，审读、整理之外，又搜集材料、订正补充内容、写注释，无所事事者为"责编"，出版社荒诞可笑，当事人恬不知耻、悠然自得。我不过是尽我个人一点心，出一点力而已，从不考虑他人如何如何！这里要不要加以考虑，也可不加，因为这是讨论中说者言词的概括。

下一行"对开本、版本和装帧设计等提出建议并监督实施"，现在责编来"监督"很难了，监管不了，出版社体制、精神已限［濒］于崩散，领导都难监督了。"监"字可改，或用"督促"之类。

上边还有"②撰写有关辅文并负责全书的组合"一句，辅文首先应由作者撰写，责编审读后感到不完全，缺少应有的辅文，或请作者补写，或代为编写等。这里似应提出审读辅文，审读并适当补充辅文，不是责编应该有责任写辅文，话又说回来，这个小缺憾可能是讨论者疏忽，写总结报告时替"他"补上好不好？我只怕今后有人据此光要求责编了。这个建议请酌情加或不加，请全面考虑。

第四页第6行，"不可能要求每本书都赚钱"，关于两个效益问题，刘杲同志有一文说得很好，要整体上算账，这是领导从全局掌握的事，编辑室及编辑本人提一年的选题，自身也要度量的。——这又是我们听讲的人的话了，是否概括了写报告的人的意向了。我还未想好怎么处理得当，只是怕人误解责编到底干些什么。我这十年都是替"责编"服务，感受深切。

题外的话，这多年有不少人热心给"编辑"下定义，总想提出一个完美的"界说"，不从历史的、现实的情况来总结，中了脱离历史实际、现实状况的教条主义者的毒。这个报告中有两句话极好：第七页倒6行："没有对历史经验的科学总结，编辑学的学科体系是不完善的。"同理可说，没有对现实情况的认真研讨、分析，也是不完善的。

我只能对报告中某些小问题，提出以上建议，仅供考虑。这是很好的工作总结，有一般学会中不容易看到的。

你们辛苦了！

祝体健笔健！

戴文葆拜上
二〇〇一年十月十九日

益文老兄： 20010928

祝贺双料节日阖府康泰吉祥！

祝您健康，活力倍增！

庆贺您的宝贝相机恢复运转，象征主人健壮活力！

我真为阁下高兴，您总是诸事顺遂，安排有序！

想不到阁下相机录下本人形象安详镇定，真是不会有事，我非常喜欢，说真的，80年代初，哪里敢想2001年能撕日历，没有这二十年就白到世上来了！看您镇定、活跃的形象和工作，是我们大家的榜样哩！容易么？绝不容易！编辑学研究得再好，也不如这生活编辑学成就巨大！

我的内心是镇静自若，早已不断丢弃，绝不胡思乱想，没有一点失落感。我的一位首长朋友，总不肯回家休息，受人怂恿还闹腾。现在住在东方医院要装起搏器才行。当然，装这个跳动工具并无大碍，关键是不能再胡乱想不满足。我在他终于回家后，才去看他伉俪二人。本来二人都是我好友，可说与我很"恩爱"，我才批评男士，请女生帮助他。这是个鉴戒！

至于我"筹思大计"，有一点，2001年只写过五六篇"千字文"，人家请我写的论文，材料搜寻了半年多，还向外地同志寻查，准备好写两篇，想去骗两千元过生活，可恨至今一字未落实，这第四季度大计，就是要落实二千元正［整］！

回来后外地来人多，请客、应酬，实际肚子不宽容，耗力消费多，有时不能不呼呼大睡。另外一个"大计"，在黑龙江为会友诸公，男士女生拍的相片，终于洗了一百张，一一寄出，黑龙江教育张国栋等四人，还有送程、戴往呼兰河见萧红的司机先生，都寄了照片。与您对谈的喻、蒋、蔡均一一寄去相片。我在太阳岛收到的小本通讯录当时就被人要去，因此拖延时日，好不容易把丁玉英同志与高哲峰合影才寄到合肥去，当时弄不清她是科技社的还是科技大学的。还有贺祥小姐、何娅小姐与蔡闹星三人骑自行车壮举，不仅洗了小照，还放大六寸的寄去。我们秘书处二位，都分别有几帧留影。到萧红家乡去，我是二度拜谒。与程兄合影，还照了环境。绍沛兄是为了照顾我，不知前三年黑省局专门派图书处长陪我去了大半天了。萧红命苦，才女往往如此。我把两卷胶卷留影都冲洗了三次，给胡光清等专家还放大留念。对这次七十二人大会很满意，秘书长安排很有功，大约三十人发言于大会，小会就不计了。内容也不错，是很紧凑、成功的年会，质量好！您阁下指挥若定，程兄安排有方，秩序井然，可喜可贺！我只能摄影存念。

我这几天特忙，又为老前辈服务。23、26及明天29，都是为老前辈的，纪念王芸生先生百年冥寿，我去讲了八句话，会餐两桌，招待了芸老儿女。明天29，季羡林、张岱年老师发起，到勺园七号楼一杯清茶，为钟敬文老师百年华诞祝贺。季老叫我一定去，带几本书去，我用心找了新出的民俗学两本及一本百年情结（都对题）带去。还有"商务"《今日东方》扩版盛会，在署九楼，指定我带头捧一阵。现在出期刊多难，不易弄得对路，各国都不景气，我鼓励杨总经理多垫点钱，还有老领导陈原同志，为《赵元任全集》，在郊区会上发言时当场倒下不醒（今天怎样我还不知）。人老了，不能过劳，杨德炎大前天告诉我，我甚痛惜他太累了！我在学校在南方局领导下，就充当"交际花"，至今花尚在待谢了！这是给会长汇报，内容还有，纸短事多不赘。

敬祝康强，全家安好！

文葆拜上
二〇〇一年九月二十八日夜

昨日署长传达六中全会四小时，还表扬了刘会长到会参加。署里"三定"方案已通过，增三十人（副长四人）。

致张明惠[1]

明惠德五贤伉俪： 20070129

　　首先敬祝新春吉祥，阖第安康！

　　寄下的《白凡逸志》业已收到。因天寒怕冷，我坚持阅读，书中字体较小，我读得慢些了。好多年前，金九先生儿子（空军将领）到京，浦明庄兄曾找我与他见面，当时我在上海编书，失去相见的机会了。

　　我渴望见到金九先生的哲嗣。因为"九·一八"发生那年，我在家乡读到了高小五年级，那时见到县民众教育馆的布告，说是韩国临时政府的金九先生经过我们家乡阜宁，要在教育馆内演讲。我虽然小，懂得东洋鬼子可恨，就跑去听讲，那时听不懂，金先生会说汉语，现在记不得了。但他慷慨激昂讲话，是反对日本帝国主义的英雄爱国者，今天记忆仍存。当时我不明白何以走过我们家这落后的贫困的地方，读他的自叙传就会更了解他的生平了。近二十年，我在韩国有六七位好朋友的。

　　不多写了，我现在提笔吃力，只会写错字，腿与手配合不好，是老年连带现象。我现在毫无遗憾的，谢谢赠书！

　　新年好，健康如意！

戴文葆拜上
二〇〇七年元月廿九日

　　季老的序言，我已拜读。我也感谢他老夫子，现在他住院，我不便去打扰他了。以前在北招留饭，我不告而去，他就不高兴的。又上

---

[1] 张明惠（1931～　），人民出版社编审。

致曹先擢[1]

先擢兄： 20031230

  多年来承贤昆仲关爱，而且历年我都是被动过新年，说明我生活无计划，凌乱过日子。从去年八、九月，两度得了肺炎，随后就被协和扣下去住院了。大夫们研究结果认为右肺上尖有疤（或"斑"）痕癌的嫌疑。一直住到今年三月，服药、休养，身体反而像好多了。萨斯来了，大夫认为还是回住处好，便回和平里住处服中药调理。其后眼睛又出现散光、重影，苦涩不适，还是服丹芎等中药，又配远、近两副眼镜。近一个多月，执笔写字时好多了。往昔不自爱，年岁增加就受欺负了。不过，从当年"文革"发生到近年肺癌警示，我的心态一直比较正常。上月仍在协和复查，照了胸片，阅片室大夫虽未写在病历上，但对我说不支持疤痕癌的推测。卫干大夫叫我仍服中药调理，半年后再来查。我遵嘱仍然闭门极少外出，翻翻读过的旧籍，可当药吃（也算中草药了）。故宫朋友送我一个"万年如意"的原件摄影；日前李行健兄送我一只日本制陶瓷的活泼的猴子，这样过年真有灵气了。感谢所有关爱我的良友的祝福，我本来就相信谭浏阳在《仁学》里所说，"五伦"之中只有"朋友"一伦可贵，实在太可贵（我从青年时就这样感受感恩。）

  每年都很惭愧，过年感谢您总不忘我，先拜领贺卡。我要按人家问您的高兴不高兴问题，再说说我的感受。算是我高兴的事：一九八七年一月"商务"编印的《商务印书馆大事记》（1897—1987）一书，当年陈原同志要求我写个介绍。我想了许久，到一九八九年五月才写成初稿。后来交给尚未脱离人民出版社的《读书》杂志，已排校完成了，[但]命途多

---

[1] 曹先擢（1932～2018），著名语言学家，北京大学中文系教授。

舛。……今年十一月初交给武汉新闻出版局的《出版科学》考虑,他们在十一月就印好,算是二〇〇四年一月号正式出版了。拙作题为《九十年启示录》,为该大事记读后[1]。我其实只有两句话:出版社的大事只有:进什么人,出什么书而已。过了廿多年,还只有这两句而已、而已!可惜主编陈原同志睡在病床上三年了,见到探病的人就会哭。我在一九四五年就认识他,不敢去看他,只写了个慰问的卡片(一句话),请他媳妇在他清醒时拿在手上摇动摇动,终于和他在两年前沟通了。他媳妇小何挺聪明,还说:你记得他就请拍拍肚子。他果然拍肚子了。我现在不想让他哭了……

还有一件也算是高兴的事。"文革"中看不到头。我未进干校,因为资格不够。于是偷偷读了《诗经》《左传》、前四史以及杜、杨(万里)、陆等诗集,做了笔记,还有同乡前辈陈玉树的"后乐堂诗文集"等。古典之外,又读了"今典",鲁迅著作,抄录五篇哀诔的文章,用"为了忘却的记念"做书名,抄得尚工整,订成三十二开线装书模样,还向老太太们要了一点花布包角。几个月前,朱正《周氏三兄弟》出版,他夫妇来请我到"鸭王"吃饭。我拿出给他看了。他大叫这是新"珍本",要给鲁迅博物馆收藏。后来他为我写了《一个抄本》,提高其意义,认为知识分子从鲁迅著作中吸取力量,度过苦难;并以自己在"反革命"劳改时读鲁书为证。大概后来为鲁博赞同,可能要发收藏证书,并将朱文及我在其后写的抄后记,准备在二〇〇四年一月号《鲁迅研究月刊》发表[2]。这竟成了我生命的一页。那时候,每晚听西邻年少友人(世交的子弟)吹弄玉笛,我想起向秀的《思旧赋》来,因而编了五篇鲁文,又写了抄后记了。不多吹

---

[1] 戴文题为《九十年启示录——〈商务印书馆大事记〉读后》,署笔名郁进。文末写"1989年5月15日初稿 2003年7月20日修改"。戴文最末一段说:"今日中国,有进无退,改革必须与时俱进!我开初翻阅这本《大事记》时,当即想到大约是在陈原同志指导下设计、编写、排印的。再细看去,原来陈原就是总编纂。他和编稿的陈江等四十一位同志在一起,合力编印出这本充满思想内容的精美的书来,令人爱不释手。"陈原2001年9月23日在赵元任全集编辑工作会议上突发脑溢血,于2004年12月去世。

[2]《鲁迅研究月刊》2004年第1期发表了戴文葆《〈为了忘却的记念〉抄后记》和朱正《一个抄本》。戴文葆2004年2月将刊发文章复印件寄李中法时附注"大约写于一九七三年左右"。

嘘了，眼睛又不好，写得太草率，不恭敬，请原谅！

不高兴的是，我的老师张明养生前多次批评我不好好写点论文。（我在大学三年级时，他曾将我在墙报上写的一篇论文及一篇后来的毕业论文，介绍给《东方杂志》刊用。）后来前辈们，如徐雪寒、黎澍等都批评我不能好好写点论文，只顾编书。至今想来仍是极不高兴的事，是我认真钻研很不够，学无根底、思考太差，至今仍是憾事，已无能补救了！刘禹锡在扬州遇见白居易有诗云："二十三年弃置身。"按此推算，我今年只能算五十六岁，已经成废物了。时光都被我浪费了，可惜，太可惜了！

很不恭，眼睛不太好，写写就把握不住笔了，务请见谅。忝蒙关爱，应该呈说。也应请求原谅我写得不恭。

匆颂

阖第康吉如意！

关于《康熙字典》的评论，容我查找。十几年前，在南京拜访过徐复老前辈，听说他要整理改编《康熙字典》。后在温州，无意中又见过他的公子，不知有无改编新印本出书。

务乞不要回信，不必浪费时间。又上

戴文葆合十再拜
二〇〇三年十二月三十日

曹先擢致戴文葆

戴老尊鉴：

　　手教奉悉。

　　《书箧铭》，你的标点完全正确。《中国藏书楼》一书此种错误非偶发性的，反映作者水平不太高，工作亦欠认真。作为获奖图书，恐非大醇小疵所可解释的。

　　古代文献，中古以后的，有时较秦汉的更难懂，您是历史学家体会更深，此《书箧铭》中文字推敲起来也得花点时间。所引孟子文"必有事焉，心勿忘也"，见《公孙丑上》"必有事焉，而勿正，心勿忘，勿助长也"，作者有改动。"妙契者张"，我利用电脑查得"妙契"为朱熹事："溯邹鲁之渊源，式开来学；开图书之蕴奥，妙契玄机，"（《元史》）妙契云云，可能是元明理学家常识。

　　台端道德学问，非常敬佩。日前香山晤谈，风光霁月，使我深得教益。何时再得领教，不胜企盼之至。草此，敬颂

　　著安

先擢再拜
二〇〇一年十月二十九日下午

致刘硕良

硕良同志：
19991023

  今天上午收到贵刊特大号，这是1949年以来极少见的，不知可否说是仅见的（因我不能全面长期了解）。祝贺你们有胆有识出这么厚的出版期刊。

  刊物中人物繁多，各类均有。已经听您说过，是自作主张，并非官方珠笔圈定的。

  《中华读书报》上介绍（见一版）说得好，这个特辑"预计会在出版界内引起一些不同看法"，听听不同声音也有好处。"人"是不容易谈的，吾乡市井有一句话说："王麻子看不起天下人，天下人也看不起王麻子。"我少时不知其中寓意为何。让人家说吧，好好听有益。

  你辛苦了，特作函慰劳。

戴文葆上
一九九九年十月廿三日中午

身体欠好，写得太乱，希见谅！又及

致傅璇琮[1]

璇琮、敏霞先生： 20010920

　　承您们在北戴河鸽子窝为我拍照，非常感谢！傅先生夸我小照颇有"神韵"，我拜读了信，看到两张相片的。可是，因为我的孩子们为我匆匆忙忙搬家，一些书物都乱放在大的电脑纸盒子中，连信也未找见。我现在迟钝了，连"中华"地名的邮编一时也未找出，很久没有写信向您俩致谢，十分抱歉！

　　这一个月都在紊乱中，什么都找不出，连吃的药也不知被放在哪个盒子里。而我本人又累又烦，至今还未全部翻检一过，给您们写信申谢太迟了！

　　赐函仍请寄人民出版社。

　　敬颂俪安！

戴文葆拜上
二〇〇一年九月廿日

---

[1] 傅璇琮（1933～2016），曾任中华书局总编辑，著名文史学者。

致宋应离[1]

应离兄： 19980911

　　八月十五日来示，近始读到，因我外出与身体欠适，未去朝内大街收，歉甚，乞谅！

　　蒙您示意将拙作关于编辑工作部分汇集起来，送请出版社审阅考虑，我非常感谢，时挂心中。在回想那些篇拙作时，感到还缺少关于案头工作的部分，不是说怎么做，而是想说其意义及与书籍文化传播的关系，要补写一篇，在胸中酝酿已久，尤其是七月青海编辑学会四届年会之后，好几位同志督促我写一点。我想也应该写，但怎么写我时间安排未定。

　　另外，我对于这本小集的编法，也时常想如何下手，不求其全，但应择其要，表示一点对后来的希望。每一篇谈的简略不同倒也无妨，不过应展示其着重点，表示我个人思虑之所在。大体这么设想，先行呈报，稍缓时日，一定报命，请您指教。

　　欣闻《中国当代出版史料》业已编成，搜集甚周，这是您近年研究的成果，能早日出版最好。我应约编的《胡愈之出版文集》，自1949年起至他老人家去世时止，虽已出版，迟迟尚未得到书。研究所的出版社有点紊乱，不过可能在本月底我能得到书，届时当送陈指正。

　　编辑建国以来报刊，很多意义，政治问题很多，学术研究其次，想您已考虑其结构。我曾有过一个想法，编一本《红旗杂志三十年》，有益于研究极左政策发展及运动的进程，将主要文章用按语注出背景与影响，当有裨于开国后政治史研究，但极触犯当前政治，即使按若干历史问题研究

---

〔1〕宋应离（1934～　），中国当代出版史料专家，曾任河南大学出版社社长。

的结论办理，也很难做，所以只是内心的一闪念而已，我们这些局外的书生不能干的。有关报刊问题难度较大，舆论一律和运动不断，大话空话成堆，干预学术讨论等等客观原因，很难处理，虽极有价值，切合需要，要考虑怎么个编法。以后见面听兄讲论再议。

十三日去西郊，为署直属单位评两年来图书，周末可回。您于下旬来京讲学，当可会晤。

匆此顺颂阖第康吉！

戴文葆拜上

一九九八年九月十一日

青海会后，闻王振铎同志生病住院。兄如遇见他，请为我问候！

应离兄： 19990414

收到本月十日手示，我很高兴，一是您多年编辑的书稿有了肯定的着落，这书是需要的，不过覆盖面小些。目前还没有当代的出版资料，要做推广工作，提醒出版社，大力推销，可以保本。当代的资料会受欢迎。二是我的直言，您不见怪。

我是个好事之徒与直率无隐的人。我不喜欢不干事的人，也不喜欢畏畏缩缩而心里明白不说实话的人。我倒霉就在这个状况上，可我坚持我做得对。如果是朋友，就会直言道上，如果不想与某人做朋友，就说假话、鬼话。现在世道日坏，不可信托，要保护自己，坏事绝对做不得，好事可也不能做。我吃苦上当的事不少，受罪不少，但原则立场不变，人格不能扭曲，只有见鬼才说鬼话，那不是真我。我们有共同的朋友，像死去的世民，当年我与他谈学问、说现状，投合得来；甚至比海长还投合。海长是老大哥，也是大少爷，物力艰难不太了解，很慷慨大方。世民去得早，不知国民后来如何，再者，即使青年时代好，世事万变，要看关键的时候。现在我做点好事很少好报，不过也不望报什么，日子过得去，家人不忍饥受冻就行了。我一向尽可能不给人添麻烦。

您的书有着落了，恭贺！现在钱与权是最吃香的字。穷与老是字典里最坏的字，穷尚可治一点，老没药医。总之河南给您出书，就是可喜的事。鲁迅早说过，别人答应的事，不可当真。您还终于实现了，就很好。我可以谈得来的人越来越少，青年人不宜多理。耐得寂寞，安贫守拙就行。此信为凭，您考查我。

我正在考虑写编后记。不过，我也悲哀，我的思路与工作方法不合时代了，八十万字总算编成了。

祝健！

戴文葆上

一九九年四月十四日

应离兄：

19990818

尊编《中国当代出版史料》[1]八卷本业已收到，当初看拟目还未感觉到这么丰富，现在通编细看，十分赞佩！我立即又翻阅一过，沉思一日，写了读后感言[2]。今将拙稿奉呈，另件顷间约请《出版发行研究》编辑部来人，将拙稿与尊编一齐取去。八卷本给他们审阅拙作时参改，以后要还我的。

我匆忙写成，兄有指示，请立即来信，我可酌改一二处，来得及。我争取早日公表，并用八卷本摄影作插图。

于署长序言，定出吾兄手笔，很好很好！

祝阖第康泰！

戴文葆拜上

一九九九年八月十八日

---

[1]《中国当代出版史料》，宋应离、袁喜生、刘小敏编，大象出版社1999年9月出版。
[2]《推动出版事业发展的新贡献——谈〈中国当代出版史料〉》发表于《出版发行研究》1999年第12期。

吴道弘兄大约常在外面跑，因邻居修房，他不堪其闹，白天晚上多出去，我在报社弄惯，怎么吵我也能忍耐。又上

应离兄：　　　　　　　　　　　　　　　　　　　　　19990930

　　九月廿四日长函拜悉。《中国当代出版史料》终于出版，是很值得庆贺的事！多年辛劳，克服困难，应乐观其成，关山跋涉纵苦，今与同人当展笑颜了。

　　您从事这项巨大工作，业已六年，其中甘苦，非历其境者不能体察。大象当局能予支持出版，已经很可佩的了。不要说三百二十万字的大书，就是三千字长文，目前要想在报刊上发表也是很难的事。当今学风，固然令人感慨，就是正常事务，遵命办来，也有许多周折。出版事业的《百家姓》中，首句"赵"字已经模糊，"钱"字鲜明当头。话说回来，无钱怎么办事，寸步难行！上下都需钱，改革也是为富国吧？

　　我多年来，虽挤时间，挣扎着写点小文，首先想到写出如何处置？我认识的人越来越少，说话越来越难，已入老境，无法与世瓦合，加之职务内负担甚重，我又不自量力，经常与己与人较真，结果总弄得精疲力竭，不见谅于人，呜呼哀哉！写作、编纂，在我早视为畏途，可是仍残存有青年时代的发表欲，自寻苦恼而已。当年与河南同窗颇相知，忆昔在嘉陵江畔礁石上闲坐谈心，世民与我投合，谈话中多少壮志鸿图，以他们昆仲都是才俊，而今安在，令人悲痛！因而，吾兄还应喜悦，终能做成一项巨大工作，可以告慰于己及友好同志啊！太难得了。

　　现在做事，不能悬得过高，只得测度环境有多少隙地，可供行走，不用谈奔驰前进了，读兄大札，怃然久之。我们许多好友，还未赶上今日世道，更谈不上施展才华了。用时髦心理学家的话说，应当欢喜自己，老境中更须欣然自得，愿与吾兄共勉！前路何如，难以逆料，珍重自爱，静观世局而已。

祝阖第康泰！

戴文葆拜上
一九九九年九月三十日上午

应离兄：19991227

我正给您要寄贺卡，并说明拙稿要到二月才能奉上审核，顷间又接到来示，想不到您的《史料》付印得这么快，既为您高兴，又我觉得为友之道，我很抱歉。

为什么？我这大半年极忙，为南京"译林"编的"五四"介绍国外新文化、文学的书，瞿秋白、张闻天、沈雁冰三位，均已成书，且集中易觅，分给我的胡愈之十分繁乱，材料的收集、考虑，非常麻烦，还存在一些版本问题。现在找二三十年代书刊，尤其是刊物，太困难了，相当于宋版书（在北大，就当善本处理）。我幸而朋友多，热心赐书，复印了二千元左右，仍有三两篇译文至今还未见面，内心甚焦急，必须摸到底，才能下手考虑编法（因太零乱！）。但江苏老乡就是会逢迎，竟找来一把手题字。我最不同意泛政治化，学术虽不能脱离政治，但学术文化毕竟不是弄权。省委得了圣旨，宣传部不断催我去南京。我不能应允，其实大部分稿已过目，基本框架已形成于心，为得闭紧大门，一个月即完成。我仍在请京沪友人帮我找未见的三文。要写题解、按语，我又受流感袭击，十天尚未康复；贺卡又纷纷降临，不迅复对不起友人（做人难！）。您嘱我的事，是给我一个大好机会，正好我对自己的工作做个小结，表示一些前未明说的意见，是我对中国编辑事业的一种委婉的期望。文章都是现成的，也有一点新写的。我五十年的心血都流淌在乱七八糟的出版业中，感谢您给我提供一个自白的论坛。等我把"播火者丛书"八十万字交卷（总在一月里），就首先遵命赶编。

关于您的《史料》，您虽费心多年，但您有个限制，您在外省，不太清楚某些人和事的实况。为友之道，应该直言，且蒙您不弃，有时晤谈。

吾兄为人忠厚谨行，我向所钦敬。您的《史料》，我看了目录，有二缺陷：一、重复多一点；二、有的不值得收。有些人一本书也编不好，光有个头衔，全是假大空。您虽用心用力，限于客观，全书不严谨。我看了有这印象，和吴谈了，他说也是；但他告诉我，您已定稿，为出版社所接受了，不便提意见。他是个有道君子，多不置一词，当时我也不便给您提意见了，现在见到来示，心中有感，有愧，仍对良友做马后炮式一言。估计您能包涵宽容。我虽凌烁时辈，实出于个人所见，务乞谅解，勿对他人外人道。

我每年为"一元化"领导式的生活，从烧开水到写文章编书，都是一人操劳，挣扎着生活，过日子极紧张，朋友们又看我穿得漂漂亮亮、干干净净，其实汗不打一处出，日夕过赶集式的日子，心劳日拙，深以为老，觉得"为谁辛苦为谁忙"呢？——自找的！幸能在苦中得到乐趣以自慰，如阿Q精神胜利了。行业内、世面上如此纷乱，我们这些人也活够了！

本想附一张贺卡，恐信太重，只好从略。祝愿阖府康泰，平安大吉！

弟戴文葆拜上
一九九九年十二月二十七日

应离老兄：20000907

前致一函，计程已达，我近况也转好，仍想到您编编辑家传事。我想起像巴金、王统照、郑振铎等先生，既是文艺家，又兼做编辑工作，有人甚至终其一生未离开编辑工作。如钱锺书,49年前在上海，编《文艺复兴》（大约与李健吾合力）。文学界如靳以，早年在北京北海公园附近，与巴金等编大型文学刊物，发表了曹禺的《雷雨》等是。这方面人物不少，恐怕取舍较难。如何分别对待，是个问题。这分别对待，还不尽是取舍问题，而可考虑简略或较详（记刊名）处置之。您不但熟悉全局，而且一定会考虑在编书时体例上作点区别的。

我近年视力也相应衰退，信写得潦草，有时常写错字，脑手配合不好，妨碍工作甚大。给友人信写得不恭，想能宽谅。现在也不会嗟老叹衰，过去对手上的工作太着力，思考奋身，做个责任编辑，比别人费力甚多，无暇研讨一个专题，编一本书的自慰，不免惭愧！心中留下许多问题，有时回想，只有自责。去年开始搬家，家人颇帮忙，可是不分类别，一股脑乱投入大纸箱。搬得虽快，可是到了和平里后，一时无力整理，只有胡乱上架，使用固然不便，连自己发表过的小文，也找不到了。有些刊载过拙作的刊物，被当作过时的废品七角钱一斤出卖了，现在追悔莫及了。

我离退三年，根本一事未做。闰年闰月，细细统计，加起来也有八十岁了，可是实际算来，过着的月日，现在也只有五十四五岁罢了。就像白居易笔下的商人妇一样，"今年欢笑复明年，秋月春风等闲度！"可说也是遇人不淑吧？说来可供一笑！

研究所《通史》工作，撰写者、分卷主编等已签约（付款）写作初稿了。我体力日衰，加之不时生病，无暇关注了。有些先生是很出力的，我们只有乐观其成罢了。

病得握笔乏力，模糊不清的字迹，请求意会，谅解！

匆颂

编安！

戴文葆拜上
二〇〇〇年九月七日晚

应离兄： 20010720

暑期酷热，身体可好，念念！

前此收到大著中国期刊史[1]后不久，正值《出版参考》换人准备改

---

[1] 宋应离主编《中国期刊发展史》2000年11月由河南大学出版社出版，2006年11月第3次印刷。

版，我就匆匆为大作写了简介，算是提供一个信息，署名"郁进"。当时不敢说该刊用不用，且还不知该刊改版怎么采用信息，因而未敢奉闻。过了很久，见到该刊第七期采用了，我想您会看到。"郁进"是我写杂文散文的笔名，从八十年代末起，不再写什么杂文了，很少动用这个青年时代就用的笔名。我写了文章，不敢投稿，因与现时编辑不相识，不会采用。现在只有一两个刊物还相熟，将来一定无法发表拙作了。

我在去年底开始迁居，搬出市区，迁到旧北京内城北护城河畔和平里。这里原是平民区，乱七八糟，我们周围在拆迁中，经常路道不通，尘土飞扬，大约我们这个小区算是绿岛了。我至今也未能将屋内书籍淘汰整理分类上架，很不安定，不能安心读书，只好过了暑天再整理了。我也没有通知京内外友好。今天找出通讯小本子，特地给您写信问候。

天气太闷，祈希保重。

祝阖第安康！

戴文葆拜上
二〇〇一年七月廿日

应离老兄：   20020901

和您分手时，答应给您提供几位民初以来老编辑家的事，迄未实现，现已整整一年了，我成了说空话者了。这一年中，不仅说了不少空话，自己也一件实事没有做。诸多原因，诸事相缠，并不能自谅，是我未冲出与我无关的事的纠缠，与我志愿相悖的项目使我未能脱身。很对不起您！

我相信，您会按部就班地进行的，一定会有相当的成果，而我呢，什么"通史"，我出席了八次讨论会，可说毫无实际贡献，不过"空对空"导弹在倒弹罢了。我还被拉去参加预计以外的事项。从六七月天气酷热以来，我久已虚弱的体质，不知流了多少汗，而且八月间竟因而感冒，转化为肺炎。其间浮光掠影做了一点侧面帮说帮看的零事外，几乎无善足述，愧对故人。肺炎在协和滴挂已解除七次。不过，老年便秘更是不轻易改好的。吃了多种药物，虽然见效，但不能保持常态，不能预计时间，排尿也频，每天清晨最不安。这些老年性病症使我颇为丧气，只好耐心服药，很对不起老兄，我的承诺未兑现。想来您定已早收集不少关于编辑家小传的出版物和著名人士的回忆、怀旧、自述等等书籍，我所能想到的不过大致也如此罢了。肺炎刚好，想到必须给您写信致歉，这一年我怎么变成"黄牛"党的了？想想也惭愧，随俗浮沉太苦恼！穷于应对，空费口舌。

由于身体不好，不能适应远行，所以经过说明，请求理解，此次不去昆明参加庆祝中国编辑学会成立十年大会及本年年会，恐怕又失去一次与兄见面机会。唠叨一阵，以求宽谅，并颂编安！

文葆敬上
二〇〇二年九月一日

应离大兄： 20040819

我这一夏，总算尚无重病发展，悉听于天！

8月13日来示奉悉。所示人物表业已细看。您的决定和细目，我均赞同。

编辑《20世纪中国著名编辑出版家研究资料汇编》，主题甚好，以20世纪划一阶段，比较方便处理，我很赞成。匆匆思索，以我个人见闻所限，较为合宜。如问有否增添，我所见者，目前只想到卧床数年不起、语言受阻、智障有限，十分令人痛惜，出生年月我竟不了解，您可不声张，向他人询问，我只知道他在国际问题研究上比梁纯夫迟，同是中山大学一校先后而已。

有一位张明养教授，是1930年从复旦毕业，入震旦大学读法文，后当即考入《东方杂志》，为胡愈老得力助手，一生追随愈老，为愈老所赏识未改。他因韬奋、愈老关系，一直是30年代生活书店实际编辑，《世界知识》一开始愈老要他负责，他因"商务"合同不能遵守，一直到1942

年从香港回渝，应张志让院长请，到复旦大学政治系教书，他不但编《世界知识》《学生杂志》及为《华商报》编委，徐伯昕在生活回忆中总说他是生活的编辑人，著名的《青年知识丛书》，在《大众生活》中所列编委中有他大名（1936年一二·九时广告）。

陈原同志极灵巧，思想活泼，不过为人有点"浮"，有时不免无意中"凌人"，不是害人！请查查看，可否列入老辈之后[1]。张师[2]务请考虑，与人细商，他个人不事声张，知者不多，我熟悉他一生，我也感谢他把我引入著作士林。在教授中很进步，但沉默不言。陈原因工作过度而出事，最后职务是"商务"主编。我有一文讲《九十年启示录》应他之嘱而写，大力推荐他。

1953年，经胡乔木提名，我为副职，在"人民"内成立"三联编辑部"，是个编外的出版机构，既是"人民"，又是"三联"，他是头！有资格，我不能攀附的！

我因病，写字吃力，手腕持笔不紧，潦草乞谅！

戴文葆上
二〇〇四年八月十九日

月底将去协和复查，仍在服中药抑制Ca。

我虽还写点小文，十二万分吃力，多拒绝写，千把字，写三四次，改了又改。最近为国际出版学会议写1500字文章（应刘、邵之嘱），太苦太苦，没有什么可说！

请代问张如法同志好。又上

应离大兄： 20050305

一月底来示拜悉，得知您进行了七年的课题，基本胜利告捷，非常钦

---

[1]《20世纪中国著名编辑出版家研究资料汇编》第10卷设陈原辑。
[2] 即张明养，《20世纪中国著名编辑出版家研究资料汇编》第6卷收入。

佩您的坚毅精神。这个题目看似一般,其实很不好做,做好出版也有点困难。终于胜利告成,一定能为有见识的出版者接受印出的。贵校出版社决定出版,是再好没有了!我不仅为您高兴,更为编辑人这个行业高兴!

我近年以为离休就好了,可以安静一些,读点我喜欢的、过去读过的书,本着学而时习之的精神,安慰自己浪费许多时间了,又能静心读点书,我的思想状况、心态,都不大平静,迄今也未能营造出一个安静的生活,平常连写字都潦草,有时通常的字竟还要查字典(中小学生用的),生怕写错,是没有把握写正确了,失忆了!我并不是缺少衣食,是在纷扰的现实中弄得有点垂头丧气了,不然做什么,不想剖心与他人交流,没有什么值得说的,说说也没有什么意义与作用。我不像那个余秋雨先生,我没有他那个忍耐力,自言要封笔了,我心里老话多不合时宜,"牢骚太甚防肠断",即在家人间也不想与他们说说什么。您费七年之心力,终于有成,虽是辑集,实际是创作!编这种书,没有思想基础编不成的,编成了就是思想的凝聚,思想的形成与胜利,我祝贺您!建议请刘杲同志写[序],顺理成章!或是我替您转达,请他作序才对。

我自前年因病住院,一年后回家服中药休养、心理治疗,幸无大发展,虽然加之其他老年病来纠缠,字都写不好。欠债很多,几件事也未做成,心定不下来,我在这个世界面前却步了。匆匆坦露心迹,敬祈见谅,顺颂新春阖第康吉!

戴文葆上
二〇〇五年三月五日

应离大兄: 20050626

您寄下的编辑家名单,业已妥收。很好!

我想给您增两篇回忆张明养老师的文章:一是雷洁琼老前辈(她比我老师大两岁),一是郑森禹,当年《世界知识》出版时,只有他是中共党员。这二文收在我编的"张师纪念集"[1]中。这两天我附近的复印店机器坏了，修好我就复印寄上。

我复印了的《青年自学丛书》作者名单，见《生活日报》和《大众生活》，太简单，只有人名，没有书名，也许是当年拟约写的作者名而已，编者张仲实，当时是"生活"的总编，没有年代，也无书名，不必奉上了。拟建议新增雷、郑二文甚好，不知可增否？等复印出就寄上。我太乱，又没有复印机，不太方便。这几天看清样，眼睛都涩痛，才交卷。如出版社能印出（不接受我出钱）可以说是我编写的学术性作品了，约22万字，扣下28万字，不要那么多，有这一点就可以看出我了，我在"史无前例"中不敢多发挥，将来请您为我推荐吧。近来身体不好，不敢硬撑，怕猝死哩！小志未酬！

复印好就寄上。

祝暑安！

戴文葆敬上
二〇〇五年六月廿六

---

[1]《张明养同志纪念集》，戴文葆、张之一编，开明出版社1993年6月出版。经戴文葆推荐，其中雷洁琼《沉痛悼念张明养同志》、郑森禹《悼张明养同志》收入《20世纪中国著名编辑出版家研究资料汇编》第6卷张明养辑。

致曲家源[1]

家源同志： 　　　　　　　　　　　　　　　　　　　　19901006

　　今天收到了大作《卢沟桥事变起因考论》[2]，琼芝同志前已相告，我很愿拜读大作。

　　迄今为止，很少见对日本侵略行为的确凿考辨，比如"南京大屠杀"等等。卢沟桥也是如此。我读冈村宁次的回忆录，他的辩解令人气愤，日本军国主义者及受其蒙蔽的一群人，包括今天年轻人，对广岛挨炸事，仿佛日本鬼子倒成为受害者，当年的美国是侵略者，向全世界大肆宣传，年年纪念，颠倒黑白。直到今日，鬼子还不承认侵略中国的罪责，还假借种种"研究"来逃避，推卸罪责。我认为，即退一百万步说，是中国人在卢沟桥放第一枪，那时成千上万的日本侵略者怎么出现在卢沟桥的呢？他们来干什么的呢？！有没有一个或十个中国兵持枪带炮在东京桥附近呢？在日比谷公园呢？

　　您的研究有国际意义，咱们中国人太丢脸，国家根本不关心这些研究，社会上研究的人又很少。从哪一方面讲，严肃文化、正经学术没人支持，男盗女娼、卖论吹拍的"文章"与"作品"得到流行，太可耻了！

　　我给您先回一信，请您放心，大稿业已收到。容我拜读一过，再和您通信讨论（不会太迟），恐劳悬念，匆此奉阅，并颂。

----

〔1〕 曲家源（1936～2005），曾任《山西师大学报》主编，出版专著有《卢沟桥事变起因考论》（中国华侨出版社1992年出版）、《卢沟桥事变史论》（人民出版社1997年出版）等。

〔2〕 曲家源著《卢沟桥事变起因考论——兼与日本有关历史学者商榷》，1992年6月由中国华侨出版社出版。曲家源1990年12月10日撰写的该书后记中说："我要特别感谢著名编辑家戴文葆先生。他两次审读原稿，帮助我订正史实、润饰文字，使本书生色不少。厚爱之意，令人难忘。"

撰安！

戴文葆
一九九〇年十月六日

家源同志： 19910116

收到了您元旦来示。信封是开口的，中有信三页，整修后卢沟桥照片一帧。不知是您用的信封不好，还是怎么的？新绘的地图未见，是否与其他相片另寄？盼告。

又，所示四幅照片，从江口书中转摄的，及藤原彰书与纪念馆简介，均未见；已另寄？念念。

前此留下的相片，铅笔注1说"被日军火轰毁的卢沟桥城墙"，图为城门楼，楼上层屋脊有破毁处，似应注"被日军炮火轰毁的宛平城楼"。请酌。留下的连地图为十四幅，其中照片十三帧。

书名如无其他意见，即用"卢沟桥事变的起因"。如有其他情况，再行函商。

希望得到您的回示。

敬礼！

戴文葆拜上
一九九一年一月十六日

家源同志： 19910128

您挂号寄来的《卢沟桥事件》《南京大虐杀》及地图一帧，《中央会议》一证词，顷间收到。请释念！

我已与华侨公司李湜同志谈完，二月初一定发稿。容我三五日后通读一过，再研究图片如何排法。届时当将情况呈阅。

匆此，祝好！

戴文葆
一九九一年一月廿八日下午

家源同志：
19910305

您寄来的《事变的起因》抽印本，我与原来给我的改订本已经对读。我估计您处没有留存复印件，因而其后寄来的一本，不免与原先一本，稍有异同。显著的差别有：

先一本注三，在后一本为注二。先一本是改排印注二为三的。删去"对龙王庙卢沟桥间之敌开始攻击"一行，并删去"关于士兵失踪"八行，直接接下文今井武夫回忆录叙述。

先一本注解四十个（末为吴相湘），后一本寄来时改为三十九个。

前后考虑，我仍用原先寄来一本。已复印一份，把原印本第一页（顺序排为第二页）所添改部分，誊清剪贴。原先寄来的一本，注一为添写的"龙王庙"，已剪贴增入印码15（手写码亦为15）。

因此，这一篇文章，我仍用原先寄来的《起因》。这是第一件事。

其次原稿Ⅲ下《研究的结论问题》，在P.212、215、217、224、225、227、229等页，略有删改，都是从文字上考虑，不外：一、加强语意，主要斥责日本侵略者；二、对历史学家用语则稍缓和。想能见谅，故未抄陈原文及改动字样。

Ⅲ上P.147、163、164、173、177等页，也有极个别字句上改动，我的意见同上；不改动您的意愿，只在语气上有强弱区别。

比如Ⅲ下，田代皖一郎邀宋赴宴而后逼迫签字一节，以后文中谈到其随员"参加谈判"云云，我就为您改为"随同赴宴"，而不是什么谈判。

大稿P.216页说石原莞尔的职衔，30年代前期为参谋本部作战课长（后不久升为第一部长）。在"偶发"事件的第三《需要辨明的几个观点问题》中，P184页，说及石原"以参谋本部第一部长身份处于实际上的统帅地位"。又说，"当时日本参谋总长是皇族，不参加具体事项的讨论；次长今井清正在生病"。皇族中有二人先后任总长，侵略性甚强烈，此处是哪一个？（我手边书乱七八糟，一时不好查。）作战部长确有作用，但恐不能说不参加具体讨论。具体内容最后仍应由其点头首肯才是。下文（倒四行）引冈村宁次回忆录中文本说："当时在陆军省工作的石原，正是动员三个师团的罪魁祸首。"您这里所引有矛盾，参谋本部、军令部都是独立机构，帝国宪法给予天皇的大权，不属于陆军省。当时是1937年7月，石原究竟在参谋本部，还是陆军省？石原是在陆军省当过军令课长，确有权派兵。但上文说是参谋本部，那显然不是陆军省？［是不是冈村宁次回忆录中译本译文有误？］这P.184页是您论证的重要一段，不能有一点差错，授日本史学家以话柄。我手边无书，匆忙间不能出去查考，请您务必把石原及总长（名氏）弄清楚，1937年7月，究竟在参谋本部还是陆军省？任何职衔？这里不要有误差，以免论断失效。我现在将你稿照发，此两处一字未动，是为了争取时间。我希望六月底七月初出书，等看初校时解决。为了质量的保证、论述的价值，希望你在初校出来后，务必来亲自校阅一次。请您考虑见示。

今天还要核对、誊写图片说明，不多写了。马上先出去发快件。

祝编安！

戴文葆
一九九一年三月五日下午二时

家源同志： 19910328

廿一日快件拜悉。抽印本亦同时妥收。

前寄之论文，已拿去复印放大，以便剪贴。这一份留下参考。我这一周生病才好，稍有耽搁。

我只读过今井武夫的中译本，对其他人名没有把握。不是您的字不好，而是有个性、好看，但是文化知识不足者不能确认。有些普通的字，你的写法看多了，串上下文，就可认定，如"都"字即是；有些字少笔画。现在排字工人、校对都不足以应付工作。我们私人通信可随意写，无关大体。"华侨"编辑部人手不足，我刚翻他们一菜谱，说用胡椒粉 250 克；一盘菜怎么用这么多呢？显然不对。你的书是驳难论著，排校不精，必引起对方诘问，再去声明也不起作用，所以要尽可能保证错字少才好。我的设想，想可谅解。

照片昨天才拍好，今天可以拿出去冲洗。等看到样片，效果如无问题，即将二书挂号寄上。否则，还要再拍。

出版社为节省，不愿以图随文，太缺憾了！我当争取多用，还不知交涉会怎么样。

已请周谷城先生给这一套书题字[1]，已交给出版社了。

文稿有些许文字改动，只是使语气减轻一些，质问面小一点。学术讨论文章，力争去批判口吻。想定同意。

戴文葆拜上
一九九一年三月廿八日上午

家源同志： 19920621

十一日来信收到了。今天（二十一日）上午我去西坝河问讯，当时大著校样还未到。现在是下午三点二十分，公司江淑娟[2]同志来电话，说校样到了。我请她用快件寄给您。这是初校样，必定有不少误植，我建议您这么看：（一）有关您学术观点、表示态度方面的，仔细看，想改动的可以改；当然以少动为佳。（二）属于排错的字，如人名，特别是日本人名，

---

〔1〕周谷城题名为"毋忘国耻历史丛书"。1991 年 3 月，周谷城为这套丛书作《序》说："我认为：戴文葆、吴道弘同志设想编辑这一套'勿忘国耻'丛书很好，对于了解祖国百年以来的历史，进行爱国主义教育，提高思考力，认识自身历史责任，能够发挥很好的作用。因出数语，即以为序。"

〔2〕江淑娟是《卢沟桥事变起因考论》的责任编辑。

亦请注意改正。(三)其他一般误植,将来校对也会看出,您能顺手改更好。这份样子,请看完后立即寄:

中国华侨出版公司

江淑娟同志收

看后退样时,请另写封信给我,让我了解情况。这本书,"七·七"来不及了。但也好,因为公司决定几本一起出,开个首发式。目下正当令。公司已在《社科新书目》上登出征订启事,大著也排在其中。怕一本单出,影响不大。公司已作重点书处理,在用纸及图版印制方面,说是要注意的。

在太原时,令夫人早晨来访,匆匆一晤。回来后已给陈琼芝同志打电话,转致您们的问候。

匆致敬礼!

你们图书馆想必会有《社科新书目》,请一查。

戴文葆草草拜上
一九九二年六月廿一日

家源同志: 19920803

大著《卢沟桥事变起因考论》终于装订成书了。有人已看见,不过我还未见到。出书是肯定的了。

据说,华侨公司打算在第一个不平等条约《江宁条约》签字之日,举行"毋忘国耻"丛书座谈会(目下一般不让举行什么"首发式")。我未查出,大约在八月间,我想,出版社会告诉您的。

几乎大半年,不敢给您写信,实在说不出什么。现在出版事业这么个模样,我都不认识了!我们当惯了阿Q,出书了就好了,也就满足了。×××同志是很能干的老编辑,她在这种体制下,也变得莫名其妙了。我从没有催过她们,只从侧面了解到信息。反正出了很好了!

如果我能拿到书,就给您挂号寄去。同时,也希望出版社能早点主动送书给您。

　　陈琼芝同志很忙,在美国的姊姊来京治病,大约不久即回美。今天大雨,她与姊姊去西单民航售票处弄票去了。

　　我一切如前,无善足陈。原谅我迟迟不给您写信。

　　祝

俪安!

戴文葆拜上
一九九二年八月三日

家源同志:　　　　　　　　　　　　　　　　　　　19921224

　　首先祝愿您们贤伉俪新年好!

　　大著《考论》,我已分寄:

　　日本国立国会图书馆(那里国际协力部都认识我)

　　东洋文库渡边兼庸文库长及文库(我与渡边先生相识)

　　东方书店安井正幸社长(东京神保町专卖中国书)

　　岩波书店社长兼总编绿川亨先生

　　中野泰雄(前大政翼赞会中野正刚之子,正刚见日寇将败,自杀。泰雄先生是近代史教授。前年哈市有关刺杀伊藤讨论会,他来参加。)

　　任桂淳(女)韩国汉阳大学历史学教授(汉阳即汉城古名)

　　夏威夷大学图书馆亚洲文库(我与该馆有联系)

　　刘君秋雯女士

　　手边尚存一册,容再赠人。让东亚各国知道此书。等菲律宾人来,将赠予;我认识马尼拉大学的出版商。

　　我希望大著在东洋引起讨论,也是您撰著的本旨。秦郁彦在日本颇有名,他定会知道此书的。

　　劳生碌碌,我一直忙乱,乏善足陈。陈琼芝同志昨天下午来舍小坐,她也忙碌。

匆颂

康吉！

戴文葆拜上
一九九二年十二月廿四日

家源同志： 19921226

前书一出，计程已达。

大著一册，日昨已航挂寄赴日本京都大学人文科学研究所尾崎雄二郎教授。西京教授、学者历来看不惯东京教授，认为他们跟政府后面转，又好上电视等等，不像学人。几年前，在人文科学研究所，与尾崎先生一起盘桓一天。大著将会引起京都教授的注意。

匆颂

教安！并就您夫人好！

戴文葆拜上
一九九二年十二月廿六日

家源同志： 19930214

谢谢您又寄赠甜美的大红枣！我因事繁和感冒，一直没有作书致谢，甚歉！

大作《考论》寄到京都大学人文科学研究所后，因为尾崎雄二郎教授已退职，吉川忠夫所长特来信表示感谢。我未见过这位先生。

我寄给美国夏威夷图书馆"亚洲文库"的一本《考论》，他们也收到了的。管理人刘君秋雯女士来信致谢，并表示要搜集其他各册。我与他们很熟，即将其他九本航空寄去了。

这样，您的大作，在日本、韩国和美国均有存书了，我虽与哈佛有些研究人员有联系，但不知图书馆情况，容了解后也打算将您的书寄去。我的目的是推广，使研究者注意。
即颂
撰安！

戴文葆

一九九三年二月十四日上午

家源兄： 19990105

新年好！您很勤奋，祝愿出新成果迎廿一世纪。

我因受流感影响，新年前都未向友好致意。您却寄来参茸贵重补品，受之有愧！

关于《史论》所获好评，我已抄给小戴同志，请他转告王乃庄同志，此人忠厚，近已升任副总编辑。（原报告把他列在第二位，第一位不知怎么未获准。）单位一把手变动，不免有些紊乱了。

我正忙于为"译林"编稿，约八十万字，目的是介绍"五四"前后引进外国文学的先驱者译文。他们大约有点盈余，想出赔钱书了，还请了江题字："播火者丛书"，用普罗米修士洋典故。编四位：瞿秋白、张闻天、沈雁冰、胡愈之，各人八十万字。前三位都有成书，好选编。胡一生为人出书，自己都很少出书，译文散见于二三十年代期刊，我十分费力。幸蒙京沪穗港及淮阴友人大力协助，我已大致摸底。二三十年代期刊比宋版书还珍贵。至今仍有一本48k的《小说月报》丛刊第一集第五种《诗人的宗教》（泰戈尔文集），薄薄不足一百页，有胡的一篇译文，我尚未见到。已印的材料编一百六十万字也够，可是并未真正摸底，心中仍不安。那小书是"商务"于一九二四年出版，只有八十四页而已。未读过总是不放心。故近日甚苦，又编选作题解及某些注释，有的原作者在旧版大英百科全书中也查不到。新文学书籍也有个版本问题，过去我未研究过，这次长了一点见识了。知注谨闻。匆颂

俪安！

（补充：琼芝在编鲁迅书。英才同志为京华出版社看古典文学稿，我与"京华"也有点关系。望您与他谈谈，有什［么］好稿子当协助出版。又上）

戴文葆拜上
一九九九年元月五日

家源兄： 20030212

二月三日来示奉悉。关于您所在小区地名的写法业已了解。

拙作在七八年前曾请人用稿纸抄过大部分，初想与通行横排办法一致，深恐线装书与今日排字人不合用。读来示，我赞同您对文字改革意见。我上次写的□字，是查了新的学生字典的，我也不会写。我还不知道出版社怎么处理。我原写成的稿子，是那时真的有闲，"无聊才读书"，现在还不知他们怎么办，局里也只是教他们出我的随笔（文言部分），究竟怎么搞法，实际我不便决定。对这十几册原稿，我希望择一部分印出，一来淘汰一些，二来也考虑根本很少人愿看。将来请人把那一批线装本拍个照片留下，我并不"自珍"，不是什么名人手稿。

我想，等出版社真正动手时，为您替我审定时方便，还是寄上大样，好删改，手稿则供参阅而已。这在现时只能看作画饼，我之所以搁下这么多年，也是由于得听命于出版社之故。出版界做法，新贵调门甚高，莫衷一是，作者出钱才能做主。拙作只是个人苦难的纪念物，对他人并无什么意义。现在更是"钱"在"赵"上了。

我回来后，一般地休息而已，协和大夫也叫不必急于再查，稍过三四月看有什么变化。我也并不总惦记它。在太上老君炉中锻炼多年，如今幸能存在，夫复何求！宠辱均应两忘才是。

余荣后续，敬颂

俪安！

戴文葆再拜
二〇〇三年二月十二日

我现在写字都有困难，有点糊涂，不能断定怎么写，实际已不能工作了。又上

家源兄伉俪台鉴： 20030506

我为什么久未写信相商？因为我被"大百科全书"编二版要我来处理"编辑学"条目的事拖着；二来我所属的出版社要我终审一批稿子。……出版社新人甚好，热爱事业，能有作为，才四十六岁，思路开放，能把十三四年来下坡恶劣状况扭转，可惜几乎没有得力的支持。我应该帮他做一点清理先前旧账的眼前的事，这一向完全没有干自己的事情。也不完全是，我为韩国出版界先进教授追慕十年祭，不能不写悼念文章，已在韩国发表；同时又写了2800字编辑学答问一文，将在《中国编辑》第三期（大约六月初出刊）发表。我现在不如前了，写字都吃力，常写错字，思想开展又不迅速。为韩方友人又另写一文在国内武汉《出版科学》上介绍他的著作，给韩方发表的一篇，已在我国《博览群书》三月号发表了。加在一起三篇，重复发表的一篇并未计入。毕竟老朽了，可悲！把这些事做完，才给您写信。悲哀！很对不起您二位！完全是自己精力不济，迟钝所致。抱歉之至！

我现在开始寻找《射水纪闻》十三本订好的原稿及另外散篇未订的稿子。当年（上世纪）七七年北来时初未带来，后送来时似有散失，都来不及整理。落实之后，奋力做新工作，二十年未整理，又加上前年凑款［买房］准备搬迁，四九年起至今，结果两袖清风，又拒不接受良友帮助，虽属在业内为高工资，可是支出头绪多，好不容易凑足应付房款，全出于个人血汗钱。搬迁时，我女孩莫名其妙地急，把我原来清楚的一一弄乱了，现在才了解稿子破损。但没有大影响，这几天收拾破烂，不日即可先寄上一部分，恭请删正。七七年来京后，到八十年代收到原订成的线装书式《纪闻》后，才请友人找人按横排抄写在正式稿纸上，当时奋力干新工作，绝大部分抄成后未能校对（但付款酬谢了的）。现在已找出五本，此信写

竣后将立即继续查找寄呈,不分心做其他事。我怎么想烦您二位删正拙作呢?

首先,我把原线装书式与新抄有格子稿,一并分批寄呈。我原订的线装书式清晰,便于您笔削,我要为您审订方便,不爱惜这线装稿。我考虑我的习作并无多少价值,将来身与名俱灭,不值得保存。先要方便您删,新抄稿也要找出一齐分批寄上。原线装可拆开来方便改,新抄者有的不够好,尚可部分则可用。我当初写作时不过解闷遣怀而已。当时只身流放,若以王禹偁为文相比,不是写《待漏院记》的心情,而是与写《黄冈竹楼记》心情一样,不知明年又在何处呢!而且,没有固定的想好的题目,谈话人从老到少,所谈随缘,而后用香烟壳子拆开来记,记到一定程度可以汇集成文时再写。有时,地方上故老知我爱书,家藏残卷,多秘密送来供我消遣,甚至新买或前四史,特意送我阅读,八大家古文残卷,中学语文教科书等,也送我阅读,我最后都一一归还原文。当时有的篇什,已经可默记了,《左传》《诗经》也是这时重读的;《史记》读了六遍,《左传》三遍,《纪闻》各题均是临时可写才写。有时小朋友陪我,领我寻访县城旧迹,加上我少时记忆才写的。写了就藏在邻家,怕抄家没收,每积到约二万字,大体可成一卷了,才考虑合订,编例略仿前人成集体例。从建制、沿革、大事、景物、人士到地方土特产、糕点如豆腐等等,从上到下,合为一集。往往写序或跋,序跋可能暗露牢骚,讽喻数语。当时非常自珍,视之为生命之一页而已。读《史记》、两汉书,曾专门集吕后文成一册,当时得纸不易,给人抄大字报时留下来的,或有人家中幸存白纸送我的。除《纪闻》外,我借得书,还编了文集,有的为地方史事如捻军,人物集如陈玉树等,地方人士诗文集,都是记录抄撮而成,以补我少时阅读不周全。十几本大致均这个体例。

现在应按删订后所剩几何,再考虑合编一本。我一本原约二万字,记得有十三四本,还已抄录合编古人文集,如陆游、宋词、鲁迅诗解。鲁公当日走红,我看胡编,自己另编注一本。现在不考虑这些,等将来您删省、修订、审阅后酌情而后定。不想多存,有十五万上下即可。少数如"平倭碑",地方上恐已不存只字了。南宋淮上故事大约也记一些,未能查以宋史改正。如涉及南通地方,均删去,只留两淮,极少处涉及扬属运河一带者可考虑留。早年淮六属,扬八属,我乡本淮属,为山阳县一镇(庙湾镇),雍正六年升县,见《永宪录》,我曾从邓之诚老先生处得见抄本,七九年后介绍出印本了,可查抄订正,戚继光等平倭,北至我乡告捷,南起闽浙,胡宗宪主持。当时只在我脑中。您先不多费心,把文字不妥者削改,内容平淡者亦不宜留。我无意中乱发感喟者亦不多留。有些篇章有抄书改写的痕迹,亦请酌删。人家要为我印,会浪费钱,不宜存字过多,言语无味者,不值一记者即弃之。我目前似乎身体尚好,不留念往日苦事,以心情健康为首要注意事。又感到已老大,急于整理点旧稿,有关出版编辑论文、书评、记事,当作删订,编两本小书以自慰,目前只准备写点题记。近拟另编胡愈之文集以补全集之重点不明确。他是个思想家,不是什么出版家,把他看低了。上世纪三四十年代中,政治家中很少能与他比,而且他施不望报,搭台让人去做,不"显摆",心仪其人,自以为理解的比一般人多,甚至以为比"三联"老人多,他们多为印制、发行人而已,他才是韬奋书店的灵魂。我是后辈,关注他的文字,只是他的文章不太露而已。以上我对拙稿的设想,当否请指教,务乞不从关照着眼,以匡不逮。此次付邮后,即动手在室内搜索所有包包本本,首先找《纪闻》以便早日寄上,然而,您千万勿赶,不误您本人事为主。目前在此居住,独学无友,难有人讨论。我所可见之人,目前仍以意识形态者为多。我几十年"遇人不淑",误了一生,亦无可奈何,回头也找不到岸了。今天先写到这里。敬祈以保护自身康健为最要!我无怨无悔,且悔之已晚,无益无用。余容后续,写写就吃力潦草了。请包涵!眼下居高者误人误事,即"非典"已如明镜,照出不少贵人面目了。不赘,即颂俪安!

文葆合十顿首拜
二〇〇三年五月六日

家源兄： 20030605

  昨日挂号寄上《永宪录》，系以挂号信方式付邮，大约较快于印刷挂号，又较为安全。今日上午家中无事（火化事明日由广电部办），谨按来示先陈述经过。

  当年我只有"红"文四卷，无书可读。高中生寒暑假都把教科书买[卖]给杂货店，我就到相熟的小店里翻看，如有"过秦论"、鲁迅诗文等，我就以交情付款买回，便于晚间诵读，我抄的《孟浩然诗》《鲁迅诗抄》，编的《月照录》，都是给自己念的。我还抄了《陆游诗》、柳宗元文，唐诗、宋词等，都是为自己读的。读书人可怜，每天无书读，就惶惶不可终日了，但当时又不敢公然吟哦，大多在黄昏后闭门消遣。之所以寄呈，是让您了解我的景况。时人以吕后比江青，我因友人为我陆续购得前四史，先读前后《汉书》，把所有关于吕雉的记述都抄下来，可是当时手边缺纸，都是为人抄大字报省下来的。这也是个危险的行当，有抄错处往往成"反革命"了。抄成订好，节约又节约，像吕后抄得太挤，虽十分整齐，排列无序，只好留存作"文革"读史纪念品了，如有单位征集，我可无偿奉送。上述这些都是为自己，毫无发表价值。我还抄了能见到的苏州沈园等诗，集成《吴门□□》，空缺太多，只为自己欣赏自己。《野叟联语》，系我辛苦访谈收集所得，忆我儿时，为陈为轩前辈磨墨提笔，看他写字，其法书当时为我县第一，我哥哥医科大学毕业，还乡开业，拜他为师，在地方上算是有高人为支持者，我写有他的事迹，在《纪闻》某册中。我兄弟为"宝"字辈，在高中时我讨厌"宝气"云云，查字典改为"葆"字，考卷、作业、签名……都写□文葆，终于毕业文凭也为校方改写"葆"字了。家兄原名龙宝，号际云，行医后野叟为他作号"沐华"，所以《联语》中有"沐天雨露回春候（？）""华国文章济世才"之语。我小时塾师以我既名"文宝"，给我的号叫"子房"，我向来不谈不用，我怎么能比张良呢？《野叟联语》中赠某某，我百分之九十几皆认识、知道的，极少数未见过，但我不敢注，怕被翻出遭罪。我家虽已中落，祖父为清朝武官"外委"，属"庙湾营"军官，有人说九品，又说七品，武官不值钱。

庙湾营为明朝兵部尚书李戴所置，主要防海防倭寇。我在初中生时，曾至八滩海滨，人家知道我是戴姓，还问我"惟和公"是我上人么？他在地方有官声。明清之时，户口有"民户""灶户"之分，庙湾营武官守卫海疆，庙湾场管烧盐、灶户，长官称"大使"，大约到辛亥革命后才统一为民户，灶户烧的盐，颗粒大，后被称为"私盐"。私盐贩子，元末明初，张士诚就是贩私盐的骁勇私盐贩子出身，在东台白驹出生。我们戴氏，为阜宁大族（人多）邑中五大族"陈、王、顾、戴、刘"，我们这一族，族大，据说海边"浪响三十里"内，都听到的，绝大多数为戴姓。我在初中时，每年暑天，还把祖父袍套、顶戴、腰刀拿出来晒的。"文革"回家，嫂子还把扣在钥匙上的红顶子要还给我，说："二爷，这还是给你吧！"（笑谈）我请您为我考虑，《野叟联语》不单列，并入《纪闻》为一篇，排在陈为轩传述之后如何？（类似记述还有，可否如此处理，请求考虑。）其他《月照录》也如此不用，不列入《纪闻》，不能发表。这如同我抄鲁迅《记念刘和珍君》一样，是抒发和排遣我当日的情怀的，抄了好几篇悼念的文章在一起，订好，也是为了读的，不能列入《纪闻》。"虾沟里乘"一词，在所有地方志目录中都未见，是何冰生前辈给我看的，何氏祖孙三代，从举人、副贡到冰老为报人书家，冰老与家父为好友，他主持《淮滨商报》，承印者积古斋主人，均与家父为好友，所以我在高中一年级上学期刚开始，日本鬼子在上海突破浏河国军防线，在宝山之南现今铜厂一地（名已忘）登陆，包围了上海，后向沪宁线攻南京，我的学校解散回家，正逢何冰老报馆一人（陈问天）随抗日演剧队北去津浦路，缺人收录电讯编要闻，我即被约去接替，每晚收听三处电台广播记录一条新闻，各慢念三遍，我一字一句记下，然后整理（包括查地图），然后标题编成，到排字房去画样子排出，就是第二天出版的抗战新闻。我做了三个多月，全义务性，后因鬼子在南通、如皋（由长江岸）登陆，北攻东台、盐城、阜宁各县，阜宁沦陷，我家逃难在乡村住了三个月，北面徐州大战，南线鬼子缩短战线退走。当时我一人在淮河北的姨母家园居住（父母妹妹到东乡河港丰产地带居住）。到秋天又到涟水读高三上（经过省教厅考试编级上高三上期）。这里不详述了。"虾沟里乘"可说是极稀见地方志，我多年后，在文物局关系，在故宫图书馆也未查到线装本，可能只在南京蟠龙里图书馆也未有收藏。我当时将何老书做了抄摘装订成册，所幸尚存，我想请您考虑编入《射水纪闻》，是否请您为我在正文前写几句，下面即续上"虾沟"正文，作为《纪闻》一篇，如我寄上的《纪闻》四本中，有记东沟王文锦事者，即请排在王文锦篇前即恰当。何老仙逝后，子孙不学，我不记得是否何老已赠我否，容在近月翻找。我在患难中，首要不出事而惜命，没有特别注意收藏。七十年代（上世纪）北上落实政策也未随身带，一年后带来的全部《纪闻》稿也未查看；大前年搬出东单来和平里时，也未查看；可能被女儿乱丢。这一周中，我将全面翻查，是否插存在藏书（幸存者）中，看看《纪闻》能找到几本，当即奉告。

与上述这么处理的办法，有好几本编写的卷册，或抄撮的册子，如陈玉树（陈东原之叔，南大陈是其嫡侄，盐城人）的《后乐堂集》（抄一函，现存）集子的抄后跋，鲁迅诗抄编后跋，捻军入侵记事编后记等，均文言文，不知可否将跋作为"读书记"之类编入《纪闻》，届时请您裁定，全仰仗您为我做主，我今年幸存，不知今后能存多久，我虽达观，绝不苦思挂怀，毕竟年已望八，前景难测，只有恳酌情为我裁定、删改，乃至添写一小段转弯抹角的文字了。此事再议，不能劳您费神作难。

您主张的编次，完全正确，开篇也对，说明地理形势、沿革建制，而为风物、文物……看能留下几篇什么，即十万字已甚好。我不要太多无意味的东西，浪费人家钱，我也被人斥骂。虽然，我重视为我生命的一页，但不能滥，务乞斧削、审核。地方志无书可查，凭您本人鉴别即可，也可作为"野史"无凭证对待。我这些东西不是学术作品，只能作为乡土杂记而已。

此次再寄上吾乡裴荫森《七省纪游》抄件一册。裴为废黄河南岸周门乡人，其墓即在村头。我得自其后人。光宣之际，他曾任邮传部臣，淮系李鸿章部属。（吾乡在黄河南宋决口，东下徐州至淮入海，北迁于咸丰年。我县北境以废黄河南堆为界，新堆薄弱，老堆厚实，此夺淮以后入海，吾乡六梯关为出口东流入海。家祖父在八滩东建木质望海楼瞭望海情防倭防海贼。）淮系兵厂剿捻军，亦入吾乡，实为流寇，结果东西捻均散亡。《七省纪游》，甚望收入《纪闻》，我写有跋语，请痛删套语，改为前言，留此文来历，抄件实况，把左派的介绍语大删、修改。所有《纪闻》稿，评介人物只用中性，不用意识形态语言，不少杂抄可仿此意删汰为感！一切请您斟酌，我们意气相投，不用赘言。我手乏力，常写错字，作信不恭，务乞见谅，言不尽意，即颂

俪安！

戴文葆再拜
二〇〇三年六月五日午后

绝不如党徒贬斥前人。不用左派话语霸权、套话。不讲前人私生活，赵厚徵文用了"春风一度"，务请删去。

"非典"仍在流行，我因右肺上尖有病灶，去年秋两度肺炎入院检查，尚无发展，至今仍无动态，但愿上苍佑我，再活两年，整理出近百万字编写稿件。《纪闻》十五万足够，十万亦好。请严定。又上

家源兄： 20030616

前函计达，因家事未尽应言。今另寄上杂抄，以供了解当年流放情况。我自少时，即爱读书，但在私塾只读了不到三年，又转入新式小学三年级，只读了《中庸》，便念新编课本了。考进县立初中后，主动萌发爱读诗词。到外地读高中后，抗日战争已爆发，学校避乱迁入乡村，图书散失，我仍得到一点旧籍自习。孤岛时代，考入上海复旦后，渐趋洋化，研习国际政策、宪法与政府。1948年后，我又转移到读古籍，1953年与陈原同志主持三联书店编辑部时，凡对外书信，尤其与老先生通讯，编辑拟稿时，我都请他们尽可能用浅近文言，然后由我修改签发，交总编辑室会阅后发出。然而，我毕竟并无素养，更无功底。虽读书不停，但训练不够，主要精力不是学文，只是阅读而已，文言很少练习。"文革"写札记时，

动笔时自然来文言,形势、保自己,为首要动力。所以,您看我的习作,必然费心费力的了!我的功力是很不够的。四十年代以降,很少习作。

您提及要我说明个人家世、出身、经历,眼前情况,我应在您帮助下,先把《纪闻》各篇改订出来,有一定数量、质量可以成书,再行考虑怎么说、怎么写,写得得体……

我抄录的前人文字,尤其是古人的,那是为我自己手边无书可读而抄的,或编录的,是为我自身诵读的。不知何日是"文革"尽头,我总要念一些前人诗文,滋养自身。那些千古诗文,活着总要读的,不能一日不读。但不是我家乡人士的作品。那是我本人在无文化涵养中,尽力搜集,有的可写成《纪闻》内容的,便更考虑编写说明。

以前及此次寄上的杂录,有的即使装订成册了,如"野叟"(陈为轩)联语、裴荫森《纪游》等,可以成为《纪闻》的篇什,而《月照录》《鲁迅诗》等等是为我自慰而抄编,不能作为《纪闻》的一篇而用。不过,这类读书杂录的前言(叙曰)、跋等,可能有些或可考虑抽出,如鲁迅诗后文言文"跋",这类短文及我此次寄呈读《诗经》的抄录原文一厚本,只有前言、后跋,请审阅,可否抽出(已复印奉上),这类小东西说明我在流放中如此生活,不忘学习古典文明,也是表示自己危难中的立身持志,少数可抽出几篇成为《纪闻》中一小辑,列在《纪闻》之最后,要烦您为我审定。其中如孟襄阳诗的自述所感,不值一谈,不能用来充数。此次寄上《射水旧韵剩稿》(又作《射水朱华》),全是我搜集本县人作品,虽然并非佳句,但找得不易,我之所以未明白注出诸人生平,是我害怕败露于世,可能危害他们的后人(有人还生存),所以未能稍详一点注明。有的前言、后跋,内容全是我乱说,什么"吴名世"等,好像几个人,其实都是我瞎说,怎么寄砚广陵、红桥游赏的内容,都是假的,怕为人查出惹事,根本应大大改削,只留简单介绍几句即可,像这类文字,您一眼可以看穿,不必多虑,但所收内容诗文,确是地方人士所作,现在当地后人完全莫名其妙,不知不识了!所以特别陈明,内容是我逐个采访、闲谈中,与本地友人、老人及原作者家属谈话中得来,实际价值是一回事,如尚有点意思，不是草谈，则颇符合《纪闻》的要求，则酌情改成一篇的题目，内容包罗众人作品汇编，以存地方上人和文，请予考虑审定，存留而不滥，但必将我胡写全删。我是假托以避祸，当时常常罗织成罪，替人抄错大字报就成为"反革命"了！

附（射水旧韵剩稿《射水朱华》）

这一部分是80年代时，有人请求我替他找点稿子抄写以解生活之困，我一时未办到，就拿出自己"文革"中所写的，不告诉对方给他抄，后来按出版社当时酬劳标准，给了他一些抄稿费，稿纸也是用出版社的，下面空很大，是准备要自己写什么的。

《唇吻情灵》

这是我想用这个名字，抄录三国两晋南北朝的文字，以供执劳役有闲时自己读的，从曹氏父子开始，那时我想顺着《宋书·谢灵运传论》和《南齐书·文学传论》的论述，及梁陈文学传，节录一些作家创作来移情养性，以待承平，可是无处得书，未能叙论，只好作罢，就写不出什么以自娱了。这一册抄录甚少。都不属《纪闻》中应有的人物，只有陈琳算是吾乡所属的郡县人物而已。我虽喜读沈潜情丽之文，也无可如何，保命为上。抄的一小册，不必寄呈了。

《吴门风雅》

录沈石四、唐寅等诗文，先写好序言，道光，奉松垒都是我乱写。

《虾沟里乘》常春锦编著

虾沟，后称东沟镇。清末由阜城经淮城［淮阴（清江浦）］之要道，在高邮湖东北之大纵湖的东北，即马家荡之北的镇市，民初衰落，为东南七里的益林镇代兴，内战时，新四军、八路军在粟裕指挥下有益林战役，大败国军。

此文请与常春锦其人介绍同时用，请删订。

《射水旧韵剩稿》

实际大部分都是阜邑人士，多无官，为老师、塾师、小公务员、工商业户，在当日都是有文化的正派人，在小城中多有名声。

文中吴名世，仍是我假托，请删去。只留怀念乡邦耆旧，保存文献之意而已。传人记事。

海曲一鸿，自命一个小鸟。

赵厚徵，即赵贻第，教馆老师。均见《剩稿》中作者。

朱绮晴，有名的教馆老师。

《诗经》跋已另复印奉呈，另有一册地方历史文献汇编，待重读后寄呈。

近日颇乱，容三五天后继续找原来册子。二十年前重抄者错误亦未校，极歉！

文葆拜上

二〇〇三年六月十六日

家源兄： 20030708

我要给您说的什么呢？《纪闻》限在二十万以内，一万五为底数。我原想为地方保存一些有纪念意义的小文献，有的写成像"平倭碑"那样的小文。有的，我当时不能踏勘，又无文章参考，县志所云极简，不如文献本身说得清楚。我在那恶劣环境中，因地方世家人士关怀我，才来谈谈，并把旧藏未烧的篇章给我抄录，而他们本身已早不读书、探讨了，只能讲点见闻，又说不清。——这就像我现在寄上的一册。问题一：可否就这么编进去，成为一辑文献，可是与自撰的不合，说不通。能不能写几句话，放在最前面了事，解释之所以抄存的原故，又说自己就所知已加附注，这样可不可马虎过去，我想不出法子，也没有可写的话了。

有的如"野叟联语"与从前重复，如何存留、安排，敬烦赐教。我对这一类，其中我写的除外，当地方历史文献存入即可？

其中有极少数人名，如眉峰、吴名世、海曲一鸿、戴燕生，都是我。一人化数人，深恐被抄出时好推托，出于抄邑人旧藏以避祸，弃之可惜。

是否把我写的附注调前面去，当正文，但那些解释写得不好。

这一小册纳入《纪闻》就不要序。有的内容（序中所记）可吸收入以前有关文中。或干脆作废。《纪闻》宁缺毋滥，以免贻笑大方。目下地方上大约无人能写这类文字，即有，可能不比我记得详细，因老者口碑予我记存的，我未发现有书证。

　　我因纷乱，至今还未将李一氓题签找出。前几年里查过，确实存在于文件夹中。待找。

　　我的第二个问题，请您最后为《纪闻》写一篇序。只写我何以编写出这一册《纪闻》：（一）古来"敬乡"的诚意；（二）"文革"避乱中解闷；（三）读书人旧习，同以保养头脑，继续旧业。我的生平很简单，在地方只有日寇攻下上海后，继续向西攻南京。我在老家为《淮滨商报》主人何冰生（家父友人）、积古斋印刷人陆镜蓉（家父友人）二位，约去广播电台记录新闻，编成战讯，送到排字房出报，约三四个月。后来鬼子北来，县城将陷落，我随家避难于西乡。六月鬼子退走，又返城。后到涟水考入石湖临中高三上。这一段简单说三两行了事。把我在一册中写的序文作废。

　　先将文献性一册奉上，想起什么再奉告。

　　我抄编古诗文的后记，可否摘几篇作读书记，也表示"文革"中的生活，就是执贱役外，还是读书而已。您看可否抄存几篇，这事由我抄下。

　　给您添了很大的麻烦了。

　　我现在仍服中药，怕进医院去。高级医生检查，一周只能见到一次，跑得太累了，从预约挂号到就诊、取药、CT检查、取片子、送大夫看等等，我现时尚无异样反映［应］，还是服中药、静坐、安心，不乱想，心理来治病理。

　　等我过几天查李一氓前辈题签，再给您写信谈。

　　俪安！

文葆拜上
二〇〇三年七月八日

琼芝第二次化疗，接着还进行第三次。很痛苦！英才工作正常。又上

一位老前辈，多年不良于行，未见我目下什么样子，嘱女儿携外孙来探视，摄影回去报告。感谢盛情，无用的人还被老领导关心。附呈相片一帧。又上

家源兄： 20030804

手书拜悉，审改之劳神，编订之周详，感激之至！

这几天酷热为多年所罕见，我受热而感冒，立即服药静坐，早想写信寄稿，因而搁置。遥想深圳也会热得难当了！蒙筹划安排，我均赞同。

先郑重拜求，将来一切作定后，务恳为拙稿写序，将贤伉俪之费心力救助成书经过写明。想来看我在大难中写出文言文，手边又无参考用书，且时刻提防骚扰，此中情况，不用多言，您来为拙作写序，可以解剖我心。摒去美言，直述其事。且令夫人大力协助，将您二位尽力扶持一并写出。拜托拜托。

我近三十多年，在独处中忙乱不堪，到现在如没有将旧藏整理清楚，李老题签，一定存在，容我逐步清查后，当复印奉呈。

现在寄上一些杂件。阜宁县志两序：吴为县长，有造于吾邑；庞为乡绅，举人出身，80年代刘少奇选集编定时，对其人有注，上世纪40年代是参议会议员，"五四"土改时斗争而逝。容找书抄呈；吴为江南人，当时我年幼，不知其乡里、学历及结果，只好知之为知之，以后再考虑。两序可否补在本县文献部分中，请定夺。

寄上杨万里诗选一册，他生时南宋与金人以淮河为界。我将他有关的几首诗在选集中页码抄出，供考虑可否择几句入提及淮河的文中，请酌引录。

关于邗沟，我读书极少，记忆甚差，现将过去所存《文物》月刊1973年本寄上，其中陈达祚、朱江二先生大作，可以用来纠正我的浅薄与错误。朱江兄系我友，扬州人，著述甚丰。为人正直，不逢迎，沉默寡言，

不讨人欢喜。在扬州文物局（或文化局）从未提拔。此刊是我在流浪途中见《文物》复刊，大约购于大连青泥洼桥。我回忆邗沟太不够格。我多年后为迎鉴真大师像由日返国展览，特到扬州，奉国家文物局命察看纪念堂如何建构，环境准备如何，拨款是否正用等情，与该地文物部门及南京博物馆商谈，陈述了他的委屈状况，只是稍有改善，让他外出参加一些学术活动，后来并无大改善。很滑稽地，他到扬州一个饮食研究所去当导师了。现年已七十或望八了！我这几年因病因乱，只在新年时有祝贺函奉上，大约只能养老了。如拙作抄录他的大作的提法，明确注出抄袭朱兄等大作，或用注文引来纠谬。拙作太差，如难于增改，干脆抽下不用，不敢自炫了解（关心）乡邦史地，以饰无知。

寄上读《诗经》的序与跋，不是认为自己懂《诗经》，在大学读书时，曾旁听陈子展老师讲他对诗三百的看法。我当时有参加政治活动、联系青年同学的责任，非常遗憾没有认真读书，悔之晚矣。我想把抄录的先贤诗文等，有的只留序跋，请您大删大改，用的简单的"读书记"，表示我利用"文章"清闲补课的忏悔而已，也不是说就读通了！实际上，我在历次运动中，都读书以自排遣，就是不让安心念书。我将来如能写个人回忆，在题下引白居易《琵琶行》云：

　　今年欢笑复明年
　　秋月春风等闲度

我遇人不淑，也是个好姑娘，最终沦落为无耻商人的妾妇，不能自拔了。现在怎么能挽救呢！

时值盛夏，白姐工作又忙，务请不着急打印，有时还请您再审订，不能过劳而费力。我希望能给人以践踏文化、不准读书、毕生浪掷光阴、无所作为而终的印象。最后隐然有一小节读普通的书的手记（不敢讲述内容），用以说明我辈困穷中仍以读书为乐。如编注鲁迅诗，只以最后所写数行留入。

其他，寄上我的杂抄，不过请您看看我当时可怜埋头读书（能找到的书）的不觉悟的一斑而已，不是要烦请整理成文，全部不理了。

未寄上《后乐堂文抄》，系抄陈玉树文，他生当戊戌、庚子前后，是南京大学中文系陈□□（一时想不起来）之叔。此老"文革"中尚健在，我曾写过信给他老，后来不知其状况。

我还抄撮捻军入阜文字记载，弃之不存为好。其中何秉奎诗，也可补入《剩稿》。

《吴门风雅》，我想抄些诗，未成。

《信天巢杂著》，用处不大。

《宋词彩笔》上、下，只是能见到什么抄什么，全为自娱。《吴门风雅》亦同，但见不到书。《唐五代词抄》亦同。《诗经英华》也是抄书自娱，"跋"全是乱说。这些抄录小册子，请您统一为我考虑，是否删存八篇，有的要大删大削，只留三五行，以自显读书不停而已。读书有什么用呢！

我写多了，手腕就不灵了。请原谅。过两天感冒全好，想到另写信。

敬问

贤伉俪安康！

现有的已够出一本书了，不必多麻烦，如徐开业、射陂笔录，也只是呈上过目。如有一言半语可用，烦插入杂忆其人与地而已。原则上不必添加了。

手示于7月29日写下，我于8月4日得读。赶紧奉复，写得越来越潦草，手乏力了，请谅！

文葆拜上
二〇〇三年八月四日

英才兄健康如常，已开始到出版社去数日，是否全去，我尚不知。琼芝化疗甚苦，颇为难当；上周医生放假，让她回来休养五至七天，吃好点。仍须化疗两度，医生说，之所以有反复，是上次药力不够。是病是苦，无可奈何！又上

家源兄：   20030809

问候贤伉俪安康！

前几天燥热难当，不能适应，其所以于前数日又寄上杂抄一大包，不是要增加篇幅，而是想让您了解我闭门苦读的多种情况，务请为拙作写序。这些旧作，是经您辛苦救活的，请您不要夸奖我，写点实感，这是我生命中的一页，感谢您洒下甘露，使衰疲的废物得以复活。

我当时读《两汉书》，细细阅读，认为时人以江青比吕后，大谬！吕后夺刘氏权，非夺民命，政令不出闺门，与国民经济无多大伤害；江妖已把当日国民经济推到悬崖边上。司马迁在传后已申论。我们有些人行文从不深究，自己读书不深入，就拿一点古董来骗人，这种治学方法至今还很少切实改正。我抄摘了一本十六开笔记，怕过重不敢给您添烦。当时虽弄到几大张好纸，订成十六开一本，舍不得用，竟随读随抄，乱不成章，现在不能用。以后，我专寄给您看看我当日可怜相！吕氏坟被起义农民拆开毁了，樊哙等人也无好下场。……

这几天不舒服，啊，又想起陈玉树来，他是南大国学大家陈（名想不起，我写过信给他）的叔叔。只不是文言文，写了论其文与诗及生平一本。以后给您寄上，只有评诗一部短。容再续。

文葆拜上
二〇〇三年八月九日

家源兄：   20030919

9月5日手示奉悉。十分感谢您费心校改拙作，又蒙照芹姐于酷暑中打字，衷心感谢之至！非泛泛之交所能负荷如此也。您考虑周到、恰当，我完全同意。

您讲的三个问题，我应陈明。当时我分属人民出版社与中华书局两个单位。1958年2月我划定为"右派"，将我早年两项事件一并算账处理，要我签字同意受劳动教养处分，否则单位今后不对我负责。我欣然同意，前往河北茶淀劳动，以行政法规决定"劳动教养"，时间未定。一般劳教分子，可用刘禹锡酬白乐天扬州赠诗有句云"二十三年弃置身"的今古巧合诗句，我虽然两年半调回帝都，又得充任"责任编辑"（"右派"不得担任审读发稿），但当时失去编辑编制，置于"编外"，所以因祸得福，不得入干校，还乡安置。1977年底调回北京，享受了"三恢复"。前此"右派"不能改正，中直机关党委曾受批评。

这几天北京展览馆，外地来人多，我收到手书时不得安宁，谨先检寄一点材料，容后说明。

吾兄看了我在"文革"中所写文字，是有深重的牢骚意味；又劳贤伉俪审改拙作，最了解我的心境，请您写序最恰当的了。务祈勿却，为感！千万拜托！

暑气未消，又来台风，你们费心劳力，盛情难忘！忝为知己，不敢言谢！（到现在，虽无异样感觉，身体状况仍待国庆过后复查。但写字仍觉必须用力执笔，还是潦草，歉甚！）

匆此致谢，并祝健康！

戴文葆拜上
二〇〇三年九月十九日

家源兄： 20030921

很对不起您，奉答您三项问题的来示，只写了个开头，现在很着急地要继续写下去。其所以着急，是为了求您为改正的拙作写序。

"文革"中我之所以逃过参加干校受训，是由于用我的单位，那时还未把我的"编制"落实，我仍然是自称的"员外郎"。并非"人民"不肯，是所谓"三年自然灾害"才开始转机，刚能果腹，就开始折腾了，对我是个损失，却又是歪打正着，转祸为福——我的命运正奇，有几次歪打正着，因受苦成受善待而得福，所以能至今看到大局在转化中。究竟是福是祸，尚在不知怎么的转化中啊！

受劳教处分的，不一定都失去"编制"的。这是我前此工作表现很好、工作积极的结果。我54年是全社选出的"先进工作者"，接着是"双百"方针的执行者，与后来成为文化部出版事业管理局的副局长之一、我的多年友人陈原当年共同主持（实际我负责日常工作）胡乔木要求人民社成立的"三联编辑部"的负责人。我年轻幼稚不晓事，不自知世事的奇妙，"风头"颇健，现在还可引用这一句狂言，"不遭人嫉是庸才"。我是人民社"三反"后组织建设成立的各部室之一，政治书籍编辑室实际主任。第一编辑室是毛著编辑室，只是上级交下精心编成加注的毛著发排校对的单位。以后我又是国际问题编辑室，"双百"宣布的"三联编辑部"负责人，这是胡乔木想恢复被合并的"生活书店"及"生活·读书·新知三联书店"的准备工作，可是天意难料。我以后担任"社会科学辞典编辑部"实际正式主任，教我把当年在韬奋主持上海生活书店编辑部时的"平心"（姓李）请来，我在46年到上海时就认识这位前辈了，可说"重金礼聘"，当时书记、总编曾彦修（杂文家严秀）很尊敬他，我负责跑来跑去。天意难测，连我在内三人，后来各自成为"右派分子"，严秀撤职去上海辞海编辑部留用，我到天津东北淀洼地区劳动。

那里是个荒漠的海边盐碱地，曾经是干部农场、劳改犯农场，57年是教养农场。刘禹锡诗正巧合，"二十三年弃置身"，在北大荒之外，就在那里，还在苏北、山西、新疆等地，以该处距京最近。我于60年由文化部出版局党组调回安置，把我的原来历史问题结论在"反右"中推翻，高一在镇江江苏全省高一、大一学生集中军训时被指定参加"中华民族复兴社"一事，原先是以年幼无知、调查后确实未做过任何坏事等情而不论了，"七七"事变后，学校解散在家，又由表姑丈嵇荫楠安插在国民党县政府做过几个月办事员事，我任何事都清楚写过交待，坐不改姓，行不改名，一齐来算账，成为"右派"的。我对出版工作只是不同意苛求"五项指标"，品种、册数、印数、纸张、利润的提法，认为不同于物质产品，其他尚无"恶政"。我免于长期（23年）教养，回单位安置，但当时"三年人为灾害"，下放回农村等等，我的编制（与其他多人）搁下来了，成为"员外郎",给我待遇是两家养住我,"人民"90元,"中华"80元,合计170元,我原工资185元。当时我穷了三年,第一个月照领,领后想到比原工资185元只少15元,不好,你一天也只是8小时,怎么拿双份工资,我想想害怕了,主动打报告,请求只拿"中华"80元,谢谢"人民"90元。部里考虑当时什么都要票,工业券20元一张,香烟都要工业券,好像不便恢复原工资,而且当时中直机关党委又要为我一些人"平反",后来天意震怒,才改为取消劳教回单位,未想到紧缩编制,说是给我的编制两个月后就到,却变化不测了。第一个月,我为"人民"看了《唐代佛教》,老前辈范文澜作,把佛教骂得狗血淋头,男盗女娼。我审读,还是直言道上,认为范老是我党中央委员,不应该把对中国文化有重大影响的佛家思想说得一无是处,果然还是"胆大包天",不知自己是什么人了。这说明自己完全不知"世界真奇妙"!后来事隔十多年,范老编《中国通史》,修改此书,编入唐代部分为第四册的一部分了,那是后话。我依然表现了年幼无知!第二个月只拿80元,绝不拿"人民"钱了。先是为吴晗主编"历史小丛书",彻底改写了《赵州桥》的原稿,私用作者一些材料,全文为我写出。出书后颇受欢迎,编辑部、主编都叫好,我也未敢开颜。接着整理《近三十年中国政治史》,写出批判性序言。后为吴晗编的《朝鲜李朝实录中的中国史料》,到北图去查补史料漏抄的文字。为王栻(献)编的严复文集补充当年北洋报纸的诗文。又全力改编方行、蔡尚思编的原由"人民"用"三联"名义出版的《谭嗣同全集》,增补原文,校订《仁学》,依时间重订书信先后次序。当时未能出版,在"文革"后才把《李朝史料》及谭集出版。同时审读了《山西票号》《中国近代教育史料》诸稿。接着毛反苏修,命编两书:一是《蒋介石演说集》,一是《赫鲁晓夫演说集》。后者只需查《真理》《消息》《红星》《青年》四份俄文报,照译即可。蒋集由中宣部发令箭,我们组织党员、青年团员到各大城市搜罗《中央日报》《民国日报》《大公报》及国民党机关刊物,见到就取回;又到西苑安全部取回台湾《中央日报》,派人赴港收购蒋在台北所出的演讲集,有多少买多少,包括《苏俄在中国》。这书中有中共与国民党谈判的记述，说到潘汉年与宋子文、孔祥熙等谈判，也与陈立夫、张治中等谈[判]事。我主要编蒋的文字，从辛亥革命在日本、回上海起，以后当孙中山嘱望的军事人才，当总司令起，1923年前，数年成一册，以后即一年一本。毛思诚编的《民国十五年以前之蒋介石先生》（线装本）几乎全收，关键年代都是我编的。当时患外痔，两把椅子并排、中间留空坐，有时只能直立书写编辑。到1966年二三月编到1955年[1]，毛着周审阅，周只看了前四本，我们排印出的草稿，不能乱七八糟给他。他当时实在没空，无法招架；我们在"蒋公馆"紧张编书，不准非工作人员进入我们办公室。外出收国民党报刊及公文档案，必须党员、团员才准。我最后负责一一封存入两个大书柜中，写好目录，我交出钥匙了。我的8月份工资（及以后工资，只拿到12元了）拿到的，以后就没有了。（《怅望向阳湖》一文，即是"文革"实录。）审查不出什么，便于1967年10月下放苏北小厂。（在原籍先拿12元，后拿24元。）1985年补了"文革"中2万元（我分别在政协文化俱乐部请了"中华"和"人民"的友人）。78年我应召赴京，自己不愿回"人民"，在文物出版社编《文物》月刊。79年全部落实政策，逐步"三恢复"。最后国家出版局几乎每周三两次，追文物局让我归出版口。我不肯回去，"文物"虽喜欢我，最后无奈，我于82年才不得已重回"人民"，多次申请不担任行政职务，因自觉性格不好，还来"招摇"，得罪人么？！连最后"总编辑助理"（实际工作在副总编之上的任务）也拒绝这空名，严秀跟我说："你当总编辑也行，没法……"在这种体制与四原则下干什么呢！我的生命已浪费了，还苦干？党籍问题，从不打报告，严秀对我的好友（四川"人民"社长马骏）说我不要党了，要他促我打报告。我还报告什么，让我活几年足了。我今年实际只有五十六岁而已！后来党委为一位39年党员恢复党籍，指示他们支部会邀我去出席，这是现场启发教育，该支部初尚不解。会后书记问我，我只好照办。我的儿子也是在"人民"入党的，后赴"三联"（分立时）。"三联"与"人

---

[1] "1955年"指作为编辑对象的蒋介石言论。

民"分家时，我是分家委员之一，因我与"三联"历史关系密切。我恢复党籍时，文化部党组向全国有关单位通报我入党了！我在中共中央南方局（当时周为书记，常驻重庆）青年组下于1941年为"据点"成员之一，在45年12月公祭昆明被害师生大会上，以青年代表在沈、郭、柳、邓等之后发言；次年4·8烈士追悼会上，我上台读祭文。那时会后有人对我说，你与老前辈根本不同，你在社会上没有身份、名声，你不怕特务暗害么！诚然，还是无名无知小卒！世界真奇妙，到今天才知道，其实仍然不了解的，可怜、可鄙！言之伤心！

我承您费心费力关照，实际我已无力将《纪闻》整好。我之所以至今还未把李老题签找到，是我多年马马虎虎过日月的一种表现！

"文革"中我怕出事（当时一年两度查全国），遗言我儿女亲属！以后虽平复，我还是一点名心未死，矛盾得很！可鄙之至！你们伉俪把我废稿救活，我当然感激！我不想从头说我是怎么走过来的，国人中有人知之甚明。这时刻能当真么！请您只就文论文，叙事纪实，说明为什么给我写序，应我之请，情不可却，"以文为友"而已。千请不必深论。三点疑问，大约已经说明了。我是另类人中命运好的，我在南方一报上说我是阿Q的哥哥，阿P！P在Q之前，我这一生只是屁用而已。那文章极短，是花城黄伟经约我写五六百字刊出。一生未写好一篇学术论文，老师、老前辈人中有人叮嘱我多次，至今悔之无及。效命于何许人啊！一个好姑娘，遇人不淑，自怨自叹而已。

我现在还想另编两书：一是原《胡愈之文集》虽挂名，不好，想从思想及青年修养方面另编个人署名的《胡愈之文录》，四五十万字即可。学者名人，卷帙浩繁的文集，上几千万字，难以传承，年轻人不好接近的。另编一本，初步题为《编辑学问题求索札记》，副题拟用《在狭窄的编辑室中零乱的足印》，选十五六万字旧作，涉及编辑工作应做的各类事项的近二十几年发表过的文字。这两部文字，可能会请人考虑为我出版，看今年十月以后身体如何再下手，现在字写得吃力，手中至力持笔，不久就不能坚持写清楚，真正草草不恭，务请见谅！

最近已与协和大夫联系，她长久未见到我，十分关怀；我也想复查一遍，看看如何，决定以后怎么过活。编两本书，前者用胡发表过的文字，只要交代原出处，旧期刊（包括新加坡存）已借到不少。现在到北图复印《东方杂志》都很难，我是承人关照。后者，我过去一向发表了就算了，从未注意收集，现在正请报刊主编人帮助，再与出版者商量。您看，我还想不管力衰，是为名为利么？不是，那是为什么？忆旧瞻前，往者已矣，现在如何过这余年呢？天仍梦梦，不尽欲言。

你们二位的大力赐助，我念念不忘，铭记难报，目前还要恳请你们赐序，故具道所以，期望谅解。如还有什么为我考虑的事项，仍请直示，理当奉答。今年［天］就写到这里，对寄上的几件文字，还未来得及说明，下次奉告。越写越潦草，实不得已！告罪告罪！

即颂

俪安！

文葆拜上

二〇〇三年九月廿一日上午

家源兄： 20030926

数日前寄上一函，内附老领导（南方局三位同志）陈述及拙作一首。信写长些，手持笔就乏力，又流于潦草，所以匆匆未细述。"向阳湖"即是对"文革"遭遇的综述，《老子》也为我辈状况说明了。呈中央组织部文，是中共中央南方局为我等工作多次说明。"据点"系新四军事件发生后，老同志、出名的同志立即转移隐藏，我等无名青年当老同志用，个人单独存在，成为各地各处的"据点"，直接单独由南方局指使，周恩来为命名"据点"，有学生、职业青年及工厂三种据点，单独活动、请示报告、不声张、不串联、个别联系、无横向，以防出事，连累群体。这是在重庆区的紧急布置，不要党证之类。以后一直到1946年间均如此。党算恢复了的。联系到后来工龄，右派多少年也算正式工龄，与知识青年后来下乡也算工龄。该致中组部函说明我们组织关系未断。"文革"后，十年也算工龄。等于补偿劫难时间。《怅望》等于"文革"处理报告，文字借考据历史地理说明，以充篇幅，少诉苦。我以为天仍梦梦，言多必失；受罪已足，受苦应无言了。实际"文革"是讨便宜了，未日间劳动，夜间批倒批臭。其实扫厕所，订合同卖阀门，奔走求人，也是认罪服罪的一途。"文革"前与中都未加工资，无罪在编、有罪服苦役者一律。"文革"后开始是加2%（百分之二人），后加低工资者，服右派处理者而后与众人一样，尚未歧视，不能又诉苦。我写过一些杂文，大约到85年就少写了，组织部调我所写杂文阅过，后来未说什么，我也识相而转写编辑史、编辑学了。《纪闻》并非总想"藏之名山"，但中间也不"宝贵自珍"了，连李公题签也未裱好收藏，现还未找出来，说明我的潜意识，畏天敬上，敬畏未改，您看得深切。欲加之罪，无法自解。我是在小平出来时致函"副总理"呈述的，请总理办公室吴庆彤放在他桌上的。又蒙游学德、法的前辈，未告诉我，替我写个短信，要求工作，当面把用我自己的名义写的短信呈上（约他们会餐时）。小平肯定一定解决，但不要着急，要办手续。就是后来烟台会议决定解除地、富、反、坏、右帽子的决定（实际不彻底）。未赔偿，不补工资。因为小平也有顾虑，防"凡是派"及敬畏"引蛇出洞"者。只能做一半好事。公安部及各机关烧毁右派档案，我不大相信，至少要留摘要卡片的，以便后日工作需用。我的熟人知之甚透彻。故始终畏天敬上，在大难中不敢享有免于恐惧的自由，至今仍有余音绕梁。

我之所以恳请赐序，是因了解您最知悉我在当年心情，如您所示，我有愤懑形于笔下。其实人情之常，无内心反感则不真实，尚未如何出格，请求从文字记所见闻而言，只讲行文文法，措辞有些不通顺，语法规则未遵从，笔力等可否均指斥之。这才请衡文批改，审定文理。我至多将已写前言删成跋，略叙事由。现在用文言文，我不会写好了。时、地不同。连"跋"也没有那文气、情怀了，写不出来了。说明太乱，说不好了。

我很矛盾，对《纪闻》既珍惜，又轻视；连保存李公题签也未十二分重视。现在急得很，找得烦了，当年装订好，请人重抄未重视，几乎想不起来了。

以上写得太乱，字迹又潦草，太不礼貌，只有剪去另行贴写。当年写到最后，当采购员去了。80年代到京，留阜的部分，寄去稿纸，请家乡人另抄，找回来后放着，几次搬迁，从西四到朝内，又从朝内到东单，积压多年，最近才拆开找出，现将这两本及抄件才想如前寄呈一阅，有一册跋中说"予之纪闻，中历九秋"，大约是最后离阜临行时装订留下的了。

这两本中，有些不属于阜宁范围内的事，也不能认为是淮东大事。如《曹公祠亭》系南通江边事。《山阳王粲》，阜邑原属山阳县，上属淮安府。我在盐城中学读书时，见校北城墙上砖有"山阳县〔造？〕"字样。这是发现《中华活叶文选》题注称王为山阳即淮安人，误！我多方请人查找旧籍及地名辞典揭示其误。《广陵陈琳》，阜邑旧志列入，其实为扬州人，当年九州疆域广大之故，不能引以为荣。《彭城刘禹锡》，记刘在徐州事而已，不确切。《曲坛作家》为高邮人，扬州八属中有高邮，非阜宁，我县在高、官运河下一丈二尺，所以常闻水患，是锅底，淮扬水入锅底，流入黄海。《如皋泰兴志》明显不是阜宁事。《说鱼》，各县皆水乡有鱼。另一册中《王令》也不是阜邑高人。《虾蟹》是水乡皆有之事。这都是我当采购员时道听途说，归来翻书写的，消闲而已。

这两册中，王粲是批评《中华活叶文选》王粲的注释的，写得抄得太繁。地名古今是会弄错。《何氏祖孙》，何秉奎是举人，地方上高功名的人。在高二年级上学期学校解散时，拉我编报的，何冰老，是他孙子。"文革"前为江苏文史馆馆员，地方著名人士，是家父好友，与我为忘年交。《说韭》是民间风趣，反映贫民生活的民俗。"一寸二寸"高的韭黄，"穷人无份"！"七寸八寸"才是"上顿连下顿"，我亲见女儿们当美食，父母用点韭菜汤下饭而已，吾乡海边瘠壤，太苦了！另一册《庙湾场灶》，本来烧盐为生。人民分灶户民户，灶户归庙湾场盐大使管；民户归县知事管，辛亥以后才裁撤，我少时见庙湾场公署房舍闲着，破烂了。《淮滨商报》是我亲见亲闻，又是亲历，地方上无人知晓了。我谨奉当闻处，请酌予删正。此后不再有《纪闻》了。抄的书序跋，毫无精义，也是个人在难中自慰罢了。这次烦劳贤伉俪费心费力关照，永志不忘。

　　这次酷暑中烦劳贤伉俪垂顾关照，衷心感愧。之所以恳请作序，正是"永志不忘"的纪念，同时也说明蒙良友不弃。五伦之中，我钦佩谭嗣同在《仁学》中以朋友一伦为最可贵，最可称道。我也不絮絮叨叨了。

　　写写又歪斜了，最近周遭太乱，又被行业里拖住不放，精神、体力都欠佳，休息不好，心境不平。老家上辈均跨鹤而去，平辈亦极稀，属中下辈度日为艰。我这一房算是最好的了，男女两个孩子已自主，各有所长进。只是他们的母亲于六月四日凌晨四时一刻平静大去，是体质衰竭，如油干灯灭，无痛感而亡。我才能体会苏东坡诗中有老来只有"僮仆亲"，所谓亲，只是扶持，不是亲情，而是"骨肉疏"。到老读书中话语才有点体会。我仍在力求心理与病理扯平，不会悲难，生当乱世，历尽艰难，还算是幸运儿呀！

　　未征求您同意，又送上一包，以后也没有《纪闻》了，余容再续，谢谢！

　　俪安！

文葆草草拜上
二〇〇三年九月廿六日晚八时半

《淮浦报刊》中讲到《实报》，租我家大厅为编辑部。我少时之所以能读京、沪、镇江报纸即由此。《淮滨商报》中谈到一个十六岁之少年，后收音记录战讯，即是我在高二读上学期一个月，学校解散回家后，干了两三个月，后鬼子自通如北犯，县境沦陷。约两个月鬼子退走，又得入城居住，其后我考上涟水石湖临时中学高三上。

　　很对不起，我写得太乱了，这一页又弄得很不好，乞恕之。

家源兄：　　　　　　　　　　　　　　　　　　　　　　20031017

　　记得您好几次要我讲讲自己，按我体会，讲自己在现时已毫无意味了。我们在上世纪49年前是自由主义的读书人，从自由主义的报界出来，当时想融进窑洞走出来的"同志"们，结果仍然成为"游离"的人。上世纪79年后有了气象变化，对于知识界有不小影响，但不宜谬托知己。我始终不就行政工作，是认识自己不合格，终审看点稿，有疑难会磋商请示，上层对自己外围人还信任的，你无他途可走嘛！实际我们还是拜服在计划经济之下的人格不完整的人，还承认你价值，请坐在论证会上，不一定要发言，坐下来，人们知道就行了。我们忘了，少要时髦老要乖，就这么生活，生着活着就安度晚年了。

要识时务，认识自己落后于时尚。在日本，好几年前，老编辑在岩波、三省堂、讲谈社而未下岗的，都必须去学使用电脑排字排版、学画样等等。文字内容也更应认清。几年前，清华大学传播系约我去看看，我佩服年轻人上机就能组版交印了。我不行，"小灵通"也不愿用，没有学，不合培养赚钱机器的正途要求，必须承认自己落后于现时代，不能吹过去！是应该掌握新技术，手指头都不灵了，敲不出，点击不了啦！这并非抱残守缺，是知难而退，力不从心了。

我们这些人到出版社也没大用了，反而发生摩擦，不好！我现在想做一个"纪念本"，计划经济下的编辑工作情况。不是说"计划经济"绝对不好，应按个人、按时尚、按经营的方法有限度地存在。"计划"么，总裁、董事长们也需要灵活考虑。我最近眼睛不好。（十分感激您伉俪，为我弄得视力不好了！）这"纪念本"可定为《编辑学问题求索札记——一个编辑留下的凌乱手印》，都用我自己的几十年的文章，选一些，配合上计划经济要求编排，也是自说自话，自己打自己嘴巴，如M公在范仲淹旧治发动整风，教张闻天等自己打自己嘴巴的办法，有点反思，也可为后来编辑借鉴。可我现在体力、视力均不够，自己的文章却是够的。然而此书不见得有人要为我印行。我没有精力去做多少解说的。

因您几次要知道我在五六十年内，为新政权做了些什么，我找到两篇为我算账的文章：

一、《戴文葆：无愧首届邹韬奋奖》，下文未留下，是一段"奖掖后进，慧眼识才"，我和全国佼佼的年轻编辑大都相知相识。未认识的，可能来找我谈，我主动去找他们。这作者就是吃过我煮的一大碗面条（我单住情况下）。现在是紫禁城出版社总编。他的夫人是我在北大教书时的助教，现在是副教授了。他有著作，只是在出版研究所时处的关系不好。现在年轻精英不像我们当年蹩伏在工作室里。

二、我们社总编室过去给我的《戴文葆事迹》，不知作者为谁，说得还算周到，不太吹，属实。下限到1993年左右。以后我编辑了《宋庆龄文集》（纪念100周年），《胡愈之出版文集》（49年出版官时），《胡愈之译文集》两卷（从年轻时到《西行漫记》以后），《宋庆龄书信集》两卷，两种《鲁迅选集》两卷本、一卷本（让年轻人接近他）以及近代思想家（中国人）文集。我喜欢做编辑匠，几位老师都责备我没有写论文！书评不算论文，而我的编后记，就是论文。我在那时候，不去点缀文，我们怎么能乱说呢！

我感谢把我从河里拉上来，我还要什么包袱、雨伞呢？将该两文寄上，聊答前问。不必提及了，感谢您！

我眼睛要去治，原谅我写得太坏！

请勿为我写入《射水纪闻》序言中。敬礼！

眼睛太吃力了，不烦劳你们二位就没有《射水纪闻》。

俪安！

戴文葆　合十顿首拜
二〇〇三年十月十七日

现在可能编出《胡愈之文存》，青年读本，老专家去接近青年人吧！

家源兄： 20031105

我因眼睛散光、重影，又如害"白眼"（不发红）苦涩之症，恐太乱，有失恭敬，因而因有格子纸，不能像过去仍是不成行的紊乱。我如愤极，在67年国家均不容，便像许多人那样结束了自己。我是阿Q，尚懂留身以待；对离异的人仍如过去一样从政、经两方面对待的。且知检束，虽未歌德，亦未愤然反目，还是婉转求安的。这是婉转求安罢了。也许太滑头吧、媚俗吧、双重人格吧？

向您讲讲金庸，兄弟一家子都是高级知识分子，在大学遭挫折后能屈身谋进展。终于在港与港督有交往了；妻子能干，帮他管理。儿子自杀，贤妻离异，他虽不解释，我们并不理解个人感情上的背景。他是（19）47年考入《大公报》沪馆的，主考许君远，编辑部主任。是实名"副编辑主任"，一周写一篇社评的"社评委员"。录取后，派他坐在我身旁，从天上录下的外国通讯社电报后，从四楼送到我处，时已十二点、一点两点了。我立即看，圈出来请他译。（因为我已都读过当日下晚各外国社的电讯了，不是非要我圈定。）他不是译报员（那是一位海派大胖兄）。可能译几条，或一条也不译，就去睡觉了。我最后还要看大样，四点多才能回去，平时多与芸老一起走。金以武侠小说起家，他写的能卖，别人名声不振，就卖给他，他另去收拾、改写，或受启发另写，出色了，发表，真有才！其中也有讽喻大陆大小总管的，他自己懂，别人体会少。小说打了天下，但不是一路顺风，先办武侠报，《大公[报]》也办过他白报纸，最后连苏方也支持过他白报纸。《明报》为什么红极了？雇有一人专写揭穿"文革"与内地故事，每篇皆中肯，为港人事事中看。写作者与他策划一致，为港人信服。《明报》之成功是老太爷行动、口谕促成的，应该感谢"文革"盛举。后来《大公报》忌妒他，不予往来。我到港，承他在盛会中介绍我："我是戴某人的翻译。"我立即更正说，他是我在港时《大公报》的翻译。不过他太红，我不敢打扰他。这次"华山论剑"，《南方周末》题为《金庸的节日》，此上地狭，座椅摆不了多少，严家炎等大约肯定金，也有人批评，讨论不好开展。《大公报》老记者，对金评论持平，不批驳。我认为金有才，识时，"文革"中评论得民心，是成功的最主要因素；其次"武侠"被埋藏多年，无书可读，他给市民提供了精神食粮，有益于民。这两项都可不朽！家产有纠纷时，他把钱捐给和尚庙，当然自己也建豪宅。肯招待人，有礼貌。平时如唐振常、吕德润等，与他并无往来，彼此都难得在香港聚晤之故。"华山论剑"一事，金庸高年登山，韩愈登山结果还要人裹上被子，扛下来的。主持人完全为旅游弄钱，金庸还舍己从俗，成全主人，不摆架子，难得之至！与华山会者，评论不一，也正如您信中所说嘉兴之会。我先不知道，早知道我会劝您婉辞的。他封笔后，才为北大严家炎教授等抬举的。嘉兴之会，我未见到小报报道。我很少看报了，力戒自己何必还如青年时关心时事一拼，自惹烦恼。

您伉俪为我拙作，费心费力太大，目前，我还想不出将何以报答。写序不免考虑太多，请您放轻松些，只讲"定吾文"即可。不必讲我青年如何如何，也不讲政治经历的情况，这些说来丢人现丑，他人见了不免耻笑。我也从不讲自己如何为T工作的。我只努力编书，上世纪85年后杂文不写了，散文应有"自我"也极少写一篇而已。论文只写出版方面，谈业务事情。我也许有点诡异吧，是被我所认识的环境铸就的。既非前卫，又非先锋，不再受凌辱就够了。感谢你们帮助我，居然救活了我在"文革"中胡写的文字，成为我生命的一页。目前，眼睛"重影""散光"，写字都费力。正治疗，配眼镜，今天又到协和，应大夫的关爱，估计这七个月Ca并无发展，大夫叫半年查一次即可。我还有几个半年呢？争取吧！承蒙各方错爱，我在治病，请放心！

敬祝俪安！

戴文葆再拜
二〇〇三年十一月五日

务恳不称《后叙》。您过分严谨，我未想到如此使您为难。对于贤伉俪为拙作修改定稿，我欣然拜领。您是一字一句都经考虑审阅过的，最适当不过。他人不可替代。我把所写所谈都呈现在您面前。后来不得而已才把政治材料奉上，我不主张讲政治，不讲早年不凡的过程。俱往矣，超过我千百倍的人太多，后事又如何呢！您强调我愤懑，大约我未升官发财么？不说了。

家源兄： 20031107

　　关于我过去的家庭生活，大约没有同您陈述过。本来很正常的，我是1947年结婚，对方是复旦大学统计学系高材生，46年毕业时为第一名。当年我除努力于自己的功课外，就是为学运奔走。我的主要任务是联系老师们。这样第一要功课好、成绩领先，不能戴红帽子而功课太差，惹老师有意见。在校中，与张志让、周谷城、张明养、潘震安、张定夫、章靳以、方令孺先生等接触多。统计系、史地系老师也不时接触。这是T给我的任务。女方是统计系1946年毕业生，名列第一，留校（迁到江湾了）任教，讲师。在上海银行公会结婚。宾客350人以上，一律西餐招待。证婚人为《大公报》总经理胡政之先生。我方家长为张明养老师（家父时在苏北盐城）。女方是贤妻良母，十分可敬。后来右派问题，文化部对她仍一如既往，也不要求她与我离婚（当时主管部门许多都要求如此）。不久我即从劳动地方召回，在"人民"和"中华"工作。"文革"是开天辟地以来大事，结果便协议离婚了。为1947年经法院仲裁而定。我只接受过她30元救济，坚决要求从此不寄一文，让我自力更生。1978年回京专门看望过她。她也未另结婚。我也不要求同居，相安无事。她的功劳极大，保护了两个孩子，在京有个根，我衷心感激。所以92年回答广电部问题：一、离婚是法律可据；二、我没有财产，未分我的财产；三、别无纠纷，我感谢她在"文革"中为我减少两个孩子负担，同时又不耽误小孩，因为北京有个"根"在。过了"文革"，两人未受影响，我们的领导与好友都把我的儿女安排好，读大学或就业，立即解决。我是，我们是既得利益者了。我虽未与她同居，都六十岁了，毫无要求。逐步保持往来。一直到今年6月4日，她跨鹤西去。我都负了应负责任，彼此无言。我一直住在办公室四楼，后分到西总布三间一套房子。她与孩子住在文化部分的朝内大街203号房子，各无困难。因为我们与组织关系早有，她算44年离休。我核实为42年2月离休，享受老干部待遇。

　　有一件事可笑。"文革"中没收去个人活期存款小本了，又拿去我瑞士表。表后来赔偿20元算事。存款折子83年怪，叫我去领。我不承认，我无存款，上面不会有我名字，我不能冒领。无所不知的党，认为她没有那么多工资，至少一半是姓戴的。她在"文革"及其后，平日取款家用，只领到折子上一半钱。当局清楚，只准领到一半为止，那一半是姓戴的。如戴不翻身，收归国有，当时可能认为"戴"无望了——这是有了解实况的造反起家的认断。不意我又回来了，只好叫我去领。我先询问，我何时有过存款？折子上是谁的名字？中华人民共和国有法律么？我能冒领他人存款？我坚决不去银行领，要当局把折子给我看，上面谁的名字？争执了三个月，当局聪明，叫我在文物局的女儿去领回来。我没法了，问有没有"利息"？女儿说有，我只好拿了利息中五元，其余要她交给她妈，当他们兄妹二人"文革"中饭钱吧。结果我也安心了，从此我无一文存款。单位不少人以为怪，认定我一定有存款的。到前四五年买房子时，还是当时单位为我先垫付的，原来我真无存款。等几年工资已奉全了，交足了房款，才去领房产证。去年6月，我成为不少人一文的自由人了。"二十三年弃置身"（刘禹锡在扬州酬白居易诗句），成为有产阶级了。从"文革"剥削阶级（全靠友人接济）到自由资产阶级分子，乌拉！中共得全国政权后，我从小资—中资—真正剥削者—自由资产者，太幸运了。想到不少好友，在青春时即先我而去，何等惭愧！何等悲伤！

我眼睛不好了。认真写在格子纸上也仍潦草，务请原谅。我有愤懑，而压抑居多。想到不少友朋，高于我多多，未享受到我的物质待遇，惭愧之至！这一点，请求说一两句。请说明写序系应我诚挚之请。

今年家乡，大涝、大风，颗粒失收，猪牛吃了青苗都闹病，县政协秘书长来信详告。我不是陷在穷窝里的享有特权的人，至少亲属、族人（戴姓为大族）及姑表亲要为他们想想吧！

最近关照我的协和大夫要我复查，重新做CT胸片，"疤痕癌"结论可能改动的。还是半年一次次复查吧。其实，还有几个"半年"呢？总比没有的好啊！近来眼睛无药可治了。这几天勉强写字，苦涩难当，耐心服药。云南友人寄来灵芝、白花蛇舌草，慈心侠肠，令人感动！还有白茅草根，据说系原始森林自然成长，煮汤当饮料，已有人服用见效，才远道采集寄来，据说无副作用，我还未拆开，等西医复查一一做过再说。我是在良友呵护中生活至今。此函趁乱快写省目力，请原谅！

据老窦昨日电话中说，陈琼芝五次化疗尚能支，头发也开始长了。为巴金写的《生命之华》增加内容及图片，已由厦门鹭江出版社开始承办，以纪念巴老百年大庆。我病中不能写什么，已转请朱正兄改旧稿作序。她艰苦卓绝坚持不易，老窦兄负荷不轻。不赘。即颂

俪安！

戴文葆上
（二〇〇三年）十一月七日

附上半年前友人来信吊唁拙荆，供兄了解。她是老实人，固执，主要还是良母及大部分时间的贤妻，脾气有时不好。又上

家源兄：

200402××

新年期间，你们伉俪是否好好休息几天，看看游艺节目？暑假以来，你们俩为拙作冒热工作，连续紧凑完成审订修饰，使之条理成型，每念及此，我甚不安。为此稿另找婆家事已有眉目。稍过几天，把出版社一部《蒋氏父子》再看一过，然后再读《纪闻》一遍，把其中涉及与我个人有往还的世家，再看看有没有属意识形态性质的词语，然后可以交出，而再请出版社为我过细检阅，这只是很小很小的可能涉及的地方，一言半语，几个字而已。

我曾与您说过，深圳报业方面，我有位好朋友在其中做文秘机要工作；前两天她又因问她父亲情况，给我来电话时，我便告诉她，承您伉俪花几个月时间，为我删订"文革"中旧作，现在苦差已经做了，我想介绍你们二位来报社看看她。她立即表示欢迎，但又立刻说应该由她来看看你们前辈才对。她在《商报》负责机要工作。按照机关上级的规定，每年由地方党委机要部门考查一遍。她的爸爸曾彦修，在延安时在张闻天、胡乔木那里工作，南下后，是新华社华南分社、南方日报社、华南中共中央分

局宣传部长，广东省教育厅长等兼职，中央华南分局叶剑英书记下任职。小燕的外公，那时是中山大学外文系主任。彦修后来调京为人民出版社书记、社长、总编辑。笔名叫严秀，杂文家中首居一流。他们父女与我关系颇好。我希望你们伉俪一齐去和她认识一下，她会热情接待的。……

彦修在57年因评论党的工作，划为党内第一个右派，在《人民日报》头版下方通栏报道。后在上海《辞海》编辑部安置。79年后调京，在社科院〔与〕乔木、邓力群、黎澍、于光远等一起工作。后以人民社要求，回人民社任职。离休后专门写杂文，思想敏锐，专门研究苏共斯大林、日丹诺夫等，国内外均极注意他的评论。年已八十三四了。

我近来还好，复查肺部右上尖"瘢痕癌"（？）无发展，仍服中药抑制。协和大夫说半年后再查看。我本人并无感觉，食宿、血压正常。我心境平稳，不焦不虑，不在出版社担负具体工作，只有时帮一把手决审某些书稿而已。我眼睛也不大好，便秘也有不畅，不去出版社，只谈谈罢了。〔人民〕出版社已被决定为事业单位，重要传媒。其他各出版社几乎一律改为企业单位了。草草奉闻，休息为主。

匆祝！

俪安！

二〇〇四年二月

家源兄伉俪大鉴： 20040429

近两月来，我的个人生活处在不宁静中；并不是我自身有什么不宁静，而是出版大环境在转型改制中，影响了不少人的前景考虑，不时有些过去同事，不免前来问讯，关系到他们的生活和工作。我处于封闭的生活环境中，根本不了解外面的实情，且不参与外界的集会、传达等等，无可奉告，不意只给我带来骚扰；且我所居的地方，交通不便，二环北路之北边，又是旧城的护城河，从东二环路来，要绕入东土城路，再沿河往小街桥，过街后需急转弯往东，沿河行，再到我住的民旺大院，这"民旺"又不出名,连驾驶员、的哥往往不知,其实了解的人十分方便,我又要出去寻找、迎候来人。入春后此间气候不稳定,时暖时凉,我不良于行,甚为不便。现在信息越多,听闻后越苦恼,内心反而不安。而我又没有确息,说多了话甚感费力。现在对前路莫名其妙,不能不懂装懂,连一般地翻书浏览也不易。我们社是事业单位,想来不会影响我们离休的人,退休朋友可能在年底生活有点变化,详情不明。我力求清净,至今仍服中草药,还吃一点与日常生活有关的西药,一直未去协和,现在想五月中旬得再去检查。现在无大感觉,这不科学,还应有心肺测试为好。

应该奉告您给我审改的"文革"中旧作。当年我抄了不少能读到的书,随手写了抄书的感受。除毛公雄文外,可公开读的是鲁迅著作。曾以悼念左联烈士为中心,他写了十分感人的《为了忘却的记念》。我曾抄录忆范爱农君等计四篇,认为是哀诔的杰作。合计一册线装书模样,写了抄后记白话散文。后来一直搁着,去年底朱正兄来访,给他看看我当年困中的生活小影。现将被发表在《鲁迅研究月刊》今年第一期上的拙作和朱正兄拔高的编写意义的大作复印奉呈。往事毕竟如烟,奉上聊供一笑!

关于《射水纪闻》稿情况,容不日另述处理情况。敬祝

时祺!

文葆拜上
二〇〇四年四月廿九日、卅日

家源兄: 20040517

很久没有写信给您了,真抱歉!最近一阵子太嘈杂,不得安静,我又不能无动于衷,其实我应该不理那些聒耳的乱谈。在转型期中有种种说法,连上级机关也不深知,我们这些离退的人何必关心呢!人来人往不得闲,又无以应对,只是教人累和烦。我总觉得睡眠不够,来人又不好不接待,而我实在看不清改到哪里去。这些不能谈,省得麻烦!现在虽未去医

院复查,但仍服中药。自己虽没有感到有什么不好,不过这不科学的,等气候稳定些,下月初再去协和透视胸部。

您为我审改的旧作,被河北教育社要去看了,不意承他们盛情发稿了,出了初校样。他们在改制中,领导人甚忙,又应付书市,未写信来。我感谢之不暇,这些日子在考虑所要的附件,如简明地图、点缀的图片,我还应把未看完的部分,好好读一遍,我是否受意识形态的不好影响,无意中对人家先人有欠尊重的地方。近日当收心,不理与我无关的种种,把过去未读完的部分读完。附件甚难办,图片极不易找,过去太落后,照相本来就很少,又因抗战和内战,连老家许多房子都烧了。正设法找一点书影。不符合旧时实况的照片,不能凑数。找到了的1932年左右县建设局测绘的邑城市街图,已请人照相按新法重绘,又请友人将县城新貌酌情照下后再考虑。不能为点缀弄得不真实,更不能使出版社多花费。这稿子卖不了多少,出版社太破费不好。该社领导在转制中太忙,我已请求指定一个责任编辑与我联系,把我怎么做由他向领导汇报决定,不给人家添乱。我正烦,几十年都是吃人家弄的饭,现在要找我买菜买米等等,我搞不了。现在找个烧饭打扫的保姆,比找个对象还难,对象还可谈谈交流。农村来的就是为钱,相处一年多,无法沟通,说话又粗糙,叫人听了难受,实际也不能要求她们。她们可能在家是当家的才这样,我只好忍受。所以近来烦苦之至。眼睛又不太好。

日内先把校样读完,这应该属于好事,先此奉闻,静心对待。余容续陈。

顺颂时祺!

白教授好!

戴文葆拜上
二〇〇四年五月十七日

周小燕来说,您们去看过她,她正忙于办展览,把你们留下的电话又不知放到何处,没有打电话约你们去谈谈。要我向你们致意。

李一氓前辈议定的书名及题签已复印好。又上

家源兄：　　　　　　　　　　　　　　　　20040528

　　五月十九日手示奉悉。祝贺您接受深圳广播电视大学教授之聘！这样，在深圳又开辟一交游的空间，有益于身心健康，不仅仅是得些束脩而已，我闻讯甚喜！尽管讲席辛苦，但与青年学生相处，仍会得到些青春气息的感染。我在太原社科院友人高增德，原为中国社会科学家辞典*主编（陆续已出十四五册），他近两年又主动与青年作家谢泳结交，获致与一些年轻学人相会，还特意编一本对话集，叫《思想锻炼》**，主要目的是调节思想精神，我很赞赏这种扩大学术活动、调理精神的办法。

　　近来接周小燕来信，她近两个多月，为深圳筹办全国报纸展览，五月初曾亲自来北京访谈，结果约定《中国日报》（英文报）前往参加；还有其他某些地方的报纸。她因为近两月余不断出差，她的父亲（严秀，曾彦修）又得高血压住院。她跟我说，把您的地址与电话不知搁到办公室哪里了，教我告诉您的电话，好与您联系。她说起深感对不起，忙乱中很不周到！请原谅！

　　我由于五月初来人多，且有从加拿大、美国来京者，接触较多，说话多了，很感劳累，稍觉不适，因之未能去医院复查。且《纪闻》校样耽搁太久，最近才开始看，才看了四卷。二校不大好，是出版社大病，我手上也无原稿，一是改误植，一是添加一点史实，《海疆地理》添写三页一千五百字。主要加沿海棉垦区，如王祯《农书》所言"涂田"，写盐城、大丰至启东海门沿海简况。最近一定要加紧通读。加写者极简单，提一下而已，因不在本县境内，不必多讲。我不应太拖延了。

　　此间体制改革，情况不详。有一迹象已出现，就是印数下降，从用纸张多少可看出来，码洋因之缩小。新贵只求做大，实质内容与发行市场都有限制。我已成事外人，不明究竟，无能也不应关心。还是自顾自才是。

　　这几天眼睛不太好，中医说是肾脏不好所致，老来的后生！

----

*　　应为《中国现代社会科学家大辞典》。——编注
**　应为《思想操练：丁东、谢泳、高增德、赵诚、智效民人文对话录》。——编注

我因杂乱，未与老窦、陈琼芝联系。她这次又做化疗，用药颇重，她奋力承受，据说效果颇好，我不便外出，未去他们家看望。

匆匆给您简写一点，努力读校样中。即颂

近好！

白老师均此问候

戴文葆拜上

二〇〇四年五月廿八日

家源兄伉俪台鉴： 20050615

首先祝健康吉祥！

河北教育社大约因工作忙，年后便紧张起来，要我赶上月十八号的天津书市。经我直率请求，这书不可能卖动，千万不必赶。我看样子也十分吃力，而且我还要"瘦身"和增改，请原谅，我应认真读校样，不致有显著误失！蒙他们同意了，派了一位大约年轻的女同志与我分头读清样了。（我仍居京不去石家庄。）

我担心不能真叫"清样"，在三月初我告诉他们，原作时我有两事当日不能［于］漫写时自觉：一是学术问题，另一是政治问题。"史无前例"中我都没法自觉。现在必须甲，"瘦身"：删去某些原文，留下地位，给应增的不长的新内容，就是删去我过去写的某些部分，整篇整段不要了。乙，新增：阜邑沿革后，同时加写"开创苏北抗日民主根据地"，根据中共方面刘少奇（华中局）、黄克诚（新四军）文献资料，老实地节录写出，这也是阜宁沿革历史有关的新事，几乎是抄撮。删去的多，新增的少。共计约二十个卷次。丙，加简注一条，关于万历年间抗倭战争，在阜宁蛤蜊港、虾子港歼灭来扰的倭寇。从现在东南闽、浙、赣几省一些社会科学界人士，依据改革开放、资本主义萌芽、资本积累的理论，不认为是倭寇，也不全承认是海商，完全当作明政府禁海与苦虐海边人民生活。我稿中有文物材料（当年平倭碑），有地图，图上地名中有与倭寇相关的地名。至于王直（汪直）的实事，还要有待多年切实的调查研究。我加了极简要两行的小注，不与先进社科作家较真，完全是中性的。我无力研究，只录用地方史事、实物，《虾沟里乘》的地名，不以意改动。这两项是谨慎对待，不坚持自以为是，也不跟风冒充"先进"思潮。有些地方、人事再加几句当地、人的实事，充实史料，加强乡土、区域地理性，原基调一律不乱改。我来不及一一奉告，您会同意我这些小打点的。我没有照片，只用了一点我搜集到的地方文史残本的极少书影，以资点缀拙编。极个别地方（包括照片），不同意乱改，由于不理解我的意愿。我已在下坡路上走着，难以充实，虽然还像健康的。

我在出版社待五十年以上，就是不能正确对待校对工作，常常走神，只想思想与文辞，而不注意字形，校对反不认真了。这是大错、大苦，二、三、四月都着力于这些，身体欠好，双眼发涩，有点疼痛。这工作倾力不足，而且不知他们什么打算，不给我原稿。说是"规矩"，大约怕改动文字，其实非改不可，说明在先，"未定稿"。我又注意，提出大作"后叙"不得删简，能说明原作原意。在工作中不断交换意见，始得沟通，稍加改进与谅解。我在最后另立两篇目小项：一、鸣谢；二、编外。前者对一泯公与阁下，立项引用唐王建《求友》诗两小段以自白，必须有友人正误方可改善，感谢一泯前辈与您伉俪于酷暑中赐助。一开始已说明添了烈士塔及1931年城内市街地图。大体上把《纪闻》的地方性加强一点。这最后的添改，给出版社添了不少事，而我又是电脑盲，再三申明，他们也还觉得我是比较可以的。很感谢谅解。

其他小小添改也有若干，只好等他们定夺后再陈述了。总之，感谢你们伉俪，我也是只能仅此而止了。

琼芝已布满全身了，无法可治了。我不想，也不能忍受再去看她了。现在是两个家庭小妹妹侍候，小窦夜间陪伴。鲁编室同志纷纷去再看看。其中一度她忽然失明似的。人生至此，天道宁论！

再谈，敬祝健康第一，务祈保重！草草不恭！

文葆敬上

二〇〇五年六月十五日

目前不劳回示，不必客气！

家源兄： 20050626

清晨接得英才电话，昨夜（六月廿五日），琼芝走了！当时有十四五人在医院里的。

热恋讲台上的人难再得了！
敬祝暑安！

戴文葆奉闻

（二〇〇五年六月）廿六日晨八时

家源兄： 20050719

您在"三伏天"酷暑中为我写传，读来令人愧汗阵阵！

我从四月底至七月末，把《纪闻》校样（标示为二校）通读一遍。我原来并不知道你们伉俪为我的稿子打印校阅后，被南开好友告诉河北教育社邓子平总编，他来信索阅。我以为是看一部分再议而已。谁知音讯毫无，我当然不便追询，谁知寄来的竟是二校样了，早已付排了。当时正值该社被组入河北集团，他正式为社长，而原社长为集团第六把手。邓兄在会上见过数次，未能面谈、面询。我不好意思问结果，竟是二校了！编辑部工作，我最怕，同时最钦佩校对。作为每年审读与责任编辑，一看校样就走神，看不见排错，只注意叙述顺否，忽略了错字。加之我视力衰退，原稿又未寄来，无法参阅，苦苦读了三个月，双眼发涩，就想到您们伉俪多么辛苦了！三伏天写了六页密密麻麻长稿，材料不全备，令低头汗下，实在感动之至了！由于资料未提供，当然更难下笔，此文容稍迟再说。

二校样悉照尊定层次，未动一字。我也照看未动层次标题。文字只注意排得顺否，出版社二校未细读，改动错字很少。我注意了错字，可我是低级校对员，难说干净彻底。不过，我请求最后清样，给我再看一遍：版式、行距、插图、标题……插图才给出版社，一是1931年城厢市街图，当年县建设局测绘蓝图，请地图专家照着图重新绘制。二是抗日战争中本县参军者阵亡烈士塔（包括广场后新四军烈士墓）。一是图；二是我请家乡人新摄彩图；三是1972年左右我瞻拜烈士塔后留影，小照重新放大。我建议烈士塔广场做前环衬，街市图做后环衬，本人相片放扉页后，小插图极难寻，几乎没有历史城内照片，我在人物中用了我所能见到的书影，做锌版，不引人，但是历史书人书事而已。该社虽要，但会增加投入，我请求考虑，或否定前议，只是我提供的要求极小，在版心之外的边页上，少数可占一点版心，不使出版社负担重。不求美观，只求反映历史文献，配合拙稿所涉及的书与人事。吾乡贫困，抗日战争及解放战争中大小二百多次战役。我本不想提内战死人，但县里提供［了］死人包括内战阵亡者［名单］。

新增两类：一、《附录》：《怅望向阳湖》，我未得进干校，干校所在地委要求我非写不可，拖了四年后应命。业经人民文学社于1992年（？）编入《向阳情结——文化名人与咸宁》下册。我请求置最后一篇，不致引人讥笑，未进干校反写了干校。题下引《老子》两句话，[1]有人认为太厉害了。

二是《鸣谢》：一是李一氓，简介后，抄他回忆录中关于盐阜区及少许淮海区抗战时记载，以补我记忆都是几十年前事，直至抗战、内战胜利后止。二是感谢您们伉俪的介绍辞，还有绘地图、摄影人、提供地方史事者数人。李公是由瑞金长征出发而后到新四军事件后到苏北，完全补了一点苏北盐阜区历史。

小插图宁缺毋滥，不做假。主要为书影。太少，不做时尚打扮，这不是那类书。我请求看看清样，就怕出笑话。现在出版社一般是"见钱不见心"，错字太多，但拙稿不可能付钱！是出版社慷慨怜惜作者"文革"亡命罢了。最后出版社到底如何，不得而知。从收到拙稿，寄我二校样，大半年来未见来信。是处于转制忙乱中，来不及考虑，也不晓得谁是责编、

---

[1] 戴文葆《怅望向阳湖》引《老子》第五章的两句话是："天地不仁，以万物为刍狗；圣人不仁，以百姓为刍狗。"

校对。我怀疑是邓子平社长自做责编[1]——他极有可能,据老编辑(女,北大历史系毕业),是我友人。与军科院兰书臣少将(亦是我好友)同学同届。我一文未出,不敢唠叨追询!他们实在太苦又紊乱。转制得如何,以后怎样,我完全不明白,连边缘人也不是。据说,外地出版单位,人心不安。出版因WTO而把80年代好不容易的安定又弄得惶惶了。也许这也叫"不破不立"吧。

我的"疤痕癌"疑问,因服中药已久,未知其详,本月底一定应协和卫干门诊大夫之召,要去透视一心。我从上世纪60年代起,动荡已久,感谢上苍,还是做了二十几年工作,又逢上您们伉俪,还把我漫笔整理一过。天有眼,人有缘,你们在教学之余,又值酷暑,还给我整理删订一过,如真的有模有样出了书,真天赐也。我在想,该社虽动荡,总会有信来的。一声[旦]得信,不论内容如何,应先奉闻。我最近是差点,胸闷、鼻塞,可能受天气影响,我本心并无牵挂,可能我工作未节制,累了一点。

手无力,执笔不稳,容后续告。即颂

秋安!俪安!

文葆敬上
二○○五年七月十九日

家源、照芹贤伉俪台鉴:　　　　　　　　　　20051208

衷心感谢您们二位丢下研究教学工作,校订、审阅拙作。酷暑未停,道义之交深厚,令人难忘!

此次拙作出版,本人未敢向出版社开口,因各单位在研讨转制中,分老人、中人、新人,中人退下也会有折扣。新人更勿论。老人能保住不打折扣,就是上上了。辛苦忙了一辈子,老来能拿原工资就很好了!什么主人翁,公务员高于一切人。我社至今仍无具体单位管,原管者仍推辞中。

---

[1]《射水纪闻》责任编辑为邓子平、王新华。

为什么？谁愿多事管营业不会好的单位呢？现在转制讨论仍在停滞中，因为不便开口了。阙起，崛起，不卧倒就好，马上又有"个税"。官拿许多年，谁交了个税呢？我们不在集团内，又不可能划入公务员的。现在不乱想，来日无多，也剥削不出多少血肉、油水了的。

拙作出版，蒙南开友人为我开口，河北教育是有人苦钱，有人去花钱。库存、银行欠款，他们在贫困中慕李一氓老前辈之名，收下拙稿，印制还好，我蒙老前辈抬我、提携我。现在寄了样书来，等续到当加多，好请您们朋友看到二位怎么为友人服务，容后续寄书。

余容后续。这几天换医保证，查体，一定会补书的，乞谅！

文葆拜上
二〇〇五年十二月八日

教育界必须与政界划出隶属关系，否则不会好！教育界不同于公务员（为下属），否则不会好的。已开始有吁声。

致弘征[1]

弘征同志： 19940829

张自文同志见告，《板桥杂记》整理稿送请您审阅，我非常高兴！

我之所以整理这本小书，可以说纯属消遣而已，拙作前言中说，"半为怀旧，半为消闲"是实话。去年五月到南京，傍晚去夫子庙，看见什么"李香君故居""李香君酒家"，本地小商贩经营不下去，出让给海外经营者；秦淮河风味小吃几乎全无有了。同时听说，在江苏地市级城市中，南京消费水平占第七位（或说不清是第几位），再次即是吾乡，历来是贫困之区。耳闻目见，心有所感。回来太累了，就拿出这本小书消遣，并略抒杂感。这都是闹着消遣的，有些作家说"顽"[玩]文学，可能是真话。以我所执的业而言，可真是一种顽[玩]耍了。

我从来不是整理古籍者，我这本书的做法也绝不属古籍整理工作。只是我想将它当作消闲书，旅游辅助读物，从前人著作中抄录一些本事，稍稍增广其内容罢了。这是一种野狐禅的办法，不登古籍整理大雅之堂的。不过是出于个人情趣。有您审阅，定可避免不少谬误。敬烦提示意见，如何修改、充实，可以让一些人看着顽[玩]而已。故特具道所以，请多赐教。

专此即颂

编安！

戴文葆拜上
一九九四年八月二十九日

前天在北大季羡林先生处，听他说，广东中山大学九月一日召开陈寅

---

[1] 弘征（1937～2022），编辑出版家、篆刻家、诗人，国务院古籍整理出版规划小组成员，曾任湖南文艺出版社社长。

恪《柳如是别传》国际讨论会，季老将前往参加。我很敬佩陈先生失明后还能写出这部大书，由小识大，探幽发微，不仅仅是一个弱女子不幸的故事了。我草草整理此书，不合程式，相形之下，惶恐之至！又上

弘征同志： 19940916

今天早上到办公室，收到您的来示及大著《书缘》，非常高兴！

听自文同志面告，您从未允为岛上出版者看稿。我的游戏笺注，愧蒙错爱，予以审订，实在欢喜！人所共知，我从来不是古籍整理者，"文革"前金灿然同志主持"中华"笔政时，我见习过两三年而已。这次重检于鬈翁大著读之，真是半为怀旧，半为解乏。犹忆去年五月在宁与湘中二张初会，同游秦淮，在状元楼席间放言，标点一本旧书。现经您审定，终于成为事实，甚为可喜。

我在学生时代，暇时读一点诗词歌赋，哼几句古文辞，从未深入钻研过。那时我"崇外美洋"，注意力全在五洲名著，作文也泛滥于国际问题而已。(从四六年到五七年，我为《世界知识》写过不少文章。)现在读古籍，因无暇求师问学，还有不少看不懂的。比如吾乡郑板桥咏六朝诗甚妙。"一国兴来一国亡，六朝兴废太匆忙。南人爱说长江水，此水从未不得长！"我怕江南人生气，又觉得有些宿命论，未敢抄入"前言"。至于萨都剌"伤心一片秦淮月"，我觉得只有明朝遗老去伤心，与他何干！郑板桥词《弘光》前半颇好，后阕"卖尽江山犹恨少"，我不懂，弘光卖什么江山？只是全丢弃罢了，不解。四镇割据也不能说是卖地。怎么讲，便祈有以教我。

尊示各点，悉听卓载。我匆促间未考虑好。插图不出边更好。环衬请考虑改换。另有一事奉恳：复印件不便标点，我剪开两页，又怕浆糊失灵，原稿反而看不见了。现在行距太小，标点欠清晰，敢烦在样子上核定一过。此事甚烦，不情之请，就近拜托了。"东方"书太密，现放宽，极感！我不好意思请求。现在您替我想好了，至谢！

我想，人们四十年在运动中，现在想宽松一些，不要管什么存亡兴

废,更顺生、乐生,也不为过。我久想有出版社编一套花鸟虫鱼、琴棋书画、吃喝玩乐之类消闲的枕边书,可包括东坡小品之类,稍稍加些增广内容性质的短注。可我读书不多,又无空暇,自己不能做,常引以为憾!

我久听子野同志赞赏您。他生前评论甚严格,不轻赞许人,然而对您评价极好,我读大著之前他写的序,全是实话。前两月,《新文化史料》编者要我撰稿悼念他。该刊为资料性质,很难下笔。我勉力写一次运动小史,如能发表,当寄请教正。

与您尚未谋面,已劳甚多,容后到长沙时面谢!

这两月如被撕成数片一般,神倦头眩,难以支持,二十日起又将去审订译稿。这几天一个人躲在南郊睡觉。早晨到班上收到来示,匆匆奉复,并致谢忱。即颂

撰安!

戴文葆拜上
一九九四年九月十六日

弘征同志: 19941127

前几天,刚从上海看资料回京,得张新奇同志电话,其中提及您为我游戏之作《板桥杂记》的整理加工工作,很费心,衷心甚感!

说老实话,那年到南京,两度去夫子庙秦淮河颇有感触。"闹着玩的"(与王朔先生等"顽"文学有点近似了),才标点这书的。可是,丛书集成本行距太窄,又分段,又标点,便弄不清楚了。起先,还剪开序言,一行行粘贴,后来觉得太麻烦,又偷懒,就用红笔勾画,可是手民不会看清楚的了。标点不是简单的事,如若有点错,全盘皆败!会引起许多责斥的。原稿不易弄得很明确,一定给您添了不少烦难,衷心甚为不安!将来校对同志仍要费神。

这本来是我怀旧与解闷的一点小事,承您错爱,允为校阅,以此得以结缘,真是太巧了!听新奇同志说,您校完后即可付排,我喜欢之至!文

艺社精英不少，我的领导王子野特别夸奖您、推荐您。斯人已去，评价存在，我又巧遇您，真叫有缘千里相逢。

若从增广着眼，可加的还多，那会离题太远。那样，既会起"掉书袋"的讽议，又会被嘲为"挣稿费"了。我很希望出版者费心与南京书贩诸君接洽，能成为南京书摊上的常备书就好了，免得太蚀本。

闲扯一阵，以当问候。顺颂

康泰！

戴文葆拜上
一九九四年十一月廿七日

这次在上海，查号台竟问："周恩来是什么人？！"过去又有人问宋庆龄是什么歌星。这样，李香君是否还被认同就很难说了。我怕对不起出版者！

弘征同志： 19941206

数日前曾致一函，道及近况，并谈到不拟再加文字；但同时内心交战，觉得顿老琵琶后尚缺一解，于心不安。同时，对何良俊所记钟秀之，查八十故事，且八十弹奏，亦在旧院，查且言妓人琵琶，一扫即四弦俱绝。此皆可为顿老条之补助，故特写出，敬祈斟酌，不知可否插补该条之后，尚请卓裁。其他一定不再增之，此信就当作立军令状吧。

匆颂

编安！

戴文葆拜上
一九九四年十二月六日夜

弘征同志： 19941209

今日午后接读来示，蒙您这么费心，感谢之至！

他们眼前尚缺书号，务必请您勿催。（书号受控单位，九月间就没有

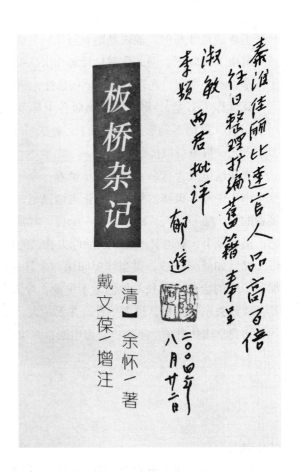

《板桥杂记》扉页，李频摄

书号可用了。）我由于不知进行情况，前天给您挂号寄上补注"顿老琵琶"一条，当时原想不写，又觉可惜。现在看来不恰当了，请勿作难。

同时另写一跋，放在书末，想可挤入。这"跋"字做题用，请您考虑排在什么地方合宜，顶格？还是低下一些？这个字如何装饰，用什么字号，烦一并指示。仍要您费心。

我最怕校对出书，您竟又劳神为我读校样，太令人感激了！目下许多书都存在校对问题。前几天全国联播中有书一段，讲话是社科院周国平先生，从德国留学回来；研究尼采，他在安徽文艺社出一书，错字太多，他只好不承认是他写的。他说是别人与他同名而已，这是出版界新奇观。您帮我解决了大问题，谨此致敬！经您几次三番核校，我看不出什么名堂来了。是否不必寄我，往返徒劳；全权恳托，烦劳到底，容后面谢！

我读您《书缘》，触及编辑出版各个环节，用心周密，见地甚高，在一般出版社里请不到您这样的人了。有次听子野同志说，您还长于篆刻，多才多艺，可佩可敬！

我在这里成天打杂，几根绳子牵着，今年写篇"千字文"都很难，是这十来年中写作极稀的年月。我正力请离退，只求让我休息三个月，翻翻爱看的书，喘一口气。由于每天一个样，常常弄得不知月日星期，前走后忘，很贻误事，有时又不免于友朋间失礼，的确应对不了了。

以后如能到长沙，自当拜望倾谈。今日为纪念南社成立85周年，参加了一天的会。平日我与他们常不见面，今天非去不可。昨天因弄错了，竟于清晨去东皇城根，进去一看，并无一人，才恍然自笑糊涂。您由此大约可知我早该休息了。不赘，谨再申谢，并颂康泰！

戴文葆拜上
一九九四年十二月九日夜

弘征同志： 19950204

长沙一晤，回来就没有给您写过信。我本以为春节前会寄贺卡给您的，不意患了病毒性感冒，先还对抗，后来高烧39℃就把我打倒了。高烧持续九天，加上先期已发热，十多天之久。幸好去协和抢治，未转成肺炎。现今已大好，但人软弱无力，走动、说话和握笔都没劲，也就无法给各位友人作书问候了。这是我从1945年夏天以来空前的一次。现转好，写个短信问候，并且道所以。不赘，即颂阖第康吉！

戴文葆拜上
一九九五年二月四日

弘征同志： 19960211

　　大作《青春的咏叹》早已寄到，我因在山东泰安逗留过久，近始拜读，十分感谢！

　　您的书印制极好，在现时"无错不成书"的年代里，实在不容易，为您高兴。

　　久已知道您是诗人，过去我未读过多少，这次给我好机会，我终能拜读大作，领会到才调，非常高兴的了！您的《价值》《未来》《莫高窟》《永州八记》《偶感》等，我均欢喜。您的诗情不老，不必咏叹也。

　　拙著容银盆岭重印后奉上，乞谅！

　　此信到湘，春节将至，敬祝

阖第康吉！

戴文葆拜上
一九九六年二月十一日

弘征兄： 19970121

　　本月十四日来示敬悉。

　　有关龚君事自当遵嘱关注。我没印象讨论过他，大约署职改办可能在整理材料时发现无外语记录，乃予搁下。我未听人谈论，估计未将申报材料交评委会讨论。96年申报材料齐全，可能便不存在问题了。我记得，除个别年限等不合外，省里转报来的，几乎没有不同意的。因为大家只能看纸上材料，一般无从持异议也。

　　《板桥杂记》幸承关心，业经重印，非常感谢。这不是什么古籍整理，完全是消遣自娱而已。我有个想法，出版社不妨印行一些可供消闲的、有文化历史内容的小书，供人随便翻翻，也会有点好处。要印得精致一点，不必太严肃。我的处理是邪门歪道，不能登古籍整理大雅之堂。蒙您费心，并协同署名，我是非常喜欢的。等自文同志将书寄来，当签名奉赠，请惠存留念。

今年如到长沙，当前来拜望。不赘。
敬颂
新春阖第康泰吉祥！

戴文葆拜上
一九九七年元月廿一日

弘征同志： 19980201

元月二十日来示奉悉。

湖南筹划出版光盘版和书版《四库全书》，是弘扬祖国传统文化的重大举措，往昔虽有影印本和缩印本，读者很难见到，且书价昂贵，爱书者不易得。现在湖南决定这么处理，便于读者购置，在一定范围内普及了珍贵的古籍，值得欢迎。

我对古籍整理完全是外行，不过只是爱读某些古籍而已。您推荐我列名为顾问，实在愧不敢当。不能做什么事的。今后这项出版史上的一大盛事，乐于愿闻其进展。请兄代为解释。专此奉复，并颂
近好！

戴文葆拜上
一九九八年二月一日

弘征同志： 19980407

大著《杯边秋色》收到，非常欢喜，谢谢！

您是诗人，所写随笔，都是美文。"明星"能写出这么飘逸的华章么？各人出各色的书，她们炒得热闹，出得容易。一般同行，出书是比较困难的，而且像一江浊水流逝的工作状况，他们也很少有时间写作。编辑工作在目前的体制下，大多是害苦人的。我庆幸的是，终于可以画上一个句号了。我再也不在延阁、石渠里受苦了，值得为人生最后几年庆幸。我

先得好好休息几个月。

音像社的"四库"工作很累的。过去也出过,音像做出特色,附上索引,一定超群出众,会得双效益。这［只］要"华天"肯投入,在长沙就能成功。

　　祝
近佳!

文葆拜上
一九九八年四月七日

并请代向龚笃清同志问好!

弘征兄:　　　　　　　　　　　　　　　　　　　　　　19990704

　　您寄下编选的《鲁迅国学文选》,早已收到,并随即开始阅读了。可是今年上半年一直欠好,常感冒引起支扩吐血,虽并不严重,但同时编书的事及其他服务性工作［……］,一直不能安静休息,不时发昏,都是年纪大了不饶人了,固然是正常发展,可也烦人。有时就得卧床休息,常在饭后睡觉,尽可能使头脑清醒一点罢了。

　　您选编的迅翁国学文,很有眼光,过去人们都因他反对读古书,不看他校勘、整理古籍及几部研究性著作,就断定他老先生反对国学。前些年江西教育社钱宏同志编一套国学大师传记,当时就有人对我说随意选题不当,我即席为此解说,以为正确可行。后来这位先生也将迅翁与他人合集,编选了他一点文章。我去年得见浙江文艺社*《鲁迅学术论著》,颇为欢喜,书中选了五类文章,您说他对于国学研究念念不忘,又扩收短篇文论、杂著,更为丰富。我的《鲁迅全集》早在"文革"中,被红小兵们认为可卖钞,收去十几种,大约补贴吃西瓜的开支了。小义和团们对专制主义者高标反围剿大师竟也不放过,可见南方暴客言行践踏中国文化到什么地步了!

---

*　应为浙江人民出版社。——编注

我现在有这几本书，可以补失去全集，有时查考不便的困难了。这几本经常放在好取的地方，想到您的惠赠，十分感谢了！

还有《作家与社会》初得时，就想到可能是您提出惠寄的，后来看编委名氏，您赫然在内，猜得不错。我初觉印单张不便保存，但后来想到承印出版负担重，非只有一支笔的作家所能挑起这付担子，也是不得已办法吧？

谢谢您给我书刊，让我知道您的近况，非常高兴。我最近几乎未能做什么老实的事，皆因精力不足，常常发昏而有错，动笔动脑不易了。我在注意逐步改变生活，也许休息一阵，便可做点事情。

暑天酷热，尚祈珍重，并颂
俪安！

文葆拜上
一九九九年七月四日上午

弘征兄： 20000630

我每期都能收到《作家与社会》，是缘于您的介绍。这份刊物，上下、内外都接触到，名家为台湾余光中，基层为三湘各地市；既介绍了作家的经验之谈，又能培养有志于文学的年轻朋友。可读性很强，各版的内容都值得一读。特地写信来问候您，谢谢您！

我离休已三年多，因屡屡感冒，支气管扩张、破裂，有一次吐血。四月以后春暖，呼吸较畅，咳嗽已缓，行走也不太吃力了。总的趋势是下降，但得缓解，其他无善可陈。

祝阖第康泰、暑安！

戴文葆上
（二〇〇〇年）六月廿三日

我住处窄逼，又屡遭水灾，七月下旬将搬往和平里。该小区在建设中，尚未通邮通话。请转告《作家与社会》，以后烦寄：

100706，北京市朝内大街166号，人民出版社 戴文葆收

弘征兄：　　　　　　　　　　　　　　　　　20010122

　　数月前，我日用的名章不知丢到何处去了。市上只有电脑刻字，我不喜欢。根据《湘泉之友》上省作协地址，给您写了一信，如腕力尚好，可否为弟刻一名章？大小差不多。不要像官印那样大，普通石头即可。我另已包好一方比较大的（约有十厘米高）石头，等有便人来带呈老兄以谢。（字体隶篆均可）至感！

戴文葆拜上
二〇〇一年元月廿二日

弘征兄：　　　　　　　　　　　　　　　　　20010309

　　二月廿四日来示敬悉。

　　非常感谢您惠允为我刻一名章。多少年前我就知道您擅长篆刻，但我见到您后，多次晤面，都不敢烦劳。我在"文革"中，家乡一位亲戚用有机玻璃给我刻了一颗图章，可以对付日常应用了。他的父亲是我们老家的著名艺术家，也是我的长辈，高小时的美术老师。他给儿子取名"艺农"，好像"有厚望焉"的念头。谁知四九年后因成分不好，只好进镇上刻字组（小集体），每天上门市谋生。刻字在那时属特种行业，背后有派出所管理，他也就很少在业余为人刻章了。我在"文革"中一度还乡，我们在儿时见过面，重逢不易，他给我刻个章做纪念。当时我连木头章也不需要，但把他给我的一颗章好好保存着。返京后一直使用、保管好。不知什么差错，前年怎么也找不到了。我只有另一颗有这张稿纸上下两行各三格大点的章，是七十年代后期武汉陈上岷先生给我刻的，当时他是湖北省博物馆保管部主任，早年毕业于桂林一艺术专科学校。楷书甚好，并擅长刻章，我也喜欢，给我写了好几幅条幅，至今仍珍藏着。我不是书家，也不是当官的，图章那么大，与百姓身份不配。我买书从不在书上签名盖章，因为不是藏书家，身后一定流散，运动中也会散失的。这颗平时不用的章却仍存留。平时我不喜欢用它。不得已，到街上去刻个章，只有电脑刻字了。

更惨的是，到琉璃厂也仍是电脑刻字（正楷），令我悲伤，我国的传统艺术怎么在北京也不会上市了呢？在东四只花二十元，到琉璃厂刻的大一圈而已，配上盒子，用了八十四元。不在乎钱，讨厌只有电脑刻字。（琉璃厂可能有名家刻字，未看到挂牌润格，匆匆问不出。）难道只有电脑应市了么？我很不解。

后来得到《湘泉之友》报，大多为名家随笔，我在长沙时还带回"酒鬼"的瓶子，当作陈列品摆着。我以后经常收到该刊，想来必定是您为我提名赠予的了。考虑很久，又不知您近来健康何如，冒昧地写一信寄奉，现在收到来示，高兴极了。请用一般石头，不要大。"戴"字笔画太多，请只刻三个字，"戴"占一半，好运铁笔。

我早准备了一方石头，高约二寸，宽一寸，久已包好，送您赏玩的。久未遇见湘中来客，一月前张自文来闲谈，我请他遇便呈奉。谢谢！

祝阖第康吉！

戴文葆拜上
二〇〇一年三月九日

弘征为戴文葆先生治印印蜕

弘征兄：
　　　　　　　　　　　　　　　　　　　　　　　200104××

　　我因外出，见到来示迟了。蒙您为我刻的印章，方才见到印式，非常欢喜；承您又为我镌了两枚，实在过意不去，十分感谢！

　　平常我的印章都用于字据之上，我写不好字，也不给人题签，除出借据收具［据］之类，并不动用图章，只是签名而已。这次因搬家或其他什么事故，把用了二十年的名章，不知在什么场合下遗失了。不得已到街上印字店请店家解决，谁知竟是电脑刻的，特别那"戴"字的"戈"下一钩太粗很不好看。市面上都用电脑，我以为琉璃厂可能有木石的供应了，不意竟仍用电脑，殊为失望。老家舍亲在"文革"中为我刻了一枚，一直当心保存应用。大约这几年见到外面事情颇心烦，不知不觉在什么地方丢了。北京原是有旧文化的传统，居然全用电脑应市。于是我冒昧地求您了。我久已知道您精于篆刻，看过好几位朋友有您的作品，我不会写毛笔字，用不着好章，不敢惊动您费神费力，后来才下决心写信恳求。无以回报，容后面谢。

　　章既刻好，我并不急用，容后长沙有友人来，我请他们带下，您不必费心托人。您的旧部张自文同志在京为湖南人民社编《大视野》刊物，有时来电话，我将托他回长沙时到尊处领取。我现在住在交通很不便的和平里东隅，往往出租车司机也不知道，这一角落过去是平民窟。眼下正大面积拆迁中，尘土飞扬，坑坑洼洼，行走不便。

　　我的字写不好，不像您写得清秀流丽，用您为我精心刻的图章，实在不配。（我购得的书籍，向来不在上面盖章，因我想到不可能长期相守。）余容后谈，匆颂。

　　阖第康泰！

　　　　　　　　　　　　　　　　　　　　　　　戴文葆拜上
　　　　　　　　　　　　　　　　　　　　　　　二〇〇一年四月

弘征兄：
　　　　　　　　　　　　　　　　　　　　　　　20010504

　　您寄下的包裹，节前已经妥收，感激不尽！我给您拜复迟迟，由于友朋之事，未得安闲，务乞见谅！

　　我太烦劳您了！不仅蒙您铁笔挥舞，且赐佳石，拜领有愧不安。原想不应该去打扰您，想想又庆幸去敢于烦劳您了。

　　在北京，我不断感到我国传统艺术受到摧残太烈了，琉璃厂还让电脑施威独霸，令人欲哭无泪。现在幸而开始补救，希望能有诚实的年轻人学习发扬。

　　我因搬家，有不少东西未整理好。容后再谢，先行鞠躬！我并不配使用这种图章，但我看看也在内心充满喜悦，多谢多谢，阖第康泰！

戴文葆再拜
二〇〇一年五月四日

致丛林[1]

丛林道友[2]：　　　　　　　　　　　　　　　　　　　　　20050325

昨天（三月廿五日）晚上九点，我见到了您主编的《中国编辑学研究述评（1983～2003）》，由于身体不好，才只拜读了《主编者的话》，您概括得周详和恰当。看到书中夹着的合格证，还拿到江苏金坛去才印出来。这些年您和您结合的同道们编著了这部巨著，令人感动！其中辛苦，也令人感谢！我想不起怎么称呼您，勉强称为"道友"很不够，只能显示我对您的研究的一种尊重与敬佩而已，请原谅可能还很不够。

我并不是研究编辑学的材料，从一九三八年春天我读高二上学期才一个月后，就被东邻的"皇军"打出了母校，回家被地方长辈拉去收听记录新闻，连夜编报起，就与新闻出版工作开始结缘了；其后在读大学期中，断续与编辑工作有了点关系。我始终不是个研究者，只是个客座的打工者，无报酬的票友而已。到参加社会工作后，也只是为政治服务罢了。我从无"编辑主体"的认识，没有以客观探讨的身份参与，仅有参与这种业务的体会与责任感。做这一行最终只是为生活的职业，其中变素太多，难以明了，在读了一些祖国古典书籍后才觉得确有编辑学理论存在，而老前辈还没有为此自认自命，我体会又十分简单。拜读《主编者的话》，觉得很深切，反映了实际，实际的体会、总结便是真正的学问。我从没有时间用在研究理论的工作中，只是个编书匠的责任感罢了。偶然进入新闻出版行列谋生，虽不能说是什么大错，却并不能安身立命。因此，我用在研究

---

[1] 丛林（1937～2021），曾任《山东中医药大学学报》主编，山东高校学报研究会理事长，主编《中国编辑学研究述评（1983～2003）》，齐鲁书社 2004 年 12 月出版。
[2] 此信寄齐鲁书社总编辑黄伟中"惠转丛林同志"。

上的精力与时间很少，从没有出专著的念头，是太尊重这门科学了。

才刚刚摸到、捧着这部厚重的著述时，就由衷地要写信给您和您的友好表示钦佩和感谢！你们的劳动和识力太可贵了！我身体不好，写字吃力又易错，还是写信来祝贺著述的出版，这么有恒心，肯坚持，在不确定的行业中，贡献出16开、511页大著，给我们许多抑制不了的喜悦，并不是由于也谈到了我。我在酌情维护个人健康，防止老年痴呆中，谨祝笔健、体健，阖第吉祥！

我不知您的住址，只有烦劳齐鲁书社的先生了。

估计您日常工作很忙，祈不必回示。

戴文葆拜上
二〇〇五年三月廿五日

丛林复戴文葆

戴文葆先生：　　　　　　　　　　　　　　　　　　　　20050507

　　您好。您3月25日的来信出版社先电话通知了，然后答应转寄给我，但收到的时间却是4月21日了，这就是迟复的原因，乞谅。

　　感谢您对我会工作的真挚鼓励。《述评》是一件笨工作，对二十年编辑学研究历程和成果梳理一下而已，由于水平所限，远没有梳理好，如能对编辑学研究的深入发展起到一点助力作用，那就万幸了。理论研究的深入是很难的，应作持久战的准备。

　　据我所知，二十年中研究编辑学的人，多数是出版界人客串（包括我），专门的研究者很少。这可能是一个致命的问题，因为不管什么学问，如无专门研究者，是很难深入下去和真正成熟起来的。

　　但是，出版界的老编辑们对编辑学的研究做了开拓性的努力，这是功不可没的。由于这批人有着丰富的编辑实践积累，他们在进行编辑学理论研究时由于立论有据，往往不乏真知灼见，他们已经为中国编辑学的研究奠定了良好的基础。可是，这些先行者多由于年龄原因，不少已经先后退出研究者队伍了，而跟进的优秀年轻研究者似乎不多，不免令人有些冷清之感。庸人常自扰，这也可能是过虑了。

　　先生的论文我都读过，获益匪浅，先生的编辑学论文不算太多，但读来感到都很扎实，我会同人至感钦佩。欢迎来山东做客。祝您健康、愉快，不断有新作发表。顺颂

　　夏安！

丛　林
二〇〇五年五月七日于济南历山之右

致陈琼芝[1]

琼芝同志： 19900305

  日前收到上海鲁迅纪念馆寄来的《上海鲁迅研究》第二辑，系丁景唐同志请编委王锡荣寄赠的。

  其中有《中国青年报》记者姚铮访问袁殊谈鲁迅的记录稿，我想，这对您会有点参考价值。复印一份寄上。

  又姚锡佩寄来《鲁迅研究月刊》两本，今年2月号有陈漱渝记台静农问（《丹心白发一老翁》）[2]，文长七面。

  人家得一点东西，就写文章发表，这现象值得注意。

  祝文祺。

戴文葆
（一九九〇年）三月五日

---

[1] 陈琼芝（1938～2005），中国现代文学研究专家，中国青年政治学院中文系教授。
[2] 陈漱渝文章标题为《丹心白发一老翁——怀念台静农教授》，发表在《鲁迅研究月刊》1990年第2期。

英才、琼芝同志： 19960501

　　我收到朱正兄一信，寄上请阅。

　　他大约很忙，要改正"右派"；我又替他揽了一事，主编李锐文集。上周李公跟我说，要带他去黄山一游。

　　我后天上午去杭州，五天即回。

　　匆祝俪安

戴文葆拜上

（一九九六年）五月一日下午

陈早春同志与我在易县时，还说到令郎来人文社已无问题。又上

致张如法[1]

如法同志： 19891215

来信及赠书[2]，均早收到。由于近来清查和考核，开会多、谈话多，回信迟迟，务乞见谅！

您研究的题目很新鲜！改革开放、商品经济，带来许多新问题，引动研究探讨，使理论活动活跃起来。大著可说是应运而生，编辑社会学便是作为主体的编辑与各方面人事的关系的探讨。这在国外，出版社是文化企业，商业经营性很强，要当买卖做的。尽管是特种产品，仍旧是商品，特种商品。在中国，即在改革开放大潮之下，首先仍是官办事业。中国文化，早在三千年前即是官办，连绵未改，反而周详完备起来。这种官办事业中的编辑，他与各方面的关系，不可能与国外同行等同。有些热情服务的精神相同相似，而在根本点上则迥然不同，乃至这种编辑的问题殊难讨论。您几乎写出编辑的十大关系了！这是个创造。在一些论文中，有些方面有人讨论过，仍在继续讨论中，像你这样成为系统的一本书，这是空前的。

我应如实地说，我对编辑学研究一点兴趣也没有，是个误会，是被逼的，才写了一点文章，而且写不下去，因为不研究，可能出于我对此职业的厌倦，这且按下不表。有同志告诉我，青年社总编阙道隆同志在上海《编辑学刊》发表了关于编辑社会学的架构设想[3]，我一时还未见到（您见过了么？）。等我找到该刊，比较对读后，会对您发表意见，现在不能望

---

[1] 张如法（1938~2020），编辑学家，曾撰著国内第一本《编辑社会学》。
[2] 《编辑社会学》，张如法著，河南大学出版社1989年5月初版，1993年5月再版，2006年11月第3次印刷。
[3] 阙道隆《编辑社会学论纲》，发表在《编辑学刊》1989年第6期。

文生义。

本来可能有机会晤面的，因事务繁忙未果。相信以后会得见到。你们学校这么重视编辑研究，是王振铎同志和您们各位共同努力的缘故。我还认识您那里一位研究生。出版科学之有今日，不可说不是一大成就。像您和您的同事，这么努力钻研，是一个少见的集体哩！相信您们能做出更大成就来。我自愧埋在日常事务中，无法推开，埋头于研究。年华老大，日薄西山，思之殊为焦急惶恐也。

现在出书很不容易，得见大著喜甚。略书即感呈正，并祝

撰安！

新年好！

戴文葆草草拜上
一九八九年十二月十五日

遇见王振铎同志时，请代为致意！又及

如法同志： 19940101

祝您新年健康吉祥！

为"龙世辉"出版[1]写了几句话，还要付给稿费，真惭愧！

你们那里真正是出版编辑工作研究的一个据点，不说空话，而做实事，不自命为指导者，而贡献成果。应该向您、王振铎先生、宋应离先生致敬！

戴文葆拜上
一九九四年元旦

我因参加1980—1992年国家图书奖评书工作，卅日晚才回家。卅一日

---

[1] 1993年6月25日，河南大学出版社在新闻出版署会议室召开了《龙世辉的编辑生涯》出版座谈会。戴文葆应邀出席并发言。《〈龙世辉的编辑生涯〉座谈会纪要》刊发于《河南大学学报》1993年第5期。

去办公室见到汇款通知，还收稿费，惭愧，谢谢！

如法先生： 19980604

　　大著《编辑的选择与组构》[1]早经收到。因病迟迟未作函申谢，尚乞见谅！

　　您与杨先生此书，用新法将我们从事的编辑工作，用四个字概括起来，很有见地，衷心钦佩！

　　我看到一位编辑，撰文要求编辑转换角色，可惜他言之不详，不知要求编辑变成个什么模样，他似乎很轻视在案头审读的工作。大著第一章第一、二节提出并强调了审读选择把关，不仅有益于出版产业，而且有益于世道人心，钦佩之至！

　　大著尚未细读，谨此至谢，并颂教安！

戴文葆上

（一九九八年）六月四日

如法同志： 20010422

　　我们又有好几年未见面了，收到您从开封写来的手示，非常高兴！记得我们还是在南京一同到扬州去游览时在一起的。现在的日子过得真使人烦，几乎不容易安静地读书。您主编学报，还有心开辟专栏，推进编辑学研究，实在钦佩！

　　去年六月，我才真正把人民出版社的工作结束。用了几年工夫，与近二十位同志共同分别译介，三度对照原文审读译稿，修订译文，最后酌情加注，才把近万字的《宋庆龄书信集》两卷编成出书，我在"人民"五十年的工作结束了。我早就申明谢绝返聘，现在如愿以偿，与人民社只有领

---

[1]《编辑的选择与组构》，张如法、杨清莲著，河南大学出版社1998年2月出版。

取工薪、报药费的关系，如能按时拿到工资，就是对我替她服务的酬劳了。我希望政通人和、国泰民安，不再出什么乱事来使老百姓遭难。

如法兄，说起来可笑，我从来没有静坐安心专门研究过编辑学。因为我们过去没有在一起工作过，见面匆匆，从未谈过往事，不知道我们这些人是怎样走过来的。长话短说，我只是做了大约六十年的编辑工作，编地方小报，在高中还编了三十二开小刊物和报纸上的副刊。到大学主编过四开的周报，铅印公开发售。然后到上海编过《大公报》国际新闻和写社评。五〇年才被几次调到北京来，最终参加人民社工作，编政治书籍，管过好几个编辑室和三联编辑部。一九五八年康生还嫌划的右派少，我有幸补上了光荣的"右派"，以后就不再想做行政的工作，只看稿编书。一九七八年落实政策后，在文物局和回国家出版局到人民社，都拒绝行政工作，专心编书、看稿。我实际上一直干业务到如今，没有专心好好从事研究，这中间虽然在两个大学讲过编辑学一两年，仍只是讲体会，我是在工作逼迫中做业务领会到一些编辑的道理，加上读旧籍从前人著述中体会到书怎么编出来的。您有没有注意，我从没有为编辑学问题与朋友们打过笔墨官司，我是自以为是、自说自话，讲点自己的实际工作中的感想而已。仅仅有点实践工作的体会而已。近来想整理一下自己编辑工作思想，可是没有安宁的环境，常被拉去打小工，不能想问题，写点零碎的书评罢了。应该老实说，我写的书评就是我对编辑学的认识，或者进一步说，有些是我的时论。我是报人出身，虽然现在免谈外事，可是仍未能忘世脱俗，不时受不少社会事情的刺激，内心不宁，不能好好读书。加之搬家后，至今新房中书籍未整理淘汰好，未上架分类，不好利用，心中也烦。这是我的思想与生活的实况，从未与人细谈，看到了您的信和您想做的工作，很是感触，才写出了我很少说的话来，务求不为他人道！我的官差、文债都有，不说研究，读书翻书都是浏览罢了。看到有些朋友写出大文巨著，衷心敬佩与羡慕！

承您问及还有什么存稿，这几年都应差遣写点东西，脑子里只有一些想法，未能下笔成文，在十年前《出版工作》停刊改成官报后，我原写的关于章学诚的未完的稿子，就没有交出；还要写下文关于章、戴对地方志的争论也就不写了。这次搬家发现旧稿还在，原是我计划中的五论之四，容后检出考虑，重新整理，那时看看能不能寄请审阅，承您厚爱，等我居处整理安定些，再行改［考］虑。现在编辑学研究似仍在低谷。出版科学研究所在计划编辑出版"中国出版通史"，我被约去开过三次会。我体力不好，对编写这种通史不能负担，也没有兴趣，不过去听会了解点信息而已。

上月编辑学会开会时，见到王振铎先生，会议匆促而无聊，只见见面，未能说什么。宋应离先生著作期刊史，我收到后写了二百字"书讯"，《出版参考》改版注意大事，也未录用，甚以为歉。现在学界浮躁而花"少"（这个字一时想不出怎么写），您想在学报上开辟一专栏，是个很好的设计，有利于编辑学发展。我今后如能有新作，当寄奉审阅。此信请勿外传，为感！仅当久别后面谈与问候！

祝阖第康吉！

戴文葆拜上
二〇〇一年四月廿二日

我在二月底写成一文[1]，介绍江苏缪咏禾兄新作《明代出版史稿》，他搜集材料很用力，写作态度也认真，有些论述也很好。不过我不同意关于明代统治下出版一开始就很宽松。我主要只讲他的书稿优点，不接触时代环境，但第一段是我意见，请指正！

---

〔1〕《"采铜于山"的力作——〈明代出版史稿〉读后》，发表于《出版科学》2001年第3期。

致程绍沛[1]

程绍沛秘书长同志： 20031208

　　承发函征询对今年学会工作的建议，我想，已经有了继续进行"未来杯"征文工作，培养出版编辑学科同学们的思索和写作能力，以响应国家与党十六大规定的发展要求，并适当利用WTO规定的"准入"情况，可否请各地各校编辑学会会员同志，非正式地、小规模地彼此漫谈"发展经济是手段，文化出版是目的"[2]这一论题，同时学习马克思主义关于基础与上层建筑的相互关系，以从思想上、工作上促进出版事业及出版产业的有利发展。

　　以上设想，是否有当，请予慎思酌定。

　　敬致
问候！并请转邵益文同志！

戴文葆拜上
二〇〇三年十二月八日下午随想

绍沛兄： 20050208

　　敬祝新春阖第吉祥愉快！

　　今天（二十八号）收到了特别为我寄下的相片，首先是惊喜！您想不到，我看到这帧相片，先觉得这位像猴子一般的人，怎么像我一样呢？再

---

[1] 程绍沛（1938～　），中国青年出版社编审，曾任中国编辑学会第3届秘书长，著有《编辑笔述》。
[2] 刘杲撰《出版：文化是目的，经济是手段》，发表于《中国编辑研究》2004年第6期，后收入刘杲著《出版笔记》，河北教育出版社2006年版。

仔细看看,原来就是在下啊!我虽不嗟老叹卑,却也纳闷:我怎么一看就像个白头的猴子呢?啊,原来真正老了还未承认老,平常精神好,走动不困难时,正像我多年前从杂志上扯下的赵朴老题写的"猛志常在"似的,我把朴老的这四个字放在书橱里,本意在于激励自己,不应萎靡不振。其实,我历来没有什么"猛志"的,只有一个坚持学习的志愿,每日必读。只要是印有文字的东西,我即在困难时候,拿来读读,也能驱散眼前的愁云,我不会被迷雾笼罩着了。近来我找出了旧藏的《齐民要术》读了一遍,看看古代州长(地委一级)怎么关心"三农"问题。我过去读的只是浏览,不认真的。这是世界上最早最好的农书,我竟想写一篇读后感哩!

还有,在本月十四五号时,我被贺年片围住,当时也曾[程宅]打了四五次电话,想不寄贺卡,我买得不多又不好。可是失算了,竟然铃声在响,无人接。我不免奇怪,外出旅游了么?还有什么事外出了,家中未留人——我想可能有要事吧。您是领导一个服务班子的,不会全家出去冬游的,纳闷;也未敢询问邵公了。以后就未再打第六次。后来,啊,原来有大事呀!我还是没有理解您的任务重!

先是又收到编辑学会的贵重的贺卡,会长原已发下亲手写的贺年片,他的笔迹我认识的,他是个一贯力求完美的人!接着,我更恍然大悟!原来您与另二公在忙写《2004年工作回顾》和《2005年工作要点建议》啊!怎么能在家闲坐呢!写作、修改、定稿、打字付印、校对、分寄上下有关人等。这是年终重要工作!

我已粗读了两遍,又细看、思索了一遍。我还要再读,必须在二月八号前写出读后的体会,遵时付邮。不多写了,要专门想想读后的领会。我们编辑学会人员,并无国家正式编制,也没有财政部的拨款,虽然十分认真地按民政部对民间学术团体的规定运作,绝不马马虎虎,并不认为咱们"一穷二白",还是极为慎重地对待我们的团体工作,而且申请参加的个人会员日渐增多,这种发展是我会上下做事、开会、汇报、对政治要求兢兢业业吸引来的,并不是求名求利而来的。光荣啊!编辑学会呀!穷归穷,穷不失志,穷而勤奋,力求前进!现在不自夸自赞了,我要想想怎写读后的感受。

　　此信写好已十五天了,因为女儿出阁,只在她的工作单位中领导人(包括几届老领导和师傅在内)和在京至亲间声明,按前年底颁布的《纪律处分条例》第八章办事,一个一个去当面告知,特别是其中第八十一条和八十二条的规定。他们都理解,我办了三桌简单的饭,老局长、老领导、老专家及其夫人都赏脸地来聚聚了,令人感谢!其他好友亲属一位也未麻烦他们。这两天才把这早弄好的贺信找出来,又补向领导人、友人申明解释,误了未通报的,向他们致歉。

　　又收到学会的通知、报告及回顾,还有我故乡的戚友及地方县委、县长等,一一也都奉闻报告了。才又在这信后补写了半页。

　　如果四月间一定要换届改选,我向邵公和您提个先不宣布的建议,可否大会聘请刘杲会长为名誉(或荣誉)会长。不知合不合民政部及中宣部、总署规定。据我所知,宋庆龄基金会设有荣誉(或为名誉)理事、副会长之类名目。请你们与副会长各位研究,现在这个月暂不谈。

　　匆匆不尽欲言,顺颂
康健!

戴文葆拜上
二〇〇五年二月八日

致郑清源[1]

清源兄[2]：　　　　　　　　　　　　　　　　　　　　　19990501

好久不见你的作品了，编期刊是忙碌。大作两篇均已拜读，细看两遍，印象如下：

一、关于胡代炜同志作品后记，写得恰如其分；因为他的见地不容易写。既替他编写选集，就必须反映他思想，不论同意或者不同意，都不能改动他的观点，要顺着他的大作讲，介绍其论见。这文章不好写，您表达得很有分寸，编者一般不是批评者，通常为介绍者，有些修饰词也可以。各行其是，挑出他帮助年轻作者的优点，是个好办法。我只在书名标点方面有点意见：

原题《当代湖南文艺评论家选集》胡代炜卷编后记，为省得啰嗦说明，我用红笔改动来建议，请你与其他同志所编各卷讨论，可否这么改，要协调，要考虑可否各册一致，文中也这么处理。

二、冰封同志散文介绍，写得简洁扼要。他的散文思想性很强，他为人也正派，有棱角、不阿世。你借口上下级，接触不多，只好就文论文，也说明读书读人，这是好思路，且强调生态文化。我觉得，这就把毛润公"与天斗、与地斗"为着重点，免去"与人斗"了——这很必要，在湖南工作不好说，他与黎维新兄都大受委屈，其实扯不上他的责任，真是胡扯。在这体制内、气氛内，没法讲理，故不宜拉开，对！你前文给了《出版广角》，后文呢？你大约应允了什么刊物了吧？你的文字相当活跃，有

---

[1] 郑清源（1941～2015），曾任《书屋》编辑。
[2] 此信原载于郑清源2012年9月1日博文《戴文葆书信》（网址：http://blog.sina.com.cn/s/blog_483b3d190102e8zl.html）。

趣味，会被欢迎。

　　我在老朋友中说实在话，直言无隐。对有些人，也说鬼话，不跟他讲人话。这种生活就只能如此，我的不好的脾气如此了。
祝编安！

文葆拜上
五月一日

致张惠芝[1]

惠芝同志： 19991115

收到了您策划并担任责编的《李大钊全集》[2]四册，非常感谢！今年是大钊烈士诞辰百周年，您们的工作做得很有预见和纪念意义，而且过去还没有像您们编的这么完备的集子，令人钦佩！前几天，广西《出版广角》主编刘硕良同志在京主持讨论会，您社亚民同志也出席座谈，我说到这些年地方上同志大力开拓，成绩卓著，实在对我们有教育意义、促进作用。

这里人民社虽出过大钊同志文集，都是选集。前两月听说"人民"也在校对新编的大钊同志集子，我尚不知内容如何。看您社"出版说明"和编法，显然是费了很大功夫的。

再次谨表感谢！

祝健！

戴文葆拜上
（一九九九年）十一月十五日

七月间，我为《胡愈之译文集》写后记时，从他人书中引了大钊同志在1920年1月4日《星期日》上发表的《什么是新文学》一段话："我的意见，以为光是……"我读您们的书中作"刚是"。"光是"顺是顺了，恐怕是改动了的，原刊想必是"刚是"。是否为冀东口语？便祈赐教。

又上

---

[1] 张惠芝（1943～ ），编辑家，曾任河北教育出版社编审。
[2] 《李大钊全集》，河北教育出版社1999年出版。2001年获第五届国家图书奖荣誉奖。

惠芝同志： 20021111

您两次发来的特快专递中的资料，都已拜读，我们虽然在过去的评书工作中谈过多次，再读这些文字资料，加深了我的理解。我很赞成您从多年的编辑实践中总结出《严谨治编——出版物生命力永驻》[1]的理念。这是二十年思索的结晶。我总觉得，只有从切实的编辑工作中清理出的思想，才是推动工作发展、追求出版物质量的保证。空谈什么规律之类，不如认真地投入实践去思索好。我不是轻视所谓规律，编辑工作是有许多规则应该遵守的，但再没有什么比出版文化的内容、形式复杂的了。门类繁多，内容丰富，不断提出新的问题，要人探讨思考，不单单是几条规律所可约束的。我常想到，归根到底是需要不断精进的质量要求，因为人的认识世界不断深化，出版物的载体、印制的科学技术不断改进，并非死守着一定的做法所可完满处理的。这不是没有从事不断严谨编书者即可理会的。您的实践十分严谨，反复思索与调研追求，积累体会与认识，再回到实践中去考验、把握，如此往复，才有这种十分宝贵的认知。同时，您运用文字抒发认知的功力很好，我读了《史学名著叙录》[2]的后记，十分钦佩，这是一篇美文，不仅说明了严谨治编的历程，也抒发了热爱编辑工作的情怀，很感人！读这两批文字资料，加强了我的认识，我迟迟才写信，是我感动的结果、钦佩的表现。

由于我最近身体欠好，在求医的努力中，只好长话短说，建议您把这些文字再整理一过，成为几篇文章，公开发表出来。这倒不是要求什么名，因为事实已经为知者所了解，而是为了与公众交流，加深讨论。您所体认的内容，比我初步想到的丰富得多，我相信，发表出来，一定［能］得到共鸣的。这个建议，请您考虑为盼！

现在编辑工作的理解，尽管十分纷繁，究其实，空洞的也不少，需要

---

[1] 张惠芝撰写的"严谨治编"的部分内容，以《调研是严谨治编之始》为题发表于《中国编辑》2003年第1期。

[2] 全称为《二十世纪中国史学名著叙录》，河北教育出版社2002年11月出版，责任编辑为张惠芝。瞿林东为该书撰写《题记》，张惠芝撰写《后记》。

切实叙说、讨论，清谈是不够的。您所掌握的实际材料很丰富，因而体会也深刻，不应不谈，这种先给您讲一些个人的感受，恐劳远念，就写这一点述怀，余容后续。匆祝

　　康吉！

戴文葆拜上
（二〇〇二年）十一月十一日

惠芝同志：　　　　　　　　　　　　　　　　　　　　20030129

　　您从石家庄到京，与书臣[1]兄伉俪来协和老楼探视我病情，令人感念难忘！当时我正有热度，神志半明半昏，几乎完全认不清您们到底是谁，所以为帮助回想，才请您们留下大名，准备后谢。我住院反思个人状况，所说三点倒还是清醒的，没有讲错，是我实情，还不可笑。我倒感到眼下社会状况与老龄化情况还不适应，不能向高层呼吁，只有要求自身善于维护个人健康，改革生活方式、饮食结构等等，不要怨天尤人。这些年来，我已逐渐不单从意识形态看问题了，转而世俗化了。不过，这也不全是反悔，因为我们是自愿的、自动投入的，不是上当受骗的情况，从十八世纪社会思潮看看，比我们这些人智商高百倍以上的人，也还未能超脱澎湃的思潮所缠绕。在我们所处的时代内，大致可以说，尽我们可能的条件，努力学习和工作过，同时也浪费了很多宝贵时光，不免悔恨。病中感触杂谈如上。最可宝贵的还是友谊，还是朋友之乐。我们相识不太久，已深感生活中缺乏真诚的了解和友谊，那将是不可想象的了。新春到来，感谢友情之可贵，信笔写来，敬祝健康吉祥！

戴文葆拜上
（二〇〇三年）一月二十九日

---

〔1〕　兰书臣（1943～　），中国军事史专家，曾任中国军事科学院研究员。

惠芝兄惠鉴： 20030309

寄下的五大包史学名著《古史辨》[1]，收到不少日子了，非常高兴，非常感谢！我希望能够在明年这个月前后翻阅一遍。我的时间不太多，所以用"翻阅"这个词。

顾先生[2]、童先生[3]等，在上世纪五十年代最初几年见过，当时只是为工作见过，没有资格谈话，见过面而已。知道《古史辨》在著作中的价值，根本没有好好读完第一册，只见过书的面而已；加之早听说过献"九鼎"的故事，也买过几本朴社的书，其他只影［隐］约听说过顾先生主持过上海一家地图出版社（？）。童先生给我印象也深，不仅是《文史哲》上文章，还有他的神情，好像记得还有长指甲。五十年代初，刚把门开了一条缝，很快就闭上了。我在皇家书苑跳跃式地经历了一个展览会和四个编辑室的工作，到五八年三月就去修理地球了。搬回五大包赠书，固然开了眼界，并十分感谢您社每年有决心经常出版成套的学术著作。（不仅仅由于是教育社的缘故。）

我出院回住处以来，休息较好，又服用一些中药（汤剂），至今尚未有异样感觉，还不是感觉迟钝的原故。谨谢关念！只是儿女的妈妈，在我出院后，她由东四医院转入协和医院住下。人入老境，家中安静不下来。

出版社怎么改革，总署在上级指示下，提出二十二个问题，由石署长领头，开始做调查研究工作，计议三个月后提出报告讨论，很繁重的事情。

《中国编辑》在您社编辑出版，王亚民社长做了调查，提的意见很好。您的文章，我也读了。最好逐步把心得写成文章，才好成为难忘的心得，也有利于同行们。这《古史辨》整理工作很重。

---

[1] "古史辨"全称为顾颉刚著《古史辨自序》，收入《二十世纪中国史学名著》，河北教育出版社 2003 年出版。
[2] 顾先生，指顾颉刚，历史学家。
[3] 童先生，指童书业，历史学家。

祝健!

戴文葆拜上

(二〇〇三年)三月九日

惠芝同志: 20030403

　　想来您一定在埋头编书,编大学者文集虽然辛苦,但能比编垃圾书高兴。我因为幽居在家,不知现在出版新头能怎么摆布。我听到的是要大编教辅读物,要赚钱给大家发工资,有一位说要年薪一百万哩! 他们人气很旺。

　　我最近并无异样感觉,也再也未去协和,虽想去看看卫干大夫,但觉天冷,气候常变,不出门到市内去。看小报,听打伊拉克消息,想大国在世界上的花招。被逼写了三四篇稿子,不超过千五百字。三篇[1]都是纪念韩国安春根教授的,过年欠的债,还未能清理致谢;最后又还了宋庆龄老太的债,写了她老人家年谱长编的介绍,不知要被拿到哪里去发表呢! 给单位审读了七部稿子,新来的领导很敬业,应该替他本人做点事。《大百科》二版[2]新编,说是给普通读者看,不分科,按字头排列,释词要短,至多一千五百字,专家们不要着重艰深的学问。出版卷听说于友先署长(现任版协主席)主编,许力以退让(他从不张扬)。要我把旧写"编辑学"[3]一条删短即可。我看来看去不好动手,因为这个辞条内容已太旧,过去又写得不好,我试着写点新感受,不申论,已写了一大半。不好! 像写随笔、杂感似的,不好办了,再想吧。

　　写来很吃力,之所以遵命,是为了推开病的考虑,完全若无其事的态度,试着心理与生理并重,在服中药,被迫写这些,给单位写了七种审读稿,这都是当药给自己吃的。写完"编辑学"条目,想试着另立题,寄给

---

[1] 《博览群书》2003年第3期发表戴文葆《安春根先生十年祭》,《出版科学》2003年第4期发表戴文葆《追念韩国安春根教授》。

[2] 指《中国大百科全书》第二版,2009年由中国大百科全书出版社出版。

[3] 在1990年出版的《中国大百科全书·新闻出版》中,戴文葆撰写了长条目"编辑学"。

王亚民社长的《中国编辑》看看反响能不能用，目的是测试这么写《大百科》二版行么？这也是一副苦药。

随意写一信问候，不用复。也是给自己服药而已。

祝安康！

戴文葆上
（二〇〇三年）四月三日

惠芝同志： 　　　　　　　　　　　　　　　　　20030415

收到了赠下的范老的全集[1]，您费心编的文集，都是传世之作，固然十分辛苦，却是功德无量。乘［趁］给《中国编辑》改稿[2]，简单写几句，容后再陈。不赘。

祝健康！

不要外出走动。

"非典"流行时收到书，殊为不安！又上

戴文葆拜上
（二〇〇三年）四月十五日

---

〔1〕 "全集"即《范文澜全集》，精装，10卷。河北教育出版社2002年出版。张惠芝任责任编辑之一。

〔2〕 "改稿"，指戴文葆在《中国编辑》2003年第3期发表《编辑学研究问题答客问》。

致任桂淳[1]

桂淳女士： 19920330

您给我寄来的许大龄先生等[2]读了大著的意见，业已收到，并仔细看过了。他们的意见很好。

大著课题比较新颖，这方面的专著尚少。我已拜托我的朋友先看起来。这位朋友祖上是汉军旗人。他本人对清代史事很熟悉，祖父先后担任过西安、杭州将军。他看到您写到他的祖先，并引用他祖先编著的文献，很为高兴。我是常就清代问题向他请教的，他会认真阅读。不过他欠健康，到下月中旬即可与我面谈。我一定抓紧，尽力促成大稿在华出版。余容后续，即颂

旅安！

---

[1] 任桂淳（1944～ ），韩国人，曾任韩国汉阳大学史学科清史教授，1993年在三联书店出版专著《清朝八旗驻防兴衰史》。

[2] 许大龄为北京大学历史系教授，他1992年1月3日为任桂淳书稿写的鉴定意见是："清代八旗驻防问题是清朝军事史研究的重要课题之一。目前国内对此问题的研究成果尚属不多。任桂淳教授这部著作对八旗驻防制度进行了全面的较为深入的探讨，其中不少问题具有开创性的见解，反映了作者具有清史研究宽厚的功底。这是一部有较高学术价值的著作。它的出版将会对清史研究产生一定的促进作用。为此，我愿意推荐此书出版发表。"另写鉴定意见的中国社会科学院历史研究所李新达，他2月16日写的鉴定意见是："八旗驻防问题在清朝历史上的地位和作用非常重要，但因史料有限，前人的研究成果不多，难度较大，历来是清史研究中的薄弱环节。可喜的是，韩国汉阳大学教授任桂淳博士知难而上，积多年之功力，对此问题进行全面、系统、深入的研究，终于将《清朝八旗驻防兴衰史》奉献给广大读者，填补了清史研究领域中的一块空白。该书史料丰富，充分吸收了前人的研究成果，以广州、杭州、荆州、福建、绥远为重点，从政治、军事、财政、文化、生活等方面，对清代八旗驻防的兴衰，进行多角度、多层次的探讨；有些观点颇为新颖，有些史料很有价值，研究的广度和深度都超过了已有的许多成果；学术水平较高，出版发行后，一定会受到中外清史学界的重视和欢迎。如果该书的史料再精选些，结构再紧密些，内容再丰富些，译文再通顺些，再补充些必要的图表，必然锦上添花，更受好评。"

给汉城三联金明豪先生、许东旭先生、金炯坤先生、韩永熙先生等写信时，务请说我向他们致意问候。

戴文葆拜上
一九九二年三月三十日

桂淳教授： 19920424

想您已从洛阳归来，一定参观了著名的白马寺，观赏了名贵的牡丹吧。

大著《清朝八旗驻防兴衰史》，我读了一遍，又请友人石继昌先生读过。石写了意见，赞赏您的著作。他是杭州驻防将军之孙。您引用的驻防志，有他祖上编撰的（稿中有名字）。我同意石先生看法，写了一些意见给三联书店领导。等他们考虑后，会有定夺。届时再约您面谈。不赘，即颂

旅安！

戴文葆拜上
一九九二年四月廿四日

附：石继昌先生意见五页

桂淳教授： 19920429

大稿《清朝八旗驻防兴衰史》，三联书店领导已表示可以接受出版，要我和您谈谈稿件整理问题。北大的电话不好打，转了三弯常占线。不得已，给您写这信。您可否在五月一日或二日，到我住的地方来面谈。因为和您联系不上，而且三日我将去上海，十天后回家。收信后，请您在晚间打电话给我，好商定怎么见面，或推迟半月再见面。住处绘了图。

祝好！

戴文葆上
一九九二年四月廿九日

桂淳教授： 19920520

　　寄上"中国文物精华展"参观券两张，请约朴总经理太太一道去看看。展览办在故宫文华殿内。该处偏东，最方便是走东华门进去。我画了一个路线图，供参考。

　　这次展出的文物，虽不如第一次（前年）精美，但仍然是敝国之瑰宝。门票未限定日子，请在方便时与朴太太去，由东边走，不远。

　　祝
康吉！

戴文葆
一九九二年五月二十日

桂淳女士： 19920604

　　原说请您八日下午进城，我考虑，近来天气大热，下午更热得难当。您可否八日上午十时到西总布胡同敝寓来；另外有什么事，还可到后楼三联书店编辑部去看看。

　　您的大著，附录部分，我想把注释另列，不作附录。因为是正文的注释，与一般附录不同。容面叙。

　　祝
暑安！

戴文葆拜上
一九九二年六月四日晚

桂淳先生： 19920610

　　大著第四章业已读完，有些小改动及小疑问，分别写在稿纸上，请审定。同意或另改等情，就请批在那四页稿纸上，寄还给我，即可发稿。

　　匆颂

暑安！

戴文葆拜上
一九九二年六月十日下午

见到李玉洁先生、杨通方先生，请代我问候。

并谢谢季羡林先生赠书。

桂淳先生： 19920612

快件收到。"海坛总兵"一词已明白。

您抄示的一段话，"据《福州驻防志》载：'总督巡抚三标兵拨归三百名再海坛总兵闽安副将标下。……'"我仍然看不明白。这与本文无关，不必费神，以后见着时再解释给我听。

此外，P62、P79、P83（二）、P89 有"心红纸"一词，想来这字不会错的吧？

等收到第四章的问题解答后，就可以发稿，请董交出版部设计付排了。

祝好！

戴文葆
一九九二年六月十二日下午

桂淳先生： 19920617

大著业已发排。图片方面，八旗的彩图，经与设计同志磋商，想用以制版，不过，考虑到效果，如用黑白则分不清什么正黄、正白等，在考虑印彩色图。设计同志问我，这一帧彩图从什么中取来，目前是否可以找到原书？（想用原书来制版）便祈示复，即颂

暑安！

戴文葆拜上
一九九二年六月十七日

《清朝八旗驻防兴衰史》书影及戴文葆手书

桂淳教授： 19920630

奉上粗布衫一件，可供从事室内劳务时穿着。是小女眉眉的心意，请哂纳！

暑安！

戴文葆拜上
一九九二年六月三十日

桂淳先生： 19920704

大稿正在出版部门设计付排。有几幅地图制版不清楚，已请人描绘，磋商时有两个小问题：

一、广州地图，原据香港出版物，图上中英文名字均有。中文要植字（即打出汉字贴上去），英文也要打字。这样一来，图上拥挤，可能不清楚。因此，想把各英文地名略去。图名及图下材料出处，均用原文注出。

二、荆州满营全图，城内建筑物上汉字有的看不清。我用放大镜细看，在另纸上写出，请您能否在北大图书馆找到原书核对。绘图人要一一注明，生恐有误。

我要求绘图人日夜赶工。整个排印工作，尽快进行；如能在八月间印出页子来更好。今天上午特地来北京大学北招待所拜望，事先写好这信，即遇不见您，您回来也可知道来意了。

附上荆州满城图相片一帧。

匆颂

暑祺！

戴文葆拜上
一九九二年七月四日上午

桂淳先生： 19920824

　　首先让我热烈祝贺中韩两国建交！我们两国以后来往就方便了。

　　我抱歉的是，既未能给您送行，又未能如约送上大著校样。小坤告诉我，您行前极忙碌。

　　我昨天下午刚从银川市回到北京。今天上午去出版社，赵女士告诉我，校样日内即可送到。我准备如系一份，即再复印一份，复印件送杨通方先生处；原校样拟以航空挂号寄给您。日内当催办，请释念。

　　听说您回到汉城就开课了。等我寄校样吧！

　　即颂

俪安！并请代向金容云先生致意

戴文葆拜上
一九九二年八月廿四夜

桂淳教授： 19920828

　　前函计达。

　　今寄上大著校样，业经两次校对。另一份，我当送杨通方、李玉洁先生处。韩振乾先生亦有电话来。阅后，请速通知我，有什么改动，力争早日出书。寄还地址，如此信信面。（请写中文即可）

　　祝您诸事顺利！

　　俪安！

戴文葆拜上
一九九二年八月廿八日下午

李小坤附笔问好

桂淳教授： 19920919

　　今天（十九日）上午去北京大学燕东园看韩振乾先生，将共同改定的校样取回。很抱歉，前次给您寄去的校样是初校，只是表示已排出来的意思。不料给您添了麻烦了。给韩先生的一份，也是初校。我后来送去的是二校。现在把两份初校，一份二校，以您看过的为主，合成一份。上午带回，已请校对翻阅一下，然后退厂改正，将来出三校样，与合成样对红后，即可出清样了。尽力减少误植，保证质量。（一般看，多数质量不佳。）

地图全重新绘制（摹绘了），我昨天也都见到了，日内即可交出版部去制版。可能一缩小，有的字看不出了。八旗的彩照，我决定放在最前面扉页后，不附和地图一道，让它突出些。现在还在等历史博物馆的底片；如近日不能来，就发您的那帧。封面设计，我还未见到，虽然提过建议，给予资料。今日已托董小姐催办。

等样书出来时，我将通过 Fax 告诉您。

有两事相烦：（一）董小姐对金明豪先生业务情况很关心，不知书店近来能维持否？便祈见告。（二）前年在东京时，曾请金容云先生为我查找申檉的著作。那时我说得不确，申檉是韩国人，一九一一年前后到上海，与作家徐血儿、柳亚子等友善，并参加了当时革命文学团体"南社"。抗日战争时期，韩国临时政府出版过他的诗文集，目前我还未找到。我误以为他在八·一五之后还健在，其实早于一九二〇年谢世。申檉字睨观，但并不是申采浩。贵国出版的《近代思想家选集》中安秉直编的《申采浩集》，恐怕并不是申檉。得便时，烦您一查。您事忙，不要着急赐复。这是不急之务，为南社研究会办的。

我近况如常，就是忙乱。明天（二十日）中午去海南岛，为的是给那里出版界讲一些业务问题。月底即回。那时校样将改回来了。

"三联"的几位，向您问候。小女眉眉也从新加坡回来了，问候您！

俪安！

戴文葆拜上
一九九二年九月十九日

桂淳先生：19921027

　　大稿清样业已退厂。估计十一月下旬即可印就，届时装订还要一段时间。我正在催的是，封面至今尚未发出，也请董女士去催了。她答应负责催促，早日付印。（这就耽搁了时间了。）保守点说，年内见书，当无疑问。

　　承李玉洁先生转达，非常高兴的是，在燕莎宾馆见到了金俊烨先生，一位温文尔雅的学者；在座的还有申圭植老先生的外孙孙和外孙女。中国南社和柳亚子研究会的同人，非常感谢您！我们送了一批文字资料给金先生，并感谢他在百忙中接待我们。

　　我于十一月一日赴桂林讲课，十日左右即回，容后再写信给您。
　　祝俪安！

戴文葆
一九九二年十月廿七日

另随信奉上《卢沟桥事变起因考论》一册，请指正。

桂淳先生：19921127

　　这一个多月，我一直在外地，前几天回来才读到您十一月九日的来书；与季羡林先生合影，也随信妥收了。我很钦佩季老，和您及季老合照，是很有意义的相片。

　　我刚回来时，韩振乾先生来了电话，他说您有信来。

　　回来后，就向书店出版部询问，说是大著早列入急件，安排速出，现在就等印数，就可上机印了。按目前读书界状况，这种学术著作印数不过千余册。我想大约1500册。我在催促速定，希望十二月底能见到样书。很对不起，有许多环节，就不免耽搁时日了。此事时在心上，会不断催询。

　　在十月下旬，我曾去燕东园拜望了杨通方先生伉俪，是为了几位朝鲜族青年，想从事中韩文化交流工作。其中有一位年轻人，是贵国三千里江山媒业株式会社的总经理的侄儿。年轻人总想做点事。

这一个多月，去了桂林、南宁，又去合浦（著名的珍珠产地）、北海市，看了北部湾海滨。后来又由东兴过北仑河，到越南芒街观光，待了六七小时即返。从南宁回京住一宿，又去了上海。迟迟才给您信，乞谅！
　　余容后续，即颂
　　俪安！
　　小女眉眉嘱为问候！

戴文葆拜上
一九九二年十一月廿七日

桂淳教授： 　　　　　　　　　　　　　　　　　　　　　　199212××

　　大著封面已完稿，正植字制版。出版部是尽力的，耽搁的不是他们。
　　让他们去赶，一月七日必须对您有个交代——现在知道加紧了。
　　许多事均如此，颠顸苟且，能振兴么！
　　希望（1993）一月九日能将大著汉文版奉上。
　　新年如意，全家康吉！

桂淳先生： 　　　　　　　　　　　　　　　　　　　　　　19930102

　　新年好！
　　李玉洁先生打电话来，说您将延期，大约本月二十日左右到北京。
　　大著在赶印中。封面已印就，我尚未看见。封面印好，就好装订了。您如在二十日左右到京，肯定见到书了。我们还是以七日来到要求的。请释念。
　　收到金明豪先生贺卡，如遇见，乞便致意！
　　敬礼！

戴文葆上
一九九三年元月二日

桂淳先生并请阅转

韩千心先生： 19930119

  我听说过，宇进是贵国很有影响的大旅行社。我的朋友陈琼芝先生（中国青年政治学院教授）的学生，郑炳男、李春元（朝鲜族人）是中国友好旅行社韩国部负责工作人员，我特介绍他们来拜望韩千心先生，也许，能在旅游业务上做一些联系工作，希望为双方的业务发展做一点贡献。请予接待为感！

  即颂

旅安！

戴文葆拜上
一九九三年元月十九日

桂淳先生： 19930119

  我请友人陈琼芝教授，为我们带上女儿眉眉送给您的菲礼。陈住在北京大学南边的芙蓉里。

  顺便，我请陈看望韩千心先生。她的两个朝鲜族学生，在经营友谊宾馆的韩国部。倘若，能为韩先生的观光事业做一点事，比如联系的事，那就更好。

  中国目前的条件不够，往往答应的事（也不是不负责），仍做不到的。至于服务的质量更差。若要顺利地进行一条龙服务，比骆驼穿过针眼还要难。如果他们表示愿做些什么，只可当作有此一说，看作可供联系考虑的一根线，最终有待事实来证明。

  感谢您接待我的朋友们。我几次打电话来，想到您很忙，只好就近请陈先生来。

  祝旅安！

韩千心先生均此问候

戴文葆拜上
一九九三年元月十九日

桂淳先生： 19930929

　　来书奉悉。

　　我当即转交董秀玉女士，她阅后甚感动。我请她迅速考虑给您回信，并确告如何处理与韩千心先生联系事。

　　大著出版情况，业已弄明。您在京时，因耽搁一些时间，付印时来不及请书店向全国征订，自行决定印一千册。现在只剩下七本了。经与董女士磋商，要求新华书店向各省征订，以便重印。在重印工作中，一向有诸多困难，都由于自身组织得不好，操作迟缓。我想，董已发心，容当从旁提醒，促其实现。勘误表收到没有？如已收到，请您给我寄下一份，以便重印时改正，新版不再出错。

　　上月下旬举行了"第六届国际出版论坛会议"。贵国来了将近二十位先生和女士，梨花大学言语教育学院姜姈妹小姐来。我在会上致词，深蒙韩、日诸先生赞赏。

　　敬祝教安！

戴文葆
一九九三年九月廿九日于北京

桂淳先生： 19931221

　　我忙乱，还未见到好的贺卡，就以此函，谨向伯济先生和您拜年，敬祝吉祥如意！

　　李玉洁先生回来，来电话说，您又给我带下了礼品，十分感谢！从十一月以来，参加1980—1992年国家图书奖评书工作，我在哲学、社会科学组，书很多，看得很累。初选才完，还要复选、讨论，而后计划全局，投票决定。不日还要住出去，到本月廿一日才完成（住燕莎东边"21世纪"），所以还没空到北京大学去看杨先生伉俪。

大著《清朝八旗驻防兴衰史》，决定重印。"三联"同意下月初付印。我按您寄来的正误表，一一核阅，考虑挖改纸型。这个正误表，我看了还有些问题，有些弄错了，有些不用改，有的应照改。为此，按您寄下的正误表，我去中国科学院文献资料中心（前称"图书馆"）查阅您征引的原书，如《驻粤八旗志》《杭州八旗驻防营志略》等书。我发现，给您打印的这份正误表还有些小错。现将正误表复印，逐项说明，供您了解。

第2页　5行　三村泰助　应加"田"字　三田村泰助

58　倒6　原印不错　原印是"总"字

59　9　另一半担任巡防、驻的任务（逗号改顿号）

64　4　又决定"户／工二司事隶左司／兵刑二司事隶右司"

这一条"正"改为"又决定，户工二司事隶左司，户礼事隶右司"

此处改得不对，我查原书：

《驻粤八旗志》卷三建置内称："右司衙门……分吏司、兵司、刑司三房。……右司衙门……分户司、礼司、工司三房。"

《杭州八旗驻防营志略》内称："……吏户礼事件属右司，兵刑工事件属左司。"

因此，这条应该这样改：兵刑二司事隶左司，户礼二司事隶右司。

65　倒10　二十四个　二十个　照改

71　8　都统　都督统　仍应称"都统"

75　7　如接接生婆　如（接）接生婆　"接"字不能省，是说把接生婆接进城来

104　10　四百名副甲　四百名步甲　照改

105　12　（1863）（1864）　照改

111　3　在业旗人　在无业旗人　照改

158　倒10　第六卷十四页　第四卷十四页　照改

177　注［108］

177　注［110］　此处照改。［挖改可能有困难，看出版部处理，或重排］

177　注［111］

我已于昨日改好，今晨托人带到沙子口去，他们会很快交付重印的。我还担心，用纸可能不如初版，容再联系。余容后续。

俪安！

戴文葆拜上

一九九三年十二月廿一日

桂淳先生：　　　　　　　　　　　　　　　　　19940211

学校开课后，您大约就很忙了吧？

尊著《清朝八旗驻防》一书，不知汉城三联书店需进多少册，最好那边给董小姐一个数字，好早日寄上。

上次电话中，您说到陈琼芝女士和您谈过鲁迅生平及著作展览的事。这当然是件文化交流的好事，但办起来要费钱费力，我个人意见，最好搁下来，也不必跟金明豪先生提。金先生撑持一个很好的书店，已费了很大的力了，不能麻烦他去奔走此事。

据我所闻，我的几个朝鲜族年轻朋友，在金泳三先生竞选时，与金先生有联系的一位名叫李宗灿先生（也是年轻人），与他们谈过这事。这位李先生当时来华，为的是替他哥哥（贵国一个大学的校长）接洽办黑龙江大学分校的事，这等于先在韩国办个预科，而后可到黑龙江大学留学。这位年轻的李宗灿先生表示，想办个鲁迅研究所，详情未深知。我考虑的，您教课与研究工作都很忙，不能麻烦您去接洽这事；金先生处也不应烦劳他。我想您会理解我的意思。

我们这里，陈琼芝女士和我，都与鲁迅博物馆相熟，会得到同意；但辗转上报，都要一段时间。展品的准备和运往，以及在贵国布置展出地点等情，工作太繁。将来如那位李先生很有兴趣，又有可能的话（据说他与金泳三先生关系甚好），他们年轻人去办就好了。我之所以说不愿相烦的原因在此。

我于十五日陪爱波斯坦夫妇去海南岛，大约二月底即可回来。即颂
教安！

戴文葆拜上
一九九四年二月十一日

这个信封上，我学贵国几位先生给我信的写法了。一笑！

桂淳女士： 19940514

今年上半年，我弄得很忙，春节后就外出奔波：三月在海南岛，四月在杭州，五月初到了山东泰安，都是为读稿、编书和组织系列书籍的事（都不是"三联"的事）。在外边不安定，未能写信问候，还不知大著重印后是否见书。本月下旬我可以编好书回北京，那时查问清楚后再奉告。

匆匆写几句，以表问候之诚。

敬烦

俪安！

我在三月里见到了金明豪先生，他比我想象的年轻；他很了解中国出版社情况。又上

戴文葆拜上
一九九四年五月十四日于山东
泰安，泰山脚下

致李钟国[1]

钟国先生： 19940109

您寄下的《静山闵丙德博士华甲纪念论文集》业已妥收，请释念！

我初步翻阅了一过，还要请我的年轻朋友为我讲释朝文。但从目次看来，个人感触很多。我与闵先生在东京、汉城均见过，且曾合影留念。他不是什么活泼的年轻人，他是质朴木讷的学者。您与李正春先生编辑这部论文集时，曾以信息见示，我当时出差在外。回来见信，一来时间赶不及，二来更重要的，手边并无学术论文，不应以标语、口号的空泛肤浅的文字塞责，因而未能报命，甚以为憾，并向闵先生致歉！

另有一事相求：第六届出版论坛结束后，您们回国想必写了文章报道会议情况，我与此间许多朋友只是耳闻，迄今未得目睹。也可能曾经寄来，为人珍藏，秘而不宣。因此，敢请您将有关大作复印见示，不胜企盼之至！

闵丙德先生本有名片给我，是在忠南洪都郡彗田专门大学执教，并担任出版文化研究所长。我不知道他的通信地址有没有变动，写信恐误投。敬烦来示时便告。

我在第六届研讨会上发言，已由《编辑之友》1993年第6期刊载，另行寄上一册，敬希惠存。

农历的春节将届，不知贵国是否有"农历"，我谨祝新春吉祥，阖第安康！

戴文葆拜上

一九九四年元月九日

---

[1] 李钟国（1945～　），曾任韩国惠泉大学教授，韩国出版学会会长。

钟国先生：　　　　　　　　　　　　　　　　　　　19970208

首先敬祝新春康泰吉祥！

祝您在教学与研究中有新成就！

洪先生回来，带来您赠予的礼物，非常感谢！佩戴上您给我美丽的佳礼，人们会承认我年轻了十岁！多谢多谢！

洪先生一行回国，都说起受到您无微不至的关怀和款待。我感到，您一定十分劳累了，为双方出版学会与出版研究所做了很好的交流工作，促进了彼此的了解，贡献很大！我方的研究工作还很薄弱，出版单位和出版市场都存在不少困难，物质和精神都还跟不上发展中的时代。说来惭愧，像我，忙于日常具体工作，很少时间进行理论思考。我在去年下半年应有关人士的要求，编了一本关于香港情况的文集，现在开始整理孙中山先生夫人宋庆龄女士从大学毕业后到谢世的书信集。我的时间都被具体工作占去了。

随信奉上一张相片，是去年十一月在浙江临海市照的，您看了会发笑，我们来向您问候致敬了！

戴文葆拜上
一九九七年二月八日

钟国先生：　　　　　　　　　　　　　　　　　　　19980410

收到了您主编的《'97出版学研究》，非常喜欢，也非常感谢！尤其是这一本中追忆安春根先生的专论，弘扬了安先生的学行，创立贵国出版学会的业绩，以及丙德先生所写的韩国出版学的传统与发展，令我注意，当设法识读理解。看到你们学会年年出成果，敬佩之至！

我的本职内的工作尚未完毕，到今年秋季就可以把应做的事完成。此后可以安心闭门读书，不让身外的事缠绕了。我身体粗安，还可以做点自己愿做的事，今后如何所做，一定寄奉请教。看到你们各位努力不懈，我受到鼓励。

匆此即颂

教安！并祝阖府吉祥康泰！

戴文葆再拜
一九九八年四月十日

钟国先生：　　　　　　　　　　　　　　　　　　　19980601

　　好久未写信问候，想来您教学与研究都很忙的吧，首先要祝您健康！

　　我翻看了您主编的《'97出版学研究》，近五百页，工作量很大的，很辛苦的了。我无力介绍这份年刊，但我十分钦慕，已请金菊贤女士把闵丙德先生写的"卷头言"译出，商请武汉市《出版科学》发表，译稿已寄往该刊主编蔡学俭先生，同时函请闵先生同意译出在中国发表。我并向闵先生提出，请他为安先生、尹先生、他本人及您与金基泰先生写个简介，说明现任职（或工作）及主要著作，好在《韩国出版学的传统与发展》一文末加注。这里，我再请您写一条简注，说明这份学会的年刊的编辑出版，与学会同人对年刊的重视，历年都发表学会同人的研究论文，推动出版研究。这个注释要比人名注释长些，不妨写六七百字左右。我的意思是借重您会年刊的介绍，引起我国出版界人们的注意，从而接受您会的良好影响，可以促进中国方面的出版研究。我国这方面刊物有好几份，大都如官方公报性质及一些工作经验，学术性探讨很少。您写七八百字短文，将与闵先生前言一道发表，将可能对我国出版研究有所帮助。谢谢您，请勿却！您虽然忙，千字以内的短文，务请尽早写出寄下，争取在六月底左右发排。再次谢谢您和闵先生！

　　敬祝教安！

戴文葆再拜
一九九八年六月一日

　　信笺上的漫画，是我国丰子恺先生六十年前所绘。这信笺是杭州友人赠我的。又上钟国先生：

19980814

　　非常烦劳您了！大作收到后，一面通知金菊贤女士迅即与我见面，约好到中国出版科学研究所相见，沈菊芳女士在那里处理搬家事务（研究所正搬迁到西南的六里桥去）；一面立即告知湖北武汉《出版科学》主编蔡学俭先生，他正翘首盼望。十一日与金女士在沈女士办公室见面时，已知您与金通过长话了。十二日金即将大著译好，我立即拜读，您写得非常好，她的译文也能表达尊意，我在极个别地方只改动译稿一个字，只是为了修饰译文语句而已。

　　应该说明的另一小事，大著分四节，一、二、三节都有小标题，第四节未设标题。为保持全文一致，我按大作第四节第一段的最后一句"……以作结论"，便将"结论"二字用作第四节标题，来不及征求您的意见。

　　我们三人当时便将译稿立即传送武汉《出版科学》编辑部。前一晚已与蔡学俭君约好，请他在十二日上午九时，到办公室在传真机旁守候，结果一切顺利，全文收录。该刊立即付排。

　　我事先不了解您正忙于为教科书株式会社写社史，十分抱歉！我当初提议译闵丙德很有学术价值的"卷头语"，觉得他的论述意深言赅，对我国的同人研究出版史很有帮助。同时，想到应介绍贵会的《出版学研究》年刊，这篇文章，舍您莫属，也没有征求您的同意，就贸然作函，因为是老朋友了，您会原谅我鲁莽。我请《出版科学》将您与闵先生二文，以"本刊特稿"登出，想必能引起我国出版界的密切注意。这要感谢闵先生和您了！

　　中国长江大水，武汉、九江一带十分严重。《出版科学》所在的武昌地区，印刷厂尚未被水淹，可以照常工作。刊物一印成，到北京后当即交沈菊芳女士以中国出版科学研究所名义寄上。（用这个名义是为了省邮资）

　　金女士、沈女士以及我本人均尚好。我七月份先后到青海西宁及黑龙江哈尔滨市、牡丹江市及镜泊湖一行。余容后续，即颂暑安！

戴文葆拜上
一九九八年八月十四日

钟国先生： 19981023

前此承赐大作，已在武汉市《出版科学》杂志上刊布，同时刊载了闵丙德先生的大作。他非常扼要明确地论述了贵国编辑出版学的发展过程，您的大作介绍了安春根先生创意成立出版学会，将出版作为一种科学来研究的经过，以及你们各位多年来的共同努力。两文相得益彰，对于我国出版界的研究工作很有启发，尤其是编辑出版学如何形成与研究的经过，正切中我们讨论中的分歧，可供借鉴，非常感谢！

这期刊物，已由该刊主编蔡学俭先生具名，请沈菊芳女士寄至尹炯斗先生处，烦他转送你们二位；同时也附上送他的一份。应有稿酬很微薄，每位人民币三百元，现存蔡学俭处，准备冬季您来华时面致。届时拟请您到武汉市观光，并致〔至〕英山县（大别山南麓）活字发明人毕昇故里一游。途中可经过闻一多先生等家乡，见到湖北省东北情景。

我的状况如旧，尹先生回国后想已谈及，目前正忙于为南京译林出版社编书。沈菊芳、金菊贤两位均康健，不时见面。祝您吉祥如意！

戴文葆拜上
一九九八年十月廿三日

钟国教授： 19990701

热烈欢迎您在这个酷热的夏季前来尘土飞扬的北京访问，敬赠扬州刻印的《北平笺谱》一函，作为我们又一次晤面的纪念。

《北平谱笺》原本是鲁迅与郑振铎先生选编，以传播宋明以来绘画刻镂艺术，为览古者所珍爱。原本刊行距今六十余年，殊难觅得。扬州广陵古籍刻印社特为爱好者仿刻印制一函。今年三月，余至金陵，特往该市一行，参观以刻印传统雕版古籍为主的出版社，并携回《北平笺谱》数函。今奉呈一部，以供得暇观览，并复印鲁迅旧序一篇以说明之，尚祈哂存。

旅安！

戴文葆拜上
一九九九年七月一日

钟国教授： 19990912

　　七月上旬，您冒暑热前来敝国访学，了解了我们这里出版教学的实况；顷间又听沈菊芳女士说，归国后在大学里又添了新的职务，可见都看重您的才识，方得升迁。闻讯欣慰之至，谨致祝贺之忱！

　　自与您别后，天气更加炎热，我的工作甚重，首先挤时间为一博士生审读其论文，写出意见，答辩时已获通过，其人为湖北新闻出版局年轻的副局长，平日努力进修，终有所成。其后为南京译林出版社编辑胡愈之前辈在"五四"前后的译文集写后记，说明他在我国"五四"新文化运动中的劳作和贡献。不少新文学史几乎不理解这位前驱者的实绩和作用，很少有人认识他在青年时代过人的作为，我在四十二度的酷热中，从七月十六日到八月四日，奋力写出了一万八千字论文，表彰他的成就。当时他不过是二十岁左右的年轻人。（三十年后，一九四九年担任国家出版总署署长。）我终于把这编书的事做完了。大约在十月中旬将在京举行首发式，与其他三人的译文集一道问世。环境动荡多年，未能好好学习与研究，老境中挣扎，苦中有乐，吾友将喜闻我的不足道的又一件工作。

　　敬祝阖第康泰！

戴文葆拜上
一九九九年九月十二日

钟国教授： 20030203

　　大地春回，三阳开泰，祝您研究与教学工作顺利发展，获得更大成功！全家吉祥如意！

　　这次因病未能前来汉城，有负尹先生等诸公盛意，也对不起多年接近和关照的安春根先生。我在医院病房里匆促写的短文，不足以发扬安先生在出版实践和出版教育方面的功绩，未能阐发他在出版研究方面的理论贡献，十分惭愧！上月下旬我另写了一篇《追念安春根教授》，请求湖北《出版科学》将您写的、金菊贤译介的安先生的贡献一并发表，可惜还没有安先生的肖像，只得复印了他的《杂志出版论》中译本封面。这次愧对之至，请在各位先生面前，申明我歉疚之意。

　　祝您安好！

戴文葆敬上
二〇〇三年二月三日

祝贺

尊敬的李钟国先生：　　　　　　　　　　　　　　　　　　　20030221

　　我已得到国际间快报：您当选贵国出版学会会长。我相信，您会使得久享盛名的出版学会，继续在境内外作出更多的贡献，把安春根先生、闵丙德先生、韩胜宪先生、尹炯斗先生以及学会历届许多先生做过的有成效的工作发扬光大。衷心热烈祝贺您！

　　我相信：尹炯斗先生依然是出版学会的思想精神和物质力量的不可或缺的坚强支柱！

　　敬祝学会所有成员健康！

戴文葆拜上
二〇〇三年二月廿一日

　　我找出了安春根先生、尹炯斗先生和其他二位先生赴长春途中在北京京广中心与我的合影，奉赠学会留作纪念。

二〇〇三年二月廿一日

致孙琇[1]

孙琇兄： 20000221

  我返京后，即与刘杲同志通电话，印象之一，他对学会出版期刊很有兴趣。（他说，什么乱七八糟的人都出刊物，为什么编辑学会不出杂志？！）之二，大约已经与河北教育王亚明同志在初步洽谈。我希望您密切注意此事，不要观望，自作打算，与刘杲磋商办法。

  此外，蔡学俭同志一贯热心支持各种出版活动。湖北拨出专款支[资]助出书等事，他当然会主动建议。可是，湖北出的钱，不可能向外省洒，人们盼望是可以，终究也要省领导一致同意才行，此为拙见而已。

  祝阖第康泰！

戴文葆拜上
二〇〇〇年二月廿一日

孙琇兄： 20000603

  贵刊可能是托人寄发或发行的，我不可能期期收到，很感遗憾。因为你刊近年作者群扩大了，不限于图书出版社同志，这就将视野与感受扩大起来，我常想经常看到才可增长知识见闻。

---

〔1〕孙琇（1945～　），山西人民出版社编审，1985年参与创办《编辑之友》，1994年任主编，2001年参与创办《中国编辑》，后任编委。著有《编辑如是》。1999年7月4日，戴文葆将《板桥杂记》的1998年3月第3次印刷本盖印寄赠孙琇，题签赠词是："六七年前，整理一本小书以自娱，不意错误百出，都因我未看校样。后改正一百廿六处错误，蒙出版社重印几本，以记予过。奉呈孙琇兄消遣。整理者敬赠。"

最近听赵航同志说，他写了一文[1]，讲他办编辑专业时与他有关的出版界同志们，我久久伫望未见贵刊，大约把我遗漏了，如您手中有，复印一下寄下就行，谢谢！

我虽然不常与外界接触了，有要事还能听到说及，怎么听说你刊要转让？是不是署里所谓"期刊工程"的摆布，还是社、刊分家，独立经营？或是您处不准备办这份期刊了？现在有一种高见，要期刊招财进宝，销数不在上几十万以至百万以上的，不办为是。果真？一些专业科学期刊那么就应取缔了吧。不过，我在下体会，领导上不大会有这种要求，不会要期刊都赚钱，不可能让各种期刊都进贡，齐头并立成为一行摇钱树的。我不信领导们有这种严酷的要求，他们在上会看得清，某些期刊应扩大销路，有收入，成名牌，要大家来促其实现，"是所至嘱"吧？又听说，中国编辑学会可能接纳贵刊。中国编辑学会基本上靠各社出两千、三千过日子，是刘会长人缘好、名声好，肯助人，在台上也平易近人，他现在在家苦伴病人，难以专力顾外事；邵先生病后术后，精神健旺，空前开展、活跃、努力，但也毕竟青春期过去了，不会萌生青春豆[痘]了。《编辑之友》这品牌要出让的话，有单位有人会收买的，买去怎么弄，会不会像邵益文兄在《新闻出版报》上所说（"花边文学"），编辑成骗辑了？顺便问问您而已，我关心没有用的。您也不能跟着这刊物走啊，真闹！

我收到纪念郑笃老的文集[2]，编得印得都好。我想念这位老同志，曾听他一夕谈，至今记忆犹新。

祝编安！

戴文葆拜上

二〇〇〇年六月三日

给大家在南京拍的"学问谈笑间"[3]，大约没有参加比赛吧？我特别喜

---

〔1〕 赵航撰《啊，我的编辑老师们》，在《编辑之友》2000年第2、3期连载。
〔2〕 《郑重敬业笃志为民——郑笃同志纪念诗文集》，潘俊桐 毛景山编，山西人民出版社1999年出版。
〔3〕 1999年3月23～25日，中国编辑学会在南京召开编辑史出版史学术研讨会。孙琇所拍会议照片发表于《编辑之友》1999年第3期封二。

欢这照片,把我经常胡说八道、开玩笑的习性记录下来了。我本来就是吊儿郎当的人。在现局下如此做人好。

如给我寄刊物,请寄朝内人民出版社。我七月会搬家了。又及

致于永湛[1]

于署长：　　　　　　　　　　　　　　　　　19991202

　　向您报告韩国某些研究者争取印刷术为韩国发明的紧急情况。

　　我因为看到《出版参考》报道韩国召开世界印刷文化起源的国际会议的消息，就向出席会议的科学院潘吉星教授写信，询问情况，并要他把论文寄给《出版科学》（武汉蔡学俭主编）发表。他给我回信说明韩国某些人态度甚坏，现将他给我的信复印呈上。本来这是个有历史结论的问题：如有新发现，也应当切实研究讨论分析，不应该采取突然攻击的态度。韩国有个别人原来急于发展地方旅游业，曾在清州开过一次国际会议，我曾被约去参加，会上千惠凤先生就提过这一问题，我予以婉转说明。后来清州大学金圣洙先生竟直接肯定印刷术为韩国发明，我国代表潘吉星教授当场详情反驳，有联合国代表（德国人）在座，对金等态度十分不满，当场不支持。今年更加发展，拟将我国去的《陀经》说成韩国本土所印，请求承认为韩国文化遗产。这一情况值得注意，因将潘先生信函复印呈上，请予关注，希望我国进行具体研究。

戴文葆拜上
一九九九年十二月二日

---

[1] 于永湛（1946～　），曾任新闻出版署副署长。于永湛1999年12月13日批示："请文祥、胜立同志阅。有关课题如何深入研究，请提出意见。"

致邓子平[1]

子平社长： 20050307

　　您好！祝您新春康健！

　　我正在开始读拙著的校样，我最不行的是怕校对这一道工作，是我在编辑部感到最为难的事。我读书、读稿子还能对付。读校样时，看看就走神了，便多考虑内容怎么叙述、剖析，只注意内容了，忘记（或忽视……）用的"词""字"怎么写了，有数字更不放心。过去在这方面训练不够，只是翻翻而已。再者，汉字近年遭到不少简化，我还是老眼光，手边虽放了两三本供学生用的"规范字典"，用起来不能快。而且，我连有些字的笔画也弄不准确，对文字改革学习不够！（写到这里，正好王新华同志来电话，我这两三天自己跟自己打官司，在考虑我的不足、不够，考虑欠妥之处。这本是未定稿，匆匆供贵社简单看看，未想到变成"二校样"了，真不好意思——当然很感谢！然而绝不应自满的！）我想考虑和要说的话，已跟新华同志在电话中说了，这里无须赘言，即省您时间，不添烦了！

　　随信奉上今年初元宵节在人大会堂金色大厅与出版界领导同志在一起拍的相片，以表我在庙堂中片刻，仍感念您们辛苦相助，现在工作很不好做，转制中太费心了！

---

[1] 邓子平（1948～　），曾任河北教育出版社社长兼总编辑。

新华同志要我尽可能在四月底把校样寄回的话,我一定努力以赴,不多说了。顺颂
　　阖第平安吉祥,工作顺利!
　　请原谅草草

戴文葆拜上
二〇〇五年三月七日上午十二时半

致施梓云[1]

梓云同志： 19960521

五月九日来示早已到京。一来因当时我在杭州未回，二来返京没几天我就病了。大检查，弄得连走路也没力气。迟复为歉！

刚回来时曾到中原[2]兄处去了，觉得"播火"的说法，比鲁迅先生当年用的"窃火"通俗，容易懂，现代大多数人不知出典，反而嫌夹生，用"播火"是好。

我已开始请北图的友人，帮我将已查到的先复印，缺的若干小本本，一面再分头找。现在托北大学生在北京大学图书馆先查小册子；同时将去拜访叶至善先生。记得三十年代开明有过几种小本子。我手边没有当年开明总书目，要请教叶先生后再说。

《东方杂志》所载，有时有"译"字样，有些作为论文（如罗素的几篇），发表目录上还看不出，容我细阅后复印。《东方文库》所收，完全是1924年前《东方杂志》所载，还是用杂志复印。

另有一事，我还未好好想、好好查，就是《红星照耀中国》一书，记得译者中有"仲逸"即是胡愈老，可能译得少，一时分辨不清。请您得空也帮我衡衡。此老历来做了不说，或推给他人；但我记得有的回忆中"仲逸"列于译者中。反正他是组织者，将来不收这书也无大关系。

序言请谷老[3]写，当然好。不过，谷老一直住在华东医院，表面尚

---

〔1〕施梓云（1948～　），译林出版社编审，曾任译林出版社文学编辑部主任。
〔2〕中原：程中原（1938～2022），著名党史专家，曾任当代中国研究所副所长。译林出版社约请程中原主编《张闻天译文集》，并采纳程中原建议，将此丛书定名为"播火者译丛"。
〔3〕谷老：指胡绳（1918～2000），胡绳在20世纪40年代曾用笔名沈友谷，其时戴文葆为其学生，故有此称。胡绳后来为"播火者译丛"作总序。

好，已不能动笔。您那里设法代写一文，请他过目就可以。文章不要长，长了就不像谷老文章了。今年第二号《炎黄春秋》封二有他近影，毕竟高龄了，请您作定。我是他学生，过去还较接近，很愿意由他具名作序；也相称愈老。他也记得我这个学生。

（本有一人能写，滔滔不绝。据我背后确悉，愈老厌恶此人巧嘴解说，我不推荐了。我也是张明养教授学生，平日了解一些实况。）

这几天还没劲，不多写。钱没有困难。这是很有意义的事，承约我参加，很高兴，一定好好做。先把材料搜集齐。今上午还得中原来电话谈及。

即颂

编安！

戴文葆拜上
一九九六年五月廿一日

章祖德同志均此问候！又上

［我为中国出版科学研究所编的一九四九年后《胡愈之出版文集》，已看二校样，估计七月可出书，届时当奉上。限于他们把一些后来人编了文集，因此，四九年前愈老出版工作文录（这才是精要部分），将接着另行排印。我还在写一篇比较翔实的愈老生平，仅仅说他是什么"出版家"，是历史限制了他！］

梓云同志： 19960529

您社汇来两千元，业已收到，兹将收据签章寄上，请交您社财务收存，谢谢！

汇来的钱太早了！我们没有什么困难。首先请北京图书馆友人找出原译复印，已印出了一批。尤其"开明"的两本译文，是我一直在找的，这次轻而易举地获得，友朋之助，不可忘也。

像北图这样国内大图书馆，20年代"商务"出的《东方文库》八十二种都所存甚少，如《但底与歌德》也没有。（看《东方杂志》，还不是译文，不过是参考外文书报写的。）我已请以前我在北大的助教，为我去北大图书馆细查所有胡译本，还不知结果如何呢？中国，几十年没有可能为研究者准备一些资料。军阀、官僚只知争权夺利，资产阶级也未能准备收集存藏文献资料，全国素质之低劣，由来已久，不只是1949年后的原因了。

上次与您讨论复社版《西行漫记》一书译者，在北图的卡片中，有一张注明胡愈之译，复社版《西行漫记》，可是有目无书，足见图书馆肯定为胡译。其实，据我所知，他以"陈仲逸"笔名译了一些，大多为他人许多位参加译出。他是组织者，也是译者之一，最初从埃·斯诺手里弄到书，斯诺又为他删改原文，提供珍贵照片的。可以说，应该归他名下，不过要加注说明。

至于《东方杂志》上自1921年起发表的文学译文，已一一查清，容找原刊，以后复印。他从1915年开始译作，我也想选几篇非文学性而对他译作有纪念性的译文四五篇，以示一斑，不冲淡本译文集的文学性质而流于泛滥无章。

现在我还不敢说已全部弄清胡译，只好逐步研究与请教。有什么疑难，再和您商讨。

因为最近欠佳，在全面检查，未与中原兄联系。

匆致

敬礼！

戴文葆拜上
一九九六年五月廿九日下午

梓云同志： 19960707

您于六月十一日来示，我昨天自涿州市郊回城方才拜读，迟复为歉！

你社盛意，理当接受。今天尚未与中原联系，他如可去，我当陪同。趁此机会，多听南方同志们谈谈出版界翻译界状况，可开茅塞。等我问了中原后再给您信。

五月中旬从杭州归来后,身体不大好(其实在杭、绍没有走什么路),也未查出大病,主要是积劳甚倦;加之我手上宋庆龄的八九百封信,虽经外文局等处同志译出,我还得再读一遍,人名、地名、团体名加写小注。这是我最后在出版社一个包袱,今年肯定离休,所以住到乡下去半休息半整理译稿,昨晚才回城,开两个会再下乡去。

胡愈老译文,在北京大学又找到四本,正请北大复印。《东方杂志》译文(连同所写外国文学论文),正请科学院文献情报中心复印,因相当多,又麻烦,要到月底看看能不能弄齐,大约有四十几篇译文。到目前还是不算摸底,要请上海朋友着人到上图查卡片,看看有什么我不知道的。材料齐了,编起来难度不大。

听说韬奋译文[1]尚有小障碍。邹公译文,真正算播火者不多,他"九·一八"以后才露头角。其他三位真是"五四"后崛起的。如换成茅盾也很恰当,不过茅公是否太多,我尚不了解。此间王仰晨同志编他全集,译文不知采取没有,容我再了解后奉闻。

恐劳悬念,先写几行,待与中原兄商定后再写信来。匆颂
康吉!

戴文葆拜上
一九九六年七月七日中午

章祖德[2]同志均此问候。又及

梓云兄: 19970504

来示收到已好几天,因去天津开会五天,未能及时奉复。这一向,忙于《香港新纪元》一书的杂事,愈老的译文集事虽在集中原材料中,但

---

〔1〕 据施梓云先生告知,"播火者译丛"曾有收录邹韬奋译文集的想法,后因故中止。
〔2〕 章祖德(1945~),翻译出版家,曾任译林出版社总编辑、社长。

仍未具体着手,昨天(5月3日)上午去万寿路看了胡仲持先生(愈老之弟)的女儿胡德华同志讨论集辑事,将我感到的问题和她磋商。她虽患脑血栓的后遗症,在屋里仍能行动,头脑也还清楚的。同时,她的弟弟序介(五二年愈老任署长时的秘书)也从天津"南开"来京,参加商讨另一文集事,那是我编的新闻出版文集。

关于译文集,从窃火者意义看来,是很好的。不过,可能投资稍大而有亏损,加之瞿、茅二位译文易见有书,张、胡两位重复情况要少,胡更少。[现在连爱罗先珂童话集(有鲁迅等在内)也不易找。]总的想来,可能有人会怀疑这样做值不值得。这当然听出版社领导层再研究。这是应该考虑到的,我们理解。

胡愈之进"商务"当学徒时,即靠翻译工作,先译的乱七八糟,都是杂谈性质,从1915年8月起,起初如"比国之王后""犬之种类""大战争中之小交战国""欧战中之童子斥堠军""欧战中之犬""中国之颜料""关亡术"等,间有西洋心理学介绍等学术情况。真正触及新思潮新文艺,要在1918年后了。这前一阶段,大抵用"胡学愚""罗罗"名字。1918年12月,才讲到陀思妥也夫*之文学,以后多用愈之的名来译介西洋文学了。同时触及政治学、哲学等方面,泰戈尔、罗素、杜威等论著也陆续介绍了。从此到30年代末为止,译文大约三个部分:(一)西洋文学,多属俄国(少数为介绍性文章)。(二)西方社会思想译文。(三)专著,有文学也有国际情势的篇幅不大的译文。最大的,则是1938年孤岛时代他以"复社"名义组织并参加翻译的《红星照耀中国》(《西行漫记》)了。复社是个牌子,实际就在他与胡仲持的住宅内,一直到解放时,仲持之女胡德华还住在那里。

我想,他在《东方杂志》的译文最重要,的确属于播火性质,一新国人耳目,是前驱先路的做法。这些散篇从未有人辑集过,足够编为一本。其内容除文学为主外,西方学术思潮也占一小部分。我准备把已复印好的

---

* 指陀思妥耶夫斯基。——编注

单篇，依时间为序，抄个目录给您看看，正式编订时，我想似可选择一些，不全收。至于怎么编排，我还未能好好想。等目录抄呈后，再听您意见。我这几天还在逐一查看《东方杂志》等。

另一本就是当时是独立册子，字数最多的即为《西行漫记》。我昨天问了胡德华同志，她大伯译了哪些篇章，她还说不好。总之他是组织者，是他的大贡献，介绍了中国红色区域，轰动读书界，承担了窃火、播火的先进任务。以上这些想法，还应再商量，应真体现你社设想。至于整理原则，按您前此寄下的注意事项办理。五四新文学运动中，西方文学的介绍、翻译，是一支主要力量，最不大为人知的便是胡愈之了。他后来因故停止了。

我正在逐本再次查阅《东方杂志》，因为不能光看目录，有时并未注明是译文。在题目下多看不出来，要看文章的最后交代（有的是在题目下双行小注）。从20年代开始，杂志中"文苑"栏革新，旧诗文排除出去了，而且又添了"新思想与新文艺"栏，还有"世界新潮"栏、"科学杂俎"栏。他旧时还写了像《近代英国文学概观》之类文章，实际是他读文学书及看外国杂志后消化了写出来。张闻天也有这情况，如他写的《但底与歌德》，半写半译的文章。我们当然要区别，原出处要注明，原作者更不能漏。

因为这几天正在编一本文集，稍过一周，我当将详细的目录初拟稿写出供讨论取舍、编法，使胡氏译文的先进意义表现出来，不负您们选题策划的原意。甚至整个都须再考虑。

今天先写这一点粗疏的设想，以供了解。您那里有什么打算、要求，自当悉听尊命办理。回信迟了，请谅！这一阵会太多，有些很无聊，但没法回避。弄得很累很烦，心情不平静，是由于我性子急。

祝康吉！

戴文葆拜上
一九九七年五月四日

章祖德同志均此不另

梓云同志：

20000405

　　王仿子同志写的评论，现寄上请阅。

　　梅益同志最近身体如何，尚不了解。估计他当健康，是会写的。我的信记了两个地址，一是直接寄南京给您。我请他交"大百科"代寄，不太麻烦老人家。

　　你社约了又考虑不出的《世纪末的思考》，因译者王绍仁原是世界知识的，他来找我，说您的态度友好。他要我转介，这不容易。北京一个书号要赞助，二三十万字，三万元，还不给稿费。出版界何处去？尽空谈廿一世纪。

　　祝好

戴文葆
二〇〇〇年四月五日

梓云同志：

20010101

　　敬祝新年阖第康吉！出版社搬进新楼了。

　　中原说"播火者译丛"未能得中国图书奖，可能他们不大了解此书的编辑经过。当时我不知道，未能去向伍杰同志及王大路同志说明。有个别认识的人也未和我提起。以后再考虑可否申请国家图书奖。关键在于错字多不多，社里也要请好校对通读一过。评四样，选题、内容、校对、装帧综合下结论。如错字在万分之一以下，即可被考虑的。得不得奖关系不大，反正我们弄出来了，胡愈老一卷编后记得了《出版广角》的奖。将来可说明张闻天一卷及江泽民题字等情，再请人写点文章推荐吧。

　　很对不起，没有早告诉您搬家的事，我自六月起太烦太累了。再谈，祝好！

戴文葆拜上
二〇〇一年元月元日

梓云同志： 20011028

在本月19日上午复评投票的结果，史诗译丛：《埃达》业已当选，列为"提名奖"。这"提名"与初评入围不同，是二等奖。一等奖正奖名额太少（好像只限定三十种）。为正奖（一等）争得很紧，各组均如此，因而十八日下晚往返争论，至夜深不断。是否应如此限额，总认为物以稀为贵吧？还举"诺贝尔"为证呢。

至于《英国戏剧史》[1]一书，结果没有排上。

虽然《新闻出版报》报道了各科得奖数字，但截至昨天（27日），尚未见正式公布，大约有的同志对某个书的质量，即使列为二等还有意见。（我就提出异议，请维护国家奖声名！）大概不大可能被考虑。这两天就可能照样发表的。所以我没有立即告诉您。

我估计有意见是由于评委看书不严，很难说个个人都认真看书，好书也会有意见的。我见到（非我组）一书，几乎三两页就有错字，甚至于有两处文言句子都点"破"了，可叹之至。提出意见就"添乱"了，难办。反正《埃达》毫无问题。其他不谈了。请等正式公布。

祝好！

戴文葆上

二〇〇一年十月廿八日

梓云兄： 20030712

近来身体可好？甚念！

您在病中还烦劳同事给我寄下《自由史论》这部名著，十分感谢！当时我可能没有写信申谢，您不知道我是否收到，极为歉疚！现在又收到了《自由主义与正义的局限》，真是感念好久病后的深情关注。我在学生时期

---

[1]《英国戏剧史》，何其莘著，译林出版社1999年11月出版。该书入围2001年国家图书奖，施梓云为该书责任编辑。

就读政治学系，1945年夏毕业后，还写过宪法、自由与组织及内阁制适合中国与否的稿子，那时年轻幼稚，以为是为老百姓人权、自由而奋斗的一点心意，经过不几年，到1949年后不久，我就自觉地不谈三权分立之类的旧说了。1946年为维护政协决议，讲内阁制问题，先是在生活书店的大型杂志《理论与现实》上发表过文章，后来又在上海《大公报》上发表过《异者所谓内阁制不合国情》，在我还读大学三年级时，在重庆古老的《东方杂志》(商务印书馆出版)上谈论过世界性的民主主义思潮的专论。1946年在上海工作时，为《民主》《文萃》也写过文章。到1951年调到北京成立人民出版社，我逐渐认识自己的浅薄无知了，再也没有写过这类东西了。但是，旧习难改，我还是爱读这类西洋专著的。因此，看到您社的书讯，立即给您写信要书了。

《自由史论》作者的著名论题："绝对的权力，绝对会产生腐败。"好像这位19世纪的政治思想家又复活了，重返现代社会在讲话了，真是令我辈震惊和后悔自己的少作，少不经世，自欺欺人！

这一向虽然反击了"萨斯"(非典)肆虐，但是听传什么"上海首富"真相败露，百十年后又一次证明了阿克顿的名言，揭开了真实的遮羞布了。这是现代化的成就么？很快就为天下笑！

不多写，我虽然有Ca嫌疑，但出院至今尚无异常感受，生活正常，主要我心理在救护我的生理，日常仍服中药进行调节。

中原在写胡乔木传，住在山上，那里清静一些。

"人文与社会译丛"一套书，以后不必常寄了。第一批书目中，如《政治自由主义》《现代性的后果》两书出版，便中赐赠即可。再次感谢您关注我阅读。

祝阖第安康，多保重！

戴文葆拜上
二〇〇三年七月十二日

请代向帮您给我寄书的同志问候、致谢！

致张小平[1]

敬致小平副总： 20050901

  韩国讯友社负责人尹炯斗先生，有电报致他约请的《日记》[2]译者金菊贤女士（国家图书馆外文编目组成员，近已退休），据金女士下午电告我称：尹二日由汉城*乘飞机来华，携同该社汉语译员姜玲妹同来，拟住北京昆仑饭店，到达后会奉告我社知之（姜小姐这一向［是］与我社对外部杨松岩同志通话的）。我多年前去韩国出席学术讨论时，曾与姜小姐相识。

  尹及译员姜玲妹拟住昆仑饭店。届时他们会来我社（或电告我社）。

  另有呈告社长及您者，届时如有约请，请您建议给书元社长，可约：——

  沈菊芳女士：中国出版科学研究所《出版发行研究》杂志社社长（副），书展时曾将尹《日记》送呈黄社长审阅，考虑接受出版。社长见过她。

  金菊贤：尹先生旅行《日记》初译者。

  姜玲妹：韩国梨花女子大学毕业，现在讯友社供职。该大学与我北京大学中文系有派员前往任教协议。

  余不赘言，匆祝

晚安！

戴文葆拜上
九月一日晚八时半

---

［1］ 张小平（1949～ ），曾任人民出版社副总编辑。
［2］ 《一位韩国出版家的中国之旅——尹炯斗日记》，尹炯斗著，金菊贤译，人民出版社2006年出版。
＊ 此时汉城更名为首尔。——编注

小平同志： 200605××[1]

我未能帮您圆满地做事，抱歉之至！

现在是黎明前的四点五十分了。我是落伍了！

我真的是老朽了！手持笔不稳了，有些字怎么写还要不断查字典。手边摆了一本小学生用的音序的字典，写写就要查查字典，占了不少时间。真是没有用了！希望年轻的同志迅速成长起来吧！（我从前写的稿子绝不是这么写得坏），请告诉为拙作打字的同志，他在哪个房间，我要来朝内大街，随时说明是什么句子，怎么写，使打字顺利。尹去台湾登山了。（他喜欢爬山。）

附带说一下，我们俩虽做了许多未说的工作（除您没有人会想到的），我绝不是此书责任编辑，但有错误的话，找我和柏裕江同志吧！不要称拙作为序好么？尹先生有信赖，姜玲妹先生也来了信的。我和柏会对他二人负责。

文葆上
即日晨

请您再考虑一下。

---

〔1〕 这是戴文葆写给人民出版社编辑的最后一封信。

致杜厚勤[1]

厚勤同志： 19940128

　　清水先生此文，经道弘同志约人译出。他看后又退改，现再看一遍寄上。

　　有个问题请考虑：后面"附记"用译者还是编者名义好？请考虑决定。我倾向于用"编者"。

　　另外，吉田的文章请您找出看一遍，以后可考虑介绍。

　　我还想写信给闵丙德先生，向他要《出版学序说》原文，再考虑请人译介。这样，我们把国际间的讨论情况较为系统地扼要介绍过来，有助于我国的研究。

　　编安！

　　　　　　　　　　　　　　　戴文葆　在老吴家中写的
　　　　　　　　　　　　　　　一九九四年元月二十八日

厚勤同志： 19950722

　　星期二（十八日）上午在"文采阁"吃饭时，刘杲[2]同志告我，"奥林匹克"肯定出中青年编辑文集，并表示一次出齐十本[3]。编辑学会组织人先看看。邵益文同志打电话告我，要开一次会，大家分工当责任编辑。你的文章尽快准备，不要延搁，要"捷足先得"！

---

〔1〕 杜厚勤（1950～　），1988～1994年任《编辑之友》副主编。
〔2〕 刘杲担任"中青年编辑论丛"编委会主任。
〔3〕 "中青年编辑论丛"共9种，1996年7月由奥林匹克出版社出版，其中有杜厚勤著《在失与得之间》。

湖北《出版科学》大约见到了。拙作后"附言"[1]是对国文语文状况的担忧。不好明说，目前语文应用下劣状况有损国家形象，国家首脑并不关心，也无根本改善基础教育办法与眼光。我辈说几句，连放屁也不如，屁还有臭味，正经话如春风过驴耳罢了。

  匆祝

近好！

文葆

一九九五年七月廿二日

厚勤、德平：   19980310

  问候你们伉俪好！

  最近我重读辜鸿铭的《清流传》，语桥译本，"人民"副牌东方出版社印行，其中有《张文襄幕府纪闻》，被收入其中。我弄不清楚是其人译的，还是收的老本子，不过文字似为简单文言文。我注意版本源流，不过无从考证。不过，我早注意太原（山西）古籍出版社印行此书单册，不知何据。当时安塞兄内忧外患，我不好要此书，北京市上也买不到。现在安塞管不管该社，还仍是"国民党"管[2]呢［吗］？不必给安塞添事，请您了解一下，烦请给我买一本也好，请酌办。能去讨一本最好。

  为什么要这书对证？因为都说辜老反动保守，喜爱小脚，其实我反复

---

[1] 戴文葆在《出版科学》1995年第2期发表《韩国与中国的活字印刷文化——为韩国举行国际印刷出版文化学术会议而作》。文末"作者附言：拙作勉力草成，并译成英文、朝文寄出后，而因友邦出题集会所引起的感受，未能论及。当今文字传媒高度发达，电子出版物日益兴旺，视听媒体较之50年代突飞猛进。摆布各种形态的活字媒体印刷系统固属不会消灭，然而试看近年各方对汉字的感知能力日渐衰退，语文的理性功用正被轻视，当今高唱弘扬祖国文明，既继承又应改进、发展，宜如何作跨世纪之研讨，亟待重视也"。

[2]"国民党"，以及本信最后一行的"国民党先生"，均代指时任山西古籍出版社总编辑的孙安邦先生，孙那时是民革山西省委常委。

读《幕府纪闻》，颇多现代性思想，在当日十分难得。要为此老虽不翻案，也不应责骂。因而请您为我出面向"国民党先生"要一本怎样？

葆再拜
一九九八年三月十日

去年是我个人的"荒年"，未种未收。今年必须做一点事了，表示仍存在。又上

厚勤兄： 20010121

《欲望玫瑰》[1]已收到。几年前，我买过昆德拉的论小说创作薄薄文集。我很想看看他的论见，可是对这位"解放牌"作家有些话还看不懂。大约由于过去接读很少，一时不能理会。外国文学所这两位研究者，大约也是啃硬骨头。书印制很好，译文字也认得，可是像143页"屁股形的悲哀"小题，想了几遍，未理解。其原因大约还是对捷生活、思想太生疏。从前我是存心去接触的，兴趣未提起来，失败了。论文所说未理会出特点来。反正我试试去看的，以后再试。此人在国际间大大有名的，还怨我对他理解得太少。

您给光清写信了么？这次在京相见，看他情绪颇好，又因来的同志布置订货会辛苦，他自觉地好好招待了他们，这就对！（江苏人民社头头的政策是：吃光用光，这是战略思想高明之至。当然是与大家一起吃用，人现在有的是聪明了！）

祝您们春节愉快！

戴文葆拜上
二〇〇一年元月廿一日

---

〔1〕［捷］米兰·昆德拉著，高兴、刘恪译，书海出版社2001年1月出版，2002年6月第2次印刷，责任编辑为杜厚勤。

厚勤兄： 20010402

辜鸿铭《纪闻》业已收到，至谢！他到底受过西洋教育，对清末官僚气象、贪污现象、上下关系看不惯，有不少批评与今日官场相合，足见百五十年变迁，封建专制老根子未清除。我想抄摘《纪闻》写篇《辜□□语录》。三月一日总署通气会后发公报，"文革"事不准在期刊中"安排"（文件原辞）。捂得住么？至今不知死！我不一定写。

宋云彬先生日记在构想中，一定试写。他文人气息太重，解放初不知就里，后来得官又不满官场现况，言辞尖锐，非倒霉不可。捞上岸来，已衰老了，可叹。我在想怎么写千把字。

安塞来电话，要为《编辑之友》100期写一千字，当然应该写。在想写几句什么。您如有空，提示一下，可否？候示。

祝俪安！

文葆拜上
二〇〇一年四月二日

厚勤兄： 20010407

前已奉阅，安塞要我为《编辑之友》100期写个一千字稿子。我与《编辑之友》关系很深，不能不写，但我这两年思想动荡，与时不合，不敢执笔谈编辑学，尤其这两年对学界风气很有看法，不敢犯众怒，自己看点想点就够了，不去写为好。所以为100号［期］很难写什么好文稿。

我心中有两点想法：一是应该源于实践和思考，有相当多可说从来没有编过什么书的人在大谈编辑学、出版史，在"研究所"会议上听他们讲，令人苦恼。二是并未占有亲手抠的资料，多为二道贩子，还乱贩偷窃，一声受批评，诿过于人（如说我看过的……）。官方就要你守他规矩，不要思想。我很踌躇。加之平日感受外界刺激，心情波动，产生颓唐情绪，加在一起，不想做什么事了。凡此，皆不足为外人道也。我勉强写了个初稿，已寄安塞，请您去看看，我应如何改；且题目也未定。大概一千二百字，不多占篇幅。请您帮我考虑，删删如何？或请就近复印一份，在上面提示，再寄我改写后寄去。我改来改去，改到最后反变成对《编辑之友》提意见了，其实我是针对在利用研究所编《通史》的一些人的表现，不好明白说，也不想得罪人。

您可以觉察我的情绪不好，应闭门静坐，管好自己，不参与外边事。我从来不是混混儿，不是孔子斥的"乡愿"，不吐不快，又不必多说什么。在研究所八次会上，我学东方朔弄臣，说说笑话，其中道有机锋，婉转批评一点，不想说了——对牛弹琴何苦来呢？

谢谢你，说点意见给我。这次几条思路，又不能写在一文中，写的多不是主流，自己很不满。再者，祝贺应讲恭喜的话，不能乱了。

祝俪安！

文葆上

二〇〇一年四月七日

厚勤兄： 20020121

收到了《红尘冷眼》，当晚立即先从最后看起，看到六一年左右。我认识他（会面）是在他摘帽之后，在"中华"工作，又任政协委员时。是个很潇洒的文人，言论不大顾忌。我在近代史组工作，他在工间休息时，常来说说想到的话，很随意的。

安塞与新主编来过这里，我们在吃晚饭时随意谈了许多。新主编有见解，虽然他说不了解期刊工作。前任在去年底失误，未征订，实际销两千不到，履任以来，一年平均赔一万，安塞说起这一点很对他印象不佳，不会同意他现在提出参加新改造后的要求了。

我要把《红尘冷眼》珍藏起来，主要看他几十年与人的交往，从而也看出一些名人的行踪、活动，有史料价值。1948年到北京听中共人士所谈部分，还未看，可能看出决策的曲折与变化来。很感谢您把这么贵的书寄下。

所记体现出十年风雨如晦，人士交往。"反右"时，他虽想自尽，可是其人一贯是采轻松、自由的处世态度的，当然被容不得。我过去只是听他谈话，读过他的作品而已。

我去年几乎一事未做，今年想下决（心）伏案做点实事，不能再飘浮了。不过，生活中有些心神不宁，主要因为年龄老大，友朋日渐云散，很有感触而不安。

不能再浪费光阴与精力了！

谢谢代钞买这么贵的书！

这两天，光出去吃饭，《读书》杂志、"三联"，明天"人民"，对我内心颇有刺激，我未做什么，吃饭反引起回头看，消磨了好多时间，一事无成啊！

再谈，祝新年团聚愉快！

可以跟儿子好好谈谈前路的预计，对他发生影响。

文葆上
二〇〇二年元月廿一日

厚勤兄： 20020319

为了《中国出版通史》编写提纲的讨论，第六次去六里桥开了三天会，回来才见到来信。关于写点宋先生日记读后感，不知必须在什么时候交卷，大约写多少字，请来示说明，以便考虑。我怕跟不上。

宋先生值得写，文人的一种典型。在49年后，知识分子的好待遇，他还都有的；不好的，一个也不少。我在"中华"干活时，他有时从东边房子过来闲聊，潇洒得很，还像30年代40年代那样自如。尤其摘帽后，自如得很，没有多少经过改造的样子，心怀坦荡，好像仍住在乐园里。到注释《史记·魏徵列传》后，马上暗地质问蜂拥而来，他似乎若无其事，不太久大难临头了。其实注魏徵本是"中华"几年前已陆续注《史记》著名列传出书计划，毫无要人学魏徵讽谏皇帝的意思。极左善于多疑，多疑便能制造紧张、威慑气氛，一厚本"魏徵传"出来便是噩耗了。我当时也在威慑下惶惶不知何所立了。

我去年是"荒年"歉收，主要是体力衰退，头常晕，视力衰退，下笔老写错字，得心不应手，我有些灰心了。原准备好应约写三篇论文，材料、结构、主题思想、弦外之音，调拨好了，就是没有心绪写，从来没有的情绪，便睡觉了，自以为劳苦何所求？！不说了。现在手上正写一较长的指正性文字，写写就不想写了。加之一个月要收到六十封信，精力多用于复信，申明无力关怀现实人文了。所以答应写宋，我要请您说说圈子有多大，当然不宜大。又怕赶不上用，不能发挥应讲的理念。这都是我二十年来少有的心情，是老了，是清风两袖、萎靡不振了。常欲睡，往往入睡十一二小时，也没有丢失什么，既无恨悔亦无深爱，这是二十余年来少有的现象。我想，写简短一点为宜。听您谈谈怎么写好。

我的时间，被研究所等无聊单位占去不少，其中能看到一点"士"态，算是收获，这收获都是稗子，不是粮食。我厌恶这环境（我的小环境），摆脱不了那些讨厌的东西。不说了，一说就有牢骚，不好！

祝健！

文葆拜上
二〇〇二年三月十九日

厚勤兄：
20020404

宋氏《日记》[1]中，三个重要年代：桂林、57至60、"文革"前至在翠微路"中华"内游行，这几天草草读过，有点编辑工作内容，不过饮酒、美食几乎占大多数，即在受整时亦如此，不过其中也有赤脚上街买菜之类可惨记载，然而总还是行动自由的，尤以定"右"后一二月及准备应"中华"召赴京一段，大约南方对他这样名人还是宽容的。编辑工作经验

---

[1] 指宋云彬《红尘冷眼：一个文化名人笔下的中国三十年》。

甚少,在他不值得说的。我在 61—66 年不时见过他,很潇洒,不忧不惧。现在 3 月 1 日通气会通报,"文革"文字不得"安排"(二字原文)。我怎么写还未想好,一千二百字左右,总可应付,等再想想而后定。

我受外界现象刺激,心情不稳定,疏懒颓唐之灰色色调上升也。

文葆上
二〇〇二年四月四日

致胡光清[1]

光清兄： 19880723

寄下的书收到了，谢谢！

你们居然有这个魄力出这样大书[2]，真不易！不必不［求］快，能做一点算一点，现在就是为难的时候。

出这样一本书十分不易！你看，在马路边书摊上是什么书？大致可说是：偷盗扒拿、杀人越货、男盗女娼居多。你们单位居然还允许出这么一大本冷门书，是你工作的胜利，也是社领导开明，印四千本，赔多少钱呵！

看了这本书，感想甚多。我一个月前，在东单栖凤楼的书摊上看到陈列，五光十色，大腿、裸妇、蒙面侠、长头发等等，一本本摊着，封面鲜艳，都是压膜的。其中一边有一本润公，美国施拉姆著，红旗出的（还注明内部读物）；另一边一位当今极峰，高举手臂，解放军出的，美国人写的。他们二位于今就沦落在强盗、扒手、荡妇中间了，太惨！（这绝话也不能说）如果有相机，拍下来可作为历史相片存着，出版界有这么一段日子。对二位太亵渎了吧？我不敢想。商品化很必要，一定会化出金凤凰、天马、雄鹰，也会化出蛀虫的了。

你出这本书，我很欣赏，就是对（一）这方面探讨的支持。你看，现在人们追求的是什么？肯不肯有区别地，在追求正当经济效益之外，（二）分点注意力给学术文化？国家，应不应该考虑在出版界区别对待，经济上、税收，有个很具体的细致的办法。（准备发挥这一点。我再想想。）毛

---

[1] 胡光清（1950～　），曾任湖北人民出版社副总编辑、编审，曾出版专著《编辑论编辑》。
[2] 叶再生著：《编辑出版学概论》，湖北人民出版社1988年5月出版，印数4400册。

润公说得为〔对〕：没有区别，就没有政策！现在上下交征利。我们不应该说"王，何必曰利"，但是也应该对学术文化有点仁义才是。一个民族，一个国家，连学术文化、教育、儿童等等，都不常常挂怀，就太悲哀了！

应该给你发一张奖状（发奖状就是一张纸，国家不会增加开支，不会麻烦印刷机），因为你替国家争了脸。（这也不能谈）"你看，还出了这么一本书呢"。会说这又是当〔作〕成绩！我说这笑话，心里当然有高兴，想你不会误解。这两天听广播，工业增长百分之十四；过一天又听说利润上涨百分之十四多。这么一看，毫无进展，可是有脸开新闻发布会。前面是什么呢？看不清。

对叶公出这么一本书，我也有感触，跟你说说。（一）在科学被挤下来了，不一定是坏事，写出了这么一本四十万字的书！祸福不是绝对的，不是不会转化的。（这也不谈）（二）他是研究所最初筹办人，现在这书由你来替他出，你想过吗？人很难处！这些话，请勿为他人道！（你怎么约来的，我不清楚；我是凭直觉说的。）

我事忙，写得凌乱，又想与你多谈谈。记得太原小杜来过，说要我们作对谈。我想，这也好，就从这本书谈起。你把我这封信留着，我也把你信归还，将来有个记录，好改写成一段。你说好不好？当然，对叶公感想不能讲的。

武汉太热，希保重，不要干得太过。

上星期天（十七日），我在《人民日报》八版有一小文，是为朱正兄呐喊的。写了三个月了，《光明》约稿的，不敢用，要我删去三分之二，之一再扩大，我没时间改。月初"人民"要稿，我请他们删改，见了报就好，虽然有不达意处，但他们有几百万读者，我希望给朱正变动变动，取消一大过。

写得太潦草了，因为昨晚睡得迟，今早七点就来人，后又有一人来，头晕脑涨，就给你写这么一个乱七八糟的信，好跑到东单去发，也顺便醒醒头脑吧。

不赘，即颂

暑安！

戴文葆
一九八八年七月廿三日

光清大弟：   19881114

我从大阪回来时，大约正值你回鄂。听小杜讲了会议情况和你出席情况。他说你正写编辑思想史，这是一个很有意义的题目，相信你会苦思苦想用力写成写好的。

求你帮助办一件事：请将你认为还有点内容的（哪怕只是一小段！）关于编辑学讨论的文章，给我找复印单位复印一份。我想，你会保存这些资料的。我看后就丢开了，你可能记得，我说过我不喜欢研究什么编辑学的。你大约存着那些杂志、书报，麻烦您找出来，每篇复印一份，多少不拘，越多越好！有一点点内容的，就要。从一九八二年左右起，以至今日。这是让您帮我收集资料了，我将细读一过，看看能否综合起来。这是很麻烦的事，只有请你这位细心人帮助了。

还有要说的，复印一定要收钱！请你不必客气，我容后汇款来。记得你们那里刊物曾有一篇综述，后来又有发展，你大约了如指掌，所以只好来麻烦你，不敢言谢！

敬礼！

戴文葆上
一九八八年十一月十四日中午

光清大弟：   19881202

上月二十六日来信收到，谢谢你！综述性文章好，但也需要几篇有特点的文章，其中不能接受的大文也想要。我跟你说过，我绝不想参加这种讨论，因为觉得浪费时光！我平时看了不保留，且我书房乱七八糟，似乎我以为末日将至，不从长考虑一样，没有法子翻检。由此你也可能看出我的心态！

我十分赞成你写编辑思想史论。你说过，小杜来也说过。这种比较研究、专题论文，写来很苦的，然而有意思，能出思想、出才华。这种史论，不受人物与时代限制，可以上下左右畅所欲言。你有经验，编辑工作的经验最重要，可以使你看得深，看到他人不易看到的问题。其次，建议你找一些文论（不是文体论）的书翻阅，这些年学校教文学课的老师写了一些什么历代文论之类，可以从中看看人家怎么写，怎么发挥专题，一般写得不怎么好，然而可以参考。就是觉得它不好，也是个收获，自己可以避免了。我有过一两本这种书，杂七杂八放的，等我找出寄给你。这些日子极忙乱，可能又得出去半月，再说！

握手！

戴文葆

一九八八年十二月二日

光清大弟： 19890202

廿五日手书拜悉。蒙您花了两天写意见，极为可感！

由于出版社催得紧，无法可施，我在寄给您同时，就动手大改。改的原则，如您所说："多从正面立论和释义。"不得已，把人们说大多删去；把明显重复的段落，删去一些。还有文字上也做了一点修饰。你说的"敏感性"，我是十分有考虑的。你会记得，我不主张用力去研究什么编辑学的，我自己就不研究。我读了几乎全部文章，在写家中，只是北有李荣生，南有胡光清。你是提问题，有被人批驳的而你又改变的；李只有一文，却很完美。他这个人不多话，可能也没有太多实践经验，写来却头头是道。我上次罗列太多（你已指出），不敢有正面叙述。两周前被逼改出交去付排了。你的意见留下来，等看校样时再考虑作一些删改。

我经常做力不从心和身不由主的事，你能体（会）到，读到你"深浅无底"之言，令人感激！我成为一具机器，当然比打扫厕所好，又不知哪一天死，做人太难。而且，不能专心读书，也不能集中思虑考索，事情都逼着，怎么能做得好！我想做的事没法做，都干不要干的事。

  草草给你写个信，打印件当未收到。写个信祝你全家春节好！
  敬礼！

戴文葆上
一九八九年二月二日下晚

光清同志： 19890308

  昨天我刚从福建回来，读到您的信，日内即将书付邮，当用挂号寄出。《性心理学》[1]先寄，《随感录》后寄。《随》书巴金同志写一新序，精装本印得颇佳，用料也好。平装分二册，就不大能表现合订之意，不知当初如何设计的了。《性》书编者有几行注，末云"严冬一月"[2]，盖写实也。

  邮程不畅，书到达不可能太快，乞谅！

  匆此，祝

好！

文葆上
一九八九年三月八日晨

---

[1]《性心理学》，霭理士著，潘光旦译注，三联书店1987年1月出版，戴文葆为责任编辑。沈昌文回忆说："那么我现在当然要想法重印潘光旦先生的名译《性心理学》。但我怕'三联'老人批评，于是请他们信任的老文人戴文葆先生当编辑。"见沈昌文《也无风雨也无晴》第189页，海豚出版社2014年版。

[2] 在《译序》末尾，戴文葆以"编者"名义补写了一段话，落款日期为"一九八七年严冬一月"。这段话的内容为："本书此次重印时，本书店编辑部请潘光旦先生东床胡寿文教授撰写了《霭理士传略》，补足这一缺憾，实现了潘先生的愿望。我们并分别通读全书译文，又查阅原著，在极个别地方，由胡教授做了一点校改。还请他补译了原序中未译的对于精神分析学派的态度一段。同时，我们约请潘先生高弟费孝通教授撰写重印前言；孝通教授谦逊之至，只允排作本书的书后。我书店编辑部对两位教授表示深切的感谢。此外，我们还增添了著译者的肖像。原著者的照片倒还易得，译者的遗影竟难找到，经多方寻觅，幸蒙王子光同志提供了珍藏的两帧，于此一并致谢！"

《性心理学》，戴文葆责编，范用封面设计，1987年版书影

光清同志： 19891011

《时空学说》荣获奖赏，为您高兴！学术著作，你社坚持出版，当然是你力争的结果。办这种事的难度，我深有体会，也很恼闷。所以对你获奖，更加高兴！

我将于二十日前往东京，参加"出版国际论坛"第四届年会，日本清水英夫、箕轮成男先生等出个题目给我：《编辑工作的重要性》(Significance of Editing)，结合中国学术传统演讲。这个老生常谈的题目不好做。我勉强从中国文化的延续性、稳定性立论，写了七千来字，正翻译成英文。以后将中文稿请你指教。

我外出的审查与签证等事已由新闻出版署办妥，感谢他们支持。下月初即回。

收到你信，想知你各方面很好，足慰远念。

匆祝

健康！

戴文葆
一九八九年十月十一日

你们武汉有个《老年文汇报》，估计你不会见到的。我在本月初在上面发表一文：《就应该这样乐生娱老》，记一位老大姊来信。

光清大弟： 19891220

顷间收到您寄来的精美花卉挂历，在一片乌烟瘴气的体裁中，实在有清新之感。谢谢您的盛意！

这次发表的"部次条别"，的确很用了功夫，就像你过去说起，怎么埋头阅读与构思那样。现在关于编辑学的深刻的、别开生面的文章极少，你是在领先了。河南也在探讨，我还未能细读他们文章，他们的特点是新，还说不好，可能与实践（中国的）远了一些，等我有时间要仔细读。

近来一件正经事也未干，不知每天忙什么，因而不高兴。只有埋头做事，才觉得实在；否则就只能轻飘飘的了，到何处去呢？在思索。

就写这一点。不给您寄贺卡了，寄两帧伊豆明信片。祝全家新年好！

文葆拜上
一九八九年十二月廿日

光清大弟： 19900130

惠书奉悉，多承祝颂，老而无成，愧何如之！

忆余少时，甚爱沉潜博丽之文，追慕前贤，捧诵不已。其后迷恋社会科学，难得一顾。五十年代之初，主持"三联"工作，对老作家多以文言作函。"文革"中萧闲负手，幸得佳什，即讽诵回环，以遣永日。吾弟勤学勤业，稽古右文，近日作品，甚得好评。时难事烦，前路多艰，甚愿吾弟如董生下帷，埋首力学，三年不窥园诚不可取，然须厚待自己，不与外事，一心读书。老朽之见，不足为外人道也！

匆此，即颂

曼福！

文葆
一九九〇年一月卅日晨

近将旧作，编为一书，已有出版社表示接受，如可印出，自当寄呈请教也。又及

光清大弟： 19900331

寄下的书早已收到。年年你能编出一本学术著作，出版社还肯印，真太不容易了！

在我们这里，"三联"吧，总经理说没有赞助（不论来自何方）不出书，不赔钱保本就是赔。算盘打得是对。还说，要保持特色。我想，至少有三代青铜器上的铜绿色。

您的题目就这么往下写吧，但要抓紧一点，把所引有关文论等方面论见，都需归结到编书上去，成为指导性的编辑思想。

古代文章、工作分工都不细密，说法有时又不具体，所以要引申、点明和发挥。我常怪目录学家讲刘向，讲章学诚，总觉得他们是上海人所说的夹缠先生。狂妄点说，脑筋不清楚。所以我写解缙时，不忍批评王重民先生，他为人谨慎，在"文革"中因惊吓而寻短见。我读他的文章，一面觉得受益，一面又觉得太不足。王先生是埋头读书人，与我这样浅薄小子不同的。

你的系列论文，已引起良好反响。下面的文章更要着力思考才好。近读刘光裕先生在上海《编辑学刊》一文，觉得胆大可笑。他写过好几篇有学术色彩的文章，他只从事编《文史哲》七八年，令人钦佩。但他的有些论点，荒谬可笑。这使我想到章学诚，这种状况更显著。不足为外人道。

您苦思苦想，努力吧！
祝
撰安！

戴文葆
一九九〇年三月卅一日

光清大弟： 19900818

小杜同志来，得知你赴了南岳盛会，使论题展开了。

在可能的条件下，请你向湖北省方志编纂委员会为我讨一本他们印行的王葆心先生大著《方志学发微》。王先生论文，1935年发表于《安雅》第一卷四、五、六几期及三六年第十二期。湖北前些年集印成书，非卖品。如果该会有熟人，还有存书，请要一本或商购一本。如没有书了，就不必费神，我已读过了的。因为王先生和甘鹏云先生，是晚近方志学专家，又有实践经验，我留一本备查而已。不要非去找不可。

听说你要到高级党校学习一年，是好事。能实现的话，星期天就能常来东单聊天了。

祝好！

戴文葆
一九九〇年八月十八日

光清大弟： 19921027

蔡学俭同志来京，晤谈中得知您的好音，极为欣慰！这固然是你多年勤恳工作的结果，实属应得；但在旧的体制仍维持的情况下，关关卡卡，又实属难得，可喜可贺！

你将有新任命（或许已下了？），由于你一贯鲠直，要留心讲点方式方法，因为居了高位，与老百姓的直率就应有点不同了。这当然不是说以原则做交易，但讲点方式方法对下属还是很必要的。想您能理解我的意见。

在海南岛两周，颇有新认识，也有点感触，那是不少名人谪居之地。苏东坡62岁还颇振奋，而且能随遇而安，弘扬文化，尊重土著。海瑞也是那里人，我们在他墓前三鞠躬。到文昌县看了宋庆龄家的祖居。文昌县出了不少人：国民党陈策、郑介民，共产党宋庆龄、张云逸。到三亚，只见海天苍茫、碧水无垠、乱石矗立、惊涛拍岸，令人襟怀大开。可怜货弃于地，金元宝、枕头还要讨饭呢！

下月一日午夜去广西，署里的派遣。实在无法，花了五天时间，准备一份讲稿，那是三个半小时的事！生命在浪掷！

编辑学会居然要"慎重吸收个人会员"，莫名其妙！

匆祝

全家好！

文葆上
一九九二年十月廿七日

小杜代张安塞来开会，我曾提意见，没有两个学刊怎么行？！人事处长可怪。

光清大弟： 19921101

昨日林穗芳同志自鄂归，携来英山名茶，谢谢！

数日前曾奉上一信。林亦谈及在鄂闻见。蔡老对湖北出版界人才甚关心，我相信你的情况又将有新进展。（他要的照片，我还未将底片找出，中旬即可冲放寄上。）

昨日（二日）我与道弘同志去桂林。林穗芳同志等今夜乘火车前去。此次竟派我讲语文修养，花了五天时间写一提纲（附一些说明）。我从没有系统地考虑过这一问题。这次准备对我有些促进作用，好好从宏观上想一想。只是我的时间被卖麦芽糖式零敲碎打地浪费了，真太可惜。今年将力争退下来，闭门读书写作。我想写一长篇，久久不得从事，太烦！

匆颂

近好！

文葆拜上
一九九二年十一月一日上午

光清大棣： 19930122

首先恭祝新春康吉！全家安好！

今年的经济状况不可能好，排工、印工、纸张均涨价，书价涨不上去；涨上去买的人更少了。如今你的责任重大，多费神操心了。

去年二月下旬与蔡学俭同志在黄鹤楼前合影，顷间找出来，烦您得便转致，为感！

今年二月的《编辑之友》，转登了我为江苏教育社写的《〈石鼓文鉴赏〉序》，特意用文言体，稍加解放，不仅比较切合石鼓文一事，且批评当前学风和指出此书尚有缺点，便不太生硬了。务乞指教，是盼！

俪安！

文葆拜上
一九九三年元月廿二日

光清同志： 19930413

提笔就向四面八方扯去了。我这次赶写的文章，笔调放肆，由于心理失衡，讽嘲较多；又学时下报纸腔调，写得似乎太油了。全部写好，下笔不能自制，还有不少话不说了。现在等人还我一段剪报，二三日内即可用快邮发出。请你按你们所定方针取舍，不要客气。全文太长了，六千五百字。这叫越帮越忙。你怎么处理都行（不用，删……）。我对现状的抗议情绪发作了。听说你到了西安，大约也知道太原张君误人害己的事了。

如要用，排六号字如何？用本名，不躲藏。

文葆上

一九九三年四月十三日

请报贩子看大样，决定撤稿事，是《江西日报·月末版》。三月间版协开会时，刘国雄局长不点名地说到。我随后在讲话时介绍了此事。太坏！一点党性也没有了！姑隐其名以免纠纷。

近据张伯海同志说，署里已予批评。不知怎么批评，有何效力。

光清同志： 19930416

这次稿子写得很不顺利，写一遍，改一遍后，又感到态度不对头，对一些现象采讥讽嘲笑的态度，有点幸灾乐祸或欣赏自得的味道，越看越不是滋味。又重改一过，就成为这样子。务请认真审阅一遍，要客观、冷静，不要想到我的名字。我最近心理不平衡，对一些现象有气，其实也是自作多情，与我何关？！我太关心外事了，职业病，太可笑。务乞把关严审！！！至谢！

写得又太长了，抄录太多，故用副题"札记"来遮丑。反正我看来看去不顺眼，又改不好，给你挂号寄上，只是表明我是准备遵嘱写稿而已。请你为我把关，删、改（即编小）及免用等等。因为抄抄剪剪贴贴，原稿不宜发排。如要用，请复印一份发下，手稿留着，我怕浆糊不牢会脱落，给排字添麻烦。原稿仍请退。

文葆

一九九三年四月十六日

"领袖热"中不引原题，是怕打官司的想法。抄了不少，表示为"札记"，不是议论文，有点掩耳盗铃么？又及

光清同志： 19930429

廿一日寄下的拙稿已收到。根据原稿，想做一些文字上修改，附上三

页，请酌。至于整个文稿，仍请从你们办刊主旨考虑去留，务必要考虑合用与否，不能光看拙稿所说都是实情。我用的"治化""治平"等词，是避免接触政治术语，掩耳盗铃一法也。即使我行文展开，也无济于事，反而招来非议。我之务乞"把关"，理由在此。旁观者清。谢谢！

你负了责，果然就大忙了。西安后又去昆明，也好，这几年是应多出力，而你又能出力。

注意健康，不要忘记适当休息。

文葆拜上
一九九三年四月廿九日

我在催老吴写稿！又及

光清同志： 19930706

我从延安回京未到两周，又因事到南京一行。这次正巧，在车过滁县时很闷热了，到南京后天气转凉，有小阵雨，这"火盆"不怎么热了。想到武汉，也许很热的了，你工作担子又重，大约你很累的了。

在南京与海南陈厅长会晤后，张惠卿同志与我，和他一起来到上海，我除与陈克勤[1]同志商讨一些事外，顺便处理一部德文译稿，是埃里亚斯的《文明的进程》，一部很有价值、世界知名的著作，放在我书柜里五年了。译者仍在科隆，我来沪是和她的老师商量再核对一次译文。海南有编印古籍的庞大计划，较之上海古籍的《四部精要》还要大几倍。在南京，我把友人赵国璋先生介绍给他们，也许可以提供一点有益的建议和规劝。

---

[1] 陈克勤 1994 年 10 月 16 日为《中国南海诸岛》所写的编后记中说，《中国南海诸岛》的编辑"工作得到了国家新闻出版署和人民出版社的积极支持，我们得以约请资深的老编辑、我国首届韬奋出版奖的获得者戴文葆和人民出版社原总编辑张惠卿两位同志担任副主编，并组成编委会，开展了组稿和编辑活动"。戴文葆还为《中国南海诸岛》撰写了前言《海洋的召唤》。该书 1996 年 8 月由海南国际新闻出版中心出版。

在上海还要处理一点私人亲戚的事，然后于十二日去青岛，《青岛日报》和《新华文摘》在那里组织一个讨论会，实际是旅游活动。道弘同志将由北京去，我也为人民社不得不去，只好由上海直接去了。

　　我的时间都像敲麦芽糖那样被支配了，手上的事一直不能做向前去，真是烦恼。你看我这么奔波，一定会感到可笑可叹了。

　　在北京，曾听老吴说，蔡局长因为开会的事和现领导发生龃龉，那么办杂志也就会困难了吧？我写了过长的稿子，觉得很抱歉了！

　　暑天已至，请注意有点休息时间。

　　我大约在七月十七八日后即可回京，此间工作正烦，北京不少事，下半年更不会好了。以后再谈。

　　即颂

暑祺！

戴文葆
一九九三年七月六日于上海

遇便请代问候蔡学俭同志，谢谢！又及

光清同志：　　　　　　　　　　　　　　　　　　　　19940105

　　迟迟才给您写信，都因为疲于奔命，反正评书投票已定。这次十二年国家图书奖[1]，大约很难令人满意，遗珠之憾深。由于没有经验，决定先由各社选送，有限额，这就自动淘汰了一些。到署里后，图书司加以筛选，不过全部送来的书，各类还给各组看的。署里只有三个会议室，书没法摆布，就分散各出版社，省得租宾馆费钱。哲学社科类在"人民"三楼会议室，古籍在文物社，文学在人民文学社，各家让地接纳。我们这一组。占全部图书1/4，科技又占1/4。余下为七个门类，书多少不等，评委

---

[1] 第一届国家图书奖评选会议于1993年12月28日至30日在北京举行，评选对象是1980～1992年间出版的图书。戴文葆为国家图书奖评奖委员会社科组成员。

相应也少。你肯定见过《光明日报》了。我们组长是邢贲思（党校副校长），成员有中宣部出版局刘国雄，历史博物馆余维超（北大毕业），研究生院汪海波（经济管理出版社人）、朱德生（北大哲学系），军方林先生，以及道弘同志和我。其中不少是大忙人，看书的任务道弘与我最重。联络员吴琼同志是北大哲学系毕业，有见识，为人也谨慎。我们提出一些书和问题，八人不能晤聚时，由他转达各位。哲学最后由邢、朱商定，邢拍板。有一本书，本商量好，谁知邢先生另有考虑，朱先生也一怔。您编的《时空学说史》，二位都搁下了。吴与我没资格发言。我个人做了一点工作，为爱泼斯坦《宋庆龄》*、薛暮桥文集、费孝通《行行重行行》、李浩培《条约法概论》等是我建议、解说的。后来有一次主任、副主任会议，我被临时抓去充数。你知道，我有意见就说，没人过问，又未送书的谭其骧《中国历史地图集》八册，我提议应纳入荣誉奖（不花一分钱），季羡林老先生、任继愈先生立即发言赞同，算是我为这奖补了缺憾。我又提议《鲁迅全集》纳入荣誉奖，不让周海婴得一万元，又高抬了鲁迅先生，也被主任、副主任小会接受了。但我人微言轻，有些不应入选的书也进入了，我愧无能力发言。

十二年，额子太少。署里根据历年出书数量，事先有个估计，内部有限额，后来才告诉我们。光清兄，中国现在学界趋势有这么一种状况，学者官僚化，文化单位衙门贵族化。读书人傻，弄不过官老爷的；钱、权都在老爷手里。老爷通达一点，我们就感激不尽了。我常告诫自己，不应常做唐·吉诃德！我实在倦怠了。应该满意，这里是中国！

今年状况不妙，危机四伏。将发行一千亿公债。我有福，还赶上这次涨工资，又特别论年资（一是哪年评的职称，二是哪年参加工作），我得钱多了，当然多少准备一个月工资买公债了。你的工作要再三筹划，多注意挣钱的书；春节后物价工价会跳得更多了。

附带奉闻：我正与"三联"告别（我对三两人背后的海外力量搞不

---

* 指《宋庆龄传》。——编注

清），元旦起回"人民"。目的在实现离休。（他们还不让，等四五月再商）我要读点书，写点东西。最后的极短促的宝贵时光将又浪掷了么？

祝全家好，没有见到你的孩子和爱人，是一缺憾。以后再来武汉。

文葆拜上

一九九四年元月五日

19940110

这是一本可看的书[1]。

乾隆接待马尔嘎尼*的事，不少中国作者从反侵略着眼，可笑。前年有位研究生在江西出了一本专著，他收集中英文资料，批驳了无根的、停滞的论见。我曾在香港《大公报》写了千字文予以评价。这位法国作家的大著，书名就表示了他的观点。送您一本存着，有时间时看看。祝春节全家好！

我从元旦起，回"人民"。我要争取早日离休，退出出版界。

光清同志：

19940603

近两月太忙乱，在泰安编下海书（！）又回京讨论编宋庆龄书信。日内又将赴鲁完成未了事。

奉上拙作[2]，系应上海《解放日报》社及上海新闻工作者协会之约，在杂志发表，纪念恽老，兼纪念该报在沪出版45周年。我也乘此出了洋相。

祝全家好！

文葆上

一九九四年六月三日

---

[1] 据胡光清标记，本信夹寄在《停滞的帝国——两个世界的撞击》中，胡1994年1月17日收到。

* 应为马戛尔尼。——编注

[2] 《患难中和恽逸群守岁》发表于《上海滩》1994年第5期。后收入戴文葆著《月是故乡明》，湖南出版社1998年版。

光清同志：
19940628

　　武汉大约很炎热了，您是否去郑州开会，也可顺便躲躲武汉的酷暑。

　　我这几个月到处流浪，俯仰随人。四月在杭州读四十万字稿，提了颠覆性意见，不讨人欢喜。五月来泰安，为市委考虑编一本文体旅游搭台、经贸招商唱戏的图文并重的书。五月下旬又回北京，在香山开编宋庆龄书信的讨论会，商量翻译等事。六月九日又来泰安，边组织、边编写，让人摄影。文字部分约十一二万字，已于廿五日初稿完成；相片也在冲放中。现在考虑版式设计，请一位版画家来办。我七月三四日才能在汇报后离开。什么正经事不能办，自己也不能写稿，今年上半年又在奔波中逝去了。

　　全是"人民"的事。真为难！

　　我想你管家，一定比我编一本书忙多了。今天松弛一些了，写封信问好！

　　俪安！

戴文葆拜上
一九九四年六月廿八日于泰安

光清同志：
19950522

　　月中来京，承挤时间过访晤谈，可慰远怀。匆促间只言及出版观事，我一直在心，颇有考虑；同时，年近我总想到一个更大的问题，曾断续与外地友人商谈，亟愿听听您的想法，以时间有限，未能提出。

　　所想一个更大的问题，就是出版界可否就二十世纪学术文化成就，选择一些题目，或一些门类，组织学者专家写点总结性（或叙述性）的著作。问题虽重大，也可以大题小做，量力而为，在经济上赔点钱也值得，有利于积累，也有益于发展。我为此想很久了，好几年来，遇可能时就与人谈论。去年丁景唐同志与鲁迅纪念馆同志编出《王礼锡文集》，赠我一册，我写信申谢，并提出我的拙见，后来蒙他将拙见摘要写在上海文艺出版社的内部通报上。

我怎么想呢？二十世纪行将过去，这二十世纪在中国（当然在世界亦同）是空前伟大的历史时期。辛亥革命、五四运动、北伐战争、国民党政权、抗日战争、解放战争、中华人民共和国成立及建设，一直到79年开始改革开放，面向世界思潮，不论历史的发展是何等模样，都总是可以说前所未见的、伟大光荣的。清朝这一个封建王朝，不论晚清人们说它怎么腐败，清初入关怎么残酷暴虐，其间文字狱怎么迫害士人、株连家族友朋等等，然而清代却有一个伟大贡献，就是对中国传统文化的各个部门做了反思与总结，培育了后来的学人。我们这时代紧接着清朝，推翻了清朝，推翻封建专制帝王，开辟了共和民主的门径，民族融合的气象，既批判地继承本位文化，又进一步吸收了西洋文明，把明末清初耶稣会士做的一点点工作，中断了又连接起来，而且大大发展了。1979年后的不少新学科，其实在二十年代已见端绪，已有论列了。一百年了，中国知识界虽经历千辛万苦，可说是带着血与泪在荆棘丛生的路上走过来的，不能认为没有成就、没有贡献，不管中体西用、全盘西化、本位文化、批判继承等等，都有不少可以总结保存，足供进一步研讨的成果，或是一得之见吧？

这几年应该有人做一些总结工作。当然，2001年以后仍需要做，不过，送旧迎新，眼下就应该做。总结总是很难的，一时学力识见都不足，但可量力做一点，为后代提供一些资料就不错。我是想到一些方面的：

如以学者个人为单位，人文科学与自然科学学者，都可整理编订以人物为主的论文集、选集，其中节要专著亦行。毛润公和他的一部分主要战友，都有文集传世了，从"五四"以来，并非一枝独秀，是不少学者讨论、探索、碰撞、争论，乃至于讽刺嘲骂，皆成文章。把这些正动的、进步的、中庸的、反动的……以人为单位，择其要者编成文集，这是一法，有不少人几乎无集子，文章散见报刊，没有收拢来，很难编定的。

以学科为单位，各个学科，从1912年到世纪末，能整理编辑出论文汇编，哲学、经济、政治、社会、教育、生物（动、植）……，文学理论更杂冗庞大，乃至艺术、书法等等均可汇集高论。各科之内，也可再分问题等等。

或者干脆以专题为单位，或某一时候论争的重点、热点专题，汇集资料成书，大有助于后学思考。二十世纪中国史，就应该在比较完备的文献与调查访问回忆等记录的基础上，去冷静地撰写出来。

仅就上述三方面来说，工程极为浩大，要由国家财力支持，有若干愿坐冷板凳而有识见的人去做，要请学者专家带头，引领中青年去搜集整理、研究探讨，绝非容易的事。我辈渺小，不敢妄想，而且当今生活困难、风气不正、拜金主义横行、道德观念破产，谈这种事惹人讥笑，斥为空谈，有钱有势者很难考虑及此。我摆在心很久了，有机会就与人谈。不能大做，能否考虑小小地做一点点，做个样子出来，或专做一个侧面也很好。难，难！

然而，我想到请您考虑可否做一点。我觉得以你今日状况，可以主编一本五十万字以内的专题书。具体说，你可否组织一些学者，各取一个问题，试试总结二十世纪中国哲学，各写一个阶段，或各写一个重要问题，再写一些著名人物的重要论见及其影响，还写一篇重要哲学论著的提要。即使不完整，水平不高，但能做到整理材料、梳理问题、提供情况，就是一个学术性贡献。我觉得，你是一个比较理想的主编者。你可调动一点物质力量，你能设想一些问题，写个简要提纲。先在武汉大学及社科界请人，少数到北京、上海等地约稿，各人写二万字以内，一万五上下，分头写二十来篇，蜻蜓点水式论述也好。各位作者文责自负（但不能出格！），稿子写清楚，不要费力去加工整理做多少案头工作，不妨大胆出一本书。时间不能太长，各人写一年，出书一年，九七年面世，以迎廿一世纪。

夜已深，我后天还要外出，毋庸发挥，你会去想的，我先把这个问题向你提出，希望你能有雄心（其实不用太大），就编一本书，至多上下册，有理论介绍、资料汇集、人物、书目等等。哲学思潮极有现实意义，你有无兴趣呢？我盼着。我从韩国回来，就办离休，好自己休息几个月，以后做个人的事，绝不能再在班上搞下去了！

祝康吉！

文葆拜上
一九九五年五月廿二日凌晨一时半

光清同志： 19951114

　　这次到武汉的两个目的，只实现其一，缺憾的是未能听到各地同志的发言，以及官方代表的讲话。虽然我已置身事外，力求早日脱轨，不过从文化学术方面着想，还是关心作为一种表现手段的出版工作。（看来，这几年几乎会无望的了。）

　　意外的收获，是去了英山。过江后看了东坡赤壁，东坡居士得名于黄州，纪念性建筑小小巧巧，颇好；但不如儋耳东坡书院庄严、优雅。大江退去几达一公里，沧桑之变，令人感慨万端。对鄂东北也有体会，出了李四光、闻一多、林育南及林彪、胡风，一直到大别山主峰下，有毕昇故里。这次对毕墓有新认识，我向韩、日学者介绍时，只敢说新添了一个线索。这次观看，使我充满信心，了解了墓碑怎么发现，墓地就在附近山腰。山后那天正好发现了宋瓷碗具，有一个碗底还写有"毕卅（？）八"字样。在县城内藏品房里看到镌刻精致的"买地券"。这样一种文化环境，是能出毕昇的。而且毕墓碑文，与隔河其孙文忠墓碑正好印证，绝不是当地人造假，可以推断其人其事。我不是文物考古专家，不敢说"论证"，只能以意度之，说是"推断"。除非同时有另一个真实的毕昇，是否定不了英山县毕家坳的。对我而言，有了确切的体会，足以证明其事。蔡学俭同志热心地方文化，是有贡献的，这次我对他又添了新认识。

　　回来后，只息一天，五号上午参加纪念韬奋大会，下午三时就去西山评书。这是初评。文学组的先生们不了解闻集刊行情况，以为是旧书全印。那四卷本是叶、朱二先生于建国前编订，由开明出书。七九年后，"三联"重印，立刻销售一空。他们以为是旧印，在汇报会上竟未提名。会后向杨牧之、刘杲同志首先提出；我又向主办者提出，难道闻集不如六十二卷的，毫无编校含量的张恨水集么？（那是把各书加在一起印出的）再者，是背后说的，不如冰心女士么？我很佩服谢先生，从小就读他书。这个提议获得赞同，就不问他们文学组意见了。事后追论者，只有这一种是从学术着眼（我还另提了一种抄袭语言学著作，有证据的）。至于权力作用，国家图书奖就是国家权力决定的嘛！此事不必与刘社长谈及。因为到 12 月中旬还有最后评定。我们当然出面解决。已与刘杲交换了意见，不是徇私，是看学术。

小杜到京还逗留几天，才回太原。

我看你工作繁重，反而觉得不必着急劝你写点文章了。有实践体会就写一两篇，首先要把本职工作干了，不能马虎，这是我来武汉后的体会。

不久，大约春节后，我就可以做我愿意做的、与人无关的事了。去年由于闹着玩的，挤时间标点一本小书。已印出，觉得印装虽好，错字颇多，出版社将重印，容后再寄奉。

现在宣传的事、人，只是讲 20% 的部分。改革开放，开放有之，改革不多，前天听经济学家们讲了四个多小时，学者们提出怎么来充实"改革"的内容问题。其实出版亦然，不过，这不是我们黎民所能置喙的了。

越写越潦草，乞谅！即祝俪安！

文葆拜上
一九九五年十一月十四日

光清： 20010804

我听到的情况，可能是"少儿"调来当社长，同时将您调往"少儿"当社长。"少儿"的人定了，等该人调动后，首先考虑您调动。

有什么"优势"呢？"少儿"赚了不少钱，不愁生活；又据说，"人民"很困难，日子不好过，这确是大问题。属实否？

如能调您离"人民"，去"少儿"。一切从新开始。往日在"少儿"的人，来应付"人民"的局势。如能调您去"少儿"，可以在新人事、工作环境中，"宽松"一些。（我考虑这一点好。）

"少儿"总是一些人内行，协助工作，与"人民"不同。

这是偶然听说的，蔡还不好问邱，等最后作定，以上是"据说"。

我又想了许久，觉得如确实是这情况，又认为：何苦守旧摊子，每年吃了许多辛苦，还要苦下去，何不乐于到可能宽松点环境中呢？所以，建议您与夫人磋商一下。先做好选择的准备。这一点，是我反复想的，不是他人授意我说的。——总之，我在想怎么轻松一点吧？不弄得太辛苦了！这也是我这几年从辛苦环境中挣扎后的认识。

对不对？如可属实，不妨把太辛苦的环境丢下来。你们考虑，联系实际想想，对不对呢？

虽然，我的"寓言"中也有些正确的。

葆上
二〇〇一年八月四日

致汪家明[1]

稼明同志： 19980430

  昨晚幸会，看到画报出版社阵容，大喜！

  请你们写信问问陈敏之同志，顾准传[2]怎么写才好，他会尽心说说的。上次他与夫人来京，到我院子里，我匆匆外出，未看清楚他。（好几年不见了，也可能未认出来。后来知道，他见我匆匆走出，未叫住我。）顾准的日记已在社科院同志处看见。（写信时，便中说我向他问好。）

  至于巴金一书[3]，我回来就给陈琼芝打电话，她说几天前已给瑞琳同志一信，可以将就交稿了。她还说，她不满意那种写法。请瑞琳同志与她再联系。我未问清楚何以自觉不满意。

  祝好！

  有人写就好。也可问问陈，上海是否有人写。

戴文葆拜上
四月卅日

稼明同志： 20001122

  上周承柱顾，欣喜无量！尽管时间匆促，快谈仍获教益。我本想立即写信，谈点胸中疑问，不意当晚感冒发作，热昏中大睡数日，今日才比较

---

[1] 汪家明（1953.9～　　），出版家。曾任山东画报出版社总编辑，生活·读书·新知三联书店副总经理、副总编辑等。
[2] 当时，汪家明总编辑打算约人写一部《顾准传》。
[3] 即《生命之华·巴金》，山东画报出版社1998年8月出版，著者陈琼芝，责任编辑刘瑞琳。

轻松。提笔申谢外，先谈点《大公报》王公子在您社出书[1]（或约他编书）的事。

此人是芸生先生孝子，多年写作为先人辩护，言之成理，他坚持不懈，令人敬佩。他知道我较忙，一直想与刘自立同志来看我未成。我不大喜欢参与外边活动，杂事已很多，精力不足，尤以近年为甚。我还未见过他，他终于从其他同事中得知我电话，在三两分钟中根本谈不清楚。他又来信，说我写的简述可用，且无需老照片，他说其目的在于说明一些《大公报》出身的"文化名人"。我不知是否真的要在贵处出书？同意他这个旨趣么？我问他介绍些什么人，他说金庸、梁羽生及其他几位，我殊不解其妙（我这里说的不是不应写他们，而是业内可写之人甚多）。为何这些朋友，他们的业绩不在编报，且不在报社工作范围之内。一九五一年前后，人民出版社准备创办之时，中宣部三次发函至华东局调我，我才蒙市委宣传部同意离沪来京，从此脱离《大公报》。我虽对该报很有历史感情，但我到京时，人民社才建成八个月，首先是检查错误（乔木猛批！）。"三反"后组织建设时，我担任政治书籍编辑室副主任，以后至一九五八年垮台，一直负责审读、约稿、联系作者等事，运动不断，我思想上约束很大。以后虽继续工作，还是审读、编稿，大都是我自己编书或指定某些人编书，对于体例要求十分注意。一直到"文革"发生，康生之流并没有找到我个人什么严重政治问题。六三年后，遵照毛的要求，中宣部要我编辑蒋的全集（还有其他几位及十多位在全国搜集材料者），所以我对自编书十分注意，已成为我工作的习惯。小王公子始终没有讲出个所以然来，我不放心！而且，我不相信您处要他编他所说的书。他多年来努力搜集《大公报》材料，也接触了若干幸存者，我恐怕他知之不深，恐怕很难弄。贵社如约他编书，一定要他与你们讨论好体例要求。所以那天见到您，十分愉快，只因您要赶回济南，未能细谈请教。他给我来信，因我这一周卧

---

[1] 据家明先生告知，即王芝琛、刘自立编：《1949年以前的大公报》，山东画报出版社2002年出版。

病，未找出随信寄奉，但我转述得一点不错。他还要我二十日交稿（包括相片），我不能做到，也未给他回复。先将经过奉阅，便祈赐复。

您亦可与杨进通话，嘱他转告。我想您工作一定很忙，不一定要写信。我经常看你社的出版广告，很有兴趣，有时也买几种我要留着看的书。将来我如能编一种书，还想向您讨要一帧名片，现在无暇及此。

王芝琛编《大公报》旧事，我自应尽我可能参加写点个人的经历，不能是全貌，只写为何进入该板［报］也就可以。当年如潘际炯、刘北汜诸兄，均比我稍前进入，与我友好相知；即萧乾先生，因章靳以老师关系，与我关系也十分密切。我所感知的，体会与人稍有不同，尤其是萧，在政治上对他是误会、排斥，他也有失检大意之处。《大公报》的事不好写，只让各人自述所见罢了。

匆匆不尽数言，尚期后会。余容续陈，匆颂

近佳！

戴文葆拜上

（二〇〇〇年）十一月廿二日

稼明同志： 20001124

前函计达。我已经把王芝琛同志来信查出。我觉得他对于贵社约他编《大公报》往事的理解似不相合。金庸当年考进来，就坐在我长桌的边上，每夜收来外国社新闻电讯，一般外国社驻沪代表要在翌日译出印好发来。我觉得可用的，当即请他（和张美余兄、王小姐）译出来，在十二点后仍可编入版面，就比其他各报早一天了。梁羽生兄，大前年伉俪来沪，午间餐叙多时，《北京青年报》曾为我们合影。严庆澍就是唐人，写《金陵春梦》者。庆澍本为驻台人员，吕德润兄采访报道，他负责推销报纸、招揽广告，当时不写通讯。（他也是燕大毕业，读书时极苦。）每次回沪报告，总要我请他餐叙，谈不完的话。（后来人民社想写蒋介石，范用兄想请广东当局让他休假半年为我们写老k，后作罢论。）后来与罗孚在港主持《大公报》晚刊，在京看电视报道女排时，太兴奋而去世，也是个性情中人。至于唐纳，江青原丈夫，我四六年进《大公》时，他在《文汇》，住在北四川路大通路，这大通极短，在我住的窦乐安路斜对面，我有时与他见面，到他公寓房内，看无一件妇女用品，我那时年轻无知，不知其底细，只知《文汇》的编辑主任；我晓得规矩，不敢乱问。唐纳与徐铸老交好。后来送徐上船回沪，自己不回来。铸老多年后对我说，他极有见识。（我为铸老出了《张季鸾传》，当责任编辑。）他的公子在他记述出版时，还提及我与范用要他写八十自述。

扯得太远了，我并未给芝琛回信，主要是考虑，应遵照您与约稿同志的预想写作及提供相片，我听候您商定后再办。这几天正好重感冒，未给他回复无妨。《大公报》事，我并无多少顾虑，不过感到现在没有一份报赶上"小骂大帮忙"的"政学系"报纸，李纯青的辩驳，实际上是他对四九年后统制新闻的反应，纯青与我谈过不少，他在T内因有很大矛盾而受苦。徐铸老后告我，小廖对他说，"现在不需要小骂大帮忙"，因而他便不去香港办《文汇》了。草草写这些，仅供考虑。是否初步编一本出来，其他以后再议，且老照片甚难，当时可能有点，可经不起五十年风风雨雨，留存极难。此事并不急，细细磋商。王公子未在出版社工作过，很热心写作，但不一定了解出版社选题旨趣、要求。不多写，而颂近佳！

附上王君来函。

戴文葆草草拜上
（二〇〇〇年）十一月廿四日

稼明同志：   20010101

  新年也未寄贺卡拜年，买不到适当的印刷物，也就以写信代替了。

  因为我没有给王芝琛先生写信，他大约因此也不好再写信来。我希望知道您社的同志与他商谈后，达到怎样的共识，决定了怎么样的主题，而后我考虑如何去具体写我的稿子。《大公报》专出一辑老照片，是难得的机会，过去社会对报社传说的居多，真实认识的不多。比较老的人中，彼此倾谈也不多。我得到您的确信后，会考虑另写。

我之所以未写信给王芝琛先生，即因把握不定。

伫候回示，祝

新年阖第康吉！

戴文葆拜上
二〇〇一年三月三日

家明兄：　　　　　　　　　　　　　　　　　　　　　　　　200405××

您好！

我看到《文汇读书周报》四月卅日上推荐新书，山东画报出版了《科学之书——影响人类历史的250项科学大发现》，系英国彼得·泰勒克编，马华等译。我很爱读这部书，画报出版社肯出这种学术性书，不容易。我想请您了解一下，目前定价68.00元，将来出书定价如何，能否打个八折优待，定价若干。我绝不要因此赠书，告诉我优惠价多少，我先寄书款去。像这种书，我喜欢读的再存一本。

务请为我说清楚，我汇书款去，您千万不要为我讨书。我不上街，我怕见不到，请您为我了解一下。谢谢！

祝好！

戴文葆拜上
（二〇〇四年）五月

稼明兄：（写得对么？）　　　　　　　　　　　　　　　　　2006××××

我们相识相知也有多年了，可是您的大名如何正确地写（按当年命名本意！）一定有失前人的命意——这就是很失礼了！我从中学时代在家中就知道这个礼仪，可是多年的"与传统决裂"把人带坏了！这里应该先致歉！

承您几次问我如何对待个人写作[1]，惭愧！我是个原先以工作责任为主，其他活动置外：所以好几年未编书，不敢答应一些慕名的出版社，一直拖下来，对不起关心的友人，也对不起八十四岁的再身！您几次赐问，我都被外间拖累，抽不出身来。现在想请您考虑帮我如何处理才是。现在手边有的杂稿，目前奉呈可考虑的有二：

（一）《中国妇女天足运动史话》，这是上世纪五六十年代，我读清末民初报刊的抄录材料，当时傻！抄了不下一百万字，中华书局本准备出版，我想一百万字去害人家出版社么？谁看？谁买？业经约三十年前黎澍同志给我写个序，我钦佩他笔锋针对专制和严酷待人，本已整理好了，只是个别有重复之失，现在想改成十万字的"史话"。其中一些是年俗文学的唱辞之类。有点可欣赏处。十万字以下，不该太损害出版社，此其一。

（二）是我做编辑工作的审读、编稿、书评及少数杂文、散文，是个人工作的杂拌和心得。现在新参加工作者或可参考，不能如今日某些社乱搞的那样，将来可能有人看。均已复印出来，按时序编出即可，但要紧缩为好。

我如现在新写，难，我与世风很难谐同，也体力不支，不为稿费下手，我相信后来的年轻同志可能考虑看看。我不追求金钱，是用以纪念一些友人赠言的记录。

您在"三联"工作一定很忙，在八月间凉爽时想请您与我一晤，目的是赐教、收缩，把我个人的设想改变。不急！

以后面叙。我未与其他人谈过，我着重这点思想与传承。

祝阖第康寿！

文葆匆匆拜上

---

[1] 汪家明先生"原想约戴先生写一本书，内容是他编的100本书的故事。此事面谈多次，直至他去世"。

致刘小敏[1]

刘小敏同志： 20050629

贵社本月20日来函收到，你们决定出版的《20世纪中国著名编辑出版家研究资料汇辑》十卷本，是宋应离教授费了多年精力编成的极有价值的好书，我早已承宋教授和我面谈过，记得他说关于我的老师张明养教授的资料，只有我一篇长文，现在看到你社来信，有我四篇拙作，张师两篇，胡愈老两篇，非常感谢。在收到您社来信前几天，我又从我在张师去世后所篇[编]的《张明养同志纪念集》中复印两篇文章，其一是雷洁琼老师所写的，另一为郑森禹同志所写，两文都很好，尤其森禹前辈所写，他也是张师的好友，《世界知识》初创时，他们就在一起研究和撰文，郑当时就是中共党员，我请宋先生尽可能添进张师部分内容，文字十分有感情，雷老师只比明养师长两岁，同是民进党的高级成员。我请宋先生考虑尽可能使用，纪念集是我约请他们写的，我都认识他们。两文计程已到贵社处了，麻烦您再为我向宋先生陈说一下。

您社是我很敬佩的正规出版编辑单位，我一向敬佩，张如法、王振铎教授等都是我佩服的专家，承采用拙作，绝不计较稿酬，你处是国内研究编辑出版学的著名单位，我们又是老朋友，不需要这么慎重其事。

有一点很惭愧，关于我的《人物》杂志一篇旧作，我已完全忘却，我已是老朽，记不得这题目，《人物》杂志过去是有写稿关系，你们是不是还未查出发表时间，以前谢云同志主编时我常写稿，后来苑兴华同志接编，也曾应约写过。请您可否将原文复印一份给我，我好查阅原刊，找出发表年月奉告，此事也请为我先与宋老师联系（我记不得这题目）后，先

---

[1] 刘小敏（1953～　），河南大学出版社编审。

复印出来给我，能够查告，我等您回信。

我这几天太累，头晕脑涨，答应写的序言才思考，宋先生寄给我的收集编辑出版家人名的复印件（总数），我室内书刊报纸太乱，不知压在哪里了，烦请再复印一份寄下。我正想序言应有内容和结构，请见信即复印赐来为盼！两个复印件：①拙作在《人物》的复印，②编辑出版家总名单，务请尽速寄下，为感！

祝您暑安！

并请代向张如法、王振铎、宋应离教授等问候夏安！

戴文葆上
二〇〇五年六月廿九日

致张自文[1]

自文兄： 20020926

由于我不慎，在八月末九月上旬得了肺炎。人们说过，肺炎是老年人的朋友。意思是得了肺炎，就不肯走了。感谢上帝，我住院七天就退热了，最后又继续服药，现在已经把这个"朋友"送走了，因而便给您才写信。

首先汇报找人解决一系列中译英书中必要的插图办法。我起初想介绍一位学问相当好、从中学校长职位上退下来、现在在北京的朋友。病中细想，这人不恰当，主要他与国家（即北图）图书馆没有私人关系，不容易去自由查书，虽然他在立水桥西买了房，但来回距离太远，一天做不了什么事。我考虑应该在馆内有个相熟的，可以协助他找出有用的书，甚至由这个人为主才有利于工作。我正在物色，并在审视，将来如有眉目，要请您与我一道先去试探与进一步了解，最后再由您（或可以代您做主）斟酌考虑，谈谈固定酬劳问题。联系全面的情况，看我们近年将出版一些什么书，我们心里有个底，想到搜集的插图可能要多少（与书的内容密切相关）。这还要让我再先探视此种人的能力与耐心，以后好谈话。这个问题，我先进行初步了解工作，可能进一步的，应由您出面交谈。——这是我现在的寻觅计划，要深入了解。看看怎么与交稿付排制版工作配合得好。这方面要了解您们的要求。

关于四十年前旧作《射水纪闻》稿，承刘总慷慨允诺赐助，又蒙您与湖南人民社领导谈过，非常感谢！当时我两手空空，只是与地方父老兄弟姐妹闲谈后记录所闻，再凭我从童年起亲见亲闻，以及我读书时所获历史知识及感悟，但到"文革"休闲时，已经一无文献参考。虽然我当时得到地方人士关心，毕竟无所依持。我动笔整理所闻见时，只凭记忆了，而且

---

[1] 张自文（1955～　），湖南人民出版社编审。曾作为执行总编之一编辑出版《传世藏书》。

下笔时，很自然地用文言记述。当时执劳役只消二十分钟而已。我的文言习练都是在大学与就业后自动进行，阅读古籍汲取，并无师承，装订成线装书形式的稿本约十五六册（三十二开），还有少数散篇，因出任采购员与外出销货（与国家大厂订合同）工作来不及整理。当时写作中开头、结尾，以及其间叙述、运笔、转折，有时笔力不畅，往往搁笔深思，很费一番功夫，而仍不满意，恐有错失。现在已约请一位大学教授友人，为我审核行文的错失、弊处、生硬等情，予以改正。尽管订成线装书式者当年即是原稿，仍须校阅，以免遗校大力［贻笑大方］。这方面工作做完，排版还要考虑，当然应该横排，那时还要出版社帮我处理。我的原稿是写一批后分卷的，分卷并无原则，只是归拢罢了。还要另行思考，并听出版社同志指教。由于是很少人愿一阅的，我主观上想设计得活泼一些。当年我搜集到民国廿三四年县建设局的城乡蓝图，当地文人的签名墨迹。全稿约三十万字，待友人审订后，拟删去十万，在二十万字以下为妥，不求全。只将这生命的一页，留下几篇而已。今将设想奉闻，容后领教，各篇不涉及当年"文革"一字，已向李一氓前辈说过，今后仍望出版社同志指教。

我曾经请人用稿纸横抄过二十余万字，但我在忙碌工作未能校对。在人民社工作时，任务甚重，有时没有稿子，也要我编出书来，情不可却，实在费心。而我本人，就是爱编书，并不想躲起来写稿，凭空编出大书，深以为喜，个人本无名山藏，而甘为人作嫁。离退后，友人多督促编出个人集子，帮助设法出版。我个人存稿至少也有四五本，就怕浪费喜爱者金钱，又怕给出版社制造滞销书存库，所以近五年怎么说也不肯做。只因友人怜我年老了，劝告出几本小书留念，才动了心。我们相处一场，且刘总对我有所理解，才烦您为我提出申请，愧恭俯允，衷心甚感！

匆此不赘，即烦
近好！并祈代向刘总拜谢为感！

戴文葆上
二〇〇二年九月廿六日

自文兄： 20030602

  又有好久未见了。"非典"流行期间，想来您阖第安康。我蛰居不出，一切如常。

  《大视野》前期内容有增广，知识性加多，可读性更强了。

  马元主任着人将前年秋与二李合影送来，得了好几张放大的，我与李锐过去拍过四五次照，只有李冰封兄才是第一次。见到马主任，请代我谢谢！

  近日均在休息中，不多闻出版事，无善可呈。

  祝安！

戴文葆拜上
二〇〇三年六月二日

致秦颖[1]

秦颖同志： 19990426

　　收到了您给朱正和我在一起谈话的相片，很高兴！虽然我已老迈，不堪入目，但相片非常传神，我们在一起放言的情况反映出来了。十分感谢您！您取镜头的技术很高明的。

　　让您打了多次电话，未接通，因为我及我的孩子都外出了。我去了南京，参加一个座谈会，又在"译林"和同志们讨论编书的事。平常我也不好，杂事、服务性事太多，早上出去，不知中午在哪团聚。这种情况对于我们很不利，应该闭门休息，读点书，不与闻他事才是正道。（像《读书人报》在同类刊物中就编得有个性。）

　　如我能［到］广州，一定去拜访您。你们"花城"名符其实，是个很好的工作园地。很显然，南方比北方强，总能出点有启发性的好书。我们这里差得很远的，令我们这些当编辑的深感惭愧。我虽离休，对我们出版工作的［仍］关心。

　　你不要客气，我们，像朱正兄，都是从年轻时候走过来的。韬奋先生说得好："关于编辑方面的工作，虽有特殊技术，基础仍在写作和累积的充分修养。"朱正就是一位模范！他有学识，又正直，不是曲学阿世的那类人，我很敬佩他。读了他的文章，将近二十年前，那时一定要去见见他。后来发现他就在我们大院内，那时借调到人民文学出版社来，其后，不时往还。前几天还应召在蓝英年同志家，我们与严秀一起受蓝君伉俪赏饭。读书与求友，是重要的。

---

[1] 秦颖（1962～ ），编审，曾任《随笔》主编，花城出版社副社长。时任诗歌散文室主任。

谢谢您，祝您康健、发展！

戴文葆拜上
一九九九年四月廿六日

秦颖同志： 19991220

首先祝千禧年吉祥，本想再写"如意"二字，想想"吉祥"就不错了，要"如意"可不容易。

闲言少叙，这大半年我事务忙，身体又不佳，您的译者武汉大学梅沱女士，几次要我向您讨一本她译的书，我迟迟未修书问候，并乘此讨一本书。不知现在您可向社里申请一本寄下。如为难，就不麻烦了。梅沱大约要我称赏她译得好。

匆祝

阖第新年好！

戴文葆拜上
一九九九年十二月二十日

秦颖兄：首先敬祝新春阖家康吉！ 20000120

收到了《拿破仑》*，谢谢！好书！

立即就开始读，先抽看，译文挺棒啊！作者是名家，梅沱约的几位很好。她弄《拿破仑情书［集］》，不如这本书。谢谢您！

朱健为舒芜文选[1]，对朱正有些批评，朱同时在《书屋》作答。我读了后边第三者论文，非常犀利，现在虽紧，实际作者敢于放开纵论，远远

---

* 指《拿破仑传》。——编注

[1] 1999年3月，朱正、秦颖策划的"思想者文库"由花城出版社出版。其中舒芜著的《我思，谁在？》由朱正编选。《书屋》2000年第1期"本刊特辑"专题发表了朱健《致朱正》、朱正《答朱健》和余世存《在迷失和回归之间——我眼中的舒芜》。

超出二朱间议论。海婴是小儿科，维护妈妈，这可理解，小时尽给他吃大白兔糖，其文于正兄无损？他应不回答——看在鲁老夫子分上，不贬孤儿寡妇。

  给我一本好书，再次谢谢您！

戴文葆拜上
二〇〇〇年一月二十日

致黄金山[1]

金山同志[2]：　　　　　　　　　　　　　　　　　　　　19971017

我来上海快十天了！先住在陕西北路辞书出版社"定稿楼"，就在他们大院内。他们大约照顾作者来定稿，所以房钱（包括饭钱在内）60元一天。早上八点早饭（也照顾上班的人），中午十一点半到十二点半（他们一点上班）。晚上四点半到五点半（照顾下班回家的人）。小楼第二层接待外来人，一间房有一人、二人和三人的大小不同，小的只有一床一小桌，走廊那么宽。平常颇热闹，有公共冲澡的设施。我住到十四号。

由于与常熟路中国福利会靠近些，便于我工作，十四日我搬到建国西路384弄11号甲的303客房。这是个弄堂房子，是文艺出版社的"创作室"，供作家们来住，我与该社领导也和辞海领导们一并熟悉。这里也是60元一天，不包括饭钱。有中、晚两餐可订饭，每餐5元。这里比较安静，中福会人来去也方便，我工作上有任何事都是他们负责办。早餐自己到马路边去买点什么就行了。

我来了第二天就开始工作了。有些原稿抄写情况（复印同）比我想象的要差。我在抓紧，写信时已看到（整理、修订译文及加注等）一九四七年四月了。全稿[3]从一九〇九年老太太还在美国威斯里安女子大学读书起，到一九八〇年谢世止。我来了，又把上海淮海中路故居的一部分信件选了一些。上海故居不与宋的基金会及中福会合作，自己出过一本"馆藏书信"，分量很小。我们有九百封以上；他们只是一百多封，中间与我们

---

〔1〕 黄金山（1962～　），时任人民出版社总编室主任，现任中国盲文出版社社长、总编辑。
〔2〕 金山1997年10月21日批："请薛（德震）、树相同志阅示。"
〔3〕 指《宋庆龄书信集》，1999年12月由人民出版社出版。戴文葆为位列第一的编委。该书1997年11月的编者后记中说："戴文葆为原信做了注释。"该书上卷361条注释，下卷225条注释。

重复的约四十封。我在不重复的信中，准备选五十封左右注明是上海所藏。（老太太不欢喜住北京，常回上海，所以书信留在上海住处。故居管理人自行处理，我是客人，过去不好说什么的。现在把他们公开的，选一些纳入我们的书信集，几乎比他们多十倍！）

  我在此工作还方便，参考用书我提出，中福会同志去找。辞书社、文艺社我都熟，提出书名请中福会同志去借来不难。而且我本人一直有笔记可参考，绝大部分能写出注释（包括原文姓名等）来。我力求在十一月底完成。现在设想，弄到一九五○年，就把这一部分交给中福会史志部评阅，他们是几位约请的离退休同志，我都认识，那些同志很认真投入，肯提意见，这样在质量上就多了一层保障。平常我关门而坐，不与此间亲友通话，速度就会快些。有些不清楚的稿子，只好请他们找人重抄。我只得做清楚的稿子，但不以年代顺序做下去，出现的人名就会注到后边，又要以后再搬到前边去了。

  我做到解放后，打算调动他们的力量协助我做一些。我得跟他们讲讲工作怎么做，估计大体可办到，至少要求看我做的所有稿子。

  这里生活无大困难。杜淑贞同志觉得不过意的是没有淋浴间。这无大问题，打两瓶水就可以洗洗了。工作生活情况为此状况。烦您代我向德震同志、树相同志汇报。有什么事，我会来信的。

  匆就，康吉如意！

戴文葆拜上
十月十七日

杨寿松同志均此问好！

致李频[1]

李频同志： 19930117

　　来示及所寄书刊均已妥收，请释念。

　　您的大作使我十分感动，特别是您专门研究了龙世辉先生的编辑生涯，足见您治学严谨，不尚空谈，心细识高，令人钦佩！

　　来信过奖了。我当了几十年编辑，面前的稿件如流水，我无法进行研究；加之多年运动不止，连一张安静的书桌也摆不下来。我还算幸运，建国前在报社工作，每天又编又写，都是现抄现发，写完了千把字，排字房就把毛条样子送来了。这对我是个紧迫的训练。可是，没有深入的研究！幸好我在大学时还受到一些系统教育，知道一点门径。建国后在写作上还受到一些宽容，不当"白专"对待（那时反对"不务正业"、写作翻译），然而我应付日常工作已感力不从心，只是经常浏览罢了。后来两度下放，服劳役，这也是锻炼了我，使我认识自己，认识国情。只是荒疏失学，碌碌无成，青春的岁月可说是浪掷了。这不是我一个人的遭际，比我高百倍的人，可也命该遭遇那样的时代！

　　您是位有心人，想到您在电教馆工作，还不是出版机关，竟然对编辑工作与编辑学这么潜心研究，而且，有些专题，可说是别开生面，谈人所忽视的侧面，令人钦敬！我看了您写的几篇论文，都是从具体问题着眼，进行研讨，且不论您的论见是否全正确，您所采取的视角就表现了您的识力。我有时感到，有些研究者自悬的标的太高，动不动就要找出规律，或下宏观结论，果能如此当然很好，值得佩服。可是，实际上连基本国学典籍也不屑翻翻，就勇敢地下断语。立志甚高，不幸流于空谈，大言

---

〔1〕李频（1962～　），中国传媒大学传播研究院教授。

欺人。多少年，过去强调以论带史，变成以论"代"史。看不起从特殊到一般，不从若干具体问题研究下手，所谓"一般"便成为架空的议论，真的流为鄙陋的一般了。研究具体问题很苦，掺不得假，没有发些空论容易写，是过去时代浮夸的学风害了人！我读您大作，都讲具体问题，作具体分析，我以为这思路是对的。日积月累，自然能从宏观乃至规律发表些论见了。

我看大著勒口上介绍，您是河南大学毕业的，大约是王振铎等先生的高足。河大的研究能开风气，能创新，几位老师皆有著述问世。我们在出版社工作的朋友们，日常编务与杂务太重，不能专心致志地研究，实在是憾事。我本人即如此，十分惭愧，想到一些专题，自恨无力下手研讨。

您所提及的胡光清、朱正及已故龙先生，都是我所敬重的朋友。您写的龙先生编辑生涯，等我得空时一定细读，有什么感受，当考虑写点读后感呈正。我现在手上有一部数字巨［大］的稿子，想选出百十万字出书，任务重，尚无头绪，近期还不能细读，要请你原谅的。

时值新春，祝您康吉，进步更进步！

敬礼！

戴文葆拜上
一九九三年元月十七日

李频同志： 19951029

十八日来示奉悉，附报[1]也读了。

首先应向您祝贺，到新工作岗位比较更适合您的研究、写作志趣了，为您喜欢！你将更会多出成果。

大著《茅盾评传》*早已收到，并已读过。您材料准备得周到，写得

---

〔1〕 河南人民出版社当年试办《读书生活报》。

* 指《编辑家茅盾评传》，李频著，河南大学出版社1995年2月版。——编注

很细，有些容易忽略的问题，您能注意到，很有眼光。

上海多年来要出《韬奋全集》，所有文字都编入，这也好，有文献价值，更全面地展示韬奋生平。不过，邹公写作生花之年，只有十载，令人痛惜！过去，几位胡先生论及，都说早年有点低级趣味情调。人是发展演化的，很难一步到达正确地位，应该着重看到和介绍好的，阐明其卓识。这次上海努力搜寻佚文，是必要的工作。

我没有重编韬奋年谱。我读上海复旦新闻系编的年谱，我觉[得]他们查过《生活》，但不实录，竟有不少错误，不知何以如此？

天津的书[1]，有点未被用的材料，如莫斯科编印的《救国日报》(秘密在巴黎出版)。作者后记[2]里有一点好意见，指出不应泛泛谈，要深入进行专题研究。写回忆录的人，多是当年做发行印制工作的，实际不接触编辑，因而只能一般地谈谈。像您写的二传，他们是不能做的。

这次佚文按语[3]，是有失察之处。对照时仍未弄清何以有点差别，且不仔细。这位小姐是做校对的，现在也老了，精力不足，又忙于行政事情吧。现在有些人急于发表，"厚积"准备不够，容易有些小错，也可理解。（我还没有时间查对，乞谅！）

祝您出新成果！明天去武汉，还未收拾，以后再说。有空请来信。

戴文葆上
一九九五年十月廿九日上午

---

[1] 指俞润生著《邹韬奋传》，天津教育出版社1994年出版。

[2] 俞著《邹韬奋传》第521页后记中说："就总体而言，对邹韬奋研究的总的倾向是，回忆多于论述；概述多于专题研究；单一性的研究多于多角度的思考。可以这样说，关于邹韬奋研究的状况和周恩来同志所说的'韬奋先生的功业在中国人民心目中永垂不朽，他的名字将永远是引导中国人民前进的旗帜'[不]相适应。"

[3] 《人民日报》1995年10月12日第10版发表了《重见天日——新发现的韬奋佚文选载》。"邹嘉骊附记"中说新发现的"十一篇文章已全数编入《韬奋全集》。邹嘉骊还就刊发的三篇佚文分别写了注释。

李频大弟： 19980516

下面写的一切，请勿发表，首先申明！我不同意再谈"文革"[1]。

您真是张如法教授的好门生！我虽迄今尚未见过他，而颇知他主张之一为编辑个人状况的调查访问理解，为编辑学基础研究的一翼。你注意到拙作第一次谈"文革"，我很感谢！为什么怀柔—上海—北京写了半年呢？因为我历来是审读加工的机器，从无宽裕休闲的时间。在怀柔构想，但是为第三次国家图书奖复评而去的，我不看书不敢发言，这是在前沿工作者的贱命。到上海，为编注、审读宋庆龄书信译文一百一十万字伏案，在北京日无宁时，躲到上海一个弄堂住宅的三楼独居好工作。最后回到北京，一套丛书只剩下我交稿最迟，写序更迟，好不容易才写出四千字左右。我是吹求他人文章惯了，不能放松自己；加之现在真的老了，思想不集中，一篇文章写成，复印了，还要改五六遍，实在老了，不像二十来岁在报社下笔成文，写一段去排一段，一千四五百字写成也就很快排好了，那是[时]环境也宽松，又不懂时势，来得个快！不是四千字写半年。

承你注意"诏许还乡"，我是六七年"六六通令"后才离京南下，赤手还乡，带了雄文四卷，一个帆布小包，那时还吸烟，有两包"珍珠鱼"香烟。"文革"策动前一年，我已感动[到]事情不能做了，阎王殿布置的工作，有几项落在我手上，细心策划却无回音，辛苦编出却没有因公终审，大事不好了！可我仍无知，不曾想到那么"史无前例"。我在一年前已准备去服劳役，因而整顿进出口，拔去病牙，割了外痔，好安心劳动。我是个天真浪漫的理想主义（实际为愚蠢）者。开始"中华""人民"都不承认我，我想孙犁笔下的白洋淀太美，请求去落户，长官不准，后来才知道农村太苦，怕我受不了。我请求到鲁迅赞扬最安全的第一模范监狱，

---

[1] 张惠卿在悼念戴文葆的《愿悲剧不再重演》一文末尾说："我听得入了神，就说你的经历太感人了，应该完整地把它写下来，包括你遭受的这些苦难。让后人知道很有教益。他说他不想写，还要尽量把它忘掉。我当时就想到，毕竟他的创伤太深了，让他永远埋在心底也好，不要再去触动它。"人民出版社编：《光辉曲折的编辑生涯——戴文葆先生90诞辰纪念文集》，人民出版社2012年版，第46页。

长官认为我未得到判决,不准去。最后请求回到胞衣之地,落叶归根,朱元璋时一小官有诗云:"诏许还乡老贫贱。"果然,"文革"救了我,故乡保护了我。没有"文革",还加之有老家,我这一辈子书白念了,为共产党工作白干了。因此感谢"文革"!感谢苦难。我从上海被催北上时,到京后回答人事处长老同志说:没有一九五八年,我不能安然度过一九六六年——恐怕一定送命。如何监理毛厕,因为一定要有人管我,有组织(包括牢头)管我才能过时,现在年轻人一定骂我奴才的命!监护毛厕,是我请求了三个月的胜利果实。故乡人都愿代我干,或是要我五更天去干,我绝不同意,一定要市街人来人往,众目所视,才带了工具去上班。可怜见,干了一个多月,工具费一元就发不出,工资也发不出,后来工资能发了,工具费缺了一年多才有。十个厕所的日子也不过一个月不到,平常只是两座靠水口的毛厕,二十分钟就完事。回来默坐看随便什么印刷物,学生卖给杂货店的课本之类。以后革命委员会首长觉得让我打扫厕所不好,调到工厂名义上当杂工,实际陪伴主任外出当采购员,又使我大开眼界,饱览大好河山,了解风俗人情。审稿机器从未出过"人民"大门,这时得了官费观察中国机会,戒慎恐惧,尽忠职守,干了多年,欠下三四千元债!打扫厕所时,一文不欠,反而写下近三十万字文言文!不过还是出差好,第一次当采购到上海,在浙江路南京路口上海小吃店,吃了一点早点,顿时胸口冰凉,立即到南京路边有痰盂处,吐了三口鲜红的血!红色最喜庆,红彤彤表示出行大吉呀!"文革"时我太好了,长了学问,惊醒迷梦,看见若干中国特色,花千千万也买不到。四九年前常想去伦敦经济学院当拉斯基学生,因未觅得经济支柱未果,终于上了中华人民共和国"文革"大学校,虽未得博士,至少也相当了硕士。"文革"十年,终于翻身而且升级了,多精彩啊!这是向你表示敬意,承您关怀,"文革"造就了我!

祝俪安!此信请保存。

戴文葆
一九九八年五月十六日下午

李频大弟： 19990828

上次韩国李先生来，承你们真正在百忙中挤时间接待，而且田院长又特别款待，我感受甚深！请向田院长、魏老师，当然首先向您致谢！

今有同志要我写一点关于五十年出版的文章，这动荡的五十年不好写，全然谢绝。不过我想做点准备，考虑写一点特出（不一定是"突出"）的事情，比如①科研所、②印刷学院、③出版学……每件写三五百字，合组成一文，如蜻蜓点水，略说其事，不知您以为如何？像您主持的出版系，是个重要培养人才渠道，当然整个印刷学院就是大渠道。我想请您将你的专业过去几年工作总结（包括创立年月）给我看看，不必新写费事，有近年一两份即可。如包括学院全部（只要一百字）更好。批评不好的固然不好写，讲好的也难，您当能体会。谢谢！

俪安！

戴文葆拜上
一九九九年八月廿八日

我最近在酷热中为一本八十万字书写出了编后记一万八千字，是被人抓住拼命了。以后当寄，望指正。又上

李频兄： 19990906

谢谢您！我收到了寄下的材料，仅就你们的教学科目来说，上次惠泉大学李教授来时，所谈相比较，你们所授的课，可能比该校更适合需要。他们有点重复不清，条理性差些；实习的要求也还狭窄一点，不能光写短小说以适应市场的需要，市场是广阔的，编辑的写作训练也要宽广一些，能写几种文体为好。我不一定能写出文章来，但看你们材料已长了见识。

另有一事请赐答：山西经济出版社编审陈宇华来信问个问题，我对现行学制不了解（也不关心），请您赐教。陈三次得国家图书奖，他善于组织作者、策划选题。可惜现在用武之地不够。不过仍在关心出书，是个十分热心、十分有能力的编辑家。屈才是通常的现象，出版体制是要排在改

革日程的最后的。

　　此外，奉呈他人一文，其中有我刚从大学出来的影子。原载《我与民盟》，该书为纪念民盟五十周年文集，群言出版社一九九一年八月出版，作者后因应诏建言，调到昆明市去主持计划工作，现在大约八十三四了。当时，我在中共中央南方局直接领导下，青年组书记本是陕甘宁边区青年组织书记，当日为周公俄文翻译。他去世早，免得"文革"受苦。如同一九二五年至二七年，共产党人替国民党办党部，在民盟可公开活动时，我们去参加民盟的群众集会。我学生时代虽然毕业时是第一名，可是花费不少时间干联络老中青的活动去了，固然也受到一些教育，但毕竟没有好好读书，浪费太多宝贵时光，没有好好学一门。

　　祝俪安！

戴文葆拜上
一九九九年九月六日

　　八日上午去香山出席国家图书奖复评会，十一日即完。这一盒快餐不大好吃啊！又上

李频主任： 20000115

　　这次陪同韩国李钟国先生到贵校来，主要是听听韩国出版教育近况，看看系里同学们学习情绪，很有收获。附带也是为研究所沈菊芳同志做小工。我已经诸多打扰，心中不安，而你们又当客人对待，给予厚礼，更加不安！系里物质方面非常困难，在这种状况下培养人才实在不易。你们又不能学研究所的办法，大模大样办班编刊物开矿，实在令人难受，衷心惭悚之至！以后绝不能再这样了。

　　我回来后，曾陪李教授去清华大学参观，沈菊芳联系时，中国语言文学系主会［任］徐葆耕教授（兼哲学人文科学学院副院长）点名要我去看看。我真是开了眼界。他们设备好，花了八十几万，利用电脑教学，编图文拼版，出去就能到报社工作，而且双学位，理工科学习，真正具有现代

性。新闻出版署似应注意。像我们还在二十世纪中期生活呢！

以上情况，容后面叙。说说谢谢你们，心里很惭愧的，毫无帮助，成了蝗虫了。

祝教安！

戴文葆拜上
二〇〇〇年元月十五日

这次再对比，你系不必［比］韩方差。现代化设备如何逐步增添，是当务之急。又上

李频大弟： 20000126

尊作《札记》我已读了几遍，特点显著。我也写了一千字了，不过有几处还转不过弯来，又觉得不像前言，轻重不当。天天苦想，一定要在月内或月初写出来。我明天（27日）去怀柔三天，30日回来继续完成。大约因为我脑中有两篇文章，一正一负，所以写来看看不像。我总在想着，没有放松。先行奉阅，并颂

俪安！

戴文葆拜上
二〇〇〇年元月廿六日

我近读《新文言》，翻看一过了。觉得何以为"新"文言，伍立杨先生序言不能为我解答。我现在逐步落后了，大约因为抱住五十年代思想方法，死不改悔之故。请勿对他人言。又上

李频、淑敏贤伉俪： 20030710

不住阅读，不住思索，不住修改，终于写成了对《札记》的说明文稿。我不能不服老。四十年代的我当年多不自量呀！

闲话休说，我考虑怎么写这篇稿子，我说过有两篇写法，一是另行发

表的，但考虑者再，都不好办。我想避免大抄尊作，可是不抄就难以说明，光几根说理评价的小柱子，读者看不明白，这就必然要做文抄公了。（我本想另写一篇名为"访谈录"而实际大抄袭的！）

请您们二位为我过细看看，怎么删，怎么改，使这草稿稍稍完善一点。这已不像什么"序"了。当然序的体制是各式各样，我只能采取说明叙事体式，稍带感情。务请帮我修改，容我再写。将来如可提前发表，题目不妨叫《先睹为快者言——读李频〈……札记〉》之类。伫候回示，定期回头看来改正。请全面考虑帮助。

暑祺！

戴文葆拜上
二〇〇三年七月十日上午

请注明须删改处，复印一份寄给我。又上

李频、淑敏贤伉俪同鉴：　　　　　　　　　　　　20030919

我一直搁到今天才给你们写信，《札记》的序言稿费，我不应收下。然而，当日拒收，你们一定不允许，弄得拉拉扯扯不好！

《札记》终能出版，我非常高兴，其中对胡风等人的编刊工作肯定，令人钦佩。在写的当日，邪气恐仍未退。即在今日，还可能有人认为其人"霸气"可恶！（就像有人怀念李慎之兄一样，文中就公开指出他有"霸气"的。）能给你们的创作出版，恐怕归根到底不是社里最高负责人所能决定的。那里工作一开始，据说就是讲明分权，便于上缴的。请您们原谅，我们的友谊是不准收费的。

我不能亲自来贵院，只好请你们去邮局了。（就当我拜领了，好吧）天气渐凉，请淑敏到附近百货店去为令郎买一件冬衣，作为我对他受你们熏陶的喜欢。不赘，务必勿却为请。

祝俪安！

文葆拜上
二〇〇三年九月十九日

致陈树萍[1]

相银先生、树萍女士：见信敬祝阖第康吉！　　　　　20060819

　　树萍女士在沪读博时，与"北新"李中法先生多次谈往。中法与我在上世纪四十年代在重庆北碚复旦大学同学，因此深蒙先生夫人赐赠博士论文一巨册，读后增长许多知识，无以还报，故以为老家阜宁县（兼先盐城）地方志性质相近的拙作奉赠，以答谢受教颇深。令夫人识见甚高，评论公允，我极钦敬！

　　敝县阜宁为苏省极穷苦无文的地方，江南人十分看不起。我中学在沪求学时，从来坦白申明"阿拉江北佬！"地方文献存世极少。我多年受地方父老兄弟姐妹之嘱，虽曾于泛览前贤论著时特意留心笔记，收益甚少，研讨不深入，下笔又贫乏，且大半写定于劫难中，深望指正！

　　"文革"中我曾有环运河两岸之行，到过两淮两度，只因当时不是旅行的好时机，根本所知所见甚微，旧友之家亦不便走访。文化馆陈平（女）系故人之长女，亦未之见。不过看看周公旧居而已。不赘。请多赐教！

　　健康不佳，手抖，执笔潦草，祈谅之！

戴文葆拜上
二〇〇六年八月十九日

　　拙作责任编辑为河北教育社社长，甚蒙关照，仍欠认真审订，未能为我修饰，甚憾！

---

[1] 陈树萍（1973～　），南通大学文学院教授。

树萍、相银先生同鉴： 20061025

九月四日来示，早已拜读，谢谢！

您们说得好，拙作并不是现时流行之作，只是我出于敬乡之诚，为江苏最苦的县份乡亲多年的嘱托，在世界史上空前的"文革"后期，不得已才执笔的。我是这种疯狂的"大革命"的"受益者"（？）。按过去规定，我送了国家图书馆书一本，过去也常送拙作的。承他们好意，给我颁了"荣誉证书"一件，原件是精印的，印有"2006YW007"时间，其中说："您的赠品丰富了国家图书馆的馆藏，为读者提供了新的知识信息，特发此证，以资谢旌。"如果在前清时，我若是守节的寡妇，可以奉旨建牌坊了。这是玩笑的话，我理应感谢国家图书馆的关顾，盖有红印，其下时间为2006年3月1日，使我如1987年得到了第一届中国韬奋出版奖那样的感谢。我首先复印了一份给热心承印拙作的出版社一件。我比李一氓老前辈幸运，当年送了不少书给北京图书馆，回信中直呼其名，一句感谢的话没有。他是在周恩来直接领导下多年，抗战快发生时受毛泽东面托，要他回四川去做老家军阀的工作，是润之的私人代表。中国的正式行情，随着阴晴圆缺而变化莫测的。我衷心感谢国家图书馆收容拙作，与当年得韬奋奖一样高兴。

我还要告诉你们伉俪一个笑谈：自打我1987年得到韬奋冒着生命的危险，受尽那个国家的迫害，[1]我的家乡父老兄弟姐妹们都为我高兴，说"二爹"在"文革"中打扫厕所，十分认真，规规矩矩；"文革"结束后，又得到"掏粪"奖，一时在盐阜区传为笑谈！哀我老家人，穷、愚终身，纳税、交粮，在抗日战争中受尽了东洋鬼子虐杀和反动派的苛待；还组织四五千人的小车队，运送粮食和军火到徐州内战前线，支持内战，最终是为了解放么？历史多么戏弄贫苦百姓啊！这就不用多谈了，更不能因此而作弄韬奋先生呀！我从来不提这民间令人啼笑并〔皆〕非的故事，请守秘

---

〔1〕原文如此，戴写信时有遗漏，应为"自打我1987年得到韬奋出版奖（韬奋冒着生命危险，受尽那个国家的迫害）"。

吧！谢谢！

　　您们的博士论文，应该设法出版，您们真正研究了我国的出版历史文化！敬礼！

　　请您们保重健康，全家平安吉祥！

"古老的山阳县属人"，未谋面的戴文葆拜上

二〇〇六年十月廿五日

报告[1]

人民出版社　　　　　　　　　　　　　　　　　　19870216
人事处：

　　承问关于错划右派后送劳动教养及解除教养后安置情况，这些事我多年来不对人谈的，不是由于怕触动伤痕，而是涉及一些人和事，在那样的年头是难以责怪谁的。我本人又终于熬过来了，党在七八年间逐步为我落实了政策。跟不少人比较，我的落实政策问题最圆满、最顺利，就像当年周杰同志对我说的那样，不用我跑的。我总是感到自慰的，也许会笑我是个阿Q。其实办事之难，很难想象，尤其要经多人之手，处处有文可据，人们以谅解的态度来查究，就是上上了。我常常对人说：我是既得利益者——我真正享受到党的十一届三中全会以来一系列政策的利益。这几年，我自己在里里外外各项工作中奋力以赴，也是因为有这种政（策）基础和思想基础的。（我埋头做了大量工作，简直不能做什么文字工作的人，不能编书的人，背后很生气。上级想让我做不少工作，不了解情况。越是用你，一旦有运动又把你排在审查对象中。审查应有助于了解才对。）我现在应该（我不得不）直率坦白地陈述。我总想，什么事都有个认识过程，不论领导、被领导，认识都是逐步提高的。这七八年间我一般不谈涉及其他人和事的往事，跟自己家人也不谈。原因之一是感受不同、认识不同，利害关系也不同。谈了徒然惹是非、苦恼。下面只好陈述几个关键段落。

---

〔1〕原信为戴文葆手写复印件，戴在复印件首页页眉用红色硬笔写道："既然上边查问，我才表示意见了。五十年代初，中宣部把我从上海调来，个别有光荣称号的人，认为我是资产阶级分子，有学历，认识几个英文，懂得西方情况，经常写文章。个别人的眼睛长在眉毛上边。"本信中的楷体字均为戴文葆红笔批注，这红色批注疑为写信多年后戴补写。

（一）一九五八年初，社里派邢显廷、秦林舒二同志开（一张空白纸，要我签名）对我和王以铸同志的批判会，在原东总布胡同十号的资料室。两张小方桌拼在一起，围着坐十来个人，没有组织火力。先是我和以铸同志检讨，以后大家发言（参加会的人没底，不知说什么好，后来聪明人想出来，强加上了），批判我们自高自大及错误言论等等（当时未想出罪名）。

过了许多日子，秦林舒找我谈话，口头说我一些错误，组织上理解，将恰当处理。说完拿出一张十六开白纸，教我签字。我相信组织，未加考虑，就在白纸上签了名，而且记得还写了"同意组织意见"几个字。我记得，我是在这张纸的上端签字的。（到79年落实政策，当年划为大"右派"的书记，提醒我不要乱签字了。）

（1958年）二月上旬，我上班后不久，找我谈话，我如果接受劳动教养处分，以后一概由组织负责；如若不接受这种处分，组织上一概不管了，让我流落到社会上去了。我当然愿在组织上负责之下，不要流落到社会上成为游民。当时便到现在人民出版社（朝内166号）二楼直对楼梯的大房间内，填写了依国务院规定申请自愿劳动教养的申请书（那是印得很好的一种文献材料，留有空白，供人填写）。当时心情颇激动，觉得对我的处理太重了；不过，因为仍有组织负责，也就没有说一句话。

于是，用小汽车送我到城南半步桥北京市第一模范监狱（请见鲁迅的《而已集》，对这地方有精彩的描述）寄住，以后押送到茶淀清河农场西荒地583分场。（这是个复杂的处分地方，有干部右派、学生农场、劳教农场、劳改农场。）

（二）西荒地杂草丛生，遍地蛇虫，淡水也没有，掘地成窝棚。我住了几个月，有一天队长找我，问我在单位是什么官职。我说我不是"官"，是个编辑。他说，你们部里通知照顾你们这些人，因为体弱等等。我不敢询问，但感到组织上真的是对我们负责的，更安心接受教养。

我参加大田劳动约一年半，以后在队里单独劳动，自由行走，拣肥，并帮助队长做事务工作，收取包裹、汇单，负责保存与分发等等。换了几个分场（改善了），以后在于家岭分场部，做图书管理员，为场部造名册，还是收包裹、挂号信等。(信任你，不会偷人家包裹里的糕点吃。)

以后我浮肿，又发展下下肢萎缩、胃溃疡，终至卧床住院，不能行走。

大约一九六一年底，队长跟我谈话，要我回北京；我声明问题未解决，绝不想回京。后来场部干事（记得姓张）、场长（姓严）跟我谈话，说明我给农场的印象、场部对我的认识等等，教我先回去，问题会解决的。(我不肯离场，全是被改造者，在一起稍好一点。)

农场怎么跟北京联系的，我一概不知。那时情况一点都不知道，自然也不应问。(用不合法的态度，想了结这场处理。)

（三）一九六二年上半年，有一天场部派了一辆平板车，说送我到茶淀车站，北京有人来接。

我看到是人民出版社范用同志。(三副干部：副书记、副社长、副总编)我大学生时代，一边读书，一边在中共中央南方局青年组直接领导下做些青年学生工作，在重庆就认识了范用、黄洛峰和沈静芷（出版界高级干部）等同志。静芷同志当时完全知道青年组书记刘光同志领导我。范用同志只知道我是个左派学生。我从未和他谈过组织关系。

范用同志是个耿直的老党员，他当时在人民出版社大约做副总编辑，党内职务不了解。他是无所不对党谈的，我相信党知道他到茶淀来接我，我从来未问过他。我深感在当时是一个极其难得的举动！此事我终生难忘。

到北京站后，当时还未与我离婚的杨涌娟同志，雇了小汽车，带我到东四四条文化部宿舍。范用同志径直回他家去。

（四）起初我不能行走。感谢王子野同志（出版局副局长），他到四条三号来看我，教我安心休养，工作没有问题，组织上一定安排。他是人民出版社领导，我是信任的。

黄洛峰同志（当时文化部办公厅主任）（陆定一之下，直属中央宣传部的老干部）教人通知我，工作没有问题，先安心休养。

文化部机关党委书记王友唐同志也来看我，教我安心休养，组织上会安排我。我都认为是党的态度。

人民出版社副社长周保昌同志，第一次是约我在东单公园见面，谈了前前后后，又表示一定安排工作。以后接触了多次，他都说得很实在。

大约回来后的四五个月，公安部门找我谈话，告诉我经冯基平局长批准，已对我解除了教养（记得还谈到摘去帽子问题）。谈后，给我一张印好的通知，说明解除教养；并教我送给原单位。自从划了"右派"以后，什么待遇等也不清楚，第一次有了一份书面东西。

我到人民出版社，将解除劳动教养证明文件，当面送交邢显廷同志。他当时什么职务已记不清，他的办公室门口是挂了（人事处）牌子的。我回想也未多说什么，我相信组织不会抛弃我的。

以后在与周保昌同志（两面派分子）接触中，承他告诉我两件大事：（一）两个月后，有一个编制，是可以给我的。因为当时国家困难，编制冻结。竟有一个编制空额准备留给我，令人感激！（二）保昌同志还告诉我，他已在党组织会议上提出摘去我的帽子，上报国家机关党委审批了。（确切时间我也弄不清，仍是不便问。）他讲的这一点也不假，其过程我当然无从得知，但约半年左右，公安机关口头补充通知我，说"右派"帽子已经摘去了。其经过情况仍不便问。口头通知，有此一事。一九六五年冬天北京市地方选举，我参加了选民小组会，选民榜有我名字。我持选举证，那天与胡愈之同志（邵力子也在）等同在一个选区一个投票箱里投票。我得以履行这个民主权利，内心里颇为欢慰的。

（五）工作是安排了的。只是不清不楚（不知什么名义），没法说。

编制问题没有最终落实。在"文革"期间才听传说，人民出版社领导间不太和睦，我可能被用来成为整对方的小小"炮台"，因而都不便表态决定。我自己也还不认识编制的重要，从来没有追求过，只是信任组织不会抛弃我。反正有工作做有饭吃，还说什么呢？

刚刚在人民出版社开始看稿，记得审读范文澜的《唐代佛教》等原稿（我还是大胆说明范老受极左影响，说得太过分了。共产党中委不应该忘记党的政策。十年后，才改动许多，编入《中国通史》为第四册），听说金灿然同志主持的中华书局要我去。周保昌同志把情况告诉我，说是中华书局人事科来人［后来我听说叫张斯富，女同志（人事科长）］借我去他们那里编书；并向文化部提出要求。文化部告诉两家协商，共同养住我，那时二十元一张工业券，要使我生活没有问题。那时，我在人民出版社月支九十元（审阅费名义或在其他），中华书局又给八十元（我不敢领一百七十元）。我告诉保昌同志，组织上不抛弃我，我还是请组织上做主。我不能同时拿两家钱，将来不好交代。我后来只拿"中华"八十元一月。

那时，还通知我去看看中华书局副总编丁树奇同志，他住在朝内大街东大楼上。我那时很迂，觉得一切由组织上安排，我不到私人家去。按组织途径办事。

（毛与陆的决定）后来我参加《蒋介石言论集》的编辑工作，又回到人民出版社楼上来办公（要人去工作，特殊处理）。周保昌同志还问我，"中华"有没有给编制？我答不上，当时只考虑做工作，觉得那些都是组织上的事。中华书局近代史组不当我是编外人员，参加各种学习。先是看，后参加订《参考消息》。一般一视同仁，从未歧视。从李侃同志起，大家都很照顾。我总担任责任编辑，还受到夸奖。

（六）那一阵我做了一些颇有意义的工作：

1. 吴晗的《朝鲜李朝实录中的中国史料》一稿，我担任最后的责任编辑。[去年冬天应中华书局之约，写了两篇长文：《吴晗与〈李朝实录中的中国史料〉》，将在《回忆中华书局》（下册）发表；《〈朝鲜李朝实录中的中国史料〉的学术意义》，将在三月《书品》上发表。]

2. 重编与校勘增订了《谭嗣同全集》。（彻底改编）

3. 拟定中国近代思想家文集选题计划。后来便是"中华"印出一套近人文集若干种。

4. 一九六五年局势已紧张，约来的教授们相继离去，我接管了《梁启超集》的全部资料。

5. 筹备编辑《严复集》《樊锥集》，联系访问。（详细调查、找旧报、访教授，我要写批判性前言。）

6. 审读了一批书稿；参加写一些前言。

7. 仍到人民出版社编辑《蒋介石言论集》，主要的年份由我集稿，编的册数也较多。一直到"文革"爆发。

那一阵虽然没名没氏,倒确实做了一点工作;尤其是学习了一些东西,殊为难得。我很感谢"中华"[1]!

(七)一九六六年六月,"狂飙为我从天而降"。"文革"发生,紧张之至。我看看情况不对头了,我就收拾材料,整理各项稿件,把编好的一部部稿整理包扎起来,编出目次,弄了两个大木橱,妥为存放。

七月里,工作组进驻前几天,通知我放假一周。后又继续放假休息两周。以后就没有下文。七月里"放假"时,七月工资就未发。以后分文未得,无人理睬。

八月、九月,我几次到翠微路要工资。我的目的不仅要工资,还希望即使入劳改队,有人管我就行。不幸不予理会。最后有个叫"卫东"的出来,对我说:"你是黑线的骨干。目前没法处理,以后相当时候来处理你,现在回家去等着。"

以后,首都搞"水晶化",有问题的人都驱赶。我被驱逐,我表示愿意立即离开(《日知录》说大乱居乡,小乱居城)。我去宣外公安局第五处(劳改处)请求收容,以不合法律,坚决拒绝。我又去茶淀清河农场,请求回场劳动;农场以已被文化部领回,拒绝接纳,买一张火车票送我登车回京。以后我在东单公园、东单和火车站街头住了四五夜。白天去请求派出所遣送我到任何一处;夜晚露宿街头。后来派出所找我回东四四条住着,等候设法。

结果,我留住了一年,一九六七年"六·六"通令发下以后多时,才着我先返回故乡居住。官方讲明,路费自筹(原说向文化部要的),我借了七十元钱。又讲明一路自由,不跟"护送人"说话、同住,好像自由旅行一样。在淮阴住宿一夜。到阜宁后,将我交给阜宁县阜城镇镇党委。临

---

〔1〕中华书局成立 90 周年时,戴文葆于 2001 年 11 月 3 日撰文《我爱中华》,全文共 10 个自然段,从第 3 自然段起,连用"我爱中华编辑部"起笔排比 6 个自然段。见《我与中华书局》,中华书局 2002 年版。

别告诉我,每年可到北京探亲。其他无叮嘱。没有给我任何文字东西,也未说明罪行及生活如何处理等。我是下定了决心(地方上保护我),接受这种新生活的考验。

一九七七年我请吴庆彤主任(总理办公室主任)转信给邓副总理,请求安排生活。同年老前辈潘怀素先生(邓及朱德同志在欧洲的同学)自动替我请刘仲容先生(高级民主人士,广西派,外国语学院院长),请求邓小平同志解决我的生活问题。他对刘仲容先生说,早在一个月前,在江苏打扫厕所的这个人已来了信。传话下来,叫我安心,一定给解决的。

以后,曾彦修同志来京,他并未见到我,就请求胡乔木同志帮助我和上海胡道静先生解决工作问题。蒙乔木同志面谕,应立即将我迁回北京安排工作。又承罗立韫〔韵〕同志向邓力群同志提出。结果,有了两项文件,人民出版社为我落实了政策。

我终于享受到历史新时期的安置。

(八)这七八年间,人民出版社为我落实政策,做了一系列工作。这是应该感谢的,很不容易的。

当时落实政策时,人民出版社专案组思想上还有束缚。在最后给我开转关系信时跟我说:1.只给我写是一名编辑;2.组织问题到新单位去申请。另外,未跟我明说,扣我应得的工资(政策规定补七个月,扣我在"文物"拿的七个月审阅费)。

我干工作,从来未考虑什么职位。我凭我的认识工作,不靠什么职位唬人。我始终认为编辑应靠他审稿编书来与人相处,蹦蹦跳跳没用!那时"文物"财务科曾为我争取不扣未成,我事后才知道。不少人教我去告人民出版社不认真执行政策。我以为,我的损失已经很大很多,青春岁月全部化为乌有,解放后最高工资(185元)也没有赶上解放前原工资(只是三分之一)。邢显廷同志可能会记得,我来人民出版社时,给我的小米最高,我去找过他,请求核减的。当时我是抱着参加革命的心情来的。

后来,出版局、出版社要我回人民社。我像有人骂我的那样"没志气",我回来工作了。社里跟我讲的什么名义,我都不放在心上。人民出版社向来大社派头，给我工作证上只写"审读室"三字；不可思议，是审读室勤杂工还是编辑？我在国家文物局，是局里通过的编审。这些我都不谈，反正我奋力工作，来证明党为我落实政策是正确的。扣几个月钱的事，八三年给（书记）陈茂仪同志发现，他出来纠正补发了。我是耐心观察，并期待着党。依靠人民出版社党委会和人事处，终于逐步把扣几个月钱、职称和党籍等问题解决了，两个结论文字上也有修改。我在思想和行动上，时时处处自觉绝不玷辱人民出版社声名。我在外边应差多（人家来请我），虽说不上为人民出版社这块招牌争光，至少总是很注意影响，想到我应该像个第一号出版社干部。我觉得遗憾，人民出版社至今也没有与我相同的认识，不觉得应对我负责到底的。

有时候，我唱的歌有些人还听不懂，我的精力白费了。这几年对人的工作当然进步很大，但仍未构成一种有机体的力量，盲目自大，不懂从全局考虑，漫不经心地刺伤人。

我很吃惊地发现：人民出版社好像至今还不明确知道我在一九六二年就解除劳动教养，根本忘记我亲手当面把公安部门的通知送呈邢显廷同志。现在还不了解我在"文革"被扫地出门，流浪四方，应得的原工资的一点零头也未拿到。"文革"中，旧雨（友）新知救活了我，他们施不望报，从不想我会还钱。我在"文革"十年真正变成剥削阶级分子，全靠剥削南北各地友人过活。我这些情况，人们长期竟不了然，不对照政策。像我这些人，毫不脸红地说，曾为新中国奋斗过，是党培养出的知识分子，始终向着党的。至今还不是完全被人了解，太可悲了！我们总是相信组织、依靠组织的。

谨将前后二十多年情况陈明，"文革"中扣发的工资，请对照政策，考虑解决。这里指的不是什么补发"右派"二十三年工资，完全不是的！仅仅是指"文革"这一特定时期，本已大大降低了的，"文革"期间一文不发的工资。我既已改正，理应请予研究解决。

学习了今年的一号文件，小平同志说到一九五七年反右，有太过火的地方，应当平反，但我们没有全盘否定。他的话将载入史册。他说应当平反,比"改正"又进了一步了。不过,这不是本报告所应谈的事了。

这份报告是我的 Swan Song。我这一年深感倦怠之至,能工作的日子不多了。我很坦率地展开我的内心世界,不得已谈谈过去几个关键角落。当然会有不少说得不对的地方,因为我至今对我的状况还蒙在鼓里。年华不能倒流,也不想多了解过去了。请多批评!

　　致以
敬礼!

戴文葆上
一九八七年二月十六日夜

说不完的,忍住不深谈。当然指极左的、无能的少数人。

我至今也不愿写回忆录,我不相信前途的,至今也不相信。读《毛选》有一卷文章可知,要撤退、失败时,也杀人。

致中国编辑学会

中国编辑学会领导大鉴： 　　　　　　　　　20011202

二〇〇一年工作，我参加学会的活动不多，但我的印象还是比较深，应该说说：

首先顺利通过换届，在新时期健全了组织机构，不仅融旧纳新，联系面更广一些了，好拉多人办事及与会。

秘书处健全了，有能干人在前台，有熟悉内外情况人在后台；这一年办事有序，各项活安排有方。这恐怕在民间学会中很少见的，与那些官僚性的学会根本不同。

今年还是做了几件有意义、有学术内容的活动。这恐怕比那些有权力后台的所谓学会高超得多。当然我们能存在就不坏，也不因而骄傲，还是遇事请示，规规矩矩，未忘"三个代表"。

研讨会有学术内容。与会者各年龄段、各层次、东西南北都还有。发言人数多，这要特别感谢秘书处考虑周到，无人有向隅之感，欢欢喜喜。秘书处同志们辛苦了！

会议服务特别周到，都照顾到，特别不容易。

对协助单位联系很周到，也礼貌到家。协办单位更是认真负责，不表示什么累赘，应该特别感谢官方和出版社领导。

我认为二〇〇一年工作做得更好。穷光蛋学会，有这种表现，在"腐而不败"的全国状况下，对得起出版署的管理了。希望他们以后在经济上加强领导。我们不忘请示，愿有点物质回报才好。

供起草总结时参考。

戴文葆百拜
二〇〇一年十二月二日

希望费点事,把与会者通讯处印出来,排紧缩些,省点钱。又上

致复旦大学党委[1]
——关于民主青年联盟(U.D.Y.)的陈述

"民主青年联盟"(The Union of Democratic Youth,简称 U.D.Y.),是以复旦大学一部分进步学生为主发起,并得到党的领导的重庆地区校际青年学生组织,酝酿于一九四四年秋季,组成于一九四四年冬天,第一次代表大会于一九四五年四月初,在重庆土沱对江兴隆场陈宅举行,正式宣告 U.D.Y. 成立。一九四六年夏天,复旦大学由重庆复员回到上海,在学校的 U.D.Y. 成员继续扩大活动,在上海学生运动中起组织和推动作用。U.D.Y. 的全部历史,说明它是党领导下的外围组织。

关于我自己

在写这份材料前,应该向党组织陈明我本人当时的情况。从一九四一年以后,我是中共中央南方局青年组直接领导下的重庆北碚夏坝复旦大学党的"据点"成员之一。在王晶尧同志离校转到成都燕京大学后,我与杜栖梧、杨育智三人同在一个"据点"小组。一九四三年起,就由杜栖梧同学领导我们。

我本人还和南方局青年组负责人刘光同志,以及张黎群、朱语今同志保持联系,而由刘光同志直接指示。一九四三年以前,"据点"的工作,

---

[1] 此信为打印件。戴在信首增加内容如下:
"作者按:这份材料是写给复旦大学党委的,向母校党委报告 U.D.Y. 概况。主要说明当年组织领导关系问题,也就是明确 U.D.Y. 确实是在中共地下党的直接领导之下从事革命活动的。因此,对于参加 U.D.Y. 的同志们,在这个材料内不能一一提到,这要请同志们谅解。
关于 U.D.Y. 在上海解放前夕的活动与领导,以及解放之初怎么并合到青年团领导之下,我已搜集到确切材料,容后续写。"

先后由王晶尧、王贵良（鲁掖）同志负责。那时，刘光同志也对我们进行单线领导。

在"据点"的主要成员中，我被指定负责地下的"系联"工作，同时有统计系陈其福等同志。我从一九四四年秋天以后，是《中国学生导报》的负责人之一，担任第一任主编，受南方局青年组直接领导，同时工作的有杜南针（杜子才）、杨育智、张振淮等同志。我是法学院政治学系学生，当时是系内墙报《政治家》的编辑之一、系会工作的负责人之一。

那时，在党的领导下，我参加了复旦大学校内和校外社会上的各项民主活动。由于在政治学系内进行活动，和蒋祖培、李中法、孙务纯等同学在一起，和法学院其他系同学余开祥、江泽宏等同学也关系密切。因而，我后来成为上述"民主青年联盟"的发起人之一、政治纲领的起草人、U.D.Y.领导机构党委会七个常委之一。

有关我参与U.D.Y.的活动，在当时都向党汇报，详细情况报告"据点"负责人杜栖梧同志，并直接向青年组刘光同志汇报，按他的指示在U.D.Y.中工作。栖梧将我汇报的情况写成文字，我送上的油印纲领转陈青年组。栖梧后来根据了解的情况，所写的汇报纲领内容的大纲，和认为党在U.D.Y.中进行工作很有成效的文字汇报，幸经王若飞同志保存并带往延安，得以保存在中央档案馆中，其中核心"据点"成员名单（包括我在内）、汇报的U.D.Y.情况，保存了几份。这是党直接领导U.D.Y.的文献证明。

下面将陈明我所亲历的U.D.Y.的活动，它的组成经过，它的成员情况等等。应该说明：这里将要提供的情况，并不能代表当年夏坝的全部进步活动，也不完全代表党的"据点"对U.D.Y.的领导，只是从我个人所经历的角度来叙述的。

学生中间的新情况

在一九四一年皖南事变后，出现了一个沉闷和压抑的低潮时期，在我们青年学生说来，也是一个寻觅和追求的理智时期。由于南方局在大后方进行细致、深入、耐心的坚毅工作，在青年学生中提倡周总理提出的"勤学、勤业、勤交友"的方针，党的灵活的有成效的活动，党报《新华日报》的公开的强大的政治影响，当时在青年学生中间，党的威信大大树立。同学们受实际生活的教育，向往革命，寻求党，追求党的领导，许多同学倾向进步；有不少原先认识不清的同学，这时也睁眼看现实，向往党，听党的声音，在思索考虑，反对国民党反动派的黑暗腐朽统治。

这种人心思想的变化，在我们复旦大学学生中间有明显的表现，主要是进步力量壮大起来了，校内民主活动逐渐蓬勃起来了，关心政治、关心时局的同学大大增多了。表现在我们政治系内的，主要在：

一、系会的领导权由我们进步同学掌握了，我们可以通过系会召集各种会议，讨论各项问题，表示我们坚持抗战、坚持进步的要求。

二、系会的刊物《政治家》由我们进步同学担任编辑，可以发表进步的文章了。

三、为了推进各项活动，以政治系学生为主，结成了一个"读书会"（Reading Club）组织，也有外系进步同学参加，都是认真读书学习的同学。不像国民党三青团尽搜罗、培养一些"混混儿"、不肯学习的公子哥儿和一帮草包特务学生。这个读书会有蒋祖培、孙务纯、李中法、余开祥、陈秉恩、胡德闻和戴文葆等，还有林同济教授弟弟、史地系的林同奇。每周举行报告会，一人报告所读书后，众人提问讨论。

应该提出的，这个读书会立即受到国民党三青团的注意，派法律系学生叫吴世焘［的］来要求参加。本来，胡德闻同学起初与国民党三青团有关系，但他为人正直，不干鬼祟活动，我们同意他参加读书会，就是表示我们读书会不是政治团体，而是学习组织。我们容许这个吴世焘出席，他来了几次，看我们真正读书和讨论，没有兴趣了，就不来出席了。

实际上，这个读书会在起着团结和组织进步同学的作用，不仅仅拿开会做读书报告的。可以说，它和政［治］学系的许多活动有联系，成为U.D.Y.的最初的种子。

这是一九四三年间我们复旦大学学生中间出现的新情况，不仅政治学系如此，其他许多系内都有这些征象。

时局催人考虑行动

促成 U.D.Y. 的组成，还要一个过程，同学之间还需进一步相互认识。日寇为了打通大陆交通线，一九四四年三月发动河南战役，国民党军望风崩溃，郑州、洛阳等近四十个县相继陷落。以后日寇又向湘桂进犯，国民党在湘桂大撤退，不战而溃。日军竟深入贵州都匀、独山，贵阳告急，重庆震动。国民党中央机关慌忙准备撤向西康。懦弱无能，对内专横、对外溃逃的国民党政府，引动了公愤，使许多原来认识还不清楚的人看透了这个反动集团，大家重新考虑前途和出路了。

最紧急而又现实的问题，是一旦日寇进逼，重庆搬迁，学校解散，同学们怎么办？大家在惶惶不安中展开讨论。有三五聚谈，也有公开讨论，不但谈谈，而且具体考虑如何着手。最为大家一致接受的设想是：找共产党，跟着打游击去！打游击要依靠当地人民，要取得武器，这怎么办？

我们政治系同学、读书会成员陈秉恩是巴县人，他在他的家乡有名望，能搞到一些枪；他们那里很多人家都有枪。最靠学校近的，黄梅树镇王子固这个土著军阀，有个武器库设在白庙子。陈秉恩与他的儿子王吉宁很相熟，那时小王在东洋镇办硫酸厂，秉恩与他颇为相得，这又是一条搞枪的路子。还有可以联络当地哥老会保卫家乡，也能弄到武器与人员。当时整天，尤其是晚上，都在分别计议这些办法，以防万一，不致束手无策。这一阵的交往与活动，更增加相互了解，提高了对时局的认识，为以后 U.D.Y. 的成立，做了思想上的准备和组织上的准备。条件在成熟中。

酝酿结成一个团体

后来日寇未敢深入，时局缓和，而人们没有松懈，大家觉得有进一步联系的必要，便酝酿结成一个团体。

这里应该介绍蒋祖培同学。祖培是浙江诸暨人，他的家庭贫寒。在合川国立二中毕业后，考入复旦政治学系。祖培在一年级时，认识并未开展，但在读书与现实的双重影响下，他认为中国一定要实现民主政治才能富强，才能战胜日寇。祖培的民主主义思想日坚，到处和人讲论。有人误解他，以为他有"政客"气味；也有人以为他只相信拉斯基等政治理论。其实，年轻人在追求真理过程中，不是一下子达到正确完美的认识水平的。祖培不断在追求，不断在进步。杜栖梧同志四年前还要我写篇文章介绍祖培，说题目可叫《从拉斯基到马克思》。祖培后来到解放区，在张家口市入党。他热诚希望祖国进步，相信民主，善于团结人，不怕艰难，不计较人对他的讥讽，始终锲而不舍地努力。那两年，我几乎可以说，看到他的认识在逐步提高。我们在系内是很要好的同学，平时接触多，交换意见多，我十分支持他的活动，觉得他是个勇于开拓局面的人。

有人以为祖培是民主同盟盟员。其实不是。之所以有这个讹传，是因为梁漱溟系的罗子为，从北碚常来找他，因为他在同学中已有声望，想拉他，还答应什么"国大"代表提名之类。祖培和我们商量，讨论各种情况，只同意多多联系，未参加他们组织（子为同志解放后在国务院下担任一个大局的局长，五十年代中去世了）。我本人倒同时是民主同盟盟员，因为我们的职业青年"据点"负责人祝公健，当时是黄炎培先生秘书，名义上为国讯书店经理，实际是从延安出来工作的共产党员，当时为民盟工作，他介绍我参加的。祖培当时并未参加。由于有这个讹传，也有人说U.D.Y.是民盟的青年组织，这更是错误的传说。

蒋祖培同志是积极促成组织U.D.Y.的重要人物。这年秋季，他分别与同学们交换意见，主张成立一个组织，为此他做了不少工作。孙务纯、李中法、余开祥等同学，都支持蒋祖培的看法。其他还有不少同学，与祖培相继接触、谈话、讨论。有人还说他"爱出风头"，其实是他勇敢而热诚，不畏艰难和压迫，遇事站在前列，敢讲敢说。祖培是赤诚拥护民主运动的人，他正是在运动中逐步提高了自己，从比较幼稚、单纯到比较坚决、成熟，对党的作用也逐步有所认识。他积极参加民主运动，民主运动也培养了他！

在冬季里诞生

经过蒋祖培、李中法、陈秉恩、余开祥等努力,在一九四四年冬天,在黄梅树镇上唐家宝同学的家里,正式开会讨论成立团体问题。唐家宝是社会学系学生,扬州人,父母都住在镇上,李中法住在他家间壁,对他有所了解,考虑不会发生问题,反而得到掩护。

那是一个寒夜。晚饭后碰面,会开到深夜,有蒋祖培、余开祥、李中法、陈秉恩以及其他六七个人,包括我在内。会上决定成立 U.D.Y.。这个团体叫"民主青年联盟",记得当时说明的意思是一群民主青年的"联盟"。之所以用"Union"这个词,是由于:①目标发展为校际的团体,并非复旦去领导其他学校,避免"大校(国)主义"嫌疑;②尊重成员,是各自自觉的联合,一律平等。

会上还传阅过一份宣言,好像题目叫民主青年的告白(自白)之类,是李中法同学草拟,文如其人,是一首散文诗性质的文字。这里须讲一讲李中法同志。中法在中学读书时代,与他的几个同学是拥护国民党三青团的,到复旦大学以前的政治倾向如此。后来,他的同学去拥护蒋经国的领导了,中法改变倾向,转换立场,抱持着反对国民党反动派的立场,表现了他热爱民主、自由的理想主义政治情怀。我那时与他多次往返,多次交换意见,我相信他的转变是真诚的,毫无鬼祟行径。他的出身、他的气质,使他也有个缺点,他不太多话,与生人更不易谈,彬彬有礼,反显得好像城府很深。因之对他经历有一点风闻的人,更因而易于对他产生坏的误解。我当时就不认为他是个虚伪的人,相信他,但也认为他的知识使他容易走温和的道路,或者持中间的态度。对他要促进,也是可以促进的。中法拟的宣言,会上没有做最后决定,留供参考,以待后来发展。

就经过这次讨论,后来对学运起过相当作用的 U.D.Y. 在冬夜里诞生了。这大约是一九四四年与一九四五年之交。为了使这个团体并不限于复旦,要求分头与各大专学校同学联系,吸引他们共同来组成这个民主青年的团体,在今后的活动中可以相互支持、相互呼应。

祖培当时比杜栖梧同志高两班,但他们是有接触的,关于成立团体的事,他们交谈过。至于我,不用说,是向我所属的"据点"汇报的。

U.D.Y. 第一次代表大会

经过几个月的分头努力,以北碚为中心,和在北碚地区的大专学校,如朝阳法学院、音乐学院等校进步同学终于取得了联系,大家互通声气,觉得有成立团体的必要,应该举行一次代表大会。

承陈秉恩同学的帮助,在巴县兴隆场他的私宅里安排了会场,食住均由他负责。这是一九四五年四月初,我确切记得是个春假。我们这些人名正言顺地相继分头离校赴会了。我离开夏坝时,曾分别向"据点"同志和《中国学生导报》同志说明情况。起初,《中导》也在"据点"领导之下,而后直属南方局青年组领导。

出席这次大会的有朝阳法学院代表聂崇彬(唐漠)。复旦大学参加的同学有蒋祖培、李中法、余开祥、陈秉恩、孙务纯和我以及杨瑞成等同学。这次会上正式宣告 U.D.Y. 成立了。

我与崇彬就是在这次大会上初次谋面的,他严肃认真,从不隐瞒自己的观点,肯公开发表意见。记不清为了一个什么问题,大约是关于写不写纲领或是什么形式问题,开头就和他激烈争辩起来,后来才求得一致意见,从此我们成为要好的朋友。崇彬做了不少工作,后在一九四八年入党。

关于草拟纲领问题,我当时很表反对。我怕它成为一个政党组织模样,这将是原则性错误,我不能同意。记得一九四一年与一九四二年春季,在皖南事变后,复旦很沉寂,进步同学很苦闷。"据点"领导人王晶尧(新闻学系学生,那时睡在我上铺)特地为此到重庆南方局去找刘光同志,提出成立统一组织问题。刘光同志批评了这个设想,从深入隐蔽和保护青年着想,当时党不同意这种做法。晶尧后将此事告诉我们,我记忆很深。现在不单成立了组织,跨校的、统一的,还又要订出书面的纲领,我思想上不敢同意,太像个政党组织了,我反对。会上讨论来,讨论去,只有我一人反对。我又不好明说党将会不同意这种做法，只有反复强调不能持中间路线，不是在国共两党之间成立个组织，只是联系广大青年同志的团体。我不主张订个纲领。大家表示同意我对于这个团体的看法，但是要订个纲领，好吸引年轻人参加，认为不会成为这个团体的障碍。大家既表示与我意见相同，就是要个明确的纲领，我如坚决反对到底，只有退出会场，脱离群众。我想，我应该和大家在一起奋斗，保证正确的倾向，不应脱离群众，"唯我独革"。最后通过决定拟订纲领时，与会同志一致推我为起草人，我就义不容辞、当仁不让了。

我草拟政治民主纲领，余开祥草拟经济民主纲领，李中法草拟社会民主纲领。会上讨论通过了纲领，我负责的部分形成文字，一致通过了。经济纲领也在会上通过了。只有社会纲领，原则通过，由起草人在文字上再润饰一下。三个纲领合印成一个小册子。我所草拟的政治纲领，是按照毛泽东主席的《新民主主义论》和党当时对时局所提的民主联合政府等主张而写出的，与会代表无不同意。

向党汇报

U.D.Y.第一次代表大会结束后，我立即返回夏坝，向我们"据点"负责人杜栖梧同志汇报情况，并且将油印的纲领交上一份。

我是约杜栖梧在农场以来回散步、边走边谈的形式汇报的，将会议的情况做了详细的说明。我不放心的是纲领问题，说明了讨论经过，最后不得不写。

后来，我到重庆，当面向南方局青年组刘光同志汇报，也送上一份纲领。刘光同志说我做得对，指示我继续在U.D.Y.中进行工作，和大家一道前进。

杜栖梧同志将我的汇报和纲领一并报告南方局青年组。后来，他又特地写了一份关于纲领及组织成立的书面汇报，也幸蒙王若飞同志带回延安而得以保存。请党委查阅校史组所存复印件。这里不重复。

由此种种可见，U.D.Y. 是接受党的领导，是复旦和其他大专学校进步学生组成的革命团体，是党领导下的外围组织。

还应该插入说明一个情况：一九四六年春季，中央青委负责人冯文彬同志到了重庆，王效仁（王城）已在《新华日报》担任外勤记者。经效仁的介绍与引见，蒋祖培在化龙桥见到了文彬同志，当面汇报 U.D.Y. 详情，并面陈政治纲领等。据祖培后来对我说，文彬同志肯定了 U.D.Y. 的政治纲领，认为写得明白正确。祖培为此非常高兴。

附带说一下，这时王城也已经是 U.D.Y. 一分子了，他原是史地系学生，与我往来密切，他在中学时代就有组织关系。王城甘肃人，正直热情，有时也固执得可爱。王城与我保持联系多年，"文革"初在北京文化部出版局工作时病逝。

我离校时的建议

我是一九四五年夏天毕业的。虽然张志让、张明养教授等老师要我留校担任助教，经张志让院长和系主任胡继纯先生说好，但那时学校负责当局不能容纳我在校工作。同时，党也安排我在社会上做些工作，并准备进《新华日报》。

这时，我考虑应该加强 U.D.Y. 的工作，我希望这个团体更健康地发展，保证它的政治倾向，由我与"据点"（这时已叫新民主主义青年社北碚地区）负责人杜栖梧同志商定，派李炳泉（外文系学生，解放前是北平职青支部领导的党员，解放后任新华社国际部主任，"记协"书记）参加 U.D.Y. 领导工作。一方面由栖梧通知炳泉，一方面由我将他推荐给祖培，希望在条件具备时成为协助祖培工作的副主席。祖培也觉得炳泉是很好的活动分子，他欣然接受了我的建议，以后他们便合作起来了。

由于李炳泉参加 U.D.Y.，复旦剧社一部分人，外文系一部人，参加到 U.D.Y. 中来了。这中间有管震湖（北京第二外国语学院教授）、王伟（新华社经济信息部女经理，党员）等多人。

党关心U.D.Y.的工作，这时新青社又派金本富同志参加U.D.Y.团体里。他实际起个观察员的作用。

回到上海的战斗活动

复员以后，U.D.Y.到江湾，与上海的同学结合起来，积极展开工作。我曾协同祖培与上海［圣］约翰大学、暨南大学等校进步同学联系。

在青年会（八仙桥）工作的孙务纯，将U.D.Y.活动带进基督教青年会，在他的支持下，成立了职业青年团体"常春社"（Ever Green），这是U.D.Y.的化身之一。孙务纯当时已是秘密党员。

在江湾，蒋祖培、聂崇彬、孟庆远、汪汉民（戴天）、张希文（马骏）、朱天、葛嫱月、虞和静、吴承毅、鲍静佩等成为学生运动前列的战士（还有一些同学，因我未接触不列）。

一九四六年七八月，在我的住处，北四川路窦乐安路口海军月刊社内，举行了一次规模较大的集会，决定扩大U.D.Y.组织，和上海同学相结合，更积极地开展学生运动。这次会上，已有上海其他大专学校同学出席了（附带说明，当时我所住的地方，是党在海军中进行策反工作的郭寿生同志主持的单位。解放后他在北京担任海军总司令部海事研究委员会主任，军级干部，我党建党后，于一九二三年为S.Y.成员，直接在中央领导下活动。大革命时已是中共党员，直接在周恩来同志领导下工作）。

关于在上海反内战、反饥饿运动中，U.D.Y.成员以蒋祖培、聂崇彬同志为首，无不积极参加。这里毋庸我来细说（我在上海新闻文化界工作，也不能详细说明U.D.Y.活动了）。一九四七年五月，复旦学生英勇抗议"五二〇惨案"，U.D.Y.成员是在其中的。

我想有几点要向组织说明：（一）回到上海，有了社会职业的U.D.Y.成员，如李中法（北新书局副总经理）、陶增骥（交通银行行员）等人，包括我在内，积极支持学校同学斗争。在反饥饿斗争时，我们在市内发动捐款并和不少同学一齐去江湾送钱支援同学战斗。记得那天相见后，形成一个集会，市内同学推我讲话。

李中法同志给进步同学的帮助最多，固然他有点物质力量，主要是他虔诚地皈依革命。蒋祖培从学校逃出，汪汉民从学校逃出，都经他安排，住在北新书局的货栈里，食宿零用，他都负责。音乐学院董源（现在是上海沪剧院负责人）病重，连续几年，我们固然发动募捐支持，而中法对他的照顾从未停止，可以这样说，是救了他的命的人之一。以后祖培等去解放区，中法也提供路费。李中法同志用他的具体行动说明了他的革命立场。

（二）我要谈一谈蒋祖培同志，他献身于学生民主运动的精神是非常感人的。他在学校遭受了强大的压迫，把他当作"职业学生"看待，是不断肇事的"祸首"。同时，我们队伍中也有些朋友年轻幼稚，有时对他还反唇相讥。祖培当时都不介意，一个劲儿地投入革命斗争。他当时很贫困，从不对人说。常常叫了一客客饭，分两顿吃，半饥半饱地生活；天气冷了，棉衣还没有！我们在市内知道了，大家都很痛心，我给他送去了棉衣。蒋祖培这时思想升华到很高尚的境界，一心为革命！他是我们U.D.Y.的光荣，他无愧于是U.D.Y.的领导人。他最后成为共产党员，并非偶然。

我还要谈谈祖培到解放区后情况。他先在农村基层工作，担任过村长等职，受到了锻炼。后来到张家口地委工作，地委书记胡开明同志很赏识他，立意发展他入党。经过几年，在胡开明同志担任张家口市委书记时，祖培终于光荣地成为中共党员，行政职务是张家口市文化局局长、市文联副主席。五十年代时，祖培到保定开会，经过北京时，我们都聚首。他不幸于"文革"前病逝。四年前，我打听他的遗族情况，张家口市的同志还怀着深情想念祖培，认为他如健在，那里文联的工作将会更活跃些。

（三）U.D.Y.到上海以后，不仅没有停止活动，而且在和群众相结合中扩大了活动，在上海抗暴联代表会议中，在全国学生抗议美军暴行联合会中，在复旦大学学生自治会改选时的联合竞选团中，在新选出的复旦学生自治会中，在上海郊区（如浦东区）工人的读书宣传活动中，小到复旦的缪司社活动中，都有 U.D.Y. 在其中起着作用。蒋祖培、聂崇彬、汪汉民（戴天）、虞和静等不少同志，在其中先后做了大量工作。有一种说法，U.D.Y. 到上海就停止活动了，那是完全不顾事实的错误说法。至于常春社的活动，一直坚持到上海解放前夕，归地下的职青联领导了。

我们 U.D.Y. 的一部分同志，通过胡德闻及浙江水产协会，在浙江玉环一带的海涂养殖蛏子，以求解决活动经费和支援同学斗争。祖培为此特地往浙江一行并和玉环的海滨游击队有过接触。U.D.Y. 成员还出版秘密地下油印刊物《火种》，成立公开的出版机构"绿林书屋"等，在市内扩大了活动。

尽管有些同志去解放区，去香港，回南方各省，留沪的 U.D.Y. 同志一直战斗到我们大军南下，迎接了上海解放。

党对 U.D.Y. 的看法

据我亲历所知，南方局青年组和我们夏坝"据点"及后来的新青社，都颇重视 U.D.Y.，关心它的活动，领导它的斗争。我们"据点"向党的汇报中肯定党在 U.D.Y. 中间工作是有成效的。详见至今仍存的汇报复印件。

青年组负责人刘光同志，总是教导我们要在各种觉悟程度不同的青年中耐心工作。在一九四六年二月底三月初重庆反苏大游行时，有一些学生受骗参加。有一次，刘光同志亲自对我说，不要放弃对参加反苏游行的学生进行工作，不要认为他们反动就不对他们教育争取。至于 U.D.Y. 这个进步青年组织，尽管成员的认识程度参差不同，党对它是一直重视的。

一直到去年，我们"据点"负责人许鲁野（杜栖梧）等所写的《中共中央南方局青年组复旦大学及北碚地区据点的组织概况和几项重要工作（1943.8—1946.6）》中，在《据点的组织情况》的第十一段中，列入了U.D.Y.，承认其为外围组织。

去年下半年，中共中央党史资料征集委员会冯文彬同志等，在《中共党史资料》中准备出"南方局专号",由童小鹏同志等负责集稿。关于《南方局领导下的青年运动》一文,请朱语今、张黎群同志执笔。在讨论初稿时,语今、黎群同志即通知杜栖梧、何燕凌、宋琤和我去开会,以后在二稿中即将U.D.Y.作为外围组织写入。我们讨论了三稿,其中都提到复旦"据点"及其所属外围团体的活动。语今同志过去还曾专门写信给我,问我如何看待U.D.Y.,我回答它是党的外围组织。

我的请求

我执笔写这份材料时,深感必须实事求是,根据自己亲历亲闻,向党提供我个人所知道的情况。我所见所闻也许也不免不全面,但无一不是我确见真知者。我们当年不少很有贡献的战友,都不幸被夺去了生命,蒋祖培、聂崇彬、李炳泉、茅祖本,他们都死得太苦太早了,他们已经不能向党陈说情况。我对死友负有责任,对U.D.Y.负有政治责任,我应据实反映情况,请党审查。这些同志都是好样儿的!

我觉得,我们可以毫无愧色地向党陈述,我们U.D.Y.吸收了各个大专学校里的一部分优秀青年,他们在学生时代就是颇为出色的,是十分勤学的,是积极斗争的;以后他们到各种岗位上去,也都做出了贡献。在解放战争期间,在复旦大学活动分子中有不少U.D.Y.成员;以后在复旦大学的教育活动中,余开祥同志、江泽宏同志,都是优秀的教师,事迹俱在,毋庸赘言。在上海,李中法是多次被出版社选出的先进工作者。虞和静是优秀儿童文学作品的得奖者。董源经过疾病和运动的打击,至今还领导着沪剧院工作,杨若星同志早年是璧山社会教育学院的积极分子。在其他各地的U.D.Y.成员,在厦门、在汕头、在广州、在重庆、在北京、武汉等地,至今都在热诚地为党为人民工作着。不可能一一提名了。

我们当初起来斗争的时候,我们当年追求党的时候,还没有出现取得全国政权的局面。我们不畏敌人压迫、逮捕而活动的时候,不是党拿钱收买了我们的;我们也完全没有想到四十年后要审定参加工作时间问题!对于我们过去工作的评价，可以有这样那样的批评和看法，但首先应该肯定U.D.Y.是革命外围组织！这些成员未辜负党的引导，先后早迟大都走进党的队伍里了；没有一个是坏人！U.D.Y.是个纯洁的政治团体，有工作成效的青年组织。

我们年轻的时候，免不了也有一些过左的情绪，我们之间也有过面红耳赤的争论，觉得自己最革命、最正确。现在霜雪已经染白了我们的双鬓，我们凭着政治道德、政治良心，冷静考虑我们当年的工作和战友，考虑我们的认识和某些不正确的认识，无论怎样，应对U.D.Y.做出公正的历史评价。我深信，我们复旦大学党委一定会全盘考虑，会认为U.D.Y.也是复旦历史上的骄傲和光荣！是党在复旦进行工作的成果之一！

我想，U.D.Y.中间没有出现大干部，还有不少非党同志，在今天，不至于成为评价历史地位的阻碍。我根据校党委的要求，从我个人经历的角度，陈述这些情况，向党负责！向U.D.Y.战友负责！向我们亲爱的死友负责！

复旦是我们母校，是我们从事革命工作的摇篮。我们在复旦学习了马克思主义理论、党的路线方针政策，参加了革命斗争，经受了锻炼，可以自豪地说，我们都为新中国战斗过！按组织途径说，应该请求校党委为此对U.D.Y.做一结论。

以上所写，敬祈审核。

附带一说，我由于岗位工作太忙，外务亦繁，我写这份材料没有先写草稿，而是提笔写来，一定有些不恰当的词句。所写谨供领导审核，不要公开发表。

戴文葆（盖章）
一九八五年六月二十四日深夜
本人工作：人民出版社编审
北京朝内大街166号

致 U.D.Y. 同人[1]

同志:

您好!

首先,我们向您报告一个好消息:U.D.Y. 已被中央组织部确认为党的秘密外围组织。中共上海市委组织部也已于 1987 年 3 月 9 日,以沪委(87)发字第 54 号文件,对复旦大学(87)组字第 4 号的报告做了批复,内称:"关于确定原重庆复旦大学建立的民主青年联盟(简称 U.D.Y.)为党的秘密外围组织问题,经向中组部老干部局请示,同意参照执行组通字(83)34 号文第一条规定,凡参加该组织的正式成员,接受组织交给的任务,服从组织安排,一直坚持革命工作的,可从一九四五年五月 U.D.Y. 受党直接领导之时起算起;一九四五年五月以后参加的,从参加之日算起。间断革命工作的,按中组发(1982)11 号文件有关条款确定。"

回顾 U.D.Y. 的历史,其活动时间虽不长,但在党的领导和成员的努力下,其内容却是相当丰富的,对革命做出了应有的贡献。为了对历史负责,对广大的成员负责,也为了使后来的青年们从当时青年学生的革命风貌中获得某些启迪,我们建议现在还健在的成员都抓紧时间来写有关 U.D.Y. 的回忆,包括其本人是如何参加 U.D.Y. 的,以及参加以后在校内外所进行的斗争情况等等,并尽快寄给上海绍兴路 74 号上海文艺出版社李中法收。由于当时处在地下秘密阶段,许多成员对 U.D.Y. 与地下党的关系是不了解的,也为了帮助大家回忆,特随附戴文葆同志所写《关于民

---

[1] 李中法先生 2012 年 6 月 28 日致李频信中说:"来信所云我与戴兄等五人的联名信,是有一封的,但不是专给复旦校友,而是给重庆各大学(包括复旦)中 U.D.Y. 成员的,这由我起草而经文葆同意,所以我的名字置于末尾,余开祥领衔。"

主青年联盟（U.D.Y.）的陈述》一文，供参考。如其中所述与您的记忆有出入，也盼一一指出。待大家所写回忆录汇总以后，再烦戴文葆同志整理编写 U.D.Y. 全史，以填补抗日战争和解放战争时期在党领导下的青年民主运动的这一角空白，并作为成员们的永久纪念。此外，还要请您将所知的 U.D.Y. 的成员告诉我们，包括他们的姓名、当时所在院校、解放后的工作单位、生死情况、现在通讯处等。

老骥伏枥，志在千里，请多保重。并借此机会对忠诚于党的革命事业而过早逝世的 U.D.Y. 领导人或成员——蒋祖培、孙务纯、李炳泉、茅祖本、聂崇彬、江泽宏、王效仁、顾执先等同志表示最深切的怀念。

此致
敬礼！

原 U.D.Y. 现尚健在的发起人或执委：
余开祥（复旦大学教授）
戴文葆（人民出版社编审）
陈秉恩（厦门集美中学离休教师）
董源（上海沪剧团前副团长）
李中法（上海文艺出版社编审）

同启
1989 年 月 日

戴文葆小传

戴文葆（1923～2008）：江苏阜宁人。中国共产党党员。编审。1945年毕业于复旦大学政治系。抗战后期，是中共中央南方局直接领导下的"据点"成员，在重庆担任公开发行的《中国学生导报》主编。大学毕业后，曾任上海《世界晨报》编辑、《大公报》国际版编辑与社评委员。中华人民共和国成立后，历任《大公报》管理委员会委员、副编辑主任，人民出版社、世界知识出版社、三联书店编辑部副主任，中华书局编辑，文物出版社、人民出版社、三联书店编审，《中国大百科全书·新闻出版卷》出版学分编委会副主任兼编辑学分支编写组副主编，撰写了其中的"编辑学"等词条。是中国出版科学研究所学术委员，南开大学、北京大学兼任教授，第一届韬奋出版奖获得者。著有《中国，走在前面》《长城》《新颖的课题》《寻觅与审视》《月是故乡明》《射水纪闻》《历代编辑列传》等；编有《编辑工作基础教程》《号角与火种：〈中国学生导报〉回忆录》《胡愈之出版文集》《胡愈之译文集》《宋庆龄书信集》等；与人合著及编译的有《国际现势读本》《华莱士与美国第三党》《右翼社会党》《亚洲和平与安全问题大事纪要》等；编辑整理的书籍有《韬奋文集》（三卷）、《印度的发现》、《谭嗣同全集》（增订本）、《朝鲜李朝实录中的中国史料》、《六十年来中国与日本》、《鲁迅选集》（两卷本）、《性心理学》、《板桥杂记》等；责任编辑的书籍有《文明的进程》《清朝八旗驻防兴衰史》等。

人民出版社

中陵：

《中华读书报》记者来访（该报希望她的报道），要我为该报报导"对当今中华我家的人"讲几句话。这个题目极具思想性，迟早好，但又怕有引来批评。我已离休几年，现又有点须痴，不想去出头位（我怕字呼！）但这位来访的小姐，我读过她好多新闻报导，虽是初会，但有很好印象。我是对她说，这个题目组织多得罪很财许多年经验丰富的出版人哩！她还是要我谈谈，当时我正在"协和"连续检查。凡住内、外科专家都很关心我，为此珍惜生命，我也十分（切忽）关注着我此时的生命，也许同意约定时间详他的"心话"吧。以上说说的短语。重载本年11月13日读报，为若高振导的第十一节，他也是说过的话，为好几年到此"赤方子"中部说几几句，我也想交差了！也说为佳！离开！

祝健康！

戴文葆已刊书信存目

1. 致欧阳文彬

1985年1月30日、1985年2月1日、1999年3月8日致欧阳文彬，共3封，刊于《书简情——欧阳文彬藏信选》，上海百家出版社2009年出版，第418～421页。

2. 致宋木文

1999年1月5日致宋木文，1封，刊于宋木文著《亲历出版三十年——新时期出版纪事与思考》（下卷），商务印书馆2007年版，第506～513页。

1999年9月4日、2001年4月9日致宋木文，共2封，刊于宋木文著《八十后出版文存》，商务印书馆2013年版，第1051～1052页。

3. 致刘硕良

1999年8月25日致刘硕良，1封，刊于刘硕良编著《春潮漫卷书香永——开放声中书人书事书信选》（下卷），漓江出版社2018年版，第665页。

4. 致俞润生

1995年10月29日致俞润生，1封，刊于人民出版社编《光辉曲折的编辑生涯——戴文葆先生90诞辰纪念文集》，人民出版社2012年版，第219～221页。

5. 致雷群明

1998年5月20日、1998年5月22日、1999年元旦、2001年5月7日、2001年5月20日、2003年4月21日、2003年8月26日、2003年9月7日、2004年元旦、2004年5月17日、2004年9月14日、2004年11月21日、2005年3月1日、2005年4月3日、2005年四五月间某日、2006年12月27日、2007年元旦、2008年元旦致雷群明，共18封，刊于雷群明编著《师友飞鸿》（第一辑上），雷群明先生自印本，第23～40页。

6. 致周实

1997年1月5日、1997年1月21日、1998年9月10日、1998年9月30日、1998年12月3日、1999年5月6日、1999年6月23日、1999年10月20日、2000年1月29日、2000年9月5日、2000年10月15日、2000年11月4日、2001年6月20日、2001年7月5日、2001年11月5日、2001年11月29日致周实，16封，刊于周实著《老先生——〈书屋〉六年书简过往录》，华夏出版社2015年出版，第106~124页。

7. 致张秀平

1997年11月5日致张秀平，1封，刊于人民出版社编《光辉曲折的编辑生涯——戴文葆先生90诞辰纪念文集》，人民出版社2012年出版，第285页。

编后记：戴老的矛盾与痛苦

戴文葆先生离世已经十四年了。我从 2012 年夏天起征集戴老书信，时断时续，悲喜交集。于我的心灵，戴老一直没有离开，正如他生前教导、引领我专业精神的成长。他身上的悲剧性一直召唤我怀念他，以探究、理解他，进一步探究、理解他的职业、专业和他所在时代的关系。

社会有喜剧、悲剧，所以才成社会。人的一生都有喜剧、悲剧的时段或截面，是自省、自知或旁观、推断的。我的成长有幸得到很多长者的呵护，我深深地感念感激他们。唯有戴老，他的悲剧性一直让我喘不过气来。

第一次拜见戴老是 1988 年春夏之交。那时我正攻读编辑学硕士学位，因访谈龙世辉先生而住在他家里。拜见戴老后，回到龙家，我兴冲冲地告诉他。龙先生正在厨房忙着，回应我一句：

"哦，他还活着？他是老革命，很有学问。"

伴随着抽油烟机的轰鸣，我愣在刚进门的过道里。

1984 年内蒙古社会科学院举办编辑学与编辑业务讲习班，戴老和龙世辉共同受邀讲学，他俩因此相识。接送他们的都是高级轿车，长驱直入呼和浩特火车站站台，若以后来的官威和排场比附，那相当于省部级吧。同行的专家除戴、龙外，另有中华书局副总编辑张先畴、光明日报社秘书长卢云、光明日报社理论部副主任苏双碧、人民出版社副总编辑吴道弘、中国社会科学杂志社副总编辑李学昆、美国专家魏克辅副教授。编辑学广受社会推崇、尊重，于此为甚乎？

龙世辉常挂在嘴上的"老革命"是韦君宜，用以表达他的敬重和爱戴。龙世辉生于 1925 年，戴文葆生于 1923 年，本是同代人，龙世辉何以如此敬重戴老且质疑他的生命力？当天，我仅吃惊而已。事后多年，我才想到，他知晓戴老在革命年代、"继续革命"年代里九死一生。那时，刚退休的龙老自称健壮如牛，惜于1991年因病去世。多病缠身、看似弱不禁风的戴文葆却顽强地坚挺到2008年9月。

一、"戴文葆事件"及其样本

戴文葆的悲剧性，总该承认的吧。人民出版社原总编辑张惠卿怀念戴老就以《愿悲剧不再重演》为题。就当代中国编辑出版人物研究的核心价值而言，戴文葆研究的召唤力与挑战性首先在于他的悲剧性，其次才是他编辑出版实践本身蕴藏的编辑出版理论的规律性。由戴的悲剧性解析而走向对中国革命出版的某些规律性探究与认知，那是理论路径与理论目标关系的另外问题。

对戴老悲剧性的探究可以也应该有多种方法，而应该摒弃的方法是就戴的悲剧性探究其悲剧性。如此就事论事并非具体问题具体分析。笔者主张的分析策略是，先认定戴文葆为当代中国编辑出版人物的样本；通过样本分析来探究、解释其悲剧性；以样本分析的专业逻辑确保悲剧性解释的有效性。

从时间维度看戴老的一生，他有两个最关键的人生节点。其一，1950年向党组织交代高中毕业后不到半年的一段经历。其二，1981年7月从文物出版社调回人民出版社。

戴老高中毕业后曾参加过江苏省政府开办的一个大规模青年训练班，培训数月后分配到阜宁县政府的情报室工作。半年多后，他发现所在单位敲诈百姓，便于1940年秘密脱身，辗转到重庆考入复旦大学攻读国际政治学专业。"1949年5月上海解放。1950年，各单位均号召'五类分子'要自动前往公安局登记。戴不懂那个阜宁县政府情报室是个什么东西，总之是国民党政府机关，就自动前往登记。当时公安分局（黄浦区？）说，你这不属于登记范围，回去向党组织'坦白'就行了。戴回来照办了。于是，李、杨两位老同志都知道这件事了。到了1954年夏天，中宣部调了四位国际问题专家到中宣部工作，这四人也是老党员。杨刚被调去了（人民出版社的副总编辑冯宾符也被调去了）。于是，陆定一知道了戴文葆的事情。陆时任中央肃反'十人领导小组'组长（罗瑞卿还是副组长），故对此事十分注意。自此我们被逼得很紧，似有限期攻下戴文葆堡垒之势。1956年秋，文化部副部长陈克寒亲自到人社来责问：为什么你们放着戴文葆这只死老虎不打？"[1]

这是戴老一生悲惨命运的开端。《戴文葆先生90诞辰纪念文集》第35页刊登了一帧他1950年春天拍摄的照片，他在照片后自题："自以为活在梦里。"不知是否与此有关。我原以为戴老的苦难始于他1957年被划为"右派"。道弘老告诉我，戴老1951年9月调入人民出版社，他就知道不再被重用，而被监管了。二十多年前，我也曾向弘征老求证，如果戴文葆1950年不主动去登记[2]，那是否就没事？弘征老说，如果查出来，那只会更惨。让我惊叹的是，在陆定一、陈克寒的严词督办下，曾彦修竟然还保护了戴文葆几年。"戴文葆事件"中曾彦修的行为与他几年后自定"右派"一样，让历史叹为观止。他留给历史的不仅仅是对戴老个人的温暖，还有当代中国出版史上戴文葆样本（或案例）中的革命出版领导人的示范。

以戴老的重情感恩心态，曾彦修提出调他回人民出版社，他不可能不回来。如果戴老在文物出版社终其一生，他也可能会成为1949年以后的沈从文、1987年以后的朱正那样的专家，开创另一番独树一帜的专业成就。当然他也就不会拥有人民出版社编审"光辉曲折的编辑生涯"。宋木文先生亲口告诉我："对戴文葆的政治待遇，是高于人民出版社的副总编的。"戴老生前享有的礼遇只会授予人民出版社编审戴文葆，而不会授予文物出版社编审戴文葆（"戴文葆事件"决定了他即使留在文物出版社，也难以

---

[1] 曾彦修：《"戴文葆事件"真相》，见《光辉曲折的编辑生涯——戴文葆先生90诞辰纪念文集》，人民出版社2012年版，第413页。

[2] 曾彦修在《"戴文葆事件"真相》一文中说："首先最早的种因，是戴自己因不了解具体情况而自动到上海市某公安局去登记。其次是时间久远之后，被严重扩大了事态。因此，才一下子就严重起来了的。其实，什么根据也没有。"见《光辉曲折的编辑生涯——戴文葆先生90诞辰纪念文集》，人民出版社2012年版，第415页。

提拔为副总编辑）。对戴老的一系列礼遇以及授予一个无一官半职的编审，在改革开放以来的出版史上绝无仅有，映现了出版队伍建设（套用戴老话语，用"怀柔"政策或许更好）的深刻变迁。为那份厚礼，戴老支付了相当多的情愿或不情愿的时间和精力代价，另当别论。

人民出版社（三联书店）编审是戴文葆的基本社会身份，由此衍生的另一重要身份是中国编辑学会顾问。他以这两个主要身份开展社会活动，因此形成了编辑家、编辑学家、思想者三个主要的人生面向以及三个方面的专业成就。特由此析出三个剖面以开展对戴文葆及其悲剧性的探究。

二、"戴文葆与三联"作为出版史论命题

戴文葆是编辑家。就社会影响的广度和专业影响的深度而言，戴老罕有其匹，该循前辈所说认同戴老为编辑大家。其"大家"的实质在于戴老区别于其他编辑家的显著特征，也即他编辑实践的典范性——由编辑工作严谨、认真的典型性而得到社领导曾彦修称誉，进而在全社乃至全国推广开来。典范性让戴老享有殊荣，作为学习榜样便同时要接受质疑，当下的和历史的，所在出版单位及以外整个出版业界的时空双重维度的质疑。因此，对编辑家戴文葆的历史审视便可转换为两个问题：戴文葆与出版选题，戴文葆与三联。

戴文葆与出版选题。提出这一史论问题于戴老近乎苛评酷论。以戴所服务的人民出版社，以戴的身份，何以轮到他提出选题。必须正视的历史境遇是，20世纪90年代推行市场经济体制改革后，选题的出版效益、价值得到高度推崇、强化，戴文葆一方面是审稿、加工的顶级高手，另一方面出版市场所见，由戴老提出（策划）的社会叫好、市场叫座的选题貌似不多。因此，历史地审视戴文葆、全面地理解戴文葆重要且迫切。就单本书而言，戴老提出的选题也有，如曲家源《卢沟桥事变起因考论》等，慧眼识宝而抢救的选题亦有，如译著《文明的进程》等，量少未必引起注意。智慧的戴老似乎早有预见似的，《戴文葆同志的业务自传》在《出版

工作》1983年第6期加"编者按"发表时,他又"补充"了近3000字。其中第六点说:

> 为了繁荣学术,有系统地译介外国哲学社会科学著作,我参加了此项规划的拟订,并与有关出版社具体磋商解决选题分工和组稿出书问题。
>
> 在中宣部出版处的领导下,我草拟了关于译介社会主义名著和国际工人运动著作的选题计划。
>
> 以上这些计划,后来连同商务、中华重印古籍计划,汇编为整理翻译国内外学术著作的计划,并得到逐步的实现。1962年至1963年间,在中宣部指示下,我在中华书局具体草拟了编辑出版我国近代思想家文集的规划设想,后来也在各有关出版社逐步落实。
>
> 参加拟订编制这些规划的过程,也成为我们编辑出版工作者自身学习和提高的过程。这是值得怀念的事。

这是"文革"前最有价值的中国出版规划。博学深思的戴老何能没有选题?他设计的选题不易实现才是值得探究的出版史论真问题。我曾述及戴老想编而未编的书[1]。

戴文葆与三联。戴文葆以历史参与者的身份见证了三联书店在新中国的发展历史,尤其是独立建制后的前十年。如果认可20世纪中国出版史的主潮是革命出版及其转型,三联书店独立建制后的发展就是革命出版转型的壮美华章。先有人民出版社三联编辑部副主任的前缘,如果戴老能续写出众望所归的后传,那才真是20世纪革命出版史的珠联璧合。有史料表明,三联与人民出版社分家,以调戴到三联作为分家商讨要事之一,可见众望之殷。[2] 不易超越的自然规律是,戴重新服务三联时已经年过六旬,

---

〔1〕参见李频:《有感于文葆先生想编而未编的一本书》,《读书》2012年第12期。
〔2〕刘杲当时以文化部出版局副局长主持两社分家,刘杲写给陈原的信中曾提及。

即使悬置他个人的心理因素，也应认识到他年龄和身体的刚性制约。戴老当然为三联的起步十年做了有价值的工作，有些甚至是只有他才能做的繁难棘手的事情，但他是否人尽其才、倾心有为呢？是否有负众望，或者说戴在哪些维度、何等程度上实现了政府和单位对戴的期望呢？

由戴与三联的颇难问题，我想起了第一次拜访朱正先生。那是1991年，他到郑州出席鲁迅研究的国际学术讨论会，我慕名前往。讨教的第一个问题是：您当湖南人民出版社总编辑有哪些成功经验？朱正的回答快言快语：我当总编辑没有经验，只有教训；如果有成功经验，我就不会干一年零四个月就下台了；我不是一个好的总编辑，我是一个好的责任编辑。我的提问足显我当年的青涩。朱正的回答，每一想起，就令我赞叹不已，研究鲁迅就是研究鲁迅的。戴老在出版界的名望远高于朱正，从交往看，戴老很认同朱正，尤其羡慕朱正著述的量与质。

因为戴与三联的颇难问题，我也注意到林言椒的回忆："90年代，我从人民社调到三联书店，这时戴公也在三联，好像是担任编委会委员，不上班，没有具体任务，类似顾问的性质吧。当时三联书店从人民社刚分出不久，以出版西方先进的学术文化译著为主，我则想策划一些传统文化的著作，以其占三联一席之地。因而又到西总布胡同戴公寓所做过一次长谈。一个月后，戴公交给我一份30多页的稿纸约1万字的文稿。这是一篇1949年前商务、中华、开明等社出版的国学著作、国学丛书的调查报告，很详尽。有材料、有分析、有建议，好像沈昌文、董秀玉都传阅过，限于当时资金短缺，无力投入，这个方案不了了之。这份报告一直留在我手边，戴公去世后，我想找出这份材料或物归原主交给杨进，或交给有兴趣于此的单位，但几经翻找，就是不见踪迹，不知被我一时糊涂塞到哪个纸堆里去了，令我一直感到非常遗憾。"[1]

1995年"五一"节期间，我第三次拜访了戴老。第二次是1993年6月

---

[1] 林言椒：《忆戴文葆先生二三事》，见《光辉曲折的编辑生涯——戴文葆先生90诞辰纪念文集》，人民出版社2012年版，第63页。

26日。前一天,河南大学出版社和中国编辑学会在新闻出版署九楼会议室召开了《龙世辉的编辑生涯》出版座谈会。戴老出席了座谈会并发言。会前送请柬那天,恰逢戴老外出不在家,请柬是吴道弘先生主动提出转交的(戴、吴同住东单外交部街人民出版社宿舍,且同一个门洞,戴住一楼、吴住三楼、沈昌文住二楼)。我便会后登门致谢、拜访。1995年"五一"节起,全国开始实施每周五天半工作制度,一周工作五天和一周工作六天轮替。"五一"节便迎来了此前最长假期。工薪族欣喜若狂奔走相告。我们一家三口便从郑州到北京游玩。那是我第一次也是到目前为止唯一一次举家到居住地以外的城市游玩。

  戴老家进门即是没有窗户、空间也不大的客厅。戴老拉过一把折叠椅让我坐在光线更好的书桌对面,而不是书桌旁的沙发。他便如平常那样坐在书桌前。书桌上的两侧堆满了书籍和文件,我看到和与之交谈的是两大堆书之间的戴老的前胸和头颅。我东向坐,有阳光从南边另一间房的房门射来,戴老西向坐,没有阳光。戴老的人和书便平添几分幽深、神秘。闲散的漫谈中,他说及一年前受邀到山东泰安为泰山编书,考察参观一段后,他提出,请他编书可以,但泰安市委、市政府领导不可以在所编的书上题词。他是笑着说的,我当然也仅当笑话听。这次到京,本来就是一家人到北京游玩的呀。1996年7月13日,我从中央人民广播电台的早间新闻中听到,"泰安市六名领导干部被依法严惩",有两三位还是极刑。我震惊得瞳孔放大,怎么也转不过神来。1996年5月,我奉调北京印刷学院报到上班,调动手续正在办理过程中。听到新闻的那一刻,我正骑自行车走在郑州市的金水大道上,绿荫密布,车水马龙。我不由自主地停下来,推着自行车漫步,也不知后来干了什么,怎么回家的。那天那条与我毫无关系的新闻给我上了生动、深刻的一课:北京真是藏龙卧虎。

  后来我才知道,戴老编书拒绝领导人题词并非绝无仅有。有一出版社要他编书,他甚至以不许领导人题词为前提条件。有位比他排名靠前的老编辑请来题词,他依然严词拒绝。由戴老的毫不通融,我充分理解出版社领导的难堪难办,而戴老的编辑个性,一个中国编辑家的思想、行为个性不能不认同为于斯为甚。曾彦修说:"戴在图书编辑上确是个万能的、无私的、认真到底的人。"[1]

三、颇有价值的编辑学探索

因应出版行业的专业发展,戴老以20世纪80年代的片断思想与写作而成为编辑学家。戴老由"新闻无学"也表露过对编辑有学的质疑,也因有关单位、人士的邀约而尽力撰文阐释编辑学,而在私人书信中,他质疑编辑学更甚。这是他作为思想者批判精神的自然表现,正是戴老的可敬可爱之处,不可以牢骚视之。

如果生前的自我质疑与死后的社会承认被视如矛盾,那该深究为再正常不过的理论现象:质疑是理论的本质,理论在质疑中发展并由时间检验其解释效度。

在中国编辑学发展史上,胡乔木是编辑学授旗人,他1984年为高校开办编辑学本科专业致信教育部,确立了这一学科的合法性。1992年就职的中国编辑学会创始会长刘杲是编辑学的旗手、引领者。在授旗者和举旗引领者之间,横亘着一位编辑学理论奠基人戴文葆。戴老为编辑学的奠基之作是他为1990年出版的《中国大百科全书·新闻出版》卷写的编辑学条目。那是该卷出版学科最长的条目,释义结构所呈现的编辑学理论关系不仅经受住了时间的检验,而且至今无人可及,不可撼动。

如果编辑学要回应迅猛迭代的数字传播而向前长足推进,有三位编辑学家是绕不过去的存在:戴文葆、阙道隆、林穗芳。戴老以编辑学词条为编辑学代表作,写于1988年,发表于1990年。阙老编辑学代表作《编辑学理论纲要》发表于2001年。林老编辑学代表作《撰写和完善〈编辑学理论纲要〉需要探讨的一些问题》发表于1999年。阙、林的编辑学研究

---

[1] 见《光辉曲折的编辑生涯——戴文葆先生90诞辰纪念文集》,人民出版社2012年版,第408页。

相较戴当然有深化,时间刻度标记了戴老在荒地上奠基高楼的深厚功底。

三十年后,忝列《中国大百科全书》第三版出版卷编辑学分支的修订人员,我才又细读戴老所撰编辑学条目。这条目需要修订吗?如何修订?犹疑半年多,我难有答案。提请一位前辈修订,他开始满口答应,几个月后,他告诉我,他修订不了。这位前辈都修订不了,还有必要以及如何修订?我痛悔没有及早识别这一条目的经典性。

这个词条因戴老描述的矛盾而更显经典性。"研究编辑基础理论、编辑活动规律及编辑实践管理的综合性学科,属于人文科学范畴。"这是戴老为编辑学写的定性语。在解释"编辑学的含义"时,他指出:"编辑学是研究编印书籍、期刊、报纸和图录画册等出版物以及利用声音、图像等宣传手段的学问,特别着重于选题、组稿、写作、审核、加工整理及美术设计等环节。因而被认为是一门应用学科,主要是概述编辑过程诸环节的实施细则。它同文、史、哲、经、教、法等大学科相比,是一门从属社会科学的小学科。"从行文看,这里的社会科学与自然科学相对,那时,学界还很少有人将人文科学从社会科学中细分,不像现在有诸多学者主张自然科学、社会科学、人文科学并列,戴老明确指出编辑学"属于人文科学范畴",以现在三分法的标准看,未免矛盾,放大时空看足显远见卓识。编辑工作的人文性、出版工作的社会性,是戴老言说的客观对象的基础。由此可见戴老学识远超同侪,如果他能专心编辑学,由他奠基的编辑学定能巍然伫立。

四、不完整的思想方式

戴老是思想者。这本是一个确凿的事实命题。与他交往稍多稍深,且让他觉得可以放心交流的人,都不难从戴老访谈的片言只语中感知到这个事实。因为思想活动机制、形态的复杂性,这又成为有待揭示、论证的假说。这假说是研究戴文葆最艰难的部分,也是评价戴文葆分歧的焦点。宋木文说"戴文葆是一位敢为人先的思想者",包括人民出版社在内的出版业界学界未必一致认同这一论断的内涵意义。戴老偶露他自信甚至孤傲的一面。他在《关于编辑学的一些构想》一文的文末说："倘若拙见与同道或有出入，请允许我引用一位政治学教授亨利·戴维·索罗的话说：'如果一个人不能跟他的同伴齐步前进，可能是因为他听到了另一种不同的鼓声。'请多多批评。"[1]再过一两年，戴老就不再敢如此"老夫聊发少年狂"了。青年戴文葆的孤傲有同事为证。林言椒记得，1962年夏天的一个晚上到戴老家中拜访，"忽然觉得，先生当年意气风发、孤傲自负的大家风范已是荡然无存，写在他脸上的只有疲惫和沧桑、谦诚和虚弱，我心里不由得泛起许多同情和敬重"[2]。劳改前的戴文葆孤傲是有资本的，资本就是他的思想和专业。"这时戴公刚三十出头，在人民出版社任三联编辑室主任，评为五级编辑，这在当时一百多位编辑中，真可谓凤毛麟角，算下来，也只有中史室的大牌编辑朱南铣先生可与之伯仲，我等小辈，也只能是望其项背而已。"[3]

思想并非某个人（比如，领袖）或某一类人（比如，知识分子、专家）的特权。人皆有思想。如没有思想，他何以在社会上生存、发展？不过思想的深浅程度、宽窄幅度、价值高低、从思想到行动的迟滞时长有所不同而已。就此而言，思想伴随了人的一生，思想成为人的社会性的本质和源泉。因为人类个体的思想才有了人们互动、传播而成的人类群体的思想和人类社会的思想。

戴老的思想动力。戴老的思想动力就是他的遭遇。用稍微专业的术语来说是社会人个体与其环境的互动。一个攻读国际政治学的名牌高校大学生怀揣共产主义理想从事革命活动，革命成功后不到两年成为监管对象，革命成功八年后成为专政对象，原初的美好向往和现实处境的巨大落差就是他思想的环境和动力源泉。他的思想对象、思想方式也由此发生了巨大

---

[1] 见伍杰等：《编辑理论与实践》，黑龙江教育出版社1988年12月版，第96页。
[2] 林言椒：《忆戴文葆先生二三事》，见《光辉曲折的编辑生涯——戴文葆先生90诞辰纪念文集》，人民出版社2012年版，第62页。
[3] 同上书，第60页。

变化，此后的思想都以此为新对象、新动力而惯性使然。如果后人因为共产主义运动的曲折而难以理解戴老，那要回到全球史的一个基本事实：在高峰时段，全人类近四分之三的人口卷入了类型不同但名义相同的共产主义运动。

戴老的思想方式。思想伴随着言说和传播。没有言说、传播而仅有人内传播便没有物化成形的思想而徒有思想的潜在形态。人类有思想本能，戴文葆接受国际政治学本科学习后培养和强化了思想专业技能，在人生的青壮年时段，他又何如、何能弃绝自己的思想？他便在那极端的十余年里愤懑地抄录鲁迅文章，用文言记录家乡的口述历史。在中共十一届三中全会号召"解放思想"之后，以他被革命、被斗争的人生经验，战战兢兢、如履薄冰地表达自己的思想，就此而言，戴老的思想机制是有思有想但难言难说的思想机制，是欠完整而顾虑重重的思想机制。

戴老的思想品格。戴老思想品格的鲜明突出特征是反思性和批判性。由己及群反思中国革命及其道路，身居京城且站位社会底层批判社会现实。就此而言，戴老的反思性、批判性固然有他基于自身经验和学识的个性，又是他那一代革命知识分子的共性。在戴老共属的革命知识分子群体中，他1945年以前在复旦大学接受了完整的国际政治专业本科教育。他的反思和批判如果充分表达出来，显然会有独到的专业性。他如果写"思痛录"，会与韦君宜一样深刻，但可能更翔实，更具国际视野。但他没有写，悲惨的经历使他无意、无法以思想者（思想家？）的身份青史留名。

革命行动的基础是思想批判，自觉的行动革命者以自觉的思想批判为前提。戴老被开除革命队伍那十余年，反倒为他创造了旁观、反省的思想境遇。尽管这样的思想实验太残酷，就思想实验主体而言太绝情（而不是无情），就思想实验对象而言社会成本过于高昂，而且最终结果恰恰又是戴老拘于主观的和客观的实验条件限制没有把实验报告提交出来，而是胎死腹中。戴老反思的结果之一是从1951年至去世，他都不能从"神经官能症"的阴影中走出来，对某些人如此，对某些事亦如此。把"戴文葆事件"推向极致的是自己所在单位党支部负责人,而且是戴文葆主动向这位朝夕相处的专业同行同事汇报的。

戴老在致宋应离先生的信中等多处多次说及,他1985年以后就不写杂文了。我于此颇多不解,相关问题困扰我多年。曾彦修或许道破谜底:"戴已于1984年正式加入中共。"如果不是今后发现更多更有力的史料,我到目前为止倾向于认定,戴老杂文还在写,但杂文不"杂"了,他压抑了自己的胆识。这就形成了他1978年以来的矛盾心态:一方面为改革开放而欢欣,另一方面,坚持理性观察的立场,内心秉持政治专业精神,外在表达恪守党纪,力求中规中矩。他人偶尔知晓的他思想的片言只语,或为特定情境下无意识的表露,或为压抑不住时和不会告密友人的有节制表达(或者说另一种表达)。因为片言只语表达不充分不系统,他人难以理解。就连宽容戴老的知友宋木文也偶觉戴老"此言有点怪异,但表明了真情"[1]。多么典范的人民出版社编审,"光辉"的哀荣不谥封给戴老还能给谁?

戴老编辑生涯的最高职衔是人民出版社三联编辑部副主任(止于1954年"戴文葆事件"发酵),主任是陈原。诸多出版文件留下了"文葆代"的编辑佳话。同代人、同为革命出版家,陈原的很多思想戴老也有,甚至更深刻、更彻底。但戴老没有将之物化,更没有出版。陈原比他更智慧。在《重返语词的密林》里,陈原有专章讨论《"主义"时代终结了吗?》,六个节题分别为:"'主义'满天飞的时代""主义最初只是一种学说,一种信仰""聪明人不把'主义'这个词尾接在自己的名下""后来'主义'变成了棍子,人就变成了'分子'了""知识者制作了'主义',却往往落在主义的陷阱里""主义时代终结了吗?"陈原在书中说:"如果有人编一部《主义词典》,把人世间一切革命文献和反革命文献、政论文章、论战文章、大批判文章以及古往今来一切大字报、小字报、传单、标语、口号中使用过的'主义'收罗在一起,其价值之大肯定超过一部当代哲学词典

---

[1] 宋木文:《读戴文葆致曲家源信》,见《光辉曲折的编辑生涯——戴文葆先生90诞辰纪念文集》,人民出版社2012年版,第315页。

或当代社会学现象学词典。人们从主义词典中可以探究出社会思潮的变迁和社会政治的动向。"戴老在1985年以后没有再出这样智慧（不仅仅是讥诮）、犀利（而不仅仅是深刻）的杂文。

行文至此，我想起了王佐良先生发表在1990年2月24日《文艺报》上的一首诗。那是为《诗海》一书做的评论：

> 据说诗歌现在行情不高，
> 这是一个小说和电视的时期；
> 而且你看一看这里介绍的成百个诗人，
> 有几个生前走过运，而不是流泪又叹息？
> 但正是这些敏感人既是热烈的参与者，
> 布莱克、惠特曼、艾吕雅、马雅可夫斯基，
> 又能一语道出我们都感到而说不清的
> 期望、痛苦、道理，甚至宇宙的秘密。
> 谁能想到北美洲一个小镇上
> 一个幽居的白衣女子拿笔写下：
> "许多疯狂是非凡的见识——
> 在明辨是非的眼里"
> 正是这些人细察又追索，
> 使得历史里有一股热流和灵气；
> 每当旧的辞藻已经发臭
> 又是他们出来扫清霉气。

五、最后的编辑家

我最后一次见戴老是2006年11月26日。此前几天，我在一个会上见到了道弘老。他一直关注我对戴老的访谈，便问我做到什么程度。听我言说后，他只轻声说，总算还做了那些，以后访谈可能很难了。吴老一贯谨言

慎行，我听后颇为吃惊，因为此前已听到戴老受某事刺激而激发病情的传闻。

那次是略作准备且带太太作为助手去的。交谈几句后，我便感到话风不对：我带着问题而去，他好像并不很在意我的问题，而以前从不如此；好些交谈答非所问，前言不搭后语。说着说着，他引我俩到他卧室的书桌边，从抽屉里翻出离休证、工作证，要我太太帮他拍照留存。我听后抿嘴而笑，以为他又要讥诮什么。我抬头看他一脸的严肃和诚恳，又感到大不同于往常。继而他愤激地说，单位会把他这些东西收回，不承认他是离休干部。我赶紧劝慰他绝不会那样，内心却只有流泪。只好示意太太赶紧用手机拍照，不违老人心意。

坐了一会儿，一对年迈的老年夫妇来访。男士寒暄几句后，便再次提请戴老为他写40年代从事革命活动的书面证明。戴老说了句：如果能写的话，我早就帮你写了。女士帮着说话，并有央求之意：老头儿身患多种老年疾病，暗示最后一次找戴老。结果戴老大为光火，出语严厉，请保姆送这对夫妇出门下楼。保姆不知如何是好，戴老对那夫妇数落更甚，老头儿便涨红着脸，在女士的搀扶下悻悻离去。

这次所见证实了戴老因受刺激而病情加重的传闻。我内心悲伤不已。感情告诉我，我应该趁此行多陪伴戴老一会儿，但理智提示我，这不是过往常态的戴老，这不是我记忆中，也不应该留存在记忆中的戴老。我记不得那天到底在戴老家磨蹭多久又是如何忍痛离开的，临走时唯有感激保姆尽心照顾他。

此后不到一年吧，导师宋应离教授为编辑出版《亲历新中国出版六十年》专程来北京拜访戴老并组稿。宋老师告诉我，戴老硬说宋先生是公安局的，是来抓他的，但他不怕。我唯有再次吞泪于心。戴老何以至此？一位为1949年10月1日写《大公报》社论的新闻出版人何以至此？这个问题萦绕至今，无解。只是追加了一问：这是高龄老人的正常反应，还是只有经历了革命岁月和深长惊恐体验的戴老那一代人才有的异常反应？

听到戴老去世的消息是2008年9月9日上午，是《中国新闻出版报》记者王玉梅女士电话告知我的。她当时正在医院参加戴老送别仪式，现场没有看到我，便电话相告。我一直感念她关键时刻想起老师的情谊。我真该去送戴老远行，可再从大兴赶去（那时大兴不通地铁），肯定赶不上了。我只有内心默祷，正在写的论文再也写不下去了。

我一直没明白我第二次拜访戴老时他为何向我大谈老舍之死和鲁迅之死，或者说，我一直没明白第二次拜访戴老时我为何只记住了他谈的老舍之死和鲁迅之死，而没有记住其他可能的编辑出版专业的内容。他说，引领老舍投湖的最终力量是他家人的冷淡疏离，让他丧失了生存于世的剩余勇气，如果家人给他稍多一点温暖，老舍不至于如此绝情人间。谈及人生，戴老说一个人要活得好，也要死得好。他举证说鲁迅死得正是时候，死在一个好时刻。如果死在上海沦陷后，以鲁迅的地位、名望、通日文，日本人肯定不会放过他，他没有一天好日子可以过。鲁迅在中国全面抗战爆发前死了，灵柩上盖着"民族魂"的大旗，送葬仪式演化为声势浩大的激发民智的抗战大游行。以死促进民族觉醒，死得其所。那时，我根本不知道戴老曾以读鲁迅作为自己流放家乡的精神支柱，只觉得戴老的观察、观点新奇。事后很多年，我才逐渐领悟：戴老或许是想开导我——编辑出版并不是根本性的学问，社会生死才是。

戴老去世前一个月的8月8日，中国举办了第29届国际奥运会开幕式。戴老去世前的8月24日奥运会闭幕。戴老在这个时点辞世，是为了坚忍看完奥运吗？戴老在清醒的时刻，他如何认知在中国举办的这届奥运会？北京举办的这届奥运会是中国开放的盛典，它同时是中国改革三十年的庆典吗？它同时是人类全球化再难企及的高峰吗？我调至北京谋饭后深深地感知，戴老一直既热切关注又冷峻旁观中国改革开放及其进程。戴老远行，带走了他全部的思想遗存。曾彦修说得极中肯："戴的真正感兴趣与所长的学问，据我所知，是国际政治、国际关系。"[1]

作为成长于中华民国的政治学人，他沉浸于中华人民共和国的编辑出

---

[1] 曾彦修：《"戴文葆事件"真相》，见《光辉曲折的编辑生涯——戴文葆先生90诞辰纪念文集》，人民出版社2012年版，第418页。

版事业，心血淋漓地洞穿出版与社会的关系，就其专业经历和思想纵深而言，他是最后的编辑家。《戴文葆书信集》就是他心血淋漓的见证，有望成为他"光辉曲折的编辑生涯"这一命题的脚注。光辉是价值判断，人民出版社已经定性，而曲折是事实陈述，有待后人学人追觅追问。

20世纪中国革命出版史、人民出版社和三联书店店史、中国编辑学理论与学科史，三支细流都将交叉（当然不是交汇）到戴文葆，这就是戴文葆的历史存在定位。"戴文葆事件"强力扭曲了他思想的脊梁，再难康复。独居平添生活困扰与心理焦虑，进一步扭曲了他的心态，使他更难尽展长才，也是事实。知晓戴老远行后，曾彦修吟诗寄怀："海上生明月，阜里戴先生，若得廿年静，何如粤饮冰。"在曾彦修看来，"戴多才，又极用功，若假以二三十年安静的工作和读书条件，其成就未必不会超过梁启超。此处特指梁启超者，是因为梁是个大通才，又富有见识"[1]。"若得廿年静，何如粤饮冰"诚为假说，其中的"反事实"与因果机制推导、论证何其艰难。当下的出版理论研究者另有更重要的主题出版研究，不会沉思于此的。

由出版的社会结构审视编辑人物戴文葆，由编辑人物戴文葆评估、认定戴文葆书信的思想文化价值。这是本文基于研究现实明确主张的思想框架。20世纪中国出版的主潮是革命出版及其转型。以1949年划线的民国出版与新中国出版看似客观实则割裂历史且显示某种生硬。以中国共产党为主体的20世纪出版历史，以出版为革命手段协力夺取政权，执政以后又以出版为手段巩固政权并"继续革命"，如此揭示的图景才既符合历史实际又在研究和解释中坚持了对象论和方法论的统一。舍弃革命出版的中观而想求解20世纪中国出版史或中国现当代出版史及其总体性，无异于舍本求末。导入革命出版的中观才是历史的基本回归，从实事去求是。革命文学研究硕果累累，革命出版研究未见力作，学科的落差唯余扼腕叹

---

[1] 曾彦修：《"戴文葆事件"真相》，见《光辉曲折的编辑生涯——戴文葆先生90诞辰纪念文集》，人民出版社2012年版，第408页。

息。一旦沉思革命出版,"前三联"—人民出版社—"后三联"则是主体对象,戴文葆作为样本又将卓异突出,凸显其革命出版的光辉与曲折。这是本书基于未来文化研究有望延展的思想张力和文本价值。

六、致　谢

我因写过龙世辉、茅盾的两本传记而蒙张伯海、刘杲等先生错爱调京。到京之初,第三位编辑家写谁,我在戴文葆和秦兆阳之间犹疑难定。讨教于刘杲先生,他只建议我研究陈原,并不说理由。我当然不解。第二次、第三次问询,刘杲还是坚持原判,闭口不谈理据。只有答案,问题要自主查找,或许就是刘杲作为私淑导师的引导方式。我求解近三十年,关联问题的答案是,刘杲未必完全否定戴文葆研究有一定的史论价值,而是戴老作为样本颇为复杂,就当代出版领域而言甚至太复杂,他极可能担心我在当代语境下驾驭不了那样繁难的研究,而出版作为专业领域,有更多的富矿亟待开垦。

我 2012 年五六月间想到收集戴老书信以留存研究资料。7 月 18 日,我在工作日记中写道:

> 昨日,7 月 17 日,收到李中法先生寄自上海的 160 余封信,都是戴老二十余年来写给他或他的同学同事的原件。我迫不及待,真是废寝忘食读了。前天、大前天我都一天两次下楼去开邮箱门,不见寄件便很着急,担心寄丢了,后悔没有在接到中法先生告我转赠书信的意愿后立马反应到上海他家中去取。他那天在电话中也说了把这批信托付给我的话,我当即表态,一定尽力做好。真收到原件,才知沉甸甸的。要把这批信整理好发表,殊为不易。
>
> 一个不曾谋面的九旬老人把这些材料给了我,我只能咬着牙也要尽最大努力把事情做好。而要做好,就要因戴信而深入到戴文葆,深入到 20 世纪中国出版文化史中去。那是看似不难,实则艰深的。

关于戴文葆与李中法通信的由来，中法先生2012年6月28日给我的信中说："我与戴兄是重庆北碚复旦大学政治系同学，［他］比我高一年级，毕业于1945年。1944年因组织中共地下党秘密组织'民主青年联盟'而相识，渐成知己。1950年起，他去北京后，虽处异地而屡有运动，且都遭不幸。不可能通信。直至'文革'结束，借改革开放东风，我为《文化与生活》杂志去北京组稿时，在人民出版社巧遇喜相逢，才于1979年开始通信不断。乃因几经搬迁，保管不善，来信屡有丢失，所以1980年只有一封了。在他去世前的最后几封亦无存，很遗憾。所云'他与我通信最多'一说，是他说的。我无法与众人相比。不可能比出多少。我也没必要去比。"

中法老是中国当代期刊史上两个名刊《故事会》和《文化与生活》的创刊人，他赐信给我莫大的鼓励。他与中国共产党同龄，更增我对老人家的敬重和戴信研究的信心。后续的戴信征集有很多故事，我借此得以有新的途径在人过中年后学习和理解社会。我感恩赐信者，也一直耐心等待并敬重那些延迟或婉拒赐信的人。粗略估算，至少还有数百封戴老写的书信散存于各家各处，有的信可能解释价值鲜明，有的信存世、解释价值难说多高，或不易判断。由于戴文葆书信搜集的可遇不可求，我才真切地体会到打捞历史、抢救历史的欢欣与艰难，也由于戴文葆书信刊布、整理的瞻前顾后，我才痛切地体会到当代历史书写的苍白与无奈。

汪家明先生曾有意策划出版《戴文葆文集》多卷本，后又有力推荐本书的选题立项。戴老哲嗣杨进先生积极支持本书出版。在此特表谢忱。曾想请于淑敏编选本书，她也做了很多基础性工作。最终技痒，还是我来学步。

中国传媒大学传播研究院硕士研究生蔡子怡、李娜英、罗焕、刘婷婷、马雨晨、王欣然、崔楠楠等同学协助我录入了部分书信，宋悦同学协助查找资料颇为给力。在此顺致谢意。

戴文葆书信的搜集整理难以一蹴而就。我愿为此继续努力。衷心祝愿今后有机会出版《戴文葆书信集》的增补增注本。

李频

2022年5月上中旬于频敏斋外庐

# 人名索引

A

爱泼斯坦　1, 19, 91, 290, 337
安春根　120, 143, 274, 292, 295-297

B

巴金　22, 39-40, 183, 230, 327, 345

C

曹先擢　172, 175
蔡学俭　114, 116, 119, 121, 293-295, 298, 301, 331, 333, 336, 342
仓孝和　10
丛林　255, 257
陈秉恩　386-387, 389-390, 399
陈翰伯　116
陈茂仪　380
陈琼芝　151, 195-196, 230, 234, 258, 286, 289, 345
陈原　12, 49, 121, 170, 172-173, 187, 192, 206, 216, 413, 420, 425
陈树萍　52-53, 370
程绍沛　265

程中原　28, 108, 304
储安平　4

D

杜厚勤　315, 317
杜栖梧　10, 81, 84, 384-385, 388, 390-392, 395-396
杜子才　10-11, 14, 36, 82, 84, 385
董秀玉　287, 414
董源　394, 396, 399
邓子平　237, 239, 302
丁景唐　258, 339
丁树奇　377

F

范用　7, 22, 24, 60-67, 69-71, 328, 347, 348, 375
方令孺　228
冯宾符　2, 411
冯文彬　392, 395
傅璇琮　100, 177

G

甘惜分　5

高斯　113-114

戈扬　147-148

H

何燕凌　80, 396

胡德华　308-309

胡道静　379

胡光清　170, 323, 326, 338, 362

胡开明　394

胡靖　147, 155, 166

胡绳武　30

胡仲持　2, 18, 308

胡愈之　12, 27-28, 35, 46, 178, 182, 198, 202, 219, 225, 270, 296, 305-306, 308-309, 376, 403

胡政之　228

黄华　1

黄克　44-46, 235

黄金山　359

黄洛峰　375

黄裳　39, 148

弘征　96, 241-244, 246-253, 411

J

季羡林　21-22, 111, 170, 241, 279, 284, 337

金灿然　242, 376

金冲及　30

金庸　101, 226-227, 346, 347

江淑娟　194-195

蒋祖培　9, 82, 385-386, 388-390, 392-396, 399

江泽宏　385, 396, 399

L

黎澍　146, 148-150, 154-155, 174, 231, 350

李炳泉　9, 392, 396, 399

李冰封　96-99, 107, 355

李景峰　130

李侃　377

李频　15, 245, 361-362, 364, 366-369, 398, 413, 426

李荣生　326

李湜　191

李庶　132

李小峰　17, 21, 33, 56

李小林　39

李一氓　210, 233, 238, 240, 354, 371

李玉洁　279, 282, 284-285, 287

李中法　9, 16, 20-21, 33-34, 50, 56, 77, 173, 370, 385-386, 388-391, 393-394, 396, 398-399, 425-426

李钟国　121, 291, 297, 367

李致忠　117

林丽成　50, 54

刘杲　95, 117, 121, 128, 145, 168, 188, 265, 267, 298, 315, 342-343, 413, 416, 425

刘光　10, 82, 117, 330, 375, 384-385, 390-391, 395

刘光裕　117, 330

刘国雄　334, 337

刘令蒙　58

刘少文　2

刘硕良　176, 270, 407

刘小敏　180, 351

龙世辉　92, 261, 361, 409, 415, 425

陆本瑞　127

M

马骏（张希文）　86

马宁　130-132

毛鹏　95

梅益　2, 29, 310

孟庆远　82, 393

闵本德

缪咏禾　112, 264

N

聂崇彬　390, 393, 395-396, 399

P

潘际炯　3, 39-40, 347

潘吉星　117, 301

Q

秦林舒　374

秦颖　162, 356, 357

曲家源　17, 56, 190, 412, 420

阙道隆　260, 416

R

任继愈　337

任桂淳　196, 276

S

邵力子　81, 376

邵益文　166, 265, 299, 315

沈静芷　375

施梓云　304, 307, 311

石继昌　277

宋庆龄　1, 5, 19, 21, 23, 87, 89-90, 97, 113, 115, 119, 134, 158, 161, 225, 244, 262, 267, 274, 292, 307, 332, 337-339, 359, 364, 403

宋应离　92, 178, 180, 184, 261, 264, 351, 352, 420, 422

宋云彬　318, 321

宋原放　32, 120, 124

宋琤　81, 396

孙琇　114, 298-299

孙五川　121

T

唐振常 226

陶增骥 74, 393

W

王葆心 331

王火 44, 86, 88-90

王仿子 32, 124, 310

王晶垚 58

王若飞 36, 385, 391

王亚民 273, 275

王友唐 375

王益 19, 117

王以铸 374

王重民 330

王子野 7, 244, 375

王振铎 179, 261, 264, 351-352, 362

汪家明 345, 350, 426

汪海波 337

吴道弘 92, 124, 181, 194, 409, 415

X

萧乾 1, 18, 22, 347

肖东发 117-118

谢素台 92

邢贲思 337

邢显廷 374, 376, 379, 380

许力以 116, 274

徐梅芬 91

徐学林 141

Y

杨牧之 102, 342

叶再生 19, 117, 323

尹炯斗 120, 295, 297, 313

于友 3, 246, 253, 274

于永湛 301

余开祥 385-386, 388-391, 396, 398-399

余维超 337

虞和静 50, 76, 393, 395-396

喻建章 94

袁亮 134, 136, 139-142

恽逸群 52, 338

Z

曾彦修 17, 23, 148, 216, 230, 234, 379, 411-412, 416, 420, 423-424

张安塞 146-147, 149-151, 332

张伯海 334, 425

张定夫 228

张光炎 12

张惠卿 70

张惠芝 270-271, 275

张黎群　11, 21, 35, 384, 396
张明惠　171
张明养　31, 53, 174, 186-189, 228, 305, 351, 392
张如法　187, 260, 262, 351-352, 364
张天授　9
张小平　313
张自文　241, 252-253, 353
张志让　187, 228, 392
章麟　3
章靳以　228, 347
赵航　125, 299
赵国璋　112, 335
赵子文　58
郑清源　268

周保昌　7, 375-377
周谷城　194, 228
周杰　373
周晓燕
钟叔河　148, 153
朱德生　337
朱赛虹　117
朱语今　10, 35, 82, 384, 396
朱正　96, 103, 109, 146-159, 161-162, 164, 173, 230, 232, 258, 324, 356-357, 362, 411, 414
邹荻帆　58
邹剑秋　78, 81